Weihnachten 1998
v. Margret + Karl

Ulrike Halbe-Bauer · Mein Agnes

Ulrike Halbe-Bauer

Mein Agnes

Die Frau des Malers Albrecht Dürer

Biographischer Roman

Stieglitz Verlag
D-75415 Mühlacker
A-8952 Irdning/Steiermark

Schutzumschlag:
Trend Werbe GmbH, Volker Riedel, Knittlingen

Titelbild: Agnes Dürer

Für Manfred

ISBN 3-7987-0333-7

Alle Rechte, auch die des auszugsweisen Nachdrucks,
der fotomechanischen Wiedergabe und der Übersetzung,
vorbehalten.

© Stieglitz Verlag
D-75415 Mühlacker
A-8952 Irdning/Steiermark
1996

Druck: Karl Elser Druck GmbH, Mühlacker

Inhalt

Teil 1

I	Hochzeit	9
II	Im Haus unter der Veste	21
III	Die Pest	34
IV	Unterwegs	50
V	Die Lagunenstadt	64
VI	Die Unglücksbotschaft	82
VII	Willibald Pirckheimer	88

Teil 2

VIII	Heimkehr	107
IX	Europa	120
X	Einladung aufs Rathaus	129
XI	Hoher Besuch	142
XII	Pfingsten	151
XIII	Die Heimliche Offenbarung	162
XIV	Im Bad	179

Teil 3

XV	Häusliche Sorgen	191
XVI	Die Frankfurter Messe	202
XVII	Die Leitung der Werkstatt	214
XVIII	Der Venezianer	230
XIX	Das Haus in der Zistelgasse	248
XX	Geschäfte	261
XXI	Die Nachbarin	273
XXII	Die Reise in die Niederlande	281
XXIII	Im Garten	293

Epilog	302
Nachbemerkung	309
Zeittafel	311
Auswahlbibliographie	315
Verzeichnis der Abbildungen	319

Teil 1

I

Hochzeit

Frühjahr 1494

„Agnes, ich habe mit dir zu sprechen."
„Ja, Vater."
Das Mädchen schaut von seiner Näharbeit auf, versucht im Gesicht ihres Vaters zu lesen. Irgend etwas führt der Vater im Schilde, und das hat mit ihr zu tun. Aber wie immer, wenn der Vater wichtige Entscheidungen zu fällen hat, plagt er sich allein damit herum und stellt die Mutter hinterher vor vollendete Tatsachen. Die ärgert sich regelmäßig darüber und gerät oft in ziemliche Wut. Agnes wird den Verdacht nicht los, daß es das Ziel des Vaters ist, seine Frau auf diese Weise aufzuregen, damit er sich insgeheim darüber amüsieren kann.

Überhaupt hat er es gern, wenn seine Frau und seine Töchter herumrätseln, was er wohl gerade plant. So erregen auch geringe Vorhaben großes Aufsehen, und der Vater hat reichlich Gelegenheit, der Mutter seine Pläne wortreich schmackhaft zu machen.

Diesmal haben sie mit ihr zu tun. Der Vater setzt sich neben Agnes, steht dann wieder auf, weiß offensichtlich keinen Anfang zu finden. Agnes hat das Nähzeug sinken lassen, es muß schon etwas Wichtiges sein, was den Vater so aus seiner Ruhe bringt. Sie schaut zu ihm hoch, er erwidert ihren Blick, ein wenig verschmitzt, aber auch verlegen, ernst, fast feierlich. Seine Fröhlichkeit, die ihn sonst auszeichnet, hat ihn offensichtlich heute verlassen.

Als Hans Frey den verschreckten Blick seiner Tochter bemerkt, räuspert er sich und setzt an: „Nun, Agnes, du solltest dir denken können, was ich mit dir zu besprechen habe. Du bist ja nun kein Kind mehr..." Er stockt, setzt sich wieder und fährt sich mit der Zunge über die Unterlippe. „Um es kurz zu machen, ich habe mit dem Goldschmied Dürer gesprochen. Er erwartet seinen Ältesten in den nächsten Wochen von der Wanderschaft zurück. Wir sind zu dem

Schluß gekommen, daß wir unsere Kinder gern miteinander verheiratet sähen. Das paßt uns beiden gut ins Geschäft, und der Albrecht ist ein tüchtiger Bursche, der es zu etwas bringen wird und eine junge kräftige Frau wie dich sicher gut brauchen kann. Nun, was sagst du dazu, freust du dich?" Erwartungsvoll schaut er die Tochter an.

Agnes ist feuerrot geworden und hat den Kopf gesenkt. So unvermittelt kann sie sich nicht freuen. Sie hat den Albrecht seit Jahren nicht gesehen und soll ihn gleich heiraten. Bis jetzt hat sie gedacht, eine Ehe, das hat Zeit, irgendwann in den nächsten Jahren ... Der Vater hat mit keinem Wort angedeutet, daß er jemanden für sie ins Auge gefaßt habe, auch wenn er in den letzten Wochen öfters von einem Tischbrunnen geschwärmt hat, den er mit dem alten Dürer zusammen entworfen hat. Nein, das geht ihr entschieden zu schnell.

Heiraten, das heißt, sie muß dieses Haus verlassen, wird nicht mehr auf der Bank beim Vater in der Werkstatt sitzen können, zusehen, wie aus Kupfer Tiere, Menschen und Blattwerk entstehen. Das Pfeifen des Vaters, seine erfreuten Ausrufe oder sein Geschimpfe, wenn etwas nicht so gelingt, wie er sich das vorgestellt hat. Die Geschichten, die er für seine Töchter zu den Tieren erfindet, die Freude, die sie alle teilen, wenn die Mechanik funktioniert und aus einem neuen Wunderwerk Wasser heraussprudelt, auch wenn er darüber die Mahlzeit vergessen hat.

Jetzt soll sie in einen anderen Haushalt ziehen und bei einem Ehemann wohnen. Bei ihrem Mann. Dazu hat sie sich immer jemanden wie ihren Vater vorgestellt, lustig, voller Einfälle, vor Witz sprühend; einen Mann, dessen großes Haus vielen Gästen offensteht, der mit ihnen tafelt und trinkt und Musik macht. Aber Albrecht ...

Sie hebt den Kopf. „Vater, der Albrecht, der besitzt doch noch nichts und ist außerdem nur ein Maler, während wir zu den ehrsamen Familien der Stadt gehören."

Ihr Vater runzelt die Brauen: „Ich hätte dich für etwas vernünftiger gehalten, Agnes. Worauf bildest du dir da etwas ein? Glaubst du allen Ernstes, das sei im Leben entscheidend? Gut, daß deine Mutter nicht so gedacht hat, sonst hätte sie mich nämlich nicht genommen. Albrecht Dürer kommt aus einer ordentlichen Familie und verfügt über ein großes Talent. Sein Vater ist ein angesehener Goldschmied und hat darüber hinaus städtische Ämter inne. Ich habe beim alten Dürer die Entwürfe gesehen, die Albrecht als Lehrbub gezeichnet hat. Die sind beachtlich. Auch Wolgemut, bei dem er in die Malerlehre gegangen ist, erwartet Großes von ihm. Mit deiner Mitgift wird es Albrecht nicht schwerfallen, in dieser Stadt eine Werkstatt aufzumachen. Sein Können wird ihn rasch weiterbringen. Einen geeigneteren Eheherrn kann ich mir für dich nicht vorstellen. Außerdem weißt du, daß es mit unserer Familie finanziell seit Jahren bergab gegangen ist, nicht in meiner Werkstatt, aber im Handel. Was nützt da der Stolz auf eine vornehme Herkunft!"

Agnes lehnt den Kopf an die Schulter des Vaters. „Du magst recht haben, Vater. Es geht nur alles ein bißchen schnell. Ans Heiraten hab ich noch gar nicht gedacht, jedenfalls nicht direkt."

Der Vater ist aufgestanden. Nun läßt er seine Hand auf dem Kopf seiner Tochter ruhen. „Wirst dich an den Gedanken schon gewöhnen und sehen, daß es so am besten ist. Dein Vater wacht über das Wohl seiner Tochter, darüber brauchst du dir keine Sorgen zu machen. Du hast auch noch ein bißchen Zeit, bis der Albrecht kommt. Der Dürer erwartet ihn zu Pfingsten zurück."

Nachdem Hans Frey das Zimmer verlassen hat, will Agnes ihre Näharbeit wieder aufnehmen, läßt das Tuch aber mehrmals wieder sinken. Sie versucht sich Albrecht vorzustellen, wie er ausgesehen hat, bevor er auf die Reise gegangen ist – ein schöner Bursche, lang gewelltes, rötliches Haar, fast immer frisch gekämmt, das Haar eines Erzengels auf einem Altarbild. Doch die Augen – sie zuckt bei der Erinnerung zusammen –, meist haben sie die Menschen unverhohlen angestarrt, unverwandt; der Blick ist nicht gewichen, hat ein Gesicht abgetastet, auf der Haut gebrannt, unbarmherzig prüfend, ohne Erbarmen. Und dazu ist Albrecht schmal und zart gewesen; wohl hat er mit den anderen Buben herumgebalgt, aber oft einfach irgendwo gestanden und zu den anderen hinübergestarrt, manchmal einfach in die Luft. Die Mädchen haben gekichert und ihn gehänselt. Doch seltsamerweise hat das den großen Buben überhaupt nicht gestört, er schien es nicht einmal zu bemerken. Und den soll sie heiraten, einen solchen Träumer?

Nachdenklich kaut Agnes auf ihrem Zeigefinger herum, fährt sich mit der anderen Hand durchs Haar. Oje, wie verstrubbelt es wieder ist, einzelne Strähnen ringeln sich sogar überm Ohr. Das würde dem Dürer bestimmt nicht gefallen. Die Stimme der Mutter, die von der Küche her ruft, schreckt sie aus ihren Gedanken. „Ja, sofort."

Während Agnes Rüben schabt und in den großen Topf schneidet, fragt die Mutter: „Hat der Vater mit dir gesprochen?" – „Ja." – „Nun, und?" – „Was und? Es wird schon richtig sein." – „Freust du dich nicht, einen schmucken Ehewirt wie den Albrecht zu bekommen? Er wird es weit bringen."

Schweigen.

„Mutter, das weiß ich alles, aber ..." Agnes schaut ihre Mutter an und plötzlich sind ihre Augen voller Tränen. „Ach, Mutter ...", schluchzt sie.

Die Freyin nimmt ihr Kind in den Arm, das jetzt hemmungslos weint. „Weine ruhig, Agnes, ich weiß, es ist alles neu und ungewohnt. Aber du wirst dich daran gewöhnen. Du mußt uns nicht verlassen, wirst nicht in die Fremde unter lauter unbekannte Menschen geschickt, sondern nur ein paar Straßen den Berg hinauf. Ihr werdet bei den Dürers wohnen. Dort wird jede Hand gebraucht. Mit der Dürerin kann man auskommen. Und die Mädchen werden sich über die Hilfe freuen. Vermutlich wird Albrecht schon bald eine eigene Werkstatt haben. Du wirst sehen, du wirst dich einrichten und zufrieden sein. Der Vater weiß, warum er den Albrecht für dich ausgewählt hat."

Agnes' Schluchzer verebben langsam. Sie richtet sich wieder auf, streicht sich mit dem Ärmel über die Augen und zieht die Nase hoch. Die Mutter lächelt sie an. „Jetzt wasch dir das Gesicht, sonst könnte jemand auf seltsame Gedanken kommen." Agnes nickt und antwortet der Mutter mit einem etwas schiefen Lächeln.

Die nächsten Wochen vergehen wie im Fluge. Viel ist zu richten und zu beschaffen. Die Mutter sieht mit Agnes die Truhe im Flur durch, in der die Wäsche für Agnes' Hausstand gesammelt ist, sie fertigen eine Liste an über alles, was fehlt, suchen Stoffe aus, Geschirr und Töpfe und nähen und sticken, bis ihre Finger zerstochen und wund sind. Verhandeln mit dem Schreiner, der das Prunkstück ihrer Aussteuer, das große Ehebett, anfertigen soll, zudem noch mehrere Truhen und einen Schrank.

Das Frühjahr rückt näher, Ostern, es geht bereits auf Pfingsten zu. Von Albrecht keine Spur. Erneut steigen Bedenken in Agnes auf, sie schläft schlecht; sie hat Zeit, sich ihre Zukunft auszumalen. Oft steht sie an einem der Fenster der Vorderfront, um auf den Markt vor ihren Füßen hinunterzuschauen.

Dies tägliche Schauspiel vor ihrer Tür wird ihr sicherlich sehr fehlen. Nicht gerade der Gestank des Fischmarkts, aber der gesamte Betrieb: die breiten, eckigen Figuren der Bauern mit Karren voller Früchte; die rotgesichtigen Frauen, die neben ihren Kiepen hocken; die großen Ochsen- und Pferdewagen, auf denen die Kaufmannswaren von weither, von Leipzig, Frankfurt oder sogar Venedig transportiert werden, die vor dem Rathaus ausgestellt und zum Verkauf angeboten werden müssen, bevor man weiterziehen darf; besonders jedoch die vielen Feiern und Prozessionen, die Feierlichkeiten beim Heiltumsfest, wenn die Reichsreliquien am zweiten Sonntag nach Ostern vor einem der Nachbarhäuser dem Volk gezeigt werden. Beim anschließenden Jahrmarkt, den Turnieren, dem Schembartlauf, immer hat sie vom Fenster aus das Geschehen beobachten können. Das wird nun alles für sie vorbei sein. Dort oben unter der Veste ist es bestimmt viel ruhiger, das Haus allerdings viel voller, da wird man ihr kaum erlauben, ihre Zeit am Fenster zu verbringen.

Dann – am Tag nach Pfingsten – Getrappel von kleinen Füßen auf der Treppe und das Geschrei der Schwester Katharina vom Flur her: „Agnes, dein Albrecht, er ist endlich da, komm raus, ich und der Endres Dürer haben ihn erspäht. Er ist es, er muß..." Die kleine Schwester ist ins Zimmer gestürmt, ruft ihre frohe Botschaft der Großen ins Gesicht, aber die hat sie plötzlich ergriffen und hält ihr den Mund zu. Rot übergossen steht Agnes vor ihr und zischt sie an: „Bist du wohl ruhig! Wenn dich jemand hört!"

Katharina hat sich losgerissen und zieht sich in die Ecke hinter dem Tisch zurück. Aus sicherer Entfernung starrt sie die Schwester voller Erstaunen an. „Was hast du, Agnes, dein Verlobter ist da, willst du ihn denn nicht begrüßen?"

Doch der Zorn weicht aus der Großen so schnell nicht. Sie hat sich rasch wieder in der Gewalt, erklärt Katharina in ruhigem Ton, in dem allerdings der Zorn noch mitschwingt: „Das ist nicht deine Sache. Du verstehst nichts davon. Wenn der Albrecht mich sehen will, wird er hierherkommen. Schließlich muß er noch mit dem Vater sprechen. Es wäre höchst unpassend, wenn ich ihm entgegenliefe. Und auch du bleibst jetzt besser hier und wartest."

„Aber der Endres..."

„Der Endres ist Albrechts Bruder. Der soll ihn ruhig begrüßen." Sie wendet sich zur Tür. Im Hinausgehen dreht sie sich noch einmal um: „Und daß du ja drinbleibst." Dann läuft sie die Treppe hoch und verschwindet in der Schlafkammer.

Ihr Herz pocht dumpf und laut. Sie sucht den Kamm hervor und zerrt ihn durchs Haar. Er verfängt sich, die Finger, die ihn befreien wollen, verheddern sich. Tränen treten ihr in die Augen. Ach, herrje, das jetzt nicht. Bloß nicht. Da, Schritte vor der Tür. Gottlob, die Mutter. Wortlos fährt sie der Tochter mit der Hand übers Haar, entzerrt das Geflecht, bindet die Zöpfe neu. „Gut schaust du aus, Agnes, dein Kleid steht dir gut, wenn nur dein Haar nicht so störrisch wäre..."

Das hätte die Mutter besser nicht gesagt. Agnes' Herz, das sich gerade etwas beruhigt hat, schlägt wieder heftiger. Es dauert einige Zeit, bis die Mutter Agnes überredet hat, mit ihr in der Küche zu warten und sich die Zeit dort zu vertreiben.

Sie müssen eine lange Weile ausharren, bis sie ein Klopfen an der Haustür vernehmen, die Stimme des Vaters, dann die eines jungen Mannes. Die Bohlen auf der Treppe knarren, die Tür zur Stube öffnet sich, wird geschlossen und hat die beiden Stimmen verschluckt. Agnes rührt sich nicht. Nach einer ganzen Weile, während der die Zeit endlos dahinkriecht, blickt sie zur Mutter auf. Die lächelt ihr aufmunternd zu. Doch als sie ihrer Tochter die Hand auf den Arm legt, fühlen sich die Finger der Mutter kalt und naß an. Mit rauher Stimme sagt sie: „Komm jetzt, er ist da."

Agnes schiebt sich mit gesenktem Kopf hinter der Mutter in die Stube, wagt auch drinnen nicht aufzublicken, während die Mutter auf den jungen Mann zugeht und ihm die Hand reicht. „Grüß dich Gott, Albrecht, gut schaust du aus; bist kaum wiederzuerkennen. Ja, so ist das, ein Bub verläßt das Haus, und ein erwachsener Mann kehrt zurück. So geht es im Leben." Ihre Stimme klingt freundlich und fest, doch spürt Agnes deutlich, daß die Selbstverständlichkeit und Sicherheit, mit der ihre Mutter Albrecht begrüßt, über unsicherem Grund schweben. Etwas beginnt Agnes im Magen zu drücken. Die Mutter, die immer weiß, was zu tun ist, die nie die Fassung verliert ... Agnes zieht verlegen den rechten Fuß über den Boden. Ach, weit weg wünscht sie sich, irgendwohin, bloß nicht in diese Stube, in der sie Albrecht nun unausweichlich begrüßen muß.

Vor ihr ertönt eine ruhige Stimme: „Grüß dich Gott, Agnes. Du bist auch nicht wiederzuerkennen, warst damals noch ein Kind. Daß aus einem kleinen Mädchen so rasch eine hübsche Jungfer wird. Kannst du dich überhaupt noch an mich erinnern?"

Die Stimme ist ihr vertraut. Sie klingt freundlich. Agnes zögert, meint allerdings einen leichten Spott herauszuhören. Langsam hebt sie den Kopf.

Vor ihr steht ein schmucker Mann in Wanderstiefeln, die frisch geputzt sind, wenn auch etwas abgelaufen. Kein Stäubchen mindert ihren Glanz. Die Hose spannt sich eng um die schlanken langen Beine; ein praller Hosenlatz setzt sich buntfarben davon ab, während das Hemd golden bestickt ist. Sie erschrickt. Viel zu prächtig ist er gekleidet, solche Aufmachung schickt sich kaum für einen Handwerksburschen. Nein, der hier vor ihr steht, ist kein Handwerksgeselle, sondern ein junger Herr. Und den soll sie ...

Sein Haar wallt in langen goldblonden, schimmernden Locken um den Kopf, das Gesicht wird dazu von einem Bart umrahmt. Röte überzieht Agnes' Gesicht. Verlegen greift sie sich in das Haar und zuckt im gleichen Augenblick mit der Hand zurück, als hätte sie sich verbrannt. O Gott, dieses wirre Gekringel!

Endlich trifft ihr Blick seine Augen. Er schaut sie ernst an, mustert ihr Gesicht lange und gründlich. Agnes würde am liebsten losheulen. Gleich wird er vor Lachen platzen über den kleinen Rupfen, den man ihm da ausgesucht hat. Doch nichts Derartiges geschieht. Stattdessen entsteht in seinem Gesicht ein ernstes Lächeln, dem jeglicher Spott fehlt. „Brauchst dich nicht vor mir zu schämen, Agnes. Ich bin schließlich kein Fremder. Du kennst mich. Zwar war ich lange auf Wanderschaft, am Oberrhein, aber ich bin ein Nürnberger geblieben." Er lacht ihr jetzt voll ins Gesicht, und das treibt die Angst aus ihr heraus. Zaghaft antwortet sie seinem Lächeln.

„Nun, dann ist ja alles gut, wenn ihr euch nur versteht", seufzt der Vater erleichtert auf. „Komm, Albrecht, nun setz dich erst mal. Wir wollen den Begrüßungstrunk nicht vergessen. Agnes, geh, hol den Weinkrug aus dem Keller."

Als Agnes aus dem Keller zurückkommt, sitzen der Vater und Albrecht schon am Tisch. Sie füllt die Becher und setzt sich dann auf die Bank neben die beiden. Die Männer nicken ihr einen kurzen Dank zu, sind jedoch sofort wieder in ihr Gespräch vertieft. Der Vater überschüttet Albrecht mit Fragen. Der freut sich offensichtlich darüber und erzählt bereitwillig von seiner Reise. Straßburg ... Colmar ... Schongauer, der hübsche Martin, den die Pest dahingerafft hatte, als er in Breisach eintraf, um bei ihm zu lernen ... Breisach ... der Jüngste Tag ... Licht ... Farben.

Schön kann der Albrecht erzählen, auch wenn Agnes nur einzelne Worte davon in sich aufnimmt, zu sehr hält sie ihre Aufregung in Atem. Sein Redefluß läuft nur so dahin, begeistert beschreibt er Menschen, Bilder und Städte: Basel, die Silhouette der Stadt vom Rhein her, die Schönheit des Straßburger Münsters. Wieder steigt Beklommenheit in Agnes auf. Der junge Dürer ist weltgewandt, lebenserfahren, wie soll sie neben ihm bestehen können? Gerade zieht er mit der rechten Hand einen großen Bogen, um den Verlauf des Rheines deutlich zu machen, weist mit einem Finger der Linken auf die einzelnen Punkte in der Luft und zieht zuletzt die Finger zusammen. Langsam legt er die Hand zurück auf den Tisch, während die andere jetzt seinen Becher umfaßt. Riesige Hände hat er, kräftig, mit langen Fingern, deren Gelenke seltsam verdickt erscheinen.

Sie schrickt zusammen, als Albrecht seine Hand auf ihren Arm legt. „Ich habe dir etwas mitgebracht, Agnes, wie es sich gehört." Wieder beruhigt sie sein freundlicher Blick. Er hält ihr eine kleine Rolle hin. Vorsichtig wickelt Agnes den Stoff auseinander. Ein Wandteppich! Nur so groß wie ein kleines Wandbild, aber wunderschön gewirkt. Fremdartige, langgefiederte bunte Vögel in einem ausladenden Geäst mit vielen Blättern! Und die Farben! Agnes glaubt, nie etwas so Schönes von nahem gesehen zu haben. Überwältigt stammelt sie ihren Dank. Da beugt Albrecht sich zu ihr herüber und gibt ihr einen Kuß auf den Mund. Dann hebt er den Becher: „Auf unsere Zukunft, Agnes." – „Da wollen wir nicht fehlen", antworten die Eltern wie aus einem Munde. Auch Agnes hebt ihren Becher, nickt zuerst Albrecht zu, anschließend den Eltern, lächelt und trinkt.

Es bleiben nur wenige Wochen bis zur Hochzeit, die angefüllt sind mit Vorbereitungen. Die Aussteuer muß ein letztes Mal durchgesehen werden. In der Brautlade liegen die kostbar bestickten Stücke: Hauben, Gürtel, der Beutel, eine Messerscheide und nicht zuletzt vierundzwanzig Windeln. Schon seit langem haben sich im Brautkasten Röcke, Hemden, Stapel von Bettlaken aus gutem Leinen, etliche Kissen aus rotem Damast und mehrere gemusterte Federbetten angesammelt. Töpfe, Geschirr, Krüge und andere Gerätschaften stapeln sich zuhauf im Flur. Der Hochzeitslader lädt die Hochzeitsgäste ein, das Festmahl muß geplant und vorbereitet, das rote Hochzeitskleid bestellt und anprobiert werden, während Agnes ihr ganzes Geschick aufbietet, um eine feine, komplizierte Stickerei auf den edlen Damast des Hemdes zu setzen, das sie Albrecht am Morgen des Hochzeitstages schicken wird.

Der Vater geht mit ihr das Silberzeug durch, sagt ihr, welche Teile sie später erben wird und was schon jetzt zu ihrem Hausstand gehören soll. Ebenso zeigt ihr die Mutter den Familienschmuck. Sie sucht die Ringe, Broschen und Ketten heraus, die Agnes als Ehefrau bekommen soll. „Nun", lacht sie, „damit wirst du dich auch in einer Goldschmiedefamilie sehen lassen können." Stolz dreht Agnes die Ringe an ihren Fingern. Diese Kostbarkeiten hat die Mutter mit in die Ehe gebracht, schließlich stammt sie aus einer Patrizierfamilie, ist eine Rummel und mit den Hallers verwandt.

Ja, wichtig ist sie plötzlich geworden, der ganze Haushalt dreht sich um sie, und die Mutter hat fast nur mit ihren Geschäften zu tun. Abends kommt Albrecht manchmal, setzt sich zu ihnen an den Tisch, spricht mit ihrem Vater über seine Pläne für die Werkstatt, erzählt von seiner Reise, oder sie spielen alle zusammen Karten.

An einem Sonntag hat er sie zu einem Spaziergang eingeladen. Die Mutter hat ihr die Haare geflochten und aufgesteckt; immer wieder ist Agnes nach oben gelaufen, um nachzuschauen, ob das neue Kleid noch makellos auf dem Bett liegt. Endlich darf sie es überstreifen und in die feinen spitzen neuen Schuhe schlüpfen. Ungewohnt rauscht der Stoff bis auf die Erde herab, faltet sich prächtig über ihrem Bauch. So kann sie sich durchaus neben Albrecht sehen lassen.

Aufrecht schreitet sie neben ihm her. Er hat seinen rechten Arm schützend um sie gelegt und faßt mit der Linken zärtlich nach ihrer Hand. Sie fallen auf, werden gegrüßt, neigen sich freundlich zum Gruß nach allen Seiten. Agnes spürt die Blicke der Leute auf sich ruhen: taxierende Blicke, die Bemerkungen hinter vorgehaltener Hand nach sich ziehen. Die beiden scheinen den Leuten zu gefallen. Sie sind ein schönes Paar. Agnes ist zufrieden.

Doch plötzlich hält Albrecht vor einem Baum oben vor der Veste an, läßt Agnes los, tritt zwei Schritte vor, steht und starrt in die Krone hinauf. „Was ist?" fragt sie erstaunt. Aber er hört gar nicht, ist völlig im Bann des Baumes. Langsam geht er ein paar Schritte zurück, schließt ein Auge, macht noch zwei Schritte zur Seite und späht wieder hoch, läßt schließlich den Blick langsam am Baumstamm entlang nach unten wandern.

Agnes wartet hilflos auf dem Platz, weiß nicht, was sie tun soll, wohin mit ihren Armen und Händen, wie stehen. „Albrecht, was ist denn mit dem Baum? Was hast du? Nun komm endlich." Ihre Stimme drückt Ungeduld aus, Unverständnis, nach einiger Zeit auch verhaltene Wut. Aber Albrecht kümmert das nicht; offensichtlich hört er sie nicht einmal. Agnes zupft ihn am Ärmel, erst vorsichtig, dann fester. Da dreht er sich zu ihr um, sieht sie an und sieht dabei durch sie hindurch. Endlich sammelt sich sein Blick in ihrem Gesicht, und er strahlt sie an: „Schau doch, Agnes, welch ein Wunderwerk."

Er legt erneut den Arm um sie, zieht sie an sich, deutet mit der anderen Hand auf den Baum, zeigt auf den Stamm ... bildet mit den Händen seine Umrisse nach ... schwärmt ... erklärt. Agnes versucht seinen Worten zu folgen. Doch sie prallen an ihr ab. Sie versteht nicht, was er von ihr will. Dort wächst ein ganz normaler Baum. Verstohlen schielt sie zur Seite, vergewissert sich, daß sie niemand beobachtet hat. Mechanisch stimmt sie Albrecht zu, nickt, lächelt ihn verkrampft an. Dann gehen sie weiter, als ob nichts geschehen wäre. Doch ist Agnes die Freude an dem Ausflug vergangen. Sie erklärt Albrecht, in den neuen Schuhen nicht länger laufen zu können, so daß er sie nach Hause begleitet.

Den Tag vor der Hochzeit verbringt sie mit einigen Freundinnen im Bad. Der Brauch verlangt, daß Braut und Bräutigam auf diese Weise von ihren Freundinnen und Freunden Abschied nehmen und sich vor dem Fest gründlich reinigen. Es gibt ein großes Gekichere, als die Mädchen Agnes nach dem Bad mit einem Duftwasser begießen. Während sie die guten Wünsche der Freundinnen für die Hochzeitsnacht entgegennimmt, steigt Beklommenheit in ihr auf, die sich verstärkt, als wenig später aus dem Männerbad gröhlendes Gelächter ertönt, gefolgt von einem Gesang mehrerer Stimmen, der reichlich derbe Anspielungen auf die Freuden enthält, die auf das junge Paar warten.

Am Hochzeitstag erscheint Albrecht bei ihr; vom stattlichen Anwesen der Freys auf dem Herrenmarkt aus formiert sich der Zug zur Sebaldkirche. Der Tag verfliegt für Agnes wie im Rausch, zieht wie ein Traum an ihr vorüber. Sie glaubt neben sich zu stehen, sieht ein Mädchen im steifen Festtagsstaat, mit Schlüssel, Löffel und Geldbeutel ausgestattet, das Albrecht Dürer an der Kirchentür von St. Sebald beigegeben wird, das neben ihm in der Kirche steht, mit ihm im Haus ihres Vaters den Tanz anführt und anschließend mit jedem der Anwesenden zu einem Ehrentanz antreten muß.

Als sie schließlich von ihm die Treppe in die Hochzeitskammer hochgeleitet wird, während die Hochzeitsgäste den Flur und die Treppe füllen, johlen und anzügliche Lieder singen, fühlt sie ihre Füße kaum noch. Die Gäste drängen sich an der Tür, als Albrecht sie aufs Bett legt, sich neben sie bettet und eine Decke über sie beide zieht. Die Gäste klatschen Beifall, werden dann von Albrechts und Agnes' Vater aus der Tür gedrängt. Lachend leisten die Gäste Widerstand.

Endlich ist die Tür geschlossen, der Lärm draußen etwas gedämpfter, poltert die Treppe hinab. Die Musik setzt wieder ein, die Gäste klatschen und stampfen über den Fußboden. „So, Agnes, jetzt sind wir allein." Auf der Treppe hat Albrecht noch gelacht, der Wein ist ihm ganz schön zu Kopf gestiegen. Nun wird er auf einmal sehr ernst. Verlegene Röte bedeckt sein Gesicht. „Du fürchtest dich nicht, oder?" Seine Stimme klingt plötzlich heiser und rauh. Er fährt ihr sacht mit der Hand übers Gesicht. Streicht den Nasenrücken entlang, durch die Kuhle unter der Nase, läßt seinen Finger auf ihren Lippen ruhig liegen. Eine Welle zuckt durch Agnes hindurch. Sie hat schon viel über das gehört, was nun geschehen muß, wohl auch dem Stöhnen einer Magd in der Kammer nebenan gelauscht, dem rhythmischen Knarren eines Brettes im Bett ...

Während Agnes hilflos an der neuen Haube herumnestelt und auch Albrecht nicht damit zurechtkommt, fangen beide etwas verlegen an zu kichern. Es dauert einige Zeit, bis sie sich ihrer Kleidung entledigt haben. Albrecht betrachtet sie lange, als müsse er sich jede Linie ihres Körpers einprägen, tastet mit der Hand diesen Linien nach, einer warmen, kräftigen und doch zarten Hand, die er auf ihren Brüsten spielen läßt, während er sie küßt.

Schließlich legt er sich zu ihr. Agnes hält den Atem an. Neben diesem Mann wird sie nun liegen, jede Nacht, ein ganzes Leben lang. Er wird der Vater ihrer Kinder sein, und das, was er nun mit ihr tun wird, wird sich zahllose Male wiederholen.

Später liegt sie noch lange wach und lauscht in die Nacht hinein, wartet auf das Schlagen der Turmuhr. Da flüstert seine Stimme zu ihr herüber: „Kannst du auch nicht schlafen?" Sie seufzt auf und fühlt eine Hand, die sich zu ihr herüberschiebt. „Komm, leg dich näher zu mir." Sie schweigen wieder, doch ist dieses Schweigen nicht mehr beängstigend, so daß die Unruhe in Agnes sich langsam auflöst. Sie spürt seinen Körper angenehm warm und weich. Ruhig fließt jetzt die Müdigkeit durch sie hindurch. Nachdem Albrechts Arme sich um sie geschlungen haben, schläft sie endlich ein, mit sich und dem Leben zufrieden, fällt in einen tiefen Schlaf mit bunten, sich drehenden Traumbildern.

II

Im Haus unter der Veste

Zwei Tage später wacht sie zum ersten Mal in ihrer Kammer im Dürerhaus auf und hört neben sich tiefe gleichmäßige Atemzüge. Vorsichtig rutscht sie von ihrem Mann weg und steht auf. Das neue Kleid für eine verheiratete Frau hängt bereits am Haken neben der Tür. Ganz vorsichtig streicht sie über den faltenreichen Stoff der neuen Tracht. Dann bindet sie die Haube auf dem dazugehörigen Gestell zurecht, eine umständliche Prozedur, die sie bei der Mutter schon oft geübt hat. Aber jetzt ist es ihre Haube, die jedem zeigt, wer sie ist und daß sie kein Kind mehr ist, vielleicht... Agnes legt ihre Hand auf ihren Bauch. Vielleicht ist es schon geschehen, und ein neues Leben keimt in ihr, wird den Bauch anschwellen lassen, sich in ihr bewegen. Nun ist sie eine erwachsene Frau, nicht mehr die Jungfer, die das Leben noch nicht kennengelernt hat.

Dem scheuen, fragenden Blick der Dürerin begegnet sie offen und stolz. „Ich gehe in die Messe nach St. Sebald. Es hat schon geläutet." – Auf der Straße spürt sie die Augen der Leute auf sich gerichtet. Die neue Tracht fühlt sich ungewohnt an. Agnes zupft ein paarmal die Haube zurecht, hebt den Kopf und grüßt freundlich. Vor der Kirche wird sie von Albrechts Schwester Magret eingeholt. Doch nach der ist ihr heute morgen nicht zumute, denn sie hat keine Lust, sich ausfragen zu lassen. Also übersieht sie ihren fragenden Blick, begrüßt Magret knapp und geht an ihr vorbei.

Sie faltet die Hände. „O Gott", betet sie still. „Ich danke dir für diesen Eheherrn, auch wenn er noch ein rechter Niemand ist. Aber ich werde es gut bei ihm haben. Er hat zarte Hände, wird mich nicht schlagen und quälen und er ..." Agnes schlägt die Hände vors Gesicht, damit ihre Nachbarinnen die flammende Röte, die ihr über die Wangen zieht, nicht sehen. „Bitte laß nun meinen Leib gesegnet sein."

Unwillkürlich unterbricht sie ihr Gebet. Irgend etwas in ihr widersetzt sich diesem Gedanken, läßt ihr diese Aussicht gar nicht freundlich erscheinen. So ein kleines Wesen im Arm zu halten, es zu wiegen, für es zu singen, ihm die Brust zu reichen, das würde ihr schon gefallen, erst recht, wenn sie bei den Eltern wohnen könnte; den Stolz in den Augen ihres Vaters über seine Älteste und sein Enkelkind kann sie direkt vor sich sehen, wünscht sie sich sehr, auch den der Mutter, die mehrere Kinder noch vor der Zeit der Geburt verloren hat, das Bett lange Zeit hüten mußte und die Agnes oft hat verschämt weinen sehen.

Das Haus der Dürers ist dagegen voll von Kindern, und die ganze Familie ist ihr bis jetzt reichlich fremd, das jüngste Kind der Schwiegereltern nicht einmal zwei Jahre alt. Da wird sich niemand besonders über ein weiteres freuen, erst recht, wenn es so schreien sollte wie der Carl, über dessen Gebrüll sich Albrecht schon etliche Male beschwert hat.

Sie spürt, daß da noch etwas anderes ist, was ihr zu schaffen macht. Ein Kind zu haben, dazu gehört auch ein Mann, der eine eigene Werkstatt hat und Aufträge. Ihre Freundinnen sollen sagen können: Seht mal dort, die Agnes, ja, die kann sich freuen, ihr Mann hat gerade erst eine Werkstätte aufgemacht und kann sich vor Aufträgen nicht retten, als wenn jede Kirche ein Altarbild von ihm haben wollte. Wer wohl Pate stehen wird bei dem Kind? Der Maler Dürer wird sich für seinen Erstgeborenen sicher genau umgesehen haben. Ja ...

Agnes fährt zusammen. In ihre Gedanken versunken, hat sie nicht bemerkt, was in der Kirche geschieht. Nun hat ihr die Nachbarin die Hand auf die Schulter gelegt und fragt freundlich: „Ist Euch nicht gut, Frau Dürerin?" – „Nein,

nein", wehrt Agnes ab. „Es ist nichts. Ich war nur in Gedanken." Die restliche Zeit über paßt sie auf, damit sie genau das tut, was alle anderen Frauen um sie herum tun.

Auf dem Heimweg schließt Magret sich ihr an. Sie möchte unbedingt aus der Schwägerin irgend etwas herausbekommen, stichelt ein bißchen herum, fragt endlich ganz direkt. Doch Agnes mag nicht reden. Sie antwortet einsilbig, verstummt schließlich ganz.

Bei den Dürers sitzt Albrecht nicht, wie Agnes gehofft hat, vor der Morgensuppe in der Stube und freut sich über seine fromme Frau. „Ist Albrecht immer noch nicht aufgestanden?" fragt sie die Schwieger. „Doch", antwortet die etwas verlegen und stellt Agnes einen Napf hin. „Der ist mit seinen Malgeräten fortgegangen." – „Was? Wohin?" – „Das sagt der mir nicht."–„Aber er hat gar keinen Auftrag?"–„Was weiß ich."

Agnes beißt sich auf die Lippen, ganz fest, so daß es schmerzt. Sie starrt die Dürerin an. „Und was soll ich jetzt tun?" – „Hier ist immer genug zu tun." Die Schwiegermutter scheint das Verhalten ihres Sohnes ganz alltäglich zu finden. Agnes wagt nicht mehr zu fragen, denn sie will sich keine Blöße geben. Die Dürerin hält ihr eine Schüssel mit Gemüse hin, während sie Magret mit dem Besen in die Kammern hinaufschickt.

Agnes beginnt zwar, das Gemüse zu putzen, aber in ihr lodert es. Das Leben kann doch jetzt nicht einfach so weitergehen wie zu Hause, wo sie der Mutter zur Hand gehen mußte. Nur daß hier mehr zu tun ist, viel mehr. Alle Augenblicke geht die Türe auf, eines der Kinder kommt herein, die Magd, einer der Lehrlinge. Sie alle wollen irgend etwas von der Dürerin, fragen, bekommen eine Arbeit zugewiesen oder werden mit einem Auftrag davongeschickt. Endres und Sebald schleppen die gefüllten Wassereimer in die Küche, Katharina rührt das Schweinefutter an und macht sich mit dem Eimer auf den Weg zu den Ställen vor dem Stadttor, während Ursula mit dem Hühnerfutter im Hof verschwindet, dicht gefolgt von Christina, die sich ständig an die Fersen der großen Schwester heftet. Im Hof lärmen Kinder, auf der Treppe trampeln immer Füße herum. Da ging es im Haushalt der Eltern trotz der vielen Besucher ruhiger zu.

Agnes lauscht angestrengt, um bei den vielen Geräuschen Albrechts Schritte auf der Straße nicht zu überhören. Obwohl sie scheinbar ganz auf ihr Tun konzentriert ist, gärt es weiter in ihr. Dann läuten die Glocken von St. Sebald. Die beiden Lehrlinge, der Geselle, der Vetter Niclas und Anthon poltern aus der Werkstatt herein, eins nach dem anderen die Kinder – zehn von den neunzehn, die die Dürerin geboren hat, leben noch. Heute ist auch die Flicknäherin da und eine alte Arbeitsfrau, die halbblinde Afra, die noch zum Geflügelrupfen taugt.

Als der Meister die Stube betritt, verstummt der Lärm; Vater Dürer schlägt das Kreuz; feierlich langsam spricht er das Tischgebet, eine Zeremonie, der er sich täglich mit größter Sorgfalt hingibt und bei der er, der sonst so sanftmütig ist, keine Unterbrechung duldet. Alle Kinder haben Agnes ausdrücklich gewarnt, auch das leiseste Geräusch müsse unterdrückt werden, würde den Vater stören. Dann versuche er die Ordnung wiederherzustellen, mit allen Mitteln; dabei scheue er auch nicht den Einsatz seines Holzlöffels, den er dem Missetäter erbarmungslos über den Scheitel ziehe. Aber dazu komme es fast nie, da niemand wage, sich seinem Gebot zu widersetzen.

Je länger das Gebet dauert, desto schwerer legen sich die Worte des Alten Agnes auf die Brust: Es kann, es wird nicht gutgehen. Jetzt gleich wird Albrecht hereinplatzen oder auch nur eines der Kinder es nicht mehr aushalten ... nein, alle bleiben ernst und gesittet, keines kichert, selbst Carl weint und quengelt nicht, es bleibt mucksmäuschenstill.

„Amen. Gesegnete Mahlzeit." Der Meister hat das Gebet beendet und setzt sich an den Kopf des Tisches. „Amen", antworten alle erleichtert im Chor, während sie der Magd und Magret die Näpfe hinhalten. Die Magd füllt sie mit Birnenmus mit Schmalz, während Magret die in Ei getauchten und in Butter gebratenen Brotscheiben austeilt.

Alle langen schon tüchtig zu, als Albrecht hereinkommt. Er entschuldigt sich kurz, die Arbeit habe ihn aufgehalten, setzt sich, reicht Agnes seinen Napf. Agnes' Hand zittert leicht, sie kämpft mit den Tränen, reißt sich mit aller Kraft zusammen, damit niemand etwas merkt.

Der Meister hat seinem Ältesten einen mißbilligenden Blick zugeworfen, sagt aber nichts. Agnes weiß vor Scham nicht, wo sie hinsehen soll. Bloß nicht aufblicken jetzt. Einfach essen, als wenn gar nichts wäre.

Magret hat kaum Zeit zum Essen, sondern füttert Carl oder hilft Hans, der sich mit seinem Brotstück abplagt. Sie ißt erst später in Ruhe in der Küche. Carl verzieht das Gesicht und spuckt den Brei wieder aus. „Ich weiß nicht, was der hat", klagt die Mutter. „Er ist bereits den ganzen Tag so still und will nichts essen." Der Meister runzelt die Stirn, legt ihr dann beruhigend die Hand auf den Arm. „Das wird schon wieder werden, Mutter. Der hat sicher irgend etwas genascht, was ihm nicht bekommen ist."

„Der Carl hat die Pest", kräht da plötzlich der vierjährige Hans und reckt stolz seinen Löffel empor. Achtzehn Löffel verharren in der Luft, achtzehn Augenpaare starren entsetzt auf Hans. Die Dürerin ist bleich geworden; ängstlich mustert sie das Gesicht des kleinen Carl. Niemand sagt einen Ton. Da ergreift Albrecht das Wort: „Hans wird das auf dem Markt aufgeschnappt haben. Im Judenviertel soll es einige Pestfälle geben. Aber Genaues weiß man nicht. Vielleicht ist es auch nur ein Gerücht. Der Rat hat offiziell noch nichts darüber verlauten lassen. Also kein Grund zur Aufregung. Man wird den Juden befehlen, in ihren Häusern zu bleiben, und damit hat sich's."

Im Gesicht der Dürerin zuckt es. Sie nimmt Carl auf ihren Schoß, begräbt ihr Gesicht in seinem Haarschopf. Vater Dürers Gesicht bleibt ausdruckslos. Aber als Sebald losheult, fährt er ihn barsch an: „Sofort bist du still. Dein Gebrüll ändert nichts. Wenn Gott uns diese Prüfung schickt, müssen wir sie hinnehmen und uns drein schicken. Wir sind nur Gast auf Erden, und unser Leben ruht in Gottes Hand. Jetzt eßt weiter, bevor alles gänzlich kalt geworden ist."

Aber niemand mag mehr so recht. Die Kinder stochern mit ihren Löffeln in den Näpfen herum, schlucken schwer an dem Mus, das zäh und klumpig geworden zu sein scheint. Das Tischgebet, welches das Ende der Mahlzeit ankündigt, zieht sich noch einmal endlos hin. Der Vater hat zusätzlich etliche Fürbitten darin aufgenommen, in denen die Stadtheiligen, St. Sebald, St. Lorenz und alle vierzehn Nothelfer um

Schutz vor der Pest gebeten werden. Aber selbst das findet einmal ein Ende.

Der Meister bleibt beim Hinausgehen hinter seiner Frau stehen, beugt sich zu ihr hinunter, legt seinen Arm um ihre Schultern und lehnt seinen Kopf kurz an den ihren. Dann folgt er den Gesellen in die Werkstatt.

Auch Albrecht ist aufgestanden und zu Agnes herübergekommen. „Nun, wie war der erste Vormittag im neuen Haushalt?" Er fragt freundlich, selbstverständlich, scheint ganz arglos. Agnes steht beschämt vor ihm; was soll sie darauf sagen, während die Schwiegermutter neben ihr am Tisch sitzt? Jetzt, hier, kann sie ihm kaum die Meinung sagen, was er sich denke, sich einfach auf- und davonzumachen, ohne ein Wort. Also nickt sie steif und sagt scheinbar gelassen: „Ja, es ging recht gut. Alle sind sehr nett zu mir." Als sie ihn anschauen will, bemerkt sie, daß Albrecht sich zum Fenster gewandt hat. „Nun, dann ist es gut. – Da ziehen Wolken auf. Das verändert das Licht", antwortet er und ist schon fast an der Tür. Von der Schwelle aus schaut Albrecht zu ihr zurück; einen Augenblick lang glaubt Agnes einen leichten Zweifel in seinen Augen aufkeimen zu sehen. „Ist wirklich alles in Ordnung?" fragt er noch einmal. „Wegen der Pest besteht absolut kein Anlaß zur Sorge. Bis jetzt sind es bloß Gerüchte."

Er wartet jedoch die Antwort nicht ab, sondern blickt prüfend ins Wetter. Dann geht er raschen Schrittes davon. Agnes starrt ihm einen Augenblick lang nach, folgt jedoch sofort der Aufforderung Magrets, mit ihr den Tisch abzuräumen und das Geschirr abzuwaschen. Das Klappern der Näpfe und das Zischen des Wassers auf dem Herd sind die einzigen Geräusche in der Küche. Die Dürerin ist in der Stube hockengeblieben. Als Agnes zurückkehrt, starrt sie immer noch an Carl vorbei ins Leere. Agnes räumt die Näpfe in den Wandschrank. Sie fragt sich, was in der Dürerin jetzt wohl vorgehe. Ob sie den toten Johannes vor sich sehe, den ersten Sebald oder ihre Älteste, die Barbara.

„Du solltest die Blumenkübel im Hof und an den Fenstern gießen." Agnes fährt zusammen, als die Stimme der Dürerin hinter ihr ertönt. Sie nickt und ist froh, einen Grund zu haben, auf die Tenne zu verschwinden. Unten hüpfen Endres und Sebald auf einem Bein um Christina herum, die sich die Ohren zuhält und laut schluchzt. „Agnes, Agnes, die Buben sagen, wer einen anderen verpfeife, bekomme die Pest. Aber ich verpfeife doch niemanden, nur das eine Mal, weil der Endres mich an den Zöpfen gezogen hatte und ich deswegen Schelte bekam." Agnes jagt die Buben hinaus, wischt Christina die Tränen ab und nimmt sie mit in den Hof.

Mit Einbruch der Dämmerung kommt Albrecht zur gleichen Zeit nach Hause wie die Lehrlinge und Gesellen aus der Werkstatt. Beim Essen, den ganzen Abend über beherrscht Agnes sich, zeigt ein freundliches Gesicht. Doch kann sie Albrechts Verhalten immer noch nicht verstehen. Außer ihr scheint jedoch niemand daran etwas auszusetzen zu haben. Sie bleibt ziemlich still und nagt den Abend über an ihrem Gram, ohne daß jemand davon Kenntnis nähme.

Endlich löst sich die Runde auf. Agnes folgt Albrecht die Treppe hinauf in ihre Kammer. Nachdem sie die Tür geschlossen hat, zischt sie leise, damit niemand in den angrenzenden Kammern sie hört: „Was hast du den ganzen Tag über getrieben, wo du gar keinen Auftrag hast?" Erstaunt wendet Albrecht, der gerade die Strumpfhose vom Bein streift, sich ihr zu. Ruhig entgegnet er ihr: „Ein Maler muß immer malen, auch wenn er keinen Auftrag hat." – „Wieso?" – „Ja, weil das so ist. Ein Maler lernt immer dazu, vor allem ein junger Maler, der noch so viel lernen muß wie ich." – „Aber du hast doch ausgelernt, bist Geselle und vier Jahre lang auf Reisen gewesen." – „Was ist das schon? Es gibt vieles, was ich noch lernen muß." Was Albrecht ganz selbstverständlich dahinsagt, wandelt Agnes' Unbehagen in ein ungläubiges Staunen. Es paßt überhaupt nicht zu dem, was sie über Albrecht gehört hat... Er hat schließlich ausgelernt, will eine Werkstatt eröffnen. Der Vater hat ihn doch für sie ausgesucht, der würde nie... Um ihre Mundwinkel zuckt es.

„Agnes, wach auf, du träumst", Albrecht hat seine Frau an der Schulter gepackt und schüttelt sie leicht. „Was ist? Was hast du dir nur vorgestellt?" Prüfend wandert sein Blick über ihr aufgestörtes Gesicht. „Du machst dir völlig überflüssige Sorgen. Von meiner Arbeit verstehst du nichts. Da mußt du dich auf mich verlassen."

„ Du mußt dich doch nach Aufträgen umsehen, und ..."

„Komm laß. Das hat keinen Zweck. Ich verspreche dir, es wird alles so, wie du es dir nur wünschen kannst. Wir werden eine Werkstatt haben, und ich werde mit den Aufträgen kaum nachkommen."
„Bestimmt?"
„Bestimmt." Er küßt sie und zieht sie zum Bett.
In seinen Armen entspannt sie sich langsam. Es geht so viel Zuversicht von ihm aus, solche Sicherheit. Er scheint zu wissen, was er tut. Sie möchte so gern zufrieden sein. Sie wollte doch Ehefrau werden.

Sie dämmert gerade in den Schlaf hinüber, als Albrecht ihr zuflüstert: „Wenn du willst, kannst du morgen mitgehen und mir ein bißchen bei der Arbeit zusehen. Willst du?" Agnes seufzt zustimmend, bevor sie endgültig in den Schlaf hinabtaucht.

Am nächsten Morgen stehen sie zusammen auf, essen die Frühsuppe gemeinsam. Beim Packen des Malerwerkzeugs darf Agnes allerdings nur zusehen. Nachdem sie das Haus verlassen haben, wenden sie sich zum Neuentor, gehen aus der Stadt hinaus, bis Albrecht auf der Höhe der Drahtziehmühle am erhöhten Nordufer der Pegnitz anhält, eine Zeitlang Standpunkte ausprobiert und wieder verwirft, sich endlich für eine Stelle entscheidet. „Komm her, Agnes, schau. Von hier aus ist das Licht am besten. Siehst du, wie es ..."

Agnes hört nur mit einem Ohr zu. Ihre Bedenken greifen schon wieder um sich. Was will Albrecht hier? Er kann doch nicht die schreckliche Drahtziehmühle malen wollen, in der Draht hergestellt wird in unendlich langen Fäden. Daß dieser Draht als Nürnberger Verkaufsware weithin begehrt ist, weiß sie, aber für einen Maler hat das bestimmt keine Bedeutung.

Albrecht packt in aller Seelenruhe seine Farben aus, holt ein Blatt hervor, skizziert mit ein paar Strichen die Häuseranlage, den Fluß, Felder und beginnt, das ganze bunt auszumalen.

„ Hast du gestern den ganzen Tag hier gestanden?"
„Ja."
„Sind Leute vorbeigekommen?
„Ja, natürlich."

„Und was werden die denken?"

„Daß hier ein Maler steht, der sein Handwerk ausübt."

„Mit solchen Bildchen?"

„Mit solchen Bildchen."

„Nein", sagt Agnes bestimmt. „Das ist nicht die Arbeit eines Malers. Der steht in der Werkstatt und trägt richtige Farbe auf große Tafeln auf. Du pinselst hier herum wie ein nichtsnutziger Bursche, der dem lieben Gott die Zeit stiehlt."

Albrecht fährt auf. Seine Augen blitzen. Erregt herrscht er sie an: „Das geht zu weit. Es ist nicht deine Sache zu entscheiden, was für mein Handwerk gut ist und was nicht. Die Zeiten haben sich geändert. Ein Maler muß heute nach der Natur malen, und dazu braucht er Tageslicht und viel Übung."

„Aber die Leute ..."

„Schweig endlich. Die Leute werden kommen, wenn sie meine Kunst sehen. Und jetzt stör mich nicht länger bei meiner Arbeit. Sieh zu, daß du nach Hause kommst. Wenn du sie schon nicht verstehen kannst, solltest du mich wenigstens nicht stören."

Agnes schluckt. Dann dreht sie sich um und läuft davon, kämpft mit den Tränen, die sie aber hinunterwürgt, damit man ihre Bestürzung nicht sieht. Am Stadttor hat sie sich endlich so weit gefaßt, daß niemand, der der jungen Dürerin entgegenkommt, auch nur ahnen kann, was zwischen ihr und ihrem Mann vorgefallen ist.

Als sie zur Tür hereinkommt, mustert die alte Dürerin Agnes zwar kurz, sagt jedoch nichts, sondern reicht ihr wortlos den Besen.

„Nun schau mal, wie gefällt dir das?" Agnes schrickt hoch. Sie hat vor sich hin sinnend erschöpft am Tisch gesessen und Albrecht gar nicht hereinkommen gehört. Jetzt hält er ihr ein Blatt hin, auf dem mit ein paar Federstrichen eine junge Frau abgebildet ist.

Das ist offensichtlich sie selbst. Unwillkürlich fährt sie sich mit der Hand übers Haar. Auf der Zeichnung stehen ein paar Strähnen unordentlich vom Kopf ab. In sich versunken sitzt sie da, und was das schlimmste ist, sie kaut gedankenverloren an ihrem Daumen herum. Wie oft hat die Mutter sie deswegen ausgescholten. Wie oft hat sie sich vorgenommen, die Unart zu lassen. Aber wenn sie nicht daran denkt, geschieht es immer wieder. Und ausgerechnet in dieser Haltung muß Albrecht sie entdecken und auch noch zeichnen.

„Was ist?" Albrecht streicht ihr mit der Hand über den Kopf. „Gefällt es dir nicht? Mir schon." Und lächelnd schreibt er mit der Feder darunter: *mein agnes.* „So bist du. So hat Gott dich geschaffen. Warum sollte ich dich nicht so zeichnen?" – „Es ist nicht schön." – „Doch es ist schön, weil du schön bist. Ich will die Menschen und die Schöpfung Gottes in ihrer Schönheit darstellen. Ganz genau, wie Gott sie gemacht hat. Auf den alten Bildern, noch beim Wolgemut, sind die Menschen bloß eine Hülle, die etwas anderes ausdrückt. Aber die neue Art zu malen, wie sie in den Niederlanden entstanden ist, am Oberrhein und vor allem in Italien, stellt den Menschen so dar, wie der Schöpfer ihn zu seinem Lobpreise geschaffen hat. Auch wenn eine junge Frau auf dem Daumen kaut."

Agnes blickt hoch. Albrecht will sich wohl über sie lustig machen. Doch schaut er sie ganz ernst, fast traurig an. „Aber da ist noch vieles an dem Bild, was nicht in Ordnung ist. Nicht das Modell, das ist hübsch genug, aber der Maler hat noch viel zu lernen. Und weil ich so viel von der Natur zu lernen habe, deshalb muß ich draußen vor der Stadt die Drahtziehmühle malen. Hier werde ich allerdings nie vollkommen werden, denn dazu müßte ich nach Italien."

„Über die Alpen?"

„Ja, Agnes. Mein Freund Willibald Pirckheimer, der in Pavia studiert, schreibt mir, ich müsse einfach nach Italien kommen, wenn ich als Maler etwas taugen wolle. Du weißt, die Pirckheimers..."

„Aber die Pirckheimers sind reiche Leute, die können sich so etwas leisten, auch jetzt noch, nach dem Konkurs."

„Ach Agnes, das Geld... Willibald schreibt, daß die Maler in Italien Unglaubliches schaffen und dort eine neue Zeit anbricht. Er berichtet Wunderdinge über die italienische Kunst."

Die alte Dürerin ruft aus der Küche nach Agnes. Wie erlöst atmet sie auf. Einfälle hat der Albrecht... Und dann redet er von dem Herrn Pirckheimer wie von seinesgleichen, sagt einfach „Willibald", ohne Respekt. Wenn sie selbst das machte, wäre das vielleicht noch etwas anderes. Schließlich ist sie am Markt nur ein paar Häuser von dem der Pirckheimers großgeworden und hat eine Mutter, die eine Rummel ist. Den jungen Herrn Pirckheimer hat sie allerdings nur selten zu Gesicht bekommen, da die Familie fast nie in Nürnberg weilt. Wenn sie nur wüßte ...

Im Garten vor der Stadt müssen die Beete gehackt werden. Den ganzen Nachmittag über steht Agnes mit Magret, Ursula, Katharina und Hans mitten im Salat, in den Bohnen, Rüben, Zwiebeln und Sträuchern und zieht die Hacke durch die Erde, während Carl zwischen ihnen herumläuft, aber immer wieder in den Brombeersträuchern verschwindet. Eine breite blaue Spur verläuft durch sein Gesicht und über seinen Bauch. Er stolpert, greift nach Agnes' Rockschößen. Im gleichen Augenblick dreht sie sich zu ihm um, so daß er den Halt verliert und rücklings auf den Boden fällt. Einen Augenblick schaut er erstaunt um sich, bevor er in markerschütterndes Gebrüll ausbricht. Ursula nimmt ihn hoch und schuckelt ein bißchen mit ihm. Nun schluchzt er herzerweichend. Agnes schaut böse zu ihm hinüber. „So ein Theater wegen nichts", schimpft sie. „Gib ihm lieber eine ans Ohr, dann wird er Ruhe geben."

Unvermittelt sieht sie sich wie einer Mauer den Dürer-Kindern gegenüber, die sie alle feindselig anstieren, obwohl sie sonst nicht gerade zimperlich mit Carl umgehen. „Es reicht, wenn du auf uns Mädchen herabschaust, seitdem du Ehefrau bist. Aber deswegen brauchst du deinen Stolz nicht an unserem kleinen Bruder auszulassen." Magret hat sich der um ein Jahr älteren Schwägerin gegenüber aufgebaut und mißt sie wütend mit vorgerecktem Kopf. In ihren Augen blitzt es kampflustig. Bis jetzt hat sie unter den Mädchen unangefochten die Stellung der Ältesten behauptet.

Agnes liegt eine schnippische Bemerkung auf der Zunge, aber als sie diese Magret entgegenschleudern will, warnt sie eine innere Stimme, den Streit nicht weiter anzuheizen. So begnügt sie sich mit einem zornigen Blick. Ursula, die Carl wieder auf dem Boden abgestellt hat, legt Magret beruhigend die Hand auf die Schulter. „Laß gut sein. Ganz leicht ist es mit uns sicher auch nicht. Und besonders nicht mit dem Albrecht."

„Mit dem Albrecht", schnaubt Magret. „Warum soll es ihr besser ergehen als uns. Wir wissen, wieviel Aufhebens die Mutter um ihn macht und mußten seine Sonderwünsche schon seit Jahren ertragen. Die Eltern haben ihrem Liebling ständig nachgegeben. Auch als er nach der Lehrzeit beim Vater noch eine zweite Lehre in der Wolgemutschen Werkstatt anfangen wollte. Immer alles doppelt und dreifach für unseren Prinzen. Und der Agnes, der scheint dieser schmucke Eheherr zu Kopfe gestiegen zu sein. Er scheint sich auch ausnehmend viel mit ihr zu beschäftigen. Jedenfalls nebenan in unserer Kammer hört es sich an, als täte er seine Pflicht. Wir können kaum einschlafen. Trotzdem, schwanger bist du wohl noch nicht?!" Höhnisch schleudert Magret der Schwägerin, die ihr nun stumm staunend gegenübersteht, ihre Worte entgegen.

„Hör auf, hör auf!" Ursula und Katharina haben sich an den Händen gefaßt, um der großen Schwester entgegenzutreten. Carl sitzt am Boden und hat wieder zu weinen angefangen. „Warum sprichst du so schlecht über unseren großen Bruder? Du weißt doch, wie herrlich er ist. Jeder lobt ihn. Er hat sogar für uns Bilder gemalt. Weißt du noch, damals die Ziss, unsere Katze, als sie noch ganz klein war, wie sie in der Wiese herumtapste? Und der Vater hat den Albrecht nur gewähren lassen, weil, weil ... , nun weil der Albrecht etwas ganz Besonderes ist." Auch Katharina wagt zur Verteidigung des großen Bruders etwas beizutragen. „Der Albrecht hat uns nie so geärgert wie der Anthon oder der Hieronymus."

Nun stehen sie alle vier da, heftig atmend, eine die andere messend, sich und ihre Liebe verteidigend, während es Hans gänzlich die Sprache verschlagen hat. Agnes findet als erste in ihre Rolle als Schwägerin der Mädchen zurück. „Albrecht ist ein guter Ehemann, und er wird es weit bringen. Das wißt ihr genau. Du solltest dich schämen, Magret, so über ihn zu reden. Außerdem wirst du wohl nicht allzulange gezwungen sein, mit ihm unter einem Dach zu wohnen. Dein Vater wird sicher bald einen Mann für dich finden."

Sie dreht sich um, greift wieder zur Hacke, arbeitet wortlos, doch hält sie von Zeit zu Zeit schweratmend ein, als erschöpfe sie die Arbeit völlig. Auch die Dürer-Kinder widmen sich nun scheinbar mit Feuereifer ihrer Tätigkeit.

So ein Biest, denkt Magret. Die Agnes fühlt sich schon als Hausherrin. Hoffentlich verklagt sie uns nicht bei unserer Mutter oder Albrecht. Es war bereits schwer genug, bevor die Agnes ins Haus kam, obwohl sie durchaus arbeiten kann. Aber da war ich wenigstens das älteste Mädchen im Haus. Jetzt gilt die Agnes viel mehr als ich. Und ob die Eltern bald nach einem Mann für mich Ausschau halten, ist mehr als zweifelhaft. Es gibt so viel zu tun, die Kinder ... ständig ist eines krank oder liegt die Mutter im Wochenbett, und dann bleibt alles an mir hängen. Ein, zwei Jahre warten sie bestimmt noch, bis Ursula mich ersetzen kann. Aber vielleicht machen sie sich auch gar keine Gedanken darüber, was aus mir wird. Der Vater wälzt anderes im Kopf, und die Mutter betet weiterhin bloß für die Kleinen. Mich kann sie keinen Augenblick untätig sehen. Wenn sie mich wenigstens mal etwas tun ließe, ohne hinterher nachzuschauen. Nie läßt sie eine Entschuldigung gelten. Die Agnes weiß gar nicht, wie gut es ihr bei uns geht; an ihr mäkelt die Mutter nicht herum, zumindest noch nicht. Warte nur, bis sie erst ganz vertraut mit dir geworden ist!

Wenn die wüßten ... – auch Agnes hängt ihren Gedanken nach –, die haben ja keine Ahnung, wie merkwürdig Albrecht sich verhält. Doch nicht nur das seltsame Verhalten ihres Eheherrn bedrängt Agnes. Unwillkürlich schiebt sich das Bild, das Albrecht von ihr gezeichnet hat, vor ihr inneres Auge. Ob sie ihm wirklich gefällt? So wie sie auf dem Bild aussieht? Nicht im guten Kleid, sondern ungekämmt, beim Daumenkauen. Freundlich hat er ausgesehen und gar nicht mehr böse mit ihr, obwohl sie am Morgen noch seinen Unwillen erregt hat. Er kann so liebe Augen haben. Ach ...

III

Die Pest

In den nächsten Tagen ist Albrecht oft nicht zu Hause oder sitzt in der Werkstatt seines Vaters. Agnes meidet Fragen nach seinen Bildern, seiner Arbeit oder seinen Plänen. Einmal spricht sie die Dürerin vorsichtig darauf an, daß Albrecht nichts Richtiges tue, doch rät ihr die Schwiegermutter, sich da rauszuhalten, das sei Männersache. „Arbeite und bete zu Gott, opfere ihm deine Sorgen auf, denn er lenkt alles zu unserem besten." Aber Agnes zweifelt sehr daran, daß sie sich so klaglos in ihr Leben wird schicken können wie die Dürerin.

Ein paarmal spielt sie mit dem Gedanken, ihre Eltern um Rat zu fragen. Sie stand bereits vor ihrem Haus, ist dann jedoch umgekehrt. Der Vater wird auf Albrechts Seite stehen, ihr beruhigend auf die Schulter klopfen, Albrecht wisse sicher, was richtig für ihn sei. Und die Mutter? Sie wird sich ihm anschließen, Agnes vielleicht trösten, sie solle nur warten, bis sie schwanger sei, dann gebe sich alles. Wenn sie gegangen ist, werden sich die beiden verständnisvoll zunicken: „Nun ja, es dauert halt eine Zeit, bis sie sich gewöhnt hat." Nein, das will sie nicht. Lieber erstickt sie an ihrem Gram.

Agnes schlendert langsam über den großen Platz zurück, immer wieder bedrängt von Bettlern, die in Gruppen dort herumlungern und die Tür der Frauenkirche umlagern. Ein Mann ohne Beine schiebt sich auf seinem Karren auf sie zu und versucht ihr den Weg zu versperren. Sie gibt ihm ein Geldstück, damit er von ihr abläßt.

Sie sucht sich ihren Weg in den Salzmarkt hinein, der sich zur Sebaldkirche hin öffnet. Doch plötzlich zieht sich vor ihr ein großer Menschenhaufen zusammen, läuft wieder auseinander, zerfasert an den Außenrändern. Neugierig tritt Agnes hinzu, kann aber nichts sehen. Sie will schon weitergehen, als zwei nackte, verdrehte, emporgereckte Arme die Luft durchstechen, drohen und wieder verschwinden. Dann erschallt eine Stimme: „Tut Buße, tut Buße, der Zorn Gottes ist über euch. Weh Babylon!" Die hohe kreischende Stimme überschlägt sich fast. „Weh Babylon ... Wenn du nicht die Worte des Gesetzes befolgst, indem du diesen glorreichen und furchtbaren Namen, Jahwe, deinen Gott, fürchtest, so schlägt Jahwe dich und deine Nachkommenschaft mit gewaltigen und anhaltenden Plagen und bringt über dich alle Seuchen Ägyptens, vor denen dir graut."

Jäh bricht die Stimme ab. Die Menge schreit auf und drängt auseinander, so daß der Blick für Agnes frei wird. Vor ihr im Dreck liegt ein fast nackter Leib, der in sich zusammengesunken ist. Überdeutlich ist an der Innenseite des rechten, nach außen gedrehten Beines eine riesige schwarze Beule zu sehen, schwärzlich-grün verfärbtes Fleisch.

Agnes steht wie festgenagelt, starrt. Dem Aufschrei auf dem Platz ist tiefe Stille gefolgt, eine ungeheure, atemlose Stille, die nur kurz dauert, von scheinbar alltäglichem Lärm wieder aufgelöst wird. Die Menschen haben ihre Blicke von der Leiche zurückgezogen, sie heften sie an einen Punkt in ihrer Nähe und reden mit ihren Nachbarn über die Marktpreise, das Wetter, alles, was sich nur irgend packen läßt, für ein paar Worte taugt. In wenigen Augenblicken ist der Platz wieder voller Menschen und Betriebsamkeit, von der nur ein kleiner Fleck ausgespart ist, um den die Menschen einen Bogen machen.

Agnes wird angerempelt, stolpert fast. Sie streicht sich über die Augen, glaubt einen Augenblick lang, einen schrecklichen Traum zu träumen. Und dann rennt sie weiter, hetzt an den Menschen vorbei, die nichtsahnend aus der Gilgengasse kommen und für die verstörte junge Frau, die ganz und gar unschicklich daherrennt, nur kopfschüttelnd einen Blick übrig haben. Erst vor dem Haus der Dürers bleibt Agnes stehen, wartet, bis sie zu Atem gekommen ist, holt tief Luft und geht hinein.

Am Abendtisch dreht sich das Gespräch nur um die Pest, die nun offensichtlich in der Stadt Einzug gehalten hat. Für den kommenden Morgen sind in allen Kirchen der Stadt Bittgottesdienste angesetzt worden. Die ersten Patrizierfamilien packen und ziehen mit Wagen aufs Land.

Die Dürers wollen bleiben. Mit grauen versteinerten Gesichtern sitzen die beiden Alten am Tisch. Der Gedanke an Packen, an Flucht kommt bei ihnen gar nicht auf. Sie wüßten auch nicht, wohin. Im Umkreis von Nürnberg haben sie keine Verwandten, die sie alle aufnehmen würden. Auch ist das Risiko, Haus und Werkstatt unbeaufsichtigt zu lassen, viel zu groß. Eine Plünderung des Hauses käme dem wirtschaftlichen Ruin der Familie gleich. Auf dem Gebäude lastet zwar noch immer eine Schuld, trotzdem bedeutet es dem Meister unendlich viel: Es zeigt, daß er es in dieser Stadt, nachdem er lange als Mieter im engen Hinterhaus der Pirckheimers wohnen mußte, zu etwas gebracht hat und von den Nürnbergern als einer der ihren angesehen wird. Mehr Sicherheit wird ihm das Leben nie bieten, und in Krankheit und Tod muß sich der Mensch schicken, das hat seine Familie reichlich erfahren. Er und seine Frau legen ihr Leben in Gottes Hand.

Ruhig gibt Vater Dürer Anweisungen, was zu besorgen sei. Man müsse sich darauf einrichten, daß der Markt geschlossen werde und niemand mehr etwas verkaufe; daß sie sich im Haus einschließen müßten. Agnes blickt von einem zum anderen. Carl scheint noch nichts zu verstehen; aber schon im Gesicht von Hans hockt in den Augenhöhlen die Angst, während Sebald und Endres sich an den Händen gefaßt haben und den Blick angespannt auf den Boden heften, wo die Katze hockt, die nun auf Endres' Knie hochspringt, sich dort niederläßt und von ihrem Freund am Rücken und unterm Kinn kraulen läßt. Als er sich zu ihr herabbeugt, schnuppert sie vorsichtig seine Nase ab und läßt auch zu, daß er sie fest umfaßt und sein Gesicht in ihr Fell hineinbohrt.

Keins der Kinder sagt ein Wort, nur der Geselle und die Lehrlinge murmeln ein paar Bemerkungen, während der alte Dürer erklärt, daß das Haus vor den Ausdünstungen der Krankheit geschützt werden müsse. Er wolle am nächsten Morgen den Schornstein verschließen, um dann Kräuter im Ofen zu verbrennen. Nach dem Gottesdienst sollten sie sich alle in dem Rauch reinigen und danach einen Kräutersaft trinken, den die Dürerin gerade braue.

Nun ist sie also da, die Pest, und nichts ist mehr so, wie es noch gestern war. Jeder neue Tag wird jetzt neue Schrecken bringen: Bei allem, was sie tun, muß die Pest bedacht werden; der Tod wird die Straßen der Stadt durcheilen, sie leeren und sich täglich neue Opfer suchen, bis er sich endlich zufriedengibt oder aber an den ausgemergelten Gestalten, die ihm noch bleiben, kein Gefallen mehr findet und es vorzieht, in einer anderen Stadt seine Krallen in frisches Fleisch zu schlagen.

Im Haus gibt es noch mehr zu tun als sonst. Der Neffe Niclas wird nach Hause geschickt; der Geselle verschwindet mit ihm. Er wollte wohl die Stadt verlassen, bevor es zu spät ist. So fassen auch die Frauen bei den Kornsäcken, die vom Markt nach Hause geschleppt werden müssen, mit an; zwei gesunde Schweine werden ohne jegliche fremde Hilfe geschlachtet, da die Metzger überlastet sind. Die Frauen legen Fallen für die Mäuse aus, durchstreifen mit den Kindern die Wälder und Wiesen in der Umgebung von Nürnberg auf der Suche nach Kräutern. Das Fleisch muß gekocht und eingepökelt werden und und und ...

Die Preise auf dem Markt steigen sprunghaft. Zum Glück ist die Obst- und Gemüseernte fast vorbei, ist das Kraut geschnitten, sind die Rüben im Sand verbuddelt, der Garten abgeerntet, und die Früchte sind schon zu Mus verkocht. Die Schwiegermutter achtet streng darauf, daß die Kinder jeden Gottesdienst besuchen; nach jeder Mahlzeit wird ein Rosenkranz gebetet, und selbst zwischendurch sinkt die Frau vor dem Kreuz in der Stubenecke nieder und murmelt Gebete vor sich hin.

Ein paar Häuser weiter herrscht rege Geschäftigkeit. Agnes ist auf die Straße getreten, um sich von den Kobergers zu verabschieden. Wieder eine Familie, die die Stadt verläßt! Höchstens noch die Hälfte der Häuser in der Straße ist bewohnt. Agnes sieht zu, wie die letzten Kisten auf dem Wagen festgebunden werden, reicht Pakete hoch, die der Hausherr und Albrecht zwischen den Kisten verstauen. Die Kobergers wollen nach Amberg. Anthoni Koberger sind bereits sechs Kinder gestorben. Anfang des Jahres gleich wieder die kleine Margret, die kaum ein halbes Jahr alt geworden ist. Das erste Kind der Margarethe Holzschuherin, seiner zweiten Frau. Agnes umarmt die wieder hochschwangere Margarethe, die kaum älter ist als sie selbst und durch ihre

Eheschließung mit einem Schlag drei halbwüchsige Kinder bekommen hat. Und gleich das erste eigene gestorben!

Als letztes schließt der Hausherr die Haustür sorgfältig ab. Alle Fensterläden sind verschlossen und zusätzlich vernagelt. Schließlich nimmt Koberger zwei dicke Bretter, die er im Türrahmen festschlägt. Noch einmal seufzt er tief auf, läßt seinen Blick ein letztes Mal an seinem Haus hochgleiten, wendet sich schließlich abrupt um und ergreift das Pferd am Zügel. Margarethe sitzt bleich, fast wie abwesend auf dem Wagen. Als die Pferde anziehen, hebt sie zum Abschied die Hand, verzieht das Gesicht zu einem gequälten und doch erleichterten Lächeln. Die Koberger-Kinder folgen zu Fuß.

Albrecht will den Wagen bis zum Stadttor begleiten. Das glaubt er seinem Paten schuldig zu sein. Die Dürer-Kinder lärmen durch die Straße, laufen dem abfahrenden Wagen und den Nachbarskindern ein Stück nach, winken Magdalena, Katharina und Anthoni, wünschen eine gute Fahrt und bleiben endlich stehen. Nur langsam, zögernd, treten sie den Heimweg an.

Die wären zu gerne mitgefahren, denkt Agnes. Aber wir müssen nun einmal hierbleiben. Zu Hause angekommen, meidet sie die Stube, aus der beträchtliches Geschrei dringt, und steigt in ihre Kammer hinauf. Sie nestelt an ihrer Brust, wo sie den Konzeptionszettel verborgen hat, den sie sich nun in den Mund schiebt und langsam hinunterwürgt. Dann beginnt sie die vorgeschriebenen Gebete, drei Vaterunser, drei Ave-Maria und drei Gloria patris langsam und inbrünstig zu sprechen. Jetzt müßte sie vor jeglicher Krankheit und sogar vor Zauberei geschützt sein. Vorsichtshalber will sie sich morgen zusätzlich ein Pestamulett besorgen, vielleicht stimmt, was man munkelt, und es hilft. Schaden wird es sicher nicht. Albrecht wird sie von beidem lieber nichts sagen, er ist in den letzten Tagen unberechenbar und launisch und hat schon bei Tisch darüber hergezogen, auf welch unsinnige Art manche Leute sich vor der Pest zu schützen suchten und ihr Geld verschwendeten. Zum Glück hat ihm sein Vater jedes weitere Wort darüber verboten.

Als die Kammertür aufgestoßen wird, fährt Agnes aus ihrem Sinnieren hoch. Albrecht tritt herein, stutzt, da er ihr gerötetes Gesicht sieht, und runzelt die Stirn. „Was ist,

Agnes?" fragt er, und als er statt einer Antwort nur einen bösen Blick erhält, packt er sie und setzt sich auf das Bett, wobei er sie auf seinen Schoß zieht. „He, Agnes, vergiß deine trüben Gedanken, schau nur, wie schön die Sonne draußen scheint. Die Welt ist schön, auch jetzt noch. Wir sind jung, uns wird die Pest nichts anhaben."

Während sie den Kopf zum Fenster wendet, küßt er sie heftig in die Halsbeuge. Agnes zuckt unwillkürlich zusammen. Doch Albrecht hat seine Arme fest um ihre Taille geschlungen und läßt seine Lippen sacht über ihre Ohrmuschel streichen. Dann flüstert er ihr ins Ohr: „Da hat man eine so wunderhübsche junge Frau, mit der man hübsche Dinge tun könnte, und die sitzt hier in der dämmrigen Ecke und macht sich Gott weiß was für schlimme Gedanken."

Doch Agnes sträubt sich gegen ihn, gegen seine Worte genauso wie gegen seine Zärtlichkeit. Sie fühlt sich überfallen, bedrängt, in ihren trüben Gedanken aufgescheucht. Was will er so plötzlich von ihr? Woher diese aufgesetzte Fröhlichkeit, nachdem er gestern kaum ein Wort gesprochen hat? „Laß mich", stößt sie hervor und strampelt mit den Beinen, derweil ihre Hände den Ring seiner Arme zu sprengen versuchen. „Hast du nicht gehört, wie der Pfarrer gesagt hat, nur ein sittliches Leben schütze vor der Pest, jede Fleischeslust sei zu meiden?"

Albrechts Griff ist plötzlich eisenhart geworden. „Agnes", sagt er fest, „Was soll das? Ich will doch nichts Böses von dir. Schließlich bin ich dein Mann. Und du tust gerade, als ob du von einem Scheusal im Arm gehalten würdest. Schau mich an. Ich bin weder ein Ungeheuer noch der leibhaftige Satan noch ein böser Geist, der die Pest über die Welt ausstreut. Willst du dich nur der Angst vor der Krankheit überlassen?" Bei diesen Worten durchläuft es Agnes kalt. Mit angsterfüllten Augen starrt sie ihn an und strebt mit aller Kraft von ihm weg. Da läßt er sie los, mustert sie kopfschüttelnd und verläßt schweigend, mit hängenden Schultern den Raum. Die Tür schlägt hinter ihm zu.

Am Abend in der Stube sitzen alle stumm da. Es gibt einfach nichts zu reden. Die Angst vor der Pest läßt jedes Gespräch verebben. Es ist unglaublich stickig im Raum, denn seit Tagen sind alle Fenster fest geschlossen. Die alte

Dürerin kniet vor dem Kreuz und läßt den Rosenkranz, Gebete murmelnd, durch ihre Finger gleiten; die übrigen fallen mechanisch ein. Verstohlen schaut Agnes zu Albrecht hinüber. Doch der hält den Blick gesenkt und starrt auf seine Schuhspitzen.

Als der Rosenkranz beendet ist, stimmt Vater Dürer ein Gebet zum heiligen Anthon an, der ein Helfer gegen die Krankheit ist und dem sich die Familie täglich anvertraut:

„Wenn die Sonn will untergehen,
Steht zu dir all unser Flehen.
Die wir dein Lob bittweis singen,
Wollst uns in Gefahr beispringen!
Der du böse Seuch vertreibest,
Alle Krankheit bald zerstäubest,
Leib und Leben uns erhaltest,
In Lieb zu uns nie erkaltest.
Wir dich, Anthonium, loben
So im Himmel selig droben.
Böse Seuch, Gift, Pest abwendest,
Gesunde Luft stets zu uns wendest,
Dir die Element gehorchen
Und der Tod, so uns verborgen,
Auf dein Winken ganz erschricket,
Nichts mehr uns dadurch anblicket."

In der Schlafkammer vermeiden Agnes und Albrecht es, sich anzusehen. Scheu zieht jeder sich in einer anderen Ecke aus, meidet auch im Bett die Berührung mit dem anderen. Agnes kann lange Zeit nicht einschlafen. Zwar spürt sie, daß auch Albrecht neben ihr wach liegt, doch bleibt jeder mit seinen Sorgen für sich, findet keiner das Wort, das eine Brücke zum anderen schlagen könnte.

Als Agnes am nächsten Morgen vom Läuten des Pestkarrens geweckt wird, der unter ihrem Fenster vorbeizieht, ist Albrecht schon fort. Wohin, weiß auch die Schwieger nicht. Seine Mappe und Farben hat er nicht mitgenommen.

Zum Mittagessen ist er wieder da und ergeht sich vor der verblüfften Familie über einen Auftrag des Nachbarn Schreyer, des Kirchenmeisters von St. Sebald, der die Vorderstube seines Hauses bemalen lassen wolle. Den Auftrag habe er an Wolgemut vergeben, der sei jedoch bereit, die Ausgestaltung einzelner Bilder Albrecht zu überlassen. Die Vorgaben stammten von Konrad Celtis, dem in Nürnberg gekrönten Dichter, der Gestalten aus alten griechischen Sagen abgebildet haben wolle. So könne Schreyer seinen Besuchern aus aller Herren Länder zeigen, daß Nürnberg nicht hinter Italien zurückstehe, sondern sich der neuen Zeit öffne. Nur brauche man dazu einen Maler, der dafür einstehe. Und da sei man auf ihn, Albrecht Dürer, gekommen. „Ja, schaut nicht so", lacht Albrecht. „Habt ihr etwas anderes erwartet? Denkt ihr, es gibt einen Maler in Nürnberg, der mir bei einem solchen Auftrag vorgezogen werden könnte?"

Agnes sieht erschreckt zum alten Dürer hinüber, dessen gestrenges Gesicht sich bei Albrechts Worten langsam verzogen hat. Aber zu ihrem Erstaunen poltert nun kein Donnerwetter auf den Sohn herab, sondern der Alte meint schmunzelnd: „Laß ruhig die Kirche im Dorf, Albrecht. Niemand will dein Können in Frage stellen; aber es ist ungewöhnlich, daß eine große Werkstatt bei einem solchen Auftrag einem jungen, unbekannten Anfänger eine so herausragende Rolle zugesteht."

„Nun, allzu unbekannt bin ich nicht mehr. Frag nur in der Offizin vom Koberger nach den Basler Holzschnitten für das Narrenschiff. Davon sind eine stattliche Anzahl von mir, und die kennt man im ganzen Land."

„Nun ja, in diesen neumodischen Druckereien, in denen solche Dinge vervielfältigt werden. Eine Gelegenheitsarbeit, Albrecht, aber keine ernsthafte Malerei."

Albrecht fährt hoch, während die ganze Tischrunde den Atem anhält. „Vater, gerade du müßtest die Holzschnitte zu schätzen wissen. Bei dir habe ich doch das Reißen gelernt. Dazu bietet das Drucken heute ganz neue Möglichkeiten. Der einfache Mann ..."

Vater Dürer unterbricht den Sohn milde lächelnd: „Wenn ich dir einen Rat geben darf, Albrecht, setz nie auf das einfache Volk. Halte dich an die Reichen, so wirst du es am ehesten zu etwas bringen."

Bevor Albrecht etwas erwidern kann, hat die Dürerin das Wort ergriffen. „Nun streitet euch nicht. Freuen wir uns lieber, daß Albrecht einen so schönen Auftrag bekommen hat. – Wann kannst du mit der Arbeit beginnen?"

Albrecht zögert mit der Antwort. „Vorerst will Schreyer das Haus schließen und Nürnberg verlassen. Aber bis zum Frühjahr müßte es soweit sein. Ja ... und ... in der Zwischenzeit ... um es kurz zu machen, für den Auftrag – und viele ähnliche, die folgen werden, große Aufträge für Patrizier und sicher auch Fürsten – muß ich bei den welschen Malern lernen. Mit Agnes' Vater habe ich bereits gesprochen. Er billigt meine Pläne. Eine Reise nach Italien sei eine passende Anlage für die Mitgift, die sicher Gewinn bringen werde; der Zeitpunkt gut gewählt. Frey hält es unter den augenblicklichen Umständen für sinnvoll, daß Agnes mitfährt. Ich war schon beim Rat. Ende der Woche geht ein Transport nach Venedig ab; für Agnes und mich ist noch Platz."

Totenstille am Tisch; kein Laut, keine Bewegung. Das Gesicht des alten Dürer wie aus Stein, die Mutter ungläubiges Staunen, und Agnes wartet darauf, daß sich der Boden unter ihren Füßen auftut und sie verschlingt. Albrechts Gesicht bleibt so freundlich und gleichmütig, als hätte er nur festgestellt, daß auch heute, nach drei Wochen anhaltend schönem Spätsommerwetter, die Sonne erneut auf die Stadt Nürnberg herabscheine. Doch wie aufgeregt er wirklich ist, zeigen die an seinen Locken zupfenden Finger. Zu Agnes gewendet fragt er: „Nun, freust du dich? Wir fahren der Pest davon, ich lerne die neue Malerei der Walen kennen, Italien, die Sonne ... Den Winter über bleiben wir dort in der Niederlassung der deutschen Kaufleute, und im Frühjahr sind wir pünktlich zum Ende der Bauarbeiten wieder hier."

Agnes starrt Albrecht an. Sie kann kein Wort zu seinen Plänen sagen. Weg von der Pest, aus diesem Haus, in einem Wagen über die Alpen. Die Schwiger antwortet für sie: „Eine solche Reise schickt sich nicht für eine junge Frau, Albrecht. Und Agnes' Mitgift ist sicher nicht dafür da, einfach verschleudert zu werden."

Albrecht lacht. „Agnes' Vater sieht das zum Glück anders. Auch schickt sich eine solche Reise für eine junge Frau weit mehr und ist weit ungefährlicher, als hier inmitten der Pest zu warten, daß sie sich austobt. Außerdem ist Venedig nicht aus der Welt."

Agnes bringt immer noch nichts heraus. Stattdessen erklärt ihr die alte Dürerin: „Du darfst das gar nicht ernst nehmen, Agnes. Albrecht hat manchmal verrückte Ideen. Das sind Hirngespinste. Das legt sich wieder." Dann wendet sie sich ärgerlich an ihren Mann: „Vater, nun sag du endlich etwas dazu. Du kannst doch nicht zulassen, daß dein Ältester sich solche Flausen in den Kopf setzt. Welschland, Venedig. Da reisen vielleicht die Imhoffs oder Pirckheimers hin, aber nicht ordentliche Handwerker wie wir."

Aber der Alte bedeutet seiner Frau unwirsch zu schweigen. Noch ein bißchen bleicher als sonst hat er die ganze Zeit über seinen Ältesten betrachtet. Schließlich erklärt er: „Albrecht, du hast bis jetzt immer durchgesetzt, was du dir in den Kopf gesetzt hattest. Auch gegen meine Wünsche. Vielleicht hat sich das am Ende sogar als richtig erwiesen. Aber was du jetzt vorhast, gehört sich einfach nicht. Ihre Mitgift sollte Agnes hier in Nürnberg anlegen, du kannst eine Werkstatt eröffnen, aber nicht das Geld deiner Frau durch eine Reise verteändeln. Ich habe mein Lebtag hart gearbeitet, bin in meinem Handwerk ein geachteter Mann, und trotzdem lastet immer noch das Eigengeld auf meinem Haus, das ich bis zu meinem Lebensende werde abtragen müssen. Solch eine Schuld lastet schwer, Albrecht. Du kannst es besser haben. Das war mein Ziel, als ich für dich mit Agnes' Vater verhandelt habe. Sei vernünftig. Greif nicht nach den Sternen, die lassen sich von uns Erdenbewohnern nicht herunterholen, schon gar nicht von einem Handwerker, dem Bescheidenheit besser ansteht."

Während der Rede seines Vaters ist das Lächeln aus Albrechts Gesicht gewichen. Ein paarmal hat er zu einer Erwiderung angesetzt, dann aber den Redefluß des Alten abgewartet. „Vater", antwortet er jetzt mit ernster, fast feierlicher Stimme. „Ich bin kein Luftikus, der das Erbe seiner Frau leichtfertig verjubelt. Du hast immer gesagt, daß dein Aufenthalt in den Niederlanden für dich von unschätzbarem Wert gewesen sei. Ich habe am Oberrhein gelernt, was es in Deutschland zu lernen gibt. Aber in Italien ist eine neue Malerei entstanden, die die deutsche hinter sich gelassen hat. Ich weiß, was ich kann. Aber ich werde es nie wirklich zu etwas bringen, wenn ich nicht in Italien lerne. Die Gelegenheit ist günstig: Hier droht uns die Pest, und dort muß ich hin. Es wird sich auszahlen. Schon mit dem ersten großen Auftrag. Koberger hat mir auch Aufträge zugesichert. Ich will nicht, daß über kurz oder lang einer kommt, der bei den Welschen gelernt hat und meine althergebrachte Kunst nur belächelt. Das ist eine echte Gefahr und könnte mein Ruin sein."

Der Vater wartet lange mit seiner Antwort. Die Mutter hat den Rosenkranz herausgezogen und flüstert ein Ave. Agnes' Lippen bewegen sich lautlos mit. Von den Kindern wagt keines sich zu rühren. Endlich erklärt der Vater mit tonloser Stimme: „Ich rate dir dringend von der Reise ab, Albrecht, aber wenn du sie für unumgänglich hältst, dann geh mit Gott."

Noch immer ist von den Geschwistern kein Laut zu hören. Die Gesichter sind dem alten Dürer zugewandt. Doch als der nun schweigt, entlädt sich die Anspannung und alle sprechen plötzlich durcheinander, jeder weiß etwas noch Unglaublicheres über Italien zu berichten. Daß die Welschen alle ganz dunkel und so schwarzhaarig seien wie der Giovanni, der Geselle beim Koberger; daß man dort nicht arbeiten müsse, wie der Giovanni erzähle, weil einem die süßen Früchte von allein in den Mund fielen, die Sonne immer scheine und im Meer riesige Seeungeheuer hausten.

Albrecht versucht lachend ihre Neugierde zu befriedigen, ohne Giovanni zu verleumden. Vielleicht müsse man auch dort arbeiten, aber Venedig sei wirklich reicher als Nürnberg. Die Stadt stehe voller Kirchen aus weißem Marmor, mit Türmen, die von Gold überzogen seien. Sie werde von einem Dogen regiert, sei mit Schätzen aus dem Morgenland gefüllt und habe einen riesigen Hafen, in dem Schiffe aus aller Herren Länder anlegten, die die Stadt mit ihren Waren überfluteten. Von dort würden die deutschen Kaufleute die fremden Gewürze, bunten Stoffe, die sie auf dem Markt unten bewundern könnten, und vieles mehr nach Nürnberg bringen.

Wie immer gelingt es Albrecht, die ganze Familie in seinen Bann zu ziehen. Während die Geschwister dem großen Bruder mit offenem Mund an den Lippen hängen, versucht der Meister weiterhin ernst und skeptisch dreinzuschauen. Doch mit der Zeit setzt sich in seinen Mundwinkeln ein zögerliches Lächeln fest. Selbst in den Augen der Dürerin hat sich ein warmer Glanz gebildet. Und so fühlt sich auch Agnes in die freudige Aufregung hineingezogen.

Endlich hebt der Meister die Tafel auf. Die Kinder stieben nach draußen, um sich vor den Nachbarskindern, die in Nürnberg geblieben sind, mit der unerhörten Nachricht zu brüsten. Agnes steht unschlüssig am Tisch. „Ich möchte gern meinen Eltern Bescheid geben." Fragend sieht sie die Dürerin an. Doch der Meister antwortet ihr: „Geh nur, Agnes, und besprich die Sache mit deinen Eltern. Wenn du wirklich mitfährst, werden sie dich auf lange Zeit nicht sehen. Und du, Albrecht, willst du deine Frau nicht begleiten?" Der nickt. „Ja, ich komme gleich nach. Muß in der Werkstatt noch etwas richten. Du kannst ruhig schon rübergehen, Agnes."

Agnes ist froh, ihren Eltern erstmal allein gegenüberzusitzen. Die Mutter freut sich, daß ihre Tochter am hellen Nachmittag hereinschaut, fragt allerdings besorgt: „Es ist doch alles in Ordnung, oder?" Als Agnes die Frage bejaht, sieht sie, daß die Mutter Bescheid weiß und ihre Besorgnis der weiten Reise gilt.

Der Vater, den sie wegen des ungewöhnlichen Anlasses des Besuches aus der Werkstatt herbeiholt, beglückwünscht Agnes herzlich. „Siehst du, Kind, dort in Venedig bist du sicher vor der Seuche. Ich habe dir einen guten Mann versprochen und Wort gehalten. Der Auftrag bei Schreyer wird Albrechts Ruf hier in Nürnberg festigen und über Schreyers Besucher auch in die Welt hinausdringen. Nicht schlecht. Er scheint nicht nur ein guter Maler zu sein, sondern auch geschickt Verhandlungen zu führen und seine Projekte richtig zu planen. Du machst dir doch deswegen keine Sorgen? Oder fürchtest du die weite Reise?

Beides ist unnötig. Die Straße nach Venedig ist vielbefahren und nicht zuletzt von Nürnberg ausgebaut. Ich habe mich gründlich umgehört, bevor ich Albrecht zugestimmt habe. Die Pest hat zumindest den Vorteil gebracht, daß das Fehdewesen zum Erliegen gekommen ist. Außerdem verlaßt ihr rasch Nürnberger Gebiet; von den Leuten des Markgrafen ist also nichts zu befürchten. Auf der übrigen Strecke herrscht sicheres Geleit, und selbst die Straße über die Alpen soll kaum Gefahren bieten."

Die Mutter streicht ihr über die Wange: „Ich freu' mich für dich, Agnes. Wir werden die Stadt auch möglichst bald verlassen. Aber derart weit wie ihr reisen wir natürlich nicht."

Agnes atmet auf. Von hier droht keine Gefahr. Im Gegenteil. Und daß sie mitreisen will, weiß sie schon eine ganze Weile, auch wenn sie noch kein Wort dazu gesagt hat. Wenn ihr Vater die Fahrt für ungefährlich hält, wird sie sich darauf verlassen können.

Der Vater reißt Agnes aus ihren Gedanken. „Welche Route nehmt ihr? Ihr kommt sicherlich durch Innsbruck?"

„Ich weiß nicht genau, aber wir fahren mit einem vom Rat beauftragten Transport", antwortet Agnes, in der sich langsam Stolz auf ihr großes Abenteuer zu melden beginnt.

„Sieh mal einer an. Nun, dann macht ihr ganz sicher in Innsbruck Station. Dort könnt ihr bei Peter Rummel einkehren und Grüße von uns bestellen."

Als Albrecht sich zu der Runde gesellt, ist er nicht wenig verwundert über die Veränderung, die mit Agnes vor sich gegangen ist. Ihre Befangenheit scheint verflogen. Mit rosigem Gesicht sitzt sie ihm gegenüber und macht Pläne, was sie aus Venedig alles mitbringen will, als wenn eine solche Reise völlig selbstverständlich wäre. Mitten im Gespräch steht sie plötzlich entschlossen auf. „Es ist viel vorzubereiten und zu packen. Ich muß mich darum kümmern, sonst fährt der Wagen schließlich ohne uns ab."

Doch ihr Vater überredet sie zu bleiben. Schließlich müsse ein solches Ereignis gefeiert werden, gerade jetzt. Die beiden Männer sitzen in ihrer Ecke vor einem Krug Wein vom Besten, den der Vater im Keller hat. Er hat ihn zur Feier des Tages eigenhändig heraufgeholt. Albrecht beschwert sich über die Enge hier in Nürnberg, nicht die räumliche, Platz sei genug da, sondern die in einigen Köpfen. Sein Lehrer Wolgemut male traditionell, es gebe so viele Beschränkungen, die alten Vorlagen über die Leben der Heiligen langweilten ihn, sie seien unlebendig. In Basel habe ihm auch nicht alles gefallen, Sebastian Brants Verse seien reichlich moralinsauer, aber zumindest habe sein Auftraggeber ihn weitgehend gewähren lassen.

Schließlich holt Hans Frey seine Harfe hervor, wozu Agnes und ihre Mutter singen. Albrecht kann nicht genug davon bekommen. Sie verabschieden sich spät.

Auf dem Heimweg läßt Agnes es sich gefallen, daß Albrecht auf der Straße den Arm um sie legt. Im Dürerschen Haus ist es um diese Tageszeit ungewohnt still. Sie schleichen die Treppe hoch, aber das Knarren der Bohlen ist trotzdem nicht zu überhören. Agnes schließt leise die Kammertür, doch bevor sie sich versehen hat, wirbelt Albrecht zweimal mit ihr durchs Zimmer und beißt sie zärtlich ins Ohr. Agnes gibt kleine Gickser von sich, strampelt ein bißchen, überläßt sich heute aber willig seinem Griff und seinen Liebkosungen. Endlich läßt er sie los und strahlt sie an. Da wirft sie sich in seine Arme und bedeckt sein Gesicht mit Küssen.

Eng in Albrechts Armbeuge geschmiegt hat sie die Nacht verbracht. Am Morgen wird sie mit dem Gefühl wach, geborgen zu sein bei einem Mann, der für sie sorgt und sie schützt. Sie fühlt seinen Blick auf ihrem Gesicht ruhen und öffnet die Augen, um ihn ganz auszukosten. „So gefällst du mir, Agnes", flüstert Albrecht. „Du hast ein wunderschönes Gesicht. Du wirst mir als Muttergottes Modell stehen. Warte nur ab. Mit unserem Erstgeborenen im Arm." Er stützt sich auf den linken Arm und fährt mit den Fingern der Rechten die Linien ihres Gesichtes ab. „Man glaubt es kaum, daß ein so liebliches Gesicht so garstig ausschauen kann wie du vorgestern. Weißt du, Agnes, als ich dich auf den Schoß nehmen wollte." Er lächelt spitzbübisch. „Ich habe mir ernsthaft überlegt, ob ich nicht die Gestalt eines Untiers haben muß, da du derart vor mir zurückgeschreckt bist. Was ist nur in jenem Augenblick in dir vorgegangen?"

Agnes denkt nicht gern an den Augenblick zurück. „Ich weiß nicht, es kam sehr überraschend", murmelt sie. „Wir müssen aufstehen. Es ist noch viel zu tun."

Nach der Frühsuppe nimmt er sie mit in die Werkstatt seines Vaters. Sie soll ihm beim Einwickeln der Pinsel und Stifte helfen. Agnes hat wieder einmal Grund zum Staunen: Seine Tasche füllt rasch ein Kästchen mit Farben und eine Mappe mit Vorlagen und leerem Papier, so daß für seine Kleidung kaum Platz bleibt. Doch äußert sie sich dazu nicht, sondern rollt genau nach seinen Anweisungen die Pinsel in Stoffhüllen. Wie sorgfältig, fast zärtlich er mit den Pinseln umgeht. Sie versucht die teuren Werkzeuge genauso behutsam anzufassen.

Beim Sortieren der Malvorlagen lacht er plötzlich auf. „Schau mal, Agnes, das hab' ich vorgestern gezeichnet, als du so unwirsch warst. Genau so habe ich mich gefühlt, wie der Kerl da."

Agnes erschrickt. Da sitzt ein scheußlicher Wildmann, der eine Frau bedrängt, mit aller Kraft an ihrem Kleid zieht. Doch eigentlich sieht er nicht gefährlich aus. Nur häßlich. Die Frau daneben ist weit beängstigender! Allerdings nicht etwa, weil sie ebenfalls häßlich wäre. In mancherlei Hinsicht könnte sie selbst durchaus diese Frau sein. Nur dieser bitterböse Blick. So schaut sie nicht. Ein solches Scheusal ist sie nicht, will sie nicht sein. Beschämt schlägt sie die Augen nieder.

„Nun komm, ärgere dich nicht. Wahrscheinlich hätte ich dir die Zeichnung gar nicht zeigen sollen, jetzt, wo du dieser Frau überhaupt nicht mehr gleichst. Es ist nicht böse gemeint. Komm, sei wieder gut." Er streicht ihr über den Kopf, nimmt die Zeichnung und legt sie zu den anderen Bildern, die hierbleiben sollen.

In den wenigen Tagen, die ihnen noch bis zu ihrer Abreise bleiben, sieht Agnes Albrecht selten. Je näher der Aufbruch rückt, umso mehr zieht es ihn in die Werkstatt des Vaters, in der er nun von früh bis spät stichelt, die Risse, die er in den letzten Wochen angefertigt hat, auf Platten überträgt. Meist sitzt er über einer Muttergottesdarstellung, läßt Marias Gewand in wunderschönen Falten zu Boden wallen, wie Agnes es von Altarbildern her kennt. Nur ist diese Maria nicht von Engeln umschwebt, sondern sitzt mit ihrem Kind auf einer grob zusammengezimmerten Bank im Gras, was ihr sehr merkwürdig vorkommt. Aber auch das sagt sie lieber nicht laut, denn der Auftritt bei der Drahtziehmühle ist ihr in schlechter Erinnerung. Zumindest arbeitet Albrecht in einer Werkstatt, wenn auch nicht seiner eigenen, das ist wenigstens ein Anfang.

Abends am Familientisch bleibt er einsilbig und in sich gekehrt. Erst wenn er mit Agnes in ihre Kammer hinaufgestiegen ist, wird er gesprächig, macht Pläne für die Reise, träumt ihr von Venedig vor. Doch manchmal gehen ihm mitten im Satz die Worte aus, bricht er ab, während seine Augen ins Leere starren. Hinaus oder in sich hinein? Agnes weiß es nicht. Als wäre er weit, weit weg, ließe sie hier in diesem Zimmer ganz allein. Dann weicht sie vor ihm zurück, fühlt, wie sich ihr Herz verkrampft. Dann fürchtet sie sich plötzlich wieder vor der Pest, der Zukunft, ja auch vor der Reise und diesem Mann.

Irgendwann klärt sich sein Blick und seine Augen bemerken die verstörte Gestalt, die bis zum Bettrand von ihm weggerückt ist. „O Agnes", seufzt er, „werden wir diesen Ort jemals lebend verlassen oder", setzt er flüsternd hinzu, „jemals lebend zurückkehren?" Er greift nach ihr, doch sie bleibt stocksteif an ihrem Platz. „Es ist das Strafgericht Gottes, das uns alle vernichten soll." Agnes rührt sich nicht; sie weiß auch nichts zu seinen Worten zu sagen. Noch lange verharren die beiden so, bis endlich die Müdigkeit die Oberhand gewinnt.

Nachdem die Aufregung um die Reise ein paar Tage lang alles andere in ihr übertönt hat, spürt Agnes nun wieder die Angst, die bleiern auf allem liegt, die Dürerschen Kammern überzieht, auf der Straße hockt, sogar im Gemüse der Marktweiber lauert und dem Pestkarren wie eine dunkle Wolke folgt. Ein paarmal glaubt Agnes daran zu ersticken. Sie gibt sich in solchen Augenblicken einen Ruck, zwingt sich zu aufrechter Haltung: Schließlich ist sie die Frau des Malers Dürer und eine Rummel. Für die ist die Pest nicht. Sie wird aus der Stadt fortgehen, wie alle vornehmen Leute, und erst zurückkehren, wenn der Schrecken diesen Ort wieder verlassen hat. In drei Tagen, übermorgen, morgen – wenn es nur endlich so weit wäre – geht die Reise los, die sie fort aus dem Würgegriff der Seuche und der Verderbnis führen wird.

IV
Unterwegs

September 1494

Beim Abschied hat sich das ganze Haus vor der Tür versammelt. Vater Dürer segnet die beiden schweigend, die Dürerin wünscht mit rauher Stimme eine gute Fahrt. Als sie dem Ältesten ihrer lebenden Kinder die Hand drückt, seufzt sie tief auf. Dann ist sie wieder im Haus verschwunden. Anthon, Endres und Sebald haben das Gepäck der Italienfahrer schon zum Rathaus gebracht. Magret ist bleich, wirkt unausgeschlafen, hat dunkle Ringe unter den Augen. Ursula und Katharina schweigen in sich hinein, doch sagen ihre Blicke genug.

Vor dem Rathaus stehen Agnes' Eltern mit ihrer Schwester. Die Mutter nimmt ihre Tochter in den Arm, flüstert ihr noch einige Ermahnungen zu. Anschließend zieht der Vater seine Älteste an sich, gibt schließlich ihr und Albrecht seinen Segen für die Fahrt. Katharina reicht der großen Schwester scheu die Hand. Die Taschen sind bereits verstaut; es wird Zeit, in den Wagen für Personentransporte, der den Kaufmannszug anführt, einzusteigen. Sie bekommen letzte Grüße für die Verwandten in Innsbruck und Venedig aufgetragen, werden mit Warnungen und guten Ratschlägen überhäuft.

Kommandorufe ertönen. Die bewaffneten Geleitreiter formieren sich und setzen sich in Bewegung, gefolgt von den Pferden der Kaufleute. Endlich ziehen auch die Pferde ihres Wagens an; die Hufe stampfen auf das Pflaster. Agnes beugt sich aus dem Fenster, um zu winken. Endres, Sebald, Christina und Katharina folgen dem Fuhrwerk noch ein Stück, drehen jedoch unvermittelt um und sind ganz plötzlich verschwunden.

Agnes wundert sich, bis sie das Läuten des Pestkarrens vernimmt, das schrill scheppernd das Knirschen ihrer Wagenräder übertönt. Dann überholen sie den von einem Klepper gezogenen Leiterwagen. Mechanisch schlägt Agnes das Kreuz, starrt auf die aufgeschichteten Leichname. Ein Haufen Körper, deren Gliedmaßen beim Rumpeln über das Pflaster durcheinandergeschüttelt werden; weißes, hüpfendes Fleisch, das aus den Leintüchern gerutscht ist, so daß die schwarzen Pestbeulen deutlich hervortreten. Eine Warnung an alle vor dem Verderben, das überall lauert. Unendlich langsam – so scheint es Agnes – drehen sich die Räder des Reisewagens an diesem Spuk vorbei, der doch alltäglich ist.

Unvermittelt fühlt Agnes einen heftigen Schmerz in der Schulter. Finger krallen sich in ihren Arm. Heftig wendet sie sich um und fährt zurück. Albrecht starrt sie mit weitaufgerissenen Augen aus dem Dunkel des Wagens an. Den Mund hat er so fest zugepreßt, daß statt der Lippen nur ein Streifen weißen Fleisches zu sehen ist. Agnes beginnt heftig zu zittern. Da lockert die Hand auf ihrer Schulter den Griff etwas, die Verzweifelung in Albrechts Gesicht verschwindet jedoch nicht. „Wir sind verloren, Agnes, alle", stößt er hervor. „Gottes Strafgericht ist fürchterlich. Er wird uns vernichten und niemanden in und außerhalb dieser Stadt verschonen. Unsere Flucht wird uns nichts nützen. Dem Verderben wird niemand entgehen, denn der Pesthauch weht über ganz Europa."

„Beruhigt Euch, Herr Dürer", tönt da eine Stimme neben ihnen. „Seht Ihr nicht, wie Ihr Eure junge Frau in Schrecken versetzt? Bis jetzt sitzen wir noch gesund in diesem Wagen. Wir sollten uns Gott anbefehlen und ihm vertrauen, vielleicht schenkt er uns sein Erbarmen. Laßt uns gemeinsam ein Vaterunser und ein Gegrüßet seist du Maria beten und dann gefaßt unser Schicksal erwarten." Der Mann bekreuzigt sich und beginnt mit den Worten des Gebets. Zögernd fällt Agnes ein, und nach einiger Zeit hört sie Albrechts Stimme ebenfalls, stockend, von Zeit zu Zeit ein paar Worte auslassend, bis die Stimme schließlich ihre gewohnte Festigkeit zurückgewonnen hat.

Später sitzen alle schweigend im Wagen. Albrecht hat Agnes' Hand gefaßt. Sie hält sich ganz still, soweit das Ruckeln und Schaukeln das zuläßt, und schaut hinaus. Sie sind bereits ein gutes Stück von Nürnberg fort. Trotzdem ist die breite Landstraße immer noch sehr belebt. Ochsenwagen kommen ihnen entgegen, von Bauern geführt, beladen mit Gemüse, Säcken und gackernden Hühnern für den Nürnberger Markt. Mit diesen Bauern möchte Agnes auf keinen Fall tauschen. Aber es verlassen auch etliche schwerbeladene Karren, begleitet von ganzen Familien zu Fuß, die Stadt, so daß der Fuhrknecht des Reisewagens ihre Pferde häufig aus der Spur dirigieren muß. Trotzdem scheint der Transport nur langsam voranzukommen.

Mehrmals taucht ein Bettler neben dem Wagen auf, der mit den Pferden Schritt zu halten versucht und die Reisenden um ein Almosen anfleht. Doch hat der Fuhrknecht vor dem Fahrtantritt die Reisenden vor solcher Mildtätigkeit gewarnt, da sich sonst die Bettler in Trauben an den Wagen hängen würden, einem Überfall gleich, und ein Weiterkommen unmöglich würde. Irgendwann fragt Agnes Albrecht, wann mit der ersten Rast zu rechnen sei. Statt Albrecht antwortet jedoch wieder ihr Reisegefährte, daß sie darauf nicht bald hoffen könne, sie müßten sich bemühen, den Bereich der Pest möglichst schnell zu verlassen; jeder Kontakt mit dem Geschmeiß der Landstraße, das sich bei einer Rast auf sie stürzen, vielleicht sogar die Wagen zu stürmen versuchen würde, müsse unbedingt vermieden werden.

Gegen Mittag rollen sie in einen geräumigen Hof, dessen Tore sofort hinter dem letzten Wagen zugeschlagen werden. Sie dürfen aussteigen, das heimliche Gemach aufsuchen und sich in der Gaststube, die völlig leer ist, stärken. Dann geht es weiter. Am Abend kommen sie wieder in den Hof eines Gasthauses, in dem erst zwei Gefährte stehen. In der Gaststube ist es dämmrig, da die Läden der Fenster, die nach vorn hinausgehen, geschlossen sind.

Agnes fühlt sich so müde und zerschlagen, daß sie für das Essen kaum Interesse zeigt und nach dem ersten Glas Wein nur noch den Wunsch hat, sich endlich im Bett ausstrecken zu können. Außerdem schreckt sie während des Essens mehrmals zusammen, weil jemand mit einem Stock gegen die Vordertür der Gaststube geschlagen hat. Doch die ist versperrt, und die Wirtin scheint das Wummern an der Tür ebensowenig zur Kenntnis zu nehmen wie die Bitten um Einlaß und die Schmährufe, die darauf folgen. Agnes ist zu benommen, um sich irgend etwas dabei zu denken.

Albrecht scheint genauso müde wie sie. Die beiden wünschen also den anderen Reisenden, die mit der dritten

Fleischplatte beschäftigt sind, eine gute Nacht und wanken die Treppe hinauf. Albrecht und Agnes bewohnen eine Kammer über der Gaststube für sich allein, das zweite große Bett im Zimmer hat die Wirtin nicht belegt.

Doch trotz aller Erschöpfung kommen sie nicht zur Ruhe. Der Lärm auf der Straße tönt immer lauter: „Laßt uns ein, gebt uns zu essen, wir sind gesund, nur hungrig und durstig." Albrecht ist zum Fenster geschlichen und starrt durch die Läden auf die Gruppe vorm Haus. Ungefähr zwanzig Personen haben sich dort versammelt, Bettler, Handwerksgesellen, drei Männer, die einen Pilgerhut tragen, ein paar Scholaren in ihren Kutten.

Endlich hört man die Stimme der Wirtin: „Ich kann euch nicht hereinlassen, auch wenn ich wollte. Ich habe einen Vertrag mit Nürnberg, den darf ich nicht brechen, denn sonst käme ich in den Turm. Solange die Pest in der Stadt wütet, darf ich nur Gäste aus ihrem Transport bewirten und beherbergen. So leid es mir tut. Wenn ihr aus dem Stadttor kommt, seht ihr rechts eine kleine Baumgruppe. Dazwischen steht eine Scheune. Dort könnt ihr nächtigen, aber mehr kann ich nicht für euch tun."

Sie hören oben die Fensterklappe wieder zuschlagen. Draußen hebt sofort entrüstetes Geschrei an, aber schließlich löst sich die Gruppe auf, und einer nach dem anderen entfernt sich auf der Straße. Albrecht kriecht wieder zu Agnes ins Bett. Aber auch jetzt will der Schlaf nicht kommen.

Sobald Agnes die Augen schließt, glaubt sie wieder auf der Landstraße zu sein. Sie hört das Knirschen der Räder, das Klappern der Hufe, die Rufe der Fuhrknechte und spürt in jedem Knochen bis in die Finger- und Fußspitzen und im Kopf das Drehen der Räder, jeden Ruck, den es gibt, wenn dem Wagen ein kleiner oder auch größerer Stein unter die Räder kommt, ein Rad in ein Schlagloch gerät, die Wagenspuren sich vertiefen oder die Räder plötzlich den Widerstand überwunden haben.

Über Schwabach, Donauwörth und Augsburg geht es in den nächsten Tagen den Alpen zu. Zwar dürfen die Reisenden Augsburg nicht betreten, obwohl sie alle Gesundheitspässe bei sich tragen, doch entfernen sie sich sichtlich von der Pest und werden immer seltener gemieden. An das Rumpeln und Ruckeln des Wagens gewöhnt sich Agnes allerdings nicht. Jeden Abend fühlt sie sich elend und zerschlagen. Und das, obwohl ihr Wagen über eine Federung verfügt, da er mit Lederriemen aufgehängt ist. Eine Konstruktion, die an dem Nürnberger Gefährt häufig bestaunt wird.

Je näher sie den Alpen kommen, umso mehr hören sie von diesen Bergen, ihrer majestätischen Größe, Schönheit, schier unübersteigbaren Höhe und von den Gefahren, die dort auf Transporte lauern. Der Kaufmann, der seit Nürnberg mit ihnen reist, seine Söhne nach dem Tod der Mutter in Sicherheit bringen will, versucht jedoch die Reisegesellschaft zu beruhigen. Seine beiden Buben sind anfangs schweigsam und verängstigt, der kleinere schluchzt manchmal unvermittelt auf, läßt sich dann vom Vater in den Arm nehmen und trösten. Der ältere tut abgeklärt, erzählt eifrig Geschichten von Überfällen auf Reisende oder von Unfällen im unwegsamen Gebirge, die er in den Gasthöfen aufgeschnappt hat. Wenn der Vater ihn ermahnt, seine Schreckgeschichten würden den Bruder und auch die anderen Mitreisenden nur in Unruhe versetzen, grinst er verlegen, schweigt eine Zeit, fängt aber irgendwann wieder mit seinem Gerede an.

Agnes würde auf diese Erzählungen gerne verzichten. Seit ein paar Tagen hat sie freier zu atmen gewagt, sich dem Unheil fast entronnen geglaubt. Jetzt steigt erneut Beklommenheit in ihr auf.

Albrecht scheinen die Geschichten nicht zu beunruhigen. Agnes fragt sich sogar, ob er sie überhaupt hört. Sein Blick ist ständig auf die Landschaft gerichtet; in seinen Augen spiegeln sich Flüsse, Äcker und Wälder. Oft verläßt er den Wagen und wandert zu Fuß neben oder vor ihm her, bleibt an manchen Stellen zurück, holt ihn allerdings jedesmal rasch ein. Mit ihm zu laufen wäre sicherlich viel angenehmer, als hier drinnen zu sitzen, doch wagt Agnes nicht, ihm zu folgen, weiß auch nicht, wie sie mit seiner Geschwindigkeit und den seltsamen Pausen zurechtkommen sollte. So hockt sie etwas unglücklich im Wagen und hat viel Zeit sich zu fragen, ob sie gut beraten war, als sie sich auf diese Reise eingelassen hat.

In Mittenwald muß der Nürnberger Zug haltmachen und seine Waren anbieten. Hier sind sie weit genug von der Pest entfernt, um den Behörden nicht mehr verdächtig zu sein. Agnes freut der Aufenthalt im Gasthof, in dem außer den reisenden Kaufleuten auch etliche Pilger abgestiegen sind, die vermögenden im Hauptgebäude, die armen im Hospiz.

Nachdem sie ein ausgiebiges Bad genommen und sich ausgeschlafen haben, genießt Agnes das Treiben im Gasthof, hört sich die abenteuerlichen Geschichten der Pilger an, die zum Teil nach Rom unterwegs sind, zum Teil von Venedig aus ins Heilige Land aufbrechen wollen, von Jerusalem und anderen Orten Wunderdinge erzählen. Richtig fromm erscheinen Agnes nur wenige dieser Leute: die Witwe vielleicht, die mit ihrer Tochter reist, um in Jerusalem einen vollständigen Ablaß zu erhalten, während er an anderen Orten nur für sieben Jahre und sieben Wochen vergeben wird. Das Heilige Grab will sie besuchen, auch die Säule, an der Jesus gegeißelt, die Grube, in der sein Kreuz gefunden wurde, und den heiligen Ort, an dem Maria geboren wurde. Sie hat all diese Stätten im Kopf und berichtet Agnes ausführlich darüber, fast gleichmütig, ohne irgendeine Erregung, als führe sie gar nicht weit fort auf gefährliches Abenteuer, sondern absolviere irgendeine nicht besonders aufregende Wallfahrt. Sie langweilt Agnes mit ihren Erzählungen. Doch zum Glück geht sie häufig in die Kirche oder betet still vor sich hin.

Ihre Tochter verbringt ihre Tage jedoch auf ganz andere Weise. Verdächtig häufig sucht sie das Bad auf, wenn die drei jungen Ritter, die ebenfalls an der Pilgerfahrt teilnehmen, sich dorthin zurückgezogen haben. Einmal sieht Agnes sie sogar mit dem Kaplan, der sich im Gasthof allen Reisenden mit seiner genauen Kenntnis aller Heiltümer des Orients aufdrängt, in der Scheune verschwinden.

Da gefallen Agnes die Scholaren, die des öfteren zum Singen in die Gaststube kommen, schon besser. Die vier Knaben besitzen herrliche Stimmen, die sie einzeln und im Chor zur Geltung bringen. Bescheiden bitten sie um ein Trinkgeld, das Agnes gerne zahlt. Sie bittet sie sogar an ihren Tisch und läßt ihnen eine Suppe auftischen. Der jüngste der Burschen, der wie ein Engel singt, ist höchstens acht Jahre alt, der älteste vielleicht fünfzehn. Die drei älteren erzählen, schon seit mehreren Jahren zusammen unterwegs zu sein, während man ihnen den Kleinen erst in diesem Sommer in ihrem Heimatdorf anvertraut habe. Zum Glück stelle er sich recht gut an. Der Bub nickt, erklärt, daß es ihm gut auf der Wanderschaft gefalle; doch stehen ihm dabei die Tränen in den Augen.

Der Auftritt eines Gauklers bringt ihn wieder zum Lachen: der Mann hat sich große Tuchohren umgebunden, die er einzeln wackeln lassen kann. Darüber hinaus vollführt er noch weitere Kunststücke – er kann zum Beispiel auf den Händen gehen –, die den Gästen sehr viel Spaß bereiten.

Der Aufenthalt der Nürnberger verzögert sich um zwei Tage, da es beim Zoll irgendwelche Unstimmigkeiten gibt. So findet Agnes Gelegenheit, mit Albrecht, der sich selten in der Gaststube aufhält, ein Stück weit in die Landschaft hinauszuwandern und die riesigen, schneebedeckten Berge, die sich vor ihnen auftürmen, zu betrachten. Kalte Luft weht von dort oben herab; wenn man so nah vor ihnen steht, wirken sie erdrückend, bedrohlich, als ob sie sich im nächsten Augenblick auf die Menschlein da unten stürzen wollten. Unvorstellbar, daß die Reisenden ein solches Massiv überqueren sollen. Mit Pferden, mit Wagen!

Auch Albrecht scheinen ihre Bedenken nicht ganz fremd zu sein, denn er erkundigt sich bei ihrer Rückkehr in die Gaststube ausgiebig nach dem Verlauf und dem Zustand der Alpenstraße. Doch die Kaufleute winken ab; das sei alles harmlos, die Strecke stelle keinerlei Problem dar. An Steilstücken könnten bis zu acht Pferde vorgespannt werden, in den Pferdeställen sei man darauf eingestellt.

Als sie endlich aufbrechen, wird Albrecht ein Pferd und ihr ein Maultier angeboten. Gern nehmen beide an. Zu Anfang fürchtet Agnes, jeden Augenblick von dem Rücken des Tieres herabzurutschen. Aber da das Tier brav ist, sie sich am Sattelknauf festhalten kann und spürt, daß es ihr gehorcht und keine Anstalten macht, sie abzuwerfen, faßt sie rasch Zutrauen. Wenn ihr die Berglandschaft, in die sie nun hinaufreiten, zu aufregend aussieht, richtet sie ihren Blick auf die langen, weichen Ohren aus, die sie nun ständig vor sich hat. Das Maultier kann mit ihnen mindestens genau so schön wackeln wie der Gaukler mit seinen Tuchgebilden; wenn

Agnes dem Tier etwas erzählt, richtet es sie sogar manchmal steil auf, als höre es ihr genau zu.

Sie bewegen sich weiterhin auf einem breiten Fahrweg, der sich durch ein kräftig ansteigendes Tal windet. Neben ihnen rauscht Wasser, die Luft ist mit ihm durchtränkt. Häufig steigen schroffe Kalkfelsen neben dem Weg auf, vor denen vereinzelt dunkle Fichten hochragen; von Zeit zu Zeit wird die Sicht auf beschneite Gipfel frei. Schließlich geht es bergab, entlang steiler Kalkwände dem breiten Inntal zu.

Der Empfang im Hause der Verwandten in Innsbruck ist herzlich. Peter Rummel freut sich, wieder einmal einen Hauch Nürnberger Luft in seinem Haus zu atmen. Albrecht hält seine Gewohnheiten auch in Innsbruck aufrecht. Früh am nächsten Morgen ist er mit dem Skizzenbuch verschwunden. Agnes glaubt das Verhalten ihres Mannes entschuldigen zu müssen. Doch Peter Rummel winkt ab. Sie solle nur erzählen; was Albrecht mache, sei seine Sache. Später zieht er sich in sein Kontor zurück und überläßt es seiner Frau, die Verwandte durch die Stadt zu führen.

Am Abend läßt Peter Rummel sich Albrechts Skizzen zeigen. Albrecht hat den Inn überquert und vom Ufer aus die Ansicht der Stadt zu Papier gebracht. Nur wenige Striche kennzeichnen den ruhig dahinziehenden Fluß, dahinter sind die Stadtmauer und die Türme der Stadt zu erkennen. Peter Rummel betrachtet das Bild eine Weile, dann beginnt er den jungen Mann auszufragen, was er bis jetzt gemacht, bei wem er gelernt habe und was seine Pläne für die nächste Zukunft seien. Anfangs schaut er recht skeptisch; nachdem Albrecht die Namen Koberger und von Olpe und Froben in Basel erwähnt hat, zeigt sein Gesicht jedoch wesentlich mehr Interesse. „Nach allem, was man hört, kann ein Aufenthalt in Italien für einen Maler nur gut sein. Für dich ist diese Reise also sicher angebracht. Aber sag mal, hast du ernsthaft vor, deine junge Frau mit über die Alpen zu schleppen? Die Reise von hier über den Brenner ist zwar nicht übermäßig gefährlich, aber ich weiß nicht ... überlege dir das nochmal gut ... Weit besser erschiene es mir, wenn du Agnes hier bei uns ließest. Hier ist sie sicher aufgehoben, lebt im Kreise ihrer Familie, und wir freuen uns alle, den Besuch aus Nürnberg ein bißchen bei uns behalten zu dürfen."

Er hat seine Rede an Albrecht gewandt, der nun erstaunt, aber nicht unwillig den Blick erwidert. Agnes hat dagegen den Eindruck, daß Peter Rummel sich zu diesem Vorschlag aus Höflichkeit verpflichtet fühlt, aber letztlich nicht erfreut wäre, wenn sie sich monatelang hier einnisten würde. Albrechts Blick schweift zu Agnes hinüber. „Möchtest du das?" fragt er sie schlicht. Seine Stimme klingt neutral, deutet in keiner Weise an, ob er dem Plan zugeneigt ist oder nicht.

Hätte ihr Vater ihr von Anfang an diesen Vorschlag gemacht, hätte ihr dieser Einfall sicher nicht schlecht gefallen. Aber inzwischen ist sie neugierig geworden, was sie in Venedig erwartet, aber auch in den Gasthöfen und auf der Reise selbst. Daß ihr Vater mit diesem Venedigaufenthalt etwas für sie bezweckt, ist ihr schon lange klar. Er hat oft genug sein Bedauern darüber geäußert, daß die Mutter sich zwar um den Verkauf seiner Ware kümmere, aber nicht damit auf Messen fahre. Mehr als einmal hat er Agnes aufgetragen, sich in der Niederlassung der deutschen Kaufleute und auf dem Markt von Venedig umzusehen. Daneben solle sie versuchen, Einblick in die Arbeit ihres Mannes zu bekommen, davon würde sie später in Nürnberg profitieren.

„Nun, was ist, Agnes? Gefällt dir der Vorschlag nicht? Sag doch was." Ihre Gastgeberin schaut verständnislos, vielleicht auch ein bißchen indigniert ob dieses großzügigen Vorschlags.

„Ich möchte mit Albrecht reisen", antwortet Agnes. Zögernd, verlegen schaut sie zu ihrem Mann hinüber. Der scheint genauso erstaunt, runzelt sogar die Stirn. Doch dann tritt er zu ihr hinüber und legt seine Hand auf ihre Schulter. „Es ist gut", antwortet er und hält damit offensichtlich das Gespräch für beendet.

Die Rummels brauchen allerdings länger, um sich von ihrem Erstaunen zu erholen. „Ich seh' mal in der Küche nach, ob das Essen aufgetragen werden kann," äußert die Frau, bevor sie das Zimmer verläßt, während ihr Mann begonnen hat, schweigend im Raum auf und ab zu gehen. „Ihr müßt das ja nicht gleich heute entscheiden", meint er dann, bevor er das Thema wechselt. „Wenn du während deines Aufenthaltes hier malen willst, würde ich dir die Hofburg empfehlen. Dort hat im Frühjahr Bianca Maria Sforza Einzug gehalten. Eine sehr ernste junge Braut, die sich Kaiser Maximilian aus Mailand hat kommen lassen und mit der die Sforzas offensichtlich ihre Beziehung zum Reich verbessern wollen. Vielleicht hast du später einmal Gelegenheit, die Kaiserin zu malen, und dann wäre ein solcher Hintergrund recht gut zu gebrauchen. Damit könntest du beim Kaiser Aufsehen erregen. Das wäre vielleicht etwas für einen jungen Maler."

Albrecht skizziert in den nächsten Tagen noch verschiedene Ansichten von Innsbruck, während Agnes den Markt besucht oder im Haus hilft. Ihre Verwandten sind auf ihren Vorschlag ein paarmal zurückgekommen, doch ist Agnes bei ihrem Entschluß geblieben, obwohl ihr von Zeit zu Zeit Zweifel kommen, denn die Bergriesen ragen arg hoch hinter Innsbruck auf. Aber wenn sie in Ruhe überlegt, muß sie sich eingestehen, daß auch im Norden schroffe Kalkwände stehen und sich die Durchquerung der Berge trotzdem durchaus ertragen ließ. Auf dem Maultier in der klaren Bergluft hat ihr die Reise schließlich sogar fast Spaß gemacht. Da wird es ihr im Süden nicht schlechter ergehen.

So sitzt sie erwartungsvoll gefaßt auf ihrem Maultier, als der Nürnberger Transport die Stadt wieder verlassen darf. Die Straße scheint gut; der Graf von Tirol hat ihnen ausreichend Geleit zur Verfügung gestellt, so daß sie sich vor Überfällen nicht zu fürchten brauchen. Die Wagen sollen an besonders steilen Stellen sogar mit Seilen gesichert werden. Ein Stück weit geht es durch ein breites Tal, dann eine Schlucht hinauf: auf der einen Seite steigt sanft Ackerland an, auf der anderen ragen Felsen steil auf und dazwischen schäumt ein tosender spritzender Bach, der aus wilderen Gegenden zu stammen scheint. Weiß gestrichene Häuser grüßen freundlich. Die Straße windet sich wie ein glattes Band durch die Schlucht, die sich ständig verengt; statt der Äcker gibt es bald Wiesen, die immer häufiger in steile, steinige Abhänge übergehen. Dann nur noch Felsen. Manchmal spritzt aus dem Bergbach die Gischt hoch auf, zerstäubt, verteilt sich in der Luft, erreicht auch die Reisenden.

Wolken legen sich über das Tal, hüllen Wagen und Reisende in ein kaltes Grau. Man hört die Fuhrleute fluchen und schimpfen, dazwischen mahnen sie die Pferde zur Ruhe oder treiben sie peitschenknallend weiter. Es fängt an zu nieseln, nach einiger Zeit wird der Regen heftiger, bis er schließlich in Schneegestöber übergeht. Dicke wattige Flocken trudeln herab.

Alle müssen absitzen und sich in ihre Mäntel wickeln. Wieder geht es weiter. Als sie am späten Nachmittag die Zollstätte Lueg betreten und frierend in der Nässe herumstehen, werden die Reisenden vor den Kaufleuten abgefertigt. Da die Dürers nichts zu verzollen haben, wird ihnen nur ein Zehner abverlangt; dann dürfen sie zum Brenner weiterziehen, während die Kaufleute sich wieder einmal der langen Prozedur der Kontrolle, Einschätzung und Zahlung unterziehen müssen.

Bei ihrer Ankunft im Brennergasthof sind sie durchnäßt, dazu schweißüberströmt und von oben bis unten mit Dreck bedeckt. Ihnen wird zwar gleich ein heißes Getränk angeboten, das sie nur zu gerne annehmen. Doch erst neben Albrecht in der Badewanne taut Agnes endgültig wieder auf; von innen wärmen sich beide mit einem weiteren Becher heißen Weines, so daß Agnes zu guter Letzt ganz aufgekratzt ist, geradezu lustig. Albrecht, der mit Vorwürfen gerechnet hat, daß er sie solchen Strapazen aussetzt, kann sich nur wundern. Zwar schläft sie später über der Suppe fast ein, aber als die Wolfenwirtin sich zu ihnen gesellt und erzählt, daß dies der höchste Punkt ihrer Reise sei und die Straße von nun an bergab verlaufe, scheint sie fast ein bißchen enttäuscht. Ihr Vater hat sie offensichtlich nicht falsch eingeschätzt, als er Albrecht versichert hat, daß sie kräftig und nicht leicht zu schrecken sei und er sicherlich keinen Ärger mit ihr bekommen würde.

Am nächsten Morgen ist der Himmel immer noch verhangen, die Luft kalt, aber eigenartig klar und angenehm. Auf fast ebener Straße ziehen sie weiter, an einem Wasserfall vorbei, durch eine karge Landschaft, in der fast keine Bäume wachsen. Manchmal kann man in tiefe Schluchten hinabsehen; das Aussehen der Menschen und ihrer Häuser hat sich

Albrecht Dürer: Der Hof der Burg zu Innsbruck

seit dem Paß gewandelt, und die Formen und Farben der Pflanzen haben sich verändert.

Unvermittelt beginnt die Straße abwärts zu fallen. Mit jedem Schritt, den sie talwärts ziehen, wird es wärmer; obwohl sie sich mitten im Oktober befinden, scheint der Sommer noch einmal zurückzukehren. Der Blick in die Tiefe läßt Agnes schwindeln, aber die Ohren ihres Maultiers zucken nicht, und es setzt seine kleinen Hufe sicher. Nach einiger Zeit merkt sie, daß auch sie sich an die Ausblicke gewöhnt und die Angst geringer wird, je öfter sie hinabschaut.

Albrecht kann es nun nicht mehr schnell genug gehen. Bei jeder Rast, jedem unfreiwilligen Aufenthalt wird er unruhig, unleidlich, skizziert irgend etwas, packt Papier und Stift aber sofort ein, wenn auch nur die leiseste Hoffnung besteht, daß aufgebrochen wird.

In Klausen gibt es erneut einen größeren Aufenthalt: Zoll ist zu entrichten, die Geleitmannschaften wechseln. Ansonsten kommen sie auf der Straße zügig voran. Der gesamte Kuntersweg ist gut ausgebaut, verläuft aber hoch über der schroffen Schlucht des Eisacktales. Dann durchqueren sie schmucke Dörfer, kommen an Obstgärten vorbei, die längst abgeerntet sind. Die Äste der Bäume sind jedoch teilweise noch abgestützt; die Last der Früchte muß groß gewesen sein. Die Bewohner dieses Bergtals, die fremdartige Hüte mit Federn daran tragen, grüßen etwas bärbeißig in einer Sprache, die Agnes nur schwer versteht. An den Hängen im Tal wächst Wein, die Trauben sind prall und voll. Nußbäume begleiten jetzt die Straße, von Zeit zu Zeit löst sich eine dieser harten braunen Früchte aus ihrer Hülle und kullert auf den Weg oder daneben ins Gras.

Als sie mit Bozen wieder ein breites, liebliches Tal erreicht haben, glauben sie das Schlimmste hinter sich zu haben. Doch der Gasthof quillt über von Gerüchten, daß der Kriegszug der Franzosen Wirklichkeit geworden, König Charles VIII. über die Alpen gezogen sei, mit einem riesigen Heer Neapel erobern wolle, wobei ihm der Regent von Mailand, Ludovico Sforza, „il Moro", finanzielle Unterstützung zugesichert habe. Bislang mache das französische Heer wenig Anstalten, gen Süden weiterzuziehen, sondern liege vor Mailand. Bevölkerung und Landschaft stöhnten unter der Einquartierung der Soldateska und fürchteten Schlimmeres.

Nach der ersten Bestürzung und Panik lassen sich die Reisenden von den erfahrenen Kaufleuten beruhigen. Venetien sei nach wie vor sicher, die Franzosen hätten es auf Neapel abgesehen, vielleicht noch auf diesen und jenen Ort am Wegesrand, selbst für Rom wolle man seine Hände nicht ins Feuer legen, aber Venedig – ausgeschlossen.

Schweren Herzens ziehen sie weiter. Hinter Neumarkt erwartet sie jedoch eine weitere Schreckensmeldung: An der Salurner Klause ist das Tal überschwemmt, die Straße gesperrt, wie lange, weiß niemand. Während die Kaufleute schimpfend das Unvermeidliche hinnehmen und sich auf einen längeren Gasthausaufenthalt einrichten, kommt Albrecht am Abend mit der Nachricht zu ihr, daß es einen Saumpfad gebe, der zwar recht steil ins Gebirge hochführe, über den man jedoch das Suganatal erreiche, das einen kurzen und sicheren Weg nach Venedig darstelle; er habe mit einer Reisegruppe gesprochen, die ihn einzuschlagen beabsichtige.

Wie Agnes an dem Berg hinaufschaut, stockt ihr einen Augenblick der Atem. Noch einmal so hoch hinauf! Und so steil! Nun da sie endlich wieder sicheren Grund unter den Füßen haben. Aber Albrecht ist anzusehen, daß er sich schon entschlossen hat; mit dem Transport allein zurückzubleiben, scheint Agnes nicht verlockend. Also bleibt ihr wohl nichts anderes übrig. „Das werde ich schon schaffen", hört sie sich sagen.

Bei der Suche am Spätnachmittag des nächsten Tages in Cembra nach einem Nachtquartier müssen sie feststellen, daß sie sich in diesem Ort nicht mehr ohne weiteres verständigen können. Selbst der Wirt der Albergo spricht nur ein paar Brocken deutsch.

Zum ersten Mal auf dieser Reise fühlt sich Agnes wie zerschlagen. Der Weg war steil und äußerst schmal. Obwohl ihr Maultier sich überhaupt nicht störrisch zeigte, haben sie einen großen Teil der Strecke zu Fuß zurücklegen und ihre Reittiere hinter sich her führen müssen. Als sie oben endlich aufatmen zu können glaubte, wartete noch ein langer steiler Abstieg auf sie, der sich als ungeheuer schwierig herausstellte, da sie dauernd ins Rutschen zu kommen glaubte, Füße und Knie zu schmerzen begannen. Ein paarmal hat sie dieses Abenteuer verflucht, aber nichts gesagt, da Albrecht sich offensichtlich ebenfalls nicht besonders wohlgefühlt hat. Hin und wieder haben Kraxenträger sie überholt, die fast einen ganzen Schrank auf dem Rücken trugen, aber geschwind und scheinbar mühelos diesen Pfad hinauf- und wieder hinunterliefen.

Jetzt hat sie Blasen an den Füßen, die Knie schmerzen und sehen geschwollen aus. Albrecht scheint nichts Derartiges zu spüren, denn während sie sich schon auf dem Bett ausgestreckt hat, ist er noch einmal mit Pinsel und Farben losgezogen.

Beim Aufwachen am anderen Morgen ist der Platz neben Agnes leer. Auf dem Tisch liegt, in bunten Farben gemalt, die Skizze des Schlosses, das sie gestern auf der anderen Seite des Flußtales liegen sehen konnten. Sie zieht sich an und packt ihre Sachen zusammen. Die Treppe steigt sie nur mit Mühe hinunter, so sehr schmerzen die Beine weiterhin. Als die übrigen Reiseteilnehmer aufbrechen wollen, muß sie draußen nach Albrecht suchen. Zum Glück warten die Mitreisenden geduldig, während Albrecht seinen Ärger darüber nur schwer verbergen kann, daß er mit einem halbfertigen Bild weiterziehen muß.

Der Rest des Weges bereitet ihnen keine weiteren Schwierigkeiten. Ohne größeren Aufenthalt ziehen sie durch das Suganatal nach Padua.

V

Die Lagunenstadt

Nach einer langen Fahrt, auf der sie die Brenta hinuntergetreidelt wurden, erreichen sie das Meer – und damit Venedig. Agnes steht neben Albrecht an Deck des Schiffes. Sie spürt seine ungeheure Erregung, die auch auf sie überzuspringen drohte, wenn Agnes sich nicht dagegen sperren würde. Agnes schluckt – nein, sie ist eine Nürnbergerin, da können die Venedig-Fahrer aufschneiden, wie sie wollen: All die Berichte über diese Wunderstadt ... sie glaubt sie nicht, sie will sie nicht glauben. Sie kennt den Trubel einer großen Handelsstadt, das Gewimmel, die Märkte, große Kirchen. Viel mehr kann auch diese welsche Stadt nicht zu bieten haben. Sie wird die Fassung nicht verlieren.

An der Flußmündung werden sie auf kleinere Ruderboote umgeladen. Wasser, graues Wasser, so weit der Blick reicht, eine unendliche, glitzernde Fläche. Plötzlich fühlt Agnes, wie der Wind ihr Haar erfaßt, ihr Boot in Bewegung gerät und eine Drehung vollführt. Es liegt nun nicht mehr ruhig auf dem Wasser, sondern hebt und senkt sich in gleichmäßigem Rhythmus. Verstohlen wandert Agnes' Blick zu den Ruderern. Da geht ein dumpfes Raunen durch das Boot; Albrecht greift nach ihrer Hand und zieht sie nach links hinüber, deutet mit dem Arm nach vorn über das Meer.

Agnes blinzelt, das Sonnenlicht ist hell, die Strahlen brechen sich auf den Wellen, so daß es blinkt und glänzt. Doch dann stockt ihr der Atem: vor ihr ragen Türme, Kuppeln und Dächer aus dem Wasser, golden blitzend erheben sie sich aus dem Meer ... unwirklich in ihrer Pracht, ein Märchen. Sie schaut zu Albrecht hoch, der mit offenem Mund dasteht und staunt. „O Agnes", flüstert er. „Wir sind wirklich da." Die Türme scheinen aus dem Meer auf sie zu zu wachsen, werden größer, immer riesiger, schließlich können sie einzelne Häuser unterscheiden, einen breiten Kanal, eine Insel. Das Schiff umfährt die Insel und biegt dann in die Hafeneinfahrt ein. „Der Dogenpalast", flüstert Albrecht.

Wirklich, keiner der Venedig-Fahrer hat übertrieben. Ein schneeweißer Palast mit offenen Laubengängen und von Säulen eingerahmten Umgängen, auf die noch vergoldetes Maßwerk gesetzt ist. Wie feinste Spitze! Rote Rundbögen und Querstreben vervollständigen die Pracht. Dahinter ragen mächtige Kuppeln auf, die mit unzähligen Türmchen und Figuren geziert sind.

Die lauten Rufe des Schiffers lassen Agnes zusammenfahren. Um sie herum ist das Wasser plötzlich mit kleinen Ruderbooten bedeckt, von denen viele tiefschwarz angestrichen sind. Agnes bemerkt, wie Albrecht zusammenfährt, und legt ihre Hand auf seinen Arm. „Todesboten", flüstert er. „Seltsam, daß diese prachtvolle Stadt als Begrüßung ihrer Gäste solch schwarze Vögel aussendet. Wenn das nur nichts Schlechtes zu bedeuten hat." Ein Schatten ist über sein Gesicht geglitten, doch dann wirft er den Kopf in den Nacken, als wolle er diesen Gedanken von sich abschütteln, und schaut wieder auf den Glanz der Stadt.

Agnes spürt jetzt, wie ihr das Herz klopft, als würde es ihr die Brust zersprengen. Sie weiß mit dem Ansturm der Gefühle, der sie bedroht, nichts anzufangen, fühlt sich überwältigt, klein, zermalmt. Tapfer beißt sie die Zähne zusammen; sie wollte doch gar nicht staunen, schließlich haben sie in Nürnberg sogar eine Kaiserburg, und der Kaiser, der höchste Herr im deutschen Reich, stattet der Stadt mit seinem prächtigen Gefolge alle paar Jahre einen Besuch ab.

Es dauert eine Weile, bis das Boot, das ständig von den Gondeln umschwärmt wird, angelegt hat und ausgeladen ist. Schließlich stehen Albrecht und sie neben ihrem Gepäck am Kai. „Was machen wir jetzt?" fragt Agnes unsicher. „Jetzt sollten wir eine der Gondeln nehmen und zur deutschen Niederlassung fahren", gibt Albrecht zurück, macht aber keine Anstalten, irgend etwas zu tun. Sein Blick haftet am Dogenpalast, scheint ihn Säule für Säule, Fenster für Fenster abzutasten. Selbst als ihn einer der aussteigenden Bootsgäste anrempelt, lenkt das seinen Blick nicht ab. Agnes schaut hilfesuchend um sich.

Einmal ruft jemand von einer der Gondeln etwas zu ihnen herüber, was sie nicht versteht. Schließlich leert sich die Anlegestelle etwas, so daß eine Gondel ganz dicht an sie heranfahren kann. „Fondaco dei Tedeschi?" ruft der Gondoliere fragend hinauf, und als Agnes zögernd nickt, springt er an Land und beginnt wortlos ihre Taschen hinunterzulassen. Im gleichen Augenblick fährt Albrecht heftig zusammen, starrt den Mann zuerst böse an, springt schließlich mit einem großen Schritt selbst in das schaukelnde Gefährt und hält Agnes die Hand hin. Wäre sie doch bloß in Innsbruck geblieben! Was mußte sie in diese welsche Stadt, in der die Schiffe als schwarze Krähen von ihrem Untergang künden! Nun reicht der Gondoliere ebenfalls seine Hand zu ihr hinauf. Grinsend und breitbeinig steht er im Schiff, bedeutet

Albrecht, sich zu setzen, und faßt nach Agnes' Hand, der nichts anderes übrigbleibt, als sich von dieser harten, rauhen Männerhand ins Boot hinunterziehen zu lassen.

Rasch drückt er sie neben Albrecht auf die Schiffsbank nieder, springt selbst ans hintere Ende der Gondel und stößt vom Ufer ab. Agnes dreht sich ängstlich nach dem Gondoliere um, der elegant auf dem Rand der Gondel balanciert und gelassen das Ruder bewegt. Als er Agnes' skeptischen Blick bemerkt, beginnt er zu ihrem Entsetzen, auf der schmalen Einfassung des Bootes hin- und herzutänzeln. Rasch und geschickt lenkt er sein kleines Gefährt durch das Gewimmel von Booten, die ständig aufeinander zu zu gleiten scheinen, jedoch im letzten Moment die Fahrtrichtung ändern, einander um Haaresbreite verfehlend. Dazu erschallen immer wieder laute Rufe, mit denen sich die Bootsleute offensichtlich Zeichen geben.

Die beiden Fahrgäste sitzen eng aneinandergedrückt und starren auf die Häuser am Ufer. *„Canal grande"*, ruft der Gondoliere. *„Bellisima Venezia"*. Agnes und Albrecht protestieren nicht. Stumm staunen sie die Paläste an, die rechts und links die Wasserstraße säumen. Viele sind aus roten Ziegeln erbaut, prunken mit offenen Arkadenreihen aus weißem Marmor, mit Säulen, Pfeilern und Pilastern. Dazwischen gibt es Häuser, die hell verputzt sind und die filigrane, bunte Muster schmücken. Manche der kleineren Häuser sind nicht vollständig aus Stein erbaut, sondern besitzen ein hölzernes Dachgeschoß, bei anderen ragt ein Altan über die glatte Häuserfront hinaus. Auf einem solchen Vorbau entdeckt Agnes einen prachtvollen Riesenvogel, dessen grünes Gefieder metallen glänzt und der seine langen Schwanzfedern wie eine Schleppe hinter sich herschleift.

„Palazzo Contarini dal Zaffo", erschallt erneut die Stimme des Gondoliere. Agnes und Albrecht folgen der Bewegung seiner Hand, die auf ein Haus an der linken Kanalseite deutet. Die Aussicht ist zwar teilweise von einem Gerüst verdeckt, auf dem etliche Arbeiter hantieren, aber dennoch schimmert es dahinter weiß und grün. *„Porphyrus"* und *„marmo"*, verkündet der Gondoliere stolz. Das Boot macht eine Wendung nach rechts, dem Verlauf des Kanals folgend, so daß neue Aussichten freiwerden. Endlich legen sie, nachdem

sie unter einer großen Holzbrücke, auf der sich die Menschen drängen, durchgefahren sind, an einem stattlichen, bunten Gebäude an.

An dem Steg sind mehrere Boote vertäut, aus denen große Ballen ausgeladen werden. Ein Mann tritt zu ihnen an die Gondel und begrüßt sie auf deutsch, verhandelt mit dem Gondoliere um den Preis, bis er schließlich die Ratlosigkeit der Neuankömmlinge bemerkt. Er stellt sich ihnen als Fonticarius, Hausmeister des Fondaco vor; ruft auf deutsch zwei der Ballenträger herbei, ist Agnes beim Aussteigen behilflich und geleitet die beiden zu guter Letzt durch die Eingangshalle in den Hof. Dort wimmelt es von Menschen, Gepäckstücken, Warenballen und Lastenträgern. In einer Ecke unter der Freitreppe steht ein Tisch, an dem ein Herr sitzt, dessen große Bedeutung schon aus seiner Miene abzulesen ist.

Er befragt die Ankömmlinge gründlich, Albrecht muß ihre Namen und ihren Herkunftsort angeben. Anschließend wird er aufgefordert, alle Waffen abzugeben und sein Geld vorzuzeigen. Ein Schreiber muß alles, was Albrecht sagt, niederschreiben. Zum Schluß fordert er, daß sie ihre Taschen öffnen. Der Beamte läßt sich jeden Gegenstand zeigen, blickt zuletzt, sichtlich verwirrt, von Albrecht zu Agnes. Auch er hat auf deutsch mit ihnen verhandelt, spricht allerdings mit stark italienischem Akzent. Wo sie denn ihre Waren gelassen hätten, will er schließlich wissen.

Inzwischen hat sich ein Auflauf um die Gruppe herum gebildet. Einer der Herren tritt vor. „Visdomus", sagt er höflich. „Mir scheint hier ein Mißverständnis vorzuliegen. Wenn mich nicht alles täuscht, handelt es sich bei dem Neuankömmling um einen Maler, der nicht nach Venedig gekommen ist, um Geschäfte zu machen, sondern der die Kunst Venedigs schätzt und die Werke hiesiger Maler studieren will."

Als hätte er damit ein Zeichen gegeben, beginnen die Umstehenden jetzt alle auf einmal zu reden. Agnes schwirren vertraute Nürnberger Namen um den Kopf, Haller, Rummel, Tucher, Hirschvogel, Imhoff, Fragen nach der Reise; sie werden bedrängt, ob sie nicht Nachrichten aus Nürnberg hätten. Und dann fällt das Wort, das Agnes schon seit einiger

Zeit aus ihrem Kopf verbannt hat: die Pest, sie müßten doch Näheres wissen, wie sie wüte, in welchen Stadtteilen sie ihre Opfer gefunden habe, ob die eigenen Verwandten gesund die Stadt verlassen hätten.

Sie antworten, so gut sie es vermögen, bis der Mann, der ihnen schon einmal geholfen hat, alle Frager mit seiner ruhigen Stimme übertönt. „Nun macht unseren Gästen erst einmal Platz und laßt sie ins Haus kommen. Ist das eine Art, müde Reisende zu begrüßen? Die beiden haben eine lange beschwerliche Fahrt hinter sich. Ihr werdet sie heute abend noch genug ausfragen können." Er hält Agnes die Hand hin, dann Albrecht. „Kolb", stellt er sich vor, „Anton Kolb", geleitet die beiden in die Weinschenke des Fondaco und bietet ihnen einen Begrüßungstrunk an. Er weist sie auch darauf hin, daß sie, die Nürnberger Kaufleute, schon eine Unterkunft für das junge Paar angemietet hätten, da Albrecht Dürer als Maler nicht gezwungen sei, im ständig überfüllten Fondaco zu wohnen. Nicht weit entfernt, neben der Kirche S. Bartolomeo führe ein Deutscher, Nikolaus Vasold, eine Bäckerei. „Ihr werdet Euch dort sicherlich nicht fremd fühlen. Die Vasolds stammen aus dem Knoblauchsland und freuen sich schon auf Eure Ankunft. Sie haben eine Stube und eine Schlafkammer für Euch reserviert; das ist mehr, als die meisten Kaufleute hier im Fondaco für sich beanspruchen können. Im gesamten Rialto-Bezirk sind Zimmer sehr begehrt, vor allem, da jeder freie Winkel mit Verkaufswaren vollgestopft ist."

„Angst vor der Fremde wird Euch in diesem Bezirk ganz bestimmt nicht überkommen. Hier wohnen überall Deutsche, und in S. Bartolomeo könnt Ihr am Sebald-Altar zu unserem guten Nürnberger Patron beten. Es wird sogar behauptet, in dieser Gegend gebe es so viele Deutsche, daß in einigen Gasthäusern die Hunde jeden Welschen erschnüffeln und durch ihr wütendes Gebell vertreiben würden." Der Erzähler, ein Mann, der Agnes schon im Hof wegen seines fliehenden Kinns und einer sackartigen Verdickung am Hals aufgefallen ist, lacht dröhnend über seinen gelungenen Witz, den die übrigen Gäste bereits zu kennen scheinen. Als er sich ausgelacht hat, fährt Kolb fort: „Am heutigen Abend würden wir uns jedoch freuen, wenn Ihr uns hier an der Nürnberger

Tafel Gesellschaft leisten und uns noch ein bißchen aus der Heimat erzählen würdet."

Am Abend sitzt Agnes im Fondaco neben einer der wenigen Bewohnerinnen des Hauses, einer Witwe aus Basel, die mit ihren beiden Söhnen Venedig besucht, um ausstehende Geldbeträge für ihr Geschäft einzufordern. Verena Bockstahlerin ist begeistert von Venedig; dies ist die erste größere Reise ihres Lebens. Bislang hat sie ihre Tage damit zugebracht, daheim in Basel die Geschäfte ihres Mannes zu führen und auf seine Rückkehr von seinen Handelsreisen zu warten. Ihre Söhne haben hier einen günstigen Posten an Aspisvipern aus dem Gebiet der Euganeischen Hügel ergattert, der sie in die Lage versetzt, größere Mengen Theriak herzustellen, für das in Basel ständig Nachfrage besteht. Nun verhandeln sie über ein Säckchen Safran und indische Gewürze. Die Galeere aus Ägypten ist erst vor ein paar Tagen in Venedig eingelaufen; sie müßten dort alles, was ihr Handel begehrt, in bestem Zustand finden.

Die Bockstahlerin, die froh ist, nach einem wochenlangen Aufenthalt fast nur unter Männern mit ihren geschäftlichen Erfahrungen eine Frau beeindrucken zu können, dazu noch eine junge, unerfahrene, schüttet ihre Reden breit über Agnes aus. Dann folgen Warnungen vor dem Geschäftssinn der Venezianer mit präzisen Angaben, wo günstig Elfenbeinschnitzereien, Glas aus Murano oder Goldarbeiten zu erstehen seien und wo nicht. Auch den Besuch der Heiltümer der Stadt rät sie Agnes an, erklärt ihr, daß viele Menschen nur ihretwegen Venedig besuchten und gerade eine Frau hier besondere Hilfe finde. Das Grab der heiligen Helena liege in dieser Stadt, ein Splitter vom Kreuze Christi, das diese heilige Frau aufgefunden habe, ein Brustbein der Maria Magdalena und über fünfzig Kinderleiber, die Herodes habe töten lassen.

Agnes kann ihr nur noch mit Mühe folgen. Sie ist zu müde und erschöpft, um sich für die Geschäfte der Baslerin zu interessieren, und segensreiche Heiltümer gibt es in Nürnberg schließlich auch zur Genüge; außerdem würde sie viel lieber dem Gespräch lauschen, das Anton Kolb an ihrer anderen Seite mit ihrem Mann führt. Immer wieder versucht sie, mit einem Ohr etwas von dem Männergespräch neben sich zu erhaschen. Als der Name Gentile Bellini fällt, ruft einer der Männer von der gegenüberliegenden Tischseite dazwischen: „Wenn es dir gelingt, Albrecht, ihn in ein Gespräch über Malerei zu ziehen, oder du ihn gar dazu bringst, dich in seine Werkstatt mitzunehmen, wirst du dir die Hochschätzung aller deutschen Kaufleute erringen. Der Maler Bellini ist nämlich unser Sensal, einer der Wachhunde der Venezianer, die all unsere Geschäfte überprüfen und danach Abgaben von uns einziehen. So lassen sich die Venezianer ihre Kunst von den Nürnberger und Augsburger Kaufleuten finanzieren."

Auf seine Worte folgt brüllendes Gelächter, das selbst den Redefluß einer Verena Bockstahlerin übertönt. Man prostet Albrecht von allen Seiten zu und wünscht ihm viel Glück.

Agnes hat in ihrer ersten Nacht in Venedig wie ein Stein geschlafen, obwohl die Glocken von S. Bartolomeo direkt neben ihrem Bett anzuschlagen scheinen. Albrecht hat sich bereits in aller Frühe in den Fondaco begeben, ohne irgend etwas zu sich zu nehmen. Sie weiß, wie er Venedig entgegengefiebert hat und daß er sich heute durch nichts würde aufhalten lassen, vor allem nicht von ihr. Sie muß also allein sehen, wie sie sich zurechtfindet.

Sie zögert noch, in dem fremden Haus die Treppe hinunterzusteigen, obwohl ein würziger Brotgeruch von unten hochzieht, als an ihre Tür geklopft wird. Marianne Vasoldin steht mit einem Korb Wäsche in der Tür, die sie hier oben an den Fenstern aufhängen möchte, da sie im Wind am besten trocknen.

Die beiden Frauen mustern sich neugierig. Gestern hat Agnes die Vasoldin nur ganz kurz zu Gesicht bekommen, als diese, von einer Schar Kinder umgeben, die Gäste begrüßt und in ihre Zimmer gebracht hat. Marianne Vasoldin ist nur wenige Jahre älter als Agnes, klein, drall, mit lebendig blitzenden Augen. Ganz offensichtlich sucht sie das Gespräch mit der neuen Hausbewohnerin. Agnes reicht ihr ganz selbstverständlich die Wäsche an, die Marianne an Stangen, die von den oberen Fenstern des Hauses hochragen, befestigt.

Nach getaner Arbeit zieht Marianne Agnes die letzten Stiegen zur Dachluke hoch, die auf einem hölzernen Gerüst enden, einer Terrasse, die auf das Dach aufgesetzt ist. Mit Besitzerstolz weist Marianne auf die Aussicht, bei der es Agnes schwindelt: ein glitzerndes Dächermeer, aus dem unzählige Schornsteine aufragen, das sich erst am Horizont verliert; in der Ferne der helle Schimmer einer Bergkette. Der Wind umweht ihren Kopf und zerrt an den Röcken. Sie hat das Gefühl, vom Boden abzuheben, allen Halt unter den Füßen zu verlieren, dem Wind ausgeliefert über der Stadt zu schweben. Gleich wird sie ins Trudeln kommen und abstürzen. Agnes drückt ihre Füße auf die Holzbohlen und umklammert das Geländer. Ihr Blick heftet sich an der Terrasse des Nachbarhauses fest. Von dort nickt ihnen eine Frau zu, die eine breite Hutkrempe trägt, aus der oben blonde Haare hervorquellen.

Marianne lacht: „Die Venezianerinnen sind ganz versessen auf blondes Haar, das sie auf diese Weise in der Sonne bleichen wollen; aber ohne Färbemittel kommen sie trotzdem nicht aus. Zum Glück ist mein Nikolaus mit meinem braunen Haar zufrieden." Wie auf ein Stichwort taucht in diesem Augenblick ein ebenso brauner Haarschopf aus der Dachluke auf, der sich, von Marianne mit wildem Geschrei begrüßt, jedoch sofort wieder duckt.

Agnes folgt ihrer Gastgeberin nur zu gern die Treppe hinunter, seltsamerweise zittern ihr die Beine viel mehr, als auf den steilen Alpenwegen, so daß sie vorsichtig jeden Schritt setzen muß. Marianne zetert die ganze Zeit über, wie oft sie den Kinder das Betreten der Dachterrasse schon verboten habe und daß sie sich eines Tages bei einem Sturz von dort oben das Genick brechen würden.

Unten in der Küche sind die Kinder scheu in eine Ecke zurückgewichen, aus der sie Agnes belauern, um dann langsam, eines nach dem andern, auf sie vorzurücken. Am Herd steht ein Riesenweib, das eifrig in einem Topf rührt. Die Frau strahlt Agnes mit einem entwaffnenden Kinderlächeln an, bevor sie sie in gebrochenem Deutsch willkommen heißt. Der Mann und seine Gehilfen sind in der Backstube. Man kann ihre Stimmen hören und Backbleche klappern. Die Szene kommt Agnes fast bekannt vor. Hier wird sie sich einfinden. Es ist fast wie daheim, nicht gar so voll wie bei den Dürers, und außer der Magd sprechen alle deutsch.

Marianne Vasoldin, die immer noch vor sich hinschimpft, läßt ihren Gast in Ruhe essen, fragt nur hin und wieder, ob sie noch etwas wünsche. Als Agnes den Wunsch äußert, die Kirche zu besuchen, glaubt sie in Mariannes Augen leichten Spott aufblitzen zu sehen. Doch dann antwortet jene höflich: „Das ist sicherlich der richtige Beginn hier in der Stadt nach so langer Reise. Ich hätte dir heute morgen gern den Rialto-Bezirk gezeigt, aber dafür ist auch an jedem anderen Tag noch Zeit, gell? Ich darf dir doch die Stadt zeigen, oder willst du lieber einen echten Fremdenführer?" Agnes schmunzelt. Ihr ist es durchaus recht, wenn Marianne ihr die Stadt zeigt; ein Fremdenführer wäre eine unnütze Ausgabe und bestimmt unschicklich.

Nach dem Besuch der Messe – die Kirche liegt nur wenige Schritte von der Vasoldschen Bäckerei entfernt, trotzdem hat Marianne die Fremde vor den deutschen Langfingern gewarnt, die in Venedig den guten Ruf der Deutschen beeinträchtigen und überall zu finden sind – wendet sich Agnes zum Fondaco. Man grüßt sie dort freundlich; allerdings steht Agnes neben den Kisten und Ballen, Lastenträgern und Gerätschaften etwas verloren im Hof herum. Schließlich beginnt einer der Hunde an ihr zu schnüffeln. Sie beschließt, sich nach Anton Kolb durchzufragen, steigt mehrere Treppen hoch, klettert auf den Galerien über Strohsäcke und verstreutes Gepäck und findet endlich in die Kammer von Anton Kolb, der mit einem Gehilfen an einem Schreibtisch sitzt und Zahlen in ein dickes Buch einträgt, sich jedoch von seinem Platz erhebt, als die junge Frau in der Türöffnung erscheint.

„Euer Eheherr hat sich schon an die Fersen von Gentile Bellini geheftet," erklärt er ihr lächelnd. „Doch kommt nur herein und leistet mir etwas Gesellschaft." Agnes, die unschlüssig in der Tür stehengeblieben ist, folgt der Einladung gern, denn Anton Kolb bereitet der Besuch der jungen Frau sichtlich Vergnügen. Vom Fenster dieser Kammer aus kann man auf den Canal grande hinuntersehen. Dort wimmelt es von Schiffen unterschiedlicher Größe: Lastkähnen, die eine Anlegestelle suchen, schnellen Ruderbooten, dazwischen tummeln sich die flinken Gondeln. Schließlich tritt Kolb mit ihr an den Schreibtisch, auf dem einzelne Blätter liegen, die mit Zeichnungen von Häusern, Straßen und Kanälen bedeckt sind.

„Ich plane ein großes Werk, von dem jedoch bis jetzt nur die allerersten Vorarbeiten geleistet sind. Es soll in Holz geschnitten werden, über einen Meter breit und fast drei Meter lang. Eine Ansicht von Venedig aus der Vogelschau; das ist etwas ganz Neues, eine riesige Aufgabe; ich werde dazu etliche Maler und Reißer einstellen müssen. Das ist einer der Gründe, warum ich mir Euren Eheherrn sofort angesehen habe. Was er kann, weiß ich allerdings noch nicht genau. Für die Hauptarbeit habe ich jedoch schon mit einem Maler abgeschlossen.

Seht Ihr, es soll so aussehen, als hätte sich der Betrachter in die Lüfte geschwungen wie ein Vogel und betrachte von dort aus die Stadt. Das Problem dabei ist, daß Gebäude, die dem Betrachter nahe sind, größer erscheinen als die, die weiter entfernt liegen. Im Augenblick sind wir jedoch erst einmal dabei, einen systematischen Plan von Venedig zu erstellen."
Anton Kolb hat sich in Begeisterung geredet, und Agnes ist stolz darauf, daß er so ernsthaft mit ihr spricht. Aber schließlich ist sie die Frau eines Malers. Irgend etwas Sachkundiges sollte sie ihm vielleicht entgegenhalten. „Was kostet denn die Herstellung eines solchen Holzschnittes?" fragt sie schließlich schüchtern.

Kolb lacht. „Ihr scheint eine Geschäftsfrau zu sein. Nun, schaut her." Er wendet sich zur anderen Seite des Tisches, wo sein Gehilfe Zahlen in ein Buch einträgt und lange Zahlenreihen zusammenzählt. „Hier sind einige der Kosten aufgeführt. Dies hier ist allein der Posten für das Papier, das wir für die Vorarbeiten brauchen werden, darunter stehen die Federn, Stifte und ..."

Agnes' Augen sind über den Zahlenblock geglitten, aus irgendeinem Instinkt heraus hat sie eine Reihe zusammengezählt. „Diese Zahl dort stimmt nicht, die Summe liegt höher." Ganz spontan hat sie den Redefluß Anton Kolbs unterbrochen, der sie nun ungläubig, doch belustigt anschaut. Der rechnende Gehilfe ist rot geworden, starrt die Frau, die sich da in Dinge einmischt, die sie nichts angehen, wütend an. „Meine Summen stimmen", erklärt er hoheitsvoll.

„Laß sehen." Neugierig beugt sich Kolb über das Buch, rechnet, runzelt die Stirn, rechnet noch einmal. „Ihr habt recht, Dürerin", erklärt er zuletzt. „Ihr verfügt über eine rasche Auffassungsgabe und einen guten Blick für Zahlen. Wenn Ihr nicht eine Frau wärt ... einen zweiten Gehilfen könnte ich wohl brauchen."

Agnes atmet hörbar ein. Mit Zahlen konnte sie schon immer umgehen. Ihr Vater hat sich genug darüber amüsiert, aber sie auch gelobt und seine Rechnungen häufig von ihr schreiben lassen. Das wäre etwas: die Tage hier im Fondaco verbringen zu können, nicht auf Albrecht warten zu müssen, die freundliche Gesellschaft Kolbs ...

Erst gegen Mittag kehrt Agnes zu den Vasolds zurück, wo sie sogleich von den Kindern umlagert wird. Sie wollen Geschichten hören aus Nürnberg, das ihnen völlig fremd ist und doch ihre Heimat darstellt. Niccolo, Giovanni und Sophia sprechen neben dem Deutschen auch Italienisch, schließlich sollen sie einmal anerkannte Bürger Venedigs werden. Deshalb hat Nikolaus Vasold einen Bauernjungen aus der Terra ferma ins Haus genommen, den seine Eltern ihm für ein paar Jahre verpfändet haben. Das Bürschen hat rasch deutsche Worte und Sätze gelernt und wiederholt diese unermüdlich für die Kinder und Agnes in seiner eigenen Sprache.

Tommaso wendet sich in der nächsten Zeit häufig an Agnes, vielleicht weil er spürt, daß die fremde Frau sich in Venedig ähnlich verlassen fühlt wie er. Ihr erzählt er von seinen Zukunftsträumen. Natürlich möchte er, wie alle Jungen der unteren Schichten in Venedig, auf einer Handelsgaleere, einem der unvergleichlich schnellen Boote Venedigs, Ruderer, *galeotto*, werden und nach Brügge, Konstantinopel, Ägypten oder London reisen. Er weiß, daß die Ruderer unter ihren Bänken eigene Handelsware transportieren und diese im Ausland verkaufen dürfen. Er malt Agnes aus, wie er als reicher Mann in sein Dorf zurückkehren und seine Familie aus dem Staunen über ihren Sohn nicht mehr herauskommen wird. Wann immer sich ihm die Gelegenheit bietet, macht er sich auf den Weg zum Hafen oder streicht um das Arsenal herum.

In allen Einzelheiten beschreibt er Agnes die venezianischen Schiffe, kann genau die Unterschiede zwischen Galeonen, Batarden und Karacken benennen, kennt alle Ränge der Besatzung, die für ihn fast durchweg unerreichbar sind. Aber daß er Ruderer werden kann, weiß er genau, hat im Arsenal lange Erkundigungen darüber eingezogen, scheint mit allen Kalfaterern, Zimmerleuten und Werftarbeitern gut Freund zu sein. Manchmal, wenn Agnes in sein begeistertes Gesicht schaut und seinem lustigen Kauderwelsch lauscht, streicht sie dem Jungen über den Kopf, was dieser sich willig gefallenläßt, bevor er mit einer schwungvollen Gebärde sein Haar zurückwirft, als wolle er die Berührung von sich abgleiten lassen. Doch sieht sie, daß er, obwohl er es zu überspielen sucht, mit den Tränen kämpft. Er springt sofort auf und mischt sich wild gestikulierend unter die Vasoldsche Kinderschar.

Gleich am zweiten Tag ihres Aufenthaltes ist Marianne mit Agnes durch Venedig gezogen. Sie haben sich durch die Menge auf der Rialtobrücke geschoben, haben vor den Buden der Goldschmiede haltgemacht, Agnes hat einen tiefroten, mit einer goldenen Blume bemalten Pokal aus Murano-Glas für ihre Eltern erstanden – trotz des Gespötts von Marianne, die einen solchen Kauf für reichlich verfrüht hält; die beiden haben ihre Augen kaum wieder von den dicken, buntgemusterten Teppichen und den durchscheinenden, hauchdünnen Seidenstoffen abwenden können. Gemeinsam haben sie die eleganten Venezianerinnen angestaunt, die auf ihren *zoccoli,* Hochschuhen, geschickt einherbalancieren; haben sich über eine Hure amüsiert, die ihre nackten Brüste über die Fensterbrüstung hängen ließ, um mit diesem Anblick Kunden anzulocken. Agnes hat sich kaum beruhigen können, das sei doch arg unverfroren, hier, an einer so belebten Gasse. Marianne hat nur gelacht, da sie eine solche Schaustellung für ziemlich nutzlos halte. „Das würde meinen Nikolaus nicht beeindrucken," hat sie abschätzig gemeint. „So etwas bekommt er zu Hause in besserer Qualität geboten."

Auf dem Markt haben sie Früchte gekauft, die Agnes noch nie gesehen hat, und Fische und Meerestiere, die anders riechen als die Flußfische zuhause und zum Teil so grauslich aussehen, daß die vielen turbangeschmückten Orientalen, die ihnen in der Stadt begegnet sind, daneben geradezu alltäglich wirken. Doch viel Zeit, um sich zu wundern, hat Agnes nicht gefunden. Ständig haben sie vor vorbeipreschenden Reitern an den Rand des Weges oder Platzes ausweichen müssen, wo sie zu allem Übel noch mit dem Dreck bespritzt worden sind, den die Hufe hochschleudern.

Einmal ist ihnen eine Gruppe von Trompetern und Pfeifern begegnet, Abgesandten des Rates, die Soldaten auf diese Weise zum Sammeln rufen. „Gott sei Dank geht mich diese Musik nichts mehr an; jahrelang hat sie mich genug gepeinigt." Und als Agnes Marianne fragend angesehen hat, hat diese ihr erklärt: „Der Nikolaus war nicht immer Bäcker. Die dicken Narben im Gesicht und am Knie hat er sich als Söldner der Republik Venedig geholt. Er war Armbrustschütze auf einer Galeere. – Was hast du denn gedacht, woher Tommaso seine Geschichten über die venezianische Seefahrt hat? Meinst du, er kennt sämtliche Schiffsleute Venedigs? – Deshalb bekam Nikolaus nach Ablauf seiner Dienstzeit ohne weiteres die Zulassung als Bäcker. Schließlich hat er sich um die Republik Venedig verdient gemacht, wie es so schön heißt. Aber ohne seine Beutegelder hätten wir uns niemals das Haus kaufen können, von seinem Sold jedenfalls nicht.

Doch das Soldatenhandwerk hat ihm noch etwas anderes eingebracht als Geld und Beute: Geschwüre und Fieber. Warne deinen Albrecht nur eindringlich davor: Die Brüste der Huren können noch so rund und prall aussehen, welche Krankheiten die Damen in sich tragen, verraten sie nicht. Darüber hinaus muß dein Albrecht sich besonders vor Männern hüten." Wieder hat Marianne ein fragender Blick getroffen, auf den ganz ernsthaft die Erklärung gefolgt ist: „Vielleicht ist diese Mode in Nürnberg noch nicht verbreitet, aber hier gilt es als schick, sich mit Knaben oder Männern einzulassen. Also warne deinen Mann lieber, bevor es zu spät ist."

Eine Zeitlang haben sie geschwiegen, bis Agnes um ein Haar mit einem riesigen Mohren zusammengestoßen wäre, der seiner Herrschaft eine Kiste nachtrug.

Der Rundgang durch die Stadt bleibt für Agnes ein Höhepunkt ihres Aufenthaltes in Venedig. Da es sich offensicht-

lich für eine Frau nicht schickt, allein durch die Stadt zu
schlendern, die Vasolds viel zu tun haben und Albrecht sich
nur selten sehen läßt, weiß sie oft nicht, was sie mit der vielen
freien Zeit anfangen soll. Manchmal hilft sie Marianne, die
ihr jedoch deutlich zu verstehen gibt, daß sie als Gast nicht
für die Hausarbeit zuständig sei.

So schlendert sie des öfteren zum Fondaco hinüber, schaut
ganz zufällig bei Kolb herein, plaudert ein bißchen mit ihm.
Schließlich nimmt sie ihren ganzen Mut zusammen und wendet sich mit ihrem Anliegen an den Kaufmann: „Erinnert Ihr
Euch noch an Euer Angebot, Herr Kolb? Als ich Euch zum
ersten Mal besuchte und Ihr mir die Zahlenreihen gezeigt
habt. Habt Ihr Euren Vorschlag ernst gemeint? Ich würde
mich gern öfter bei Euch im Rechnen versuchen."

Kolb blickt in zwei flehentlich auf sich gerichtete Augen
und schmunzelt. „Ernst gemeint habe ich das damals zwar
nicht, aber ich sehe Euch schon eine ganze Zeit wie eine Katze um den heißen Brei um meine Bücher herumschleichen.
Warum eigentlich nicht? Probieren können wir es, wenn
Euch so viel daran liegt und Euer Eheherr nichts dagegen
hat."

Agnes schüttelt den Kopf, Albrecht wird es vermutlich
kaum interessieren, und vielleicht kann sie beim Rechnen
etwas lernen, was ihnen später bei der Führung der Werkstatt
zugute kommt. Glücklich nimmt Agnes den Platz neben
dem Gehilfen des Anton Kolb ein, der darüber gar nicht
erbaut ist. Aufmerksam lauscht sie den Anweisungen, die
Kolb ihr gibt, und macht sich dann mit Feuereifer an die
Arbeit. Als sie sich zur Mittagszeit verabschiedet, ist sie naßgeschwitzt und der Kopf wie vernebelt. Nie hätte sie
gedacht, daß die Arbeit am Schreibtisch einen Menschen so
fesseln könnte.

Lange hat Agnes überlegt, ob sie Albrecht von Mariannes
Warnung berichten soll. Da es ihr keine Ruhe läßt, erzählt
sie ihm schließlich davon. Er reagiert nicht, wie Agnes
befürchtet hat, verärgert, sondern eher belustigt. „Interessant, worüber ihr Frauen euch Gedanken macht. Die Warnung ist also schon bis zu dir gedrungen. Diese Krankheit
scheint wirklich das Hauptthema aller Gespräche in Venedig
zu sein. Ich bin bereits dreimal darauf angesprochen worden.

Aber ich bin nicht nach Venedig gekommen, um mich mit leichten Männern oder Frauen abzugeben. In dieser Hinsicht kannst du ganz beruhigt sein. Ich habe Wichtigeres zu tun." – „Was denn? Kommst du mit deiner Malerei voran?" erkundigt sie sich.

Was sie denn denke, er male zur Zeit nicht, sei in erster Linie hier, um zu schauen. In der Werkstatt des Gentile und Giovanni Bellini sei er schon gewesen, aber bei dem einen Besuch werde es kaum bleiben. Dann gerät er ins Schwärmen, beschreibt Agnes Madonnen, die überirdische Schönheit dieser Figuren, die Klarheit der Bellinischen Kompositionen. „Auch auf die Gestalt des Jesuskindes achten die Venezianer genau, beobachten, wie Mütter ihre Kinder im Arm halten. Die Maler hier stellen Kinder überhaupt ganz anders dar, als sie bei uns gemalt werden. Sie studieren die Menschen eingehend, wollen wissen, wie ein Körper gebaut ist. Bei den nackten Säuglingen lassen sie keines ihrer Fettpolster weg, keine Hautfalte, jede Einzelheit wird getreulich wiedergegeben."

Agnes wundert sich zwar, daß Kinder hierzulande anders aussehen sollen als daheim – an den Vasoldschen Kindern ist ihr nichts Ungewöhnliches aufgefallen –, aber es gefällt ihr, daß Albrecht ihr ausführlich berichtet, und so läßt sie ihn reden. Doch als er gar kein Ende findet, nur erzählt, was er alles sieht, aber keineswegs erwähnt, daß er bei den Bellinis arbeite, steigt ein unbehagliches Gefühl in ihr auf.

Unruhig beginnt sie, auf ihrem Stuhl herumzurutschen, bis sie Albrechts Redefluß endlich unterbricht. Ob er den ganzen Tag in der Bellinischen Werkstatt verbringe? – Nein, er streife auch viel durch die Stadt und schaue. – Wonach? – „Zum Beispiel nach dem großen Reiterstandbild des Colleoni, dessen Vollendung ein gewisser Lorenzo di Credi beaufsichtigt. Den werde ich in den nächsten Tagen sicher ebenfalls in seiner Werkstatt aufsuchen." – „Wo steht denn dieses Standbild?" – „Hast du es etwa noch nicht gesehen? Dann sollte ich dich einmal dorthin mitnehmen." Agnes nickt. Einen größeren Gefallen könnte er ihr kaum tun. Sie ist über den Rialto-Bezirk erst einmal hinausgekommen. Schließlich hat Marianne Vasoldin anderes zu tun, als ständig mit ihr durch die Stadt zu schlendern.

Doch vergißt Albrecht sein Versprechen wieder, wie er

überhaupt von Tag zu Tag mehr zu vergessen scheint, daß sie ihn auf der Reise begleitet. Meist ist er unterwegs. Und wenn er nach Hause kommt, sieht er müde aus, nimmt seine Umgebung kaum wahr, sondern scheint mit Dingen in seinem Innern beschäftigt. Er läßt es sich gefallen, wenn sie ihm aus den Schuhen hilft, seine geröteten Füße badet und mit Öl einreibt. Bei den Mahlzeiten der Vasolds ist er nur selten anwesend, hat häufig abends Verabredungen oder fällt ins Bett wie nach einem harten Arbeitstag.

November 1494

Als Agnes eines Mittags aus dem Fondaco kommt und in ihre vermeintlich leere Stube hochsteigt, findet sie Albrecht am Tisch sitzen. Vor ihm liegt ein Blatt, auf dem Tisch sind Farben, Wassertöpfe, Lappen, Federn, Pinsel verstreut; außerdem steht dort ein Korb; ein wildes Durcheinander. „Wie sieht es denn hier aus?" entfährt es ihr.

„Wie bei einem Maler", gibt Albrecht vergnügt zurück.

Der fröhliche Ton seiner Stimme läßt sie aufmerken. „Du malst jetzt doch selbst?" – „Ja, ich glaube, ich kann es inzwischen wagen, jedenfalls hat mir dieser Kerl hier keine Ruhe gelassen." Sie geht zu ihm hinüber, um sich das Blatt anzuschauen. Vor ihm in dem Korb liegt eines der garstigen Meeresungeheuer, die sie vom Markt her kennt. Es bewegt seine Gliedmaßen heftig, krabbelt in dem Korb herum, gelangt zum Glück jedoch nicht auf den Rand hinauf. Auf dem Blatt ist das Tier eingefangen, exakt wiedergegeben, fast scheußlicher als das Original: ein plumper Körper mit kleinen Zacken am Rande einer festen Schale, die es vollständig umgibt; ein paar kräftige Zangen strecken sich dem Betrachter entgegen, die Beine sind nach hinten und zur Seite hin abgeknickt. Jede Falte, jedes Härchen ist auf dem Papier festgehalten, und daneben stinkt das Tier ekelhaft. „Pfui, ist das scheußlich." Agnes verzieht das Gesicht und rümpft die Nase. Albrecht legt den Pinsel zur Seite und blickt sie an. Ein offener, interessierter Blick trifft sie; die Augen sind so klar, wie sie es seit ihrer Ankunft in Venedig nicht mehr gewesen sind. Er grinst sie an: „Was hast du gegen diesen hübschen

Wicht. Es ist ein besonders seltsames und interessantes Tier. Allerdings stinkt es, je länger es hier liegt. Am besten bringst du die Krabbe gleich der Marianne in ihre Küche hinunter. Die Viecher sollen recht wohlschmeckend sein."

Angewidert, mit spitzen Fingern, trägt sie den Korb nach unten, wo er ihr zu ihrem Erstaunen fast aus der Hand gerissen wird. „Ich habe schon einen Topf mit Wasser aufgesetzt. Sieh her, wie sich das Vieh verfärbt, während es im Wasser zugrunde geht. Das Fleisch wird uns heute abend munden."

Mit gemischten Gefühlen verfolgt Agnes, wie das Tier im kochenden Wasser knallrot wird. Doch im Kochtopf ist es ihr schon wesentlich sympathischer als auf dem Tisch in der Stube. „Und was sollen wir daran essen? Wird die Schale etwa durch das Kochen weich?" – Marianne lacht. „Das Fleisch ist ganz zart. Aber den Panzer werden wir erst aufschlagen müssen."

Als sie wieder nach oben kommt, fragt Albrecht, wo sie den Morgen über gewesen sei, was sie überhaupt die ganze Zeit über mache. Er habe einen gehörigen Schrecken bekommen, als er das leere Zimmer vorgefunden habe. Und Marianne Vasoldin habe zwar so ausgesehen, als ob sie etwas wüßte, aber nicht mit der Sprache herausrücken wollen.

Agnes zögert mit der Antwort. Sie hat geglaubt, daß Kolb mit Albrecht über ihre Rechnerei gesprochen hätte und Albrecht einverstanden wäre. Schließlich verbringen die beiden manchen Abend in der Schenke des Fondaco zusammen. Wird Albrecht nun Einwände haben? Ihr die Arbeit gar verbieten?

Leicht verlegen gesteht sie ihm, daß sie Kolb bei der Buchführung helfe. Er reagiert zuerst einmal ungläubig, fragt dann nach: „Machst du dich da nicht zum Gespött?" Nicht ohne Stolz erwidert sie ihm, daß Kolb sie sehr lobe, und sie bei ihm eine neue Art der Buchführung lerne, mit der die venezianischen Kaufleute überall auf der Welt ihre Geschäfte kontrollierten. Um sich diese anzueignen, kämen viele Kaufleute eigens nach Venedig gereist. Die Venezianer hätten eben nicht nur gute Maler zu bieten. Und dann fügt sie noch schnippisch hinzu: „Was soll ich denn sonst hier tun? Den ganzen Tag aus dem Fenster schauen vielleicht?"

Albrecht weiß zuerst nichts dazu zu sagen, geht aber später in den Fondaco hinüber, um sich bei Kolb zu erkundigen; hört erstaunt, wie der Agnes' Arbeit in den höchsten Tönen lobt und ihn als Handwerker beglückwünscht; eine so tüchtige Frau werde ihm bei dem Verkauf seiner Bilder sehr zugute kommen. Und dann gibt er dem jungen Mann den Rat, seine junge Frau nicht allzuviel allein zu lassen.

VI

Die Unglücksbotschaft

Sie sitzt gerade am Schreibtisch bei Anton Kolb, als der längst überfällige Bote aus Nürnberg den Fondaco erreicht. Normalerweise braucht er zehn Tage für die Strecke, aber wegen der Pest haben die vorsichtigen Venezianer ihn fast eine Woche lang in der Terra ferma festgehalten.

Während der Bote noch mit dem Visdomus verhandelt, drängen sich auf der Treppe all jene, die auf Nachricht aus der Heimat warten. Als der Visdomus das Zeichen seines Einverständnisses gibt, beginnt der Bote, die Briefe aus Augsburg und Nürnberg auszuteilen. Albrecht, der irgendwo im Hause etwas verhandelt hat, ist zu Agnes getreten und faßt nach ihrer Hand. Sie spürt sein Blut durch ihre Hand pochen und schaut hoch. Albrecht blickt düster drein. Unbeweglich starrt er auf einen Punkt an der Wand hinter dem Boten. Als der Bote ihre Namen aufruft, wird sein Griff noch fester. Agnes macht sich los, um das Siegel ihres Briefes aufzubrechen. Gottlob ist zu Hause alles gesund. Die Mutter ist zu Verwandten aufs Land gefahren, der Vater ist allein in der Stadt geblieben. Ach, der Gute. Er schreibt so freundlich und fragt, wie es ihr in der Fremde ergehe, daß ihr ganz heiß wird.

Neben sich hört sie einen unterdrückten Aufschrei. Albrecht! Weiß wie eine Wand steht er neben ihr, den geöffneten Brief in der Hand. Hält ihn ihr wortlos hin. Drei der Geschwister sind gestorben, der kleine Carl, Magret und Ursula. Katharina schreibt, die Eltern seien wie versteinert.

Die Mutter liege ständig im Gebet auf den Knien oder ziehe sich in die Kirche zurück. Von den Lebenden habe sie sich völlig abgewandt. Das Sterben der drei sei schrecklich gewesen und die Pest noch immer nicht ihrer Kraft beraubt.

Agnes greift nach Albrecht, doch der schüttelt sie ab. Er zittert am ganzen Körper. Um sie herum haben einige Leute zu Weinen angefangen. „Laß uns gehen", flüstert Albrecht. Sie schieben sich durch die Menge, die wortlos eine Gasse für sie öffnet. Schweigend gehen sie über den belebten Campo. Beim Betreten des Hauses ruft Marianne ihnen zu, ob sie Suppe möchten. Sie bekommt jedoch keine Antwort. Oben in der Stube sinkt Albrecht auf einen Stuhl, stützt die Arme auf dem Tisch auf und vergräbt das Gesicht in den Händen. So bleibt er lange Zeit sitzen. Ein paarmal versucht Agnes ihn anzusprechen. Ohne Erfolg. Marianne bringt die Suppe hoch, die Agnes widerstrebend trinkt. Albrechts Napf dampft eine Zeitlang vor sich hin, bleibt unbeachtet, bis sich kalte Fettaugen darauf zu bilden beginnen. Agnes steht am Fenster. Was soll sie nur tun? Sie nimmt die Näpfe und trägt sie in die Küche hinunter, wo sie Marianne ihr Leid klagt. Aber die kann ihr auch nicht helfen.

Als der Novemberabend graue Nebelschwaden auf den Campo senkt, wandelt sich Agnes' Furcht in Panik. Sie fleht Albrecht an, endlich dieses grauenvolle Schweigen aufzugeben. „Sag etwas, bitte sag doch etwas, irgend etwas, nur damit ich deine Stimme höre." Aber er bleibt unerreichbar. Schließlich schreit sie ihn an, stampft mit den Füßen. Nichts hilft. Da schlägt sie ein Kreuz und beginnt laut das Vaterunser zu beten. Nun endlich entfährt ihm ein Seufzer. Agnes schließt ihn in ihre Arme, und dann bricht es aus ihm heraus, wie oft er dies schon erlebt habe, der Todesengel im Haus, eine kleine Leiche, die Mutter neben dem aufgebahrten Kind, weit von den Lebenden entfernt, nur in ihre Gebete mit Gott vertieft. „Wie oft habe ich mir gewünscht, das tote Kind zu sein, dem die ganze Liebe der Mutter gehörte. Fast jedes Jahr kam ein neues Kind zur Welt, mußten wir für das Leben der Mutter und das des Kindes beten; und wenn es schließlich da war, wurde es gehegt und gepflegt. Wir größeren wurden ständig ermahnt, Gottes Strafgericht nicht herauszufordern, um Vergebung für unsere Sünden zu bitten. Wieviel Schuld sollten wir denn auf uns geladen haben? Ach, Agnes, ich habe für so viele Sünden Buße getan, wie ich sie in meinem ganzen Leben nicht begehen kann. Und nie reichte es: Immer wieder starb ein anderes Kind, jetzt der Carl, die Magret und die Ursula. Was haben wir nur alle getan, womit wir den Zorn Gottes auf uns geladen haben?" Er beginnt zu schluchzen, und Agnes hält ihn fest, streichelt ihn, flüstert tröstende Worte, Unzusammenhängendes, was ihr gerade einfällt.

Auch ihr laufen die Tränen über die Wangen herunter. „Aber ich, Albrecht, ich liebe dich doch, ich werde bei dir bleiben und nur für dich dasein." – „Und wenn ein Kind kommt?" flüstert er. Agnes erschrickt. Gestern hat wieder einmal die Blutung bei ihr eingesetzt. Soll sie jetzt froh darüber sein?

Zwei Tage bleibt Albrecht im Bett, fiebert, ißt kaum, schläft unruhig, phantasiert im Traum. Agnes sitzt bei ihm, wischt ihm die nasse Stirn ab, flößt ihm Suppe ein, betet für ihn, quält sich mit ihren Gedanken. Sie stellt sich den Carl vor, damals im Sommer bei Tisch, als die Pest gerade Einzug in Nürnberg hielt. Haben sie mit ihrem Streit im Garten da die Pest herbeigeredet? Was ist, wenn Albrecht hier in Venedig das Schicksal ereilt und er ihr wegstirbt? Wenn die Franzosen, die vor ein paar Tagen in Florenz eingezogen sind, sich entgegen aller Erwartung nach Venedig wenden, alles Gerede über die Unmöglichkeit eines solchen Angriffs nur falsche Beruhigung ist? Was wird in einem solchen Fall aus ihr? Sie versucht die Angst wegzuwischen. Vielleicht ist es gut, daß sie noch nicht schwanger geworden ist. Die Stuben füllen sich schnell genug. Bis jetzt hat Albrecht nicht einmal eine eigene Werkstatt. Es hat also keine Eile.

Als Agnes eine Totenmesse für die Dürerschen Kinder bestellt, steht Albrecht wieder auf, um mit ihr S. Bartolomeo aufzusuchen. Auch die Vasolds und viele Bewohner des Fondaco haben sich eingefunden. Mitfühlend reicht jeder den Dürers die Hand.

Aber erst Jacopo de'Barbari, der Maler, der bei Kolb an dem Vogelschauplan arbeitet und schon länger für die Deutschen tätig ist, holt Albrecht aus seiner Verzweifelung. Wenn er in ihre Stube hochsteigt und Albrecht in ein Gespräch über den Plan verwickelt, kommt wieder Farbe in sein Gesicht. De'Barbari erzählt von einem Schiff, das mit seltsamer Fracht im Hafen liege. Der Herzog von Mailand habe einige exotische Tiere für seine Sammlung bestellt, die wegen des Einfalls des französischen Heeres nicht ausgeliefert werden könnten. Albrecht habe bis jetzt nur Löwen nach Vorlagen gezeichnet. Ob er nicht Lust habe, sich einmal einen echten anzusehen?

Albrecht schlägt Agnes vor mitzukommen, falls sie sich nicht fürchte. Sie ist sofort einverstanden. Zwar fürchtet sie sich vor den Gespenstern des Todes hier im Zimmer, aber nicht vor irgendwelchen lebendigen Tieren, die in einem Käfig eingesperrt sind.

Sie hat Albrecht einen dicken Schal aufgenötigt und den warmen Umhang. So etwas läßt er sich im Augenblick durchaus von ihr gefallen, ohne spöttische Bemerkung. Die Dezembersonne wärmt kaum, der Wind schneidet ins Fleisch, kriecht feucht durch die Kleidung. Albrecht hat seinen Arm um Agnes gelegt. Es ist das zweite Mal, daß sie seit ihrer Ankunft den Bezirk um den Rialto verläßt. Den Platz von S. Marco hat sie seit ihrer Ankunft nicht wieder betreten. Die mächtigen dunklen Kuppeln ragen um diese Jahreszeit drohend in den Himmel. Nur die goldenen Mosaiken und die vergoldeten Türmchen darüber glänzen matt. Albrecht deutet zu den riesigen Pferdeleibern hoch, die den Eingang der Kathedrale von oben zu bewachen scheinen, strebt weiter über den großen, sich leer vor ihnen dehnenden Platz auf das Wasser zu.

Der Wind bläst hier noch kälter als zwischen den Häusern. Das bunte Treiben des Spätsommers in der Stadt hat aufgehört, die letzten Pilgerschiffe des Jahres nach Jaffa haben längst abgelegt, die meisten Händler sich in ihre Häuser verzogen. Nur wenige stehen eingemummt, frierend hinter ihren Tischen.

Vom Sklavenkai schauen sie auf das Meer hinaus, das nun offen vor ihnen liegt. Dann überqueren sie auf einer Brücke einen Kanal und stehen endlich vor der Galeere. Albrecht ruft einen der wachhabenden Matrosen an und fragt nach den Löwen. Der Mann nickt und winkt ihnen, über die Planke auf das Schiff zu kommen. In diesem Augenblick hätte Agnes fast ihr Mut verlassen. Nicht wegen der Planke, so ein paar

Schritte über das Wasser beunruhigen sie längst nicht mehr; aber der Kerl auf dem Schiff sieht arg beängstigend aus. Und jetzt tauchen hinter ihm weitere narbenbedeckte Gestalten auf.

Die Kiste mit dem Löwen steht ganz vorn auf dem Deck. Der Matrose schlägt einen Teppich zurück, der vor den Gitterstäben des Käfigs hängt. Der Löwe liegt friedlich auf dem Boden der Kiste, eingerollt, den Kopf auf die Vorderpfote geschmiegt, wie eine Katze, auch wenn er etwas größer ist. Agnes hätte direkt Lust, ihn zu streicheln. Sicher würde er dann schnurren. Aber als der Matrose, der eine Holzstange herbeigeholt hat, mit dieser nun den Löwen anstößt, damit er sich den Gästen präsentiere, hat sich die Katze in Sekunden in ein gewaltiges Raubtier verwandelt, das ein ohrenbetäubendes Gebrüll von sich gibt.

Agnes und Albrecht sind zurückgesprungen, während die Matrosen das Schauspiel sichtlich genießen und sich vor Lachen biegen. Als der Löwe sich endlich wieder beruhigt, wagt Albrecht sich Schritt für Schritt erneut vor. Er hat sein Skizzenbuch aus der Tasche gezogen, die klammen Finger ein paarmal angehaucht und beginnt nun ungerührt, den Kopf des Löwen zu zeichnen. Aus den Strichen werden Umrisse, die sich rasch füllen. Ein Kopf entsteht, Augen unter großen Wülsten, eine Schnauze, aus der Reißzähne ragen, Schnurrbarthaare. Leider hat der Löwe sich wieder niedergelassen und ist absolut nicht noch einmal dazu zu bewegen aufzuspringen.

Die Matrosen haben die beiden eingekreist, Agnes bedeutet ihnen immer wieder, Albrecht etwas mehr Platz zu lassen, was sie für kurze Zeit gehorsam tun. Es ist ganz still um sie her geworden. Als Albrecht mit der Zeichnung fertig ist, applaudieren die Matrosen begeistert. Die Gäste bekommen heißen Wein gereicht, werden vom Subcomes des Schiffes begrüßt und auf dem Schiff herumgeführt.

Der Herr ist äußerst galant und behandelt Agnes wie eine Dame. Obwohl die Verständigung recht schwierig ist, geraten Albrecht und er in ein Gespräch über die letzte Reise des Schiffes, der Loredane. Während Agnes frierend die Kapuze am Kinn festzieht, stellt sie sich die strahlenden Augen Tommasos vor, wenn sie ihm heute abend in der Küche von diesem unglaublichen Abenteuer berichtet.

Und dann der erste Auftrag. Ein Kaufmann aus dem Fondaco möchte etwas für sein Seelenheil tun und hat den Mönchen in einem Kloster bei Vicenza ein Altarbild für eine Seitenkapelle versprochen. Ein deutscher Maler kommt ihm da gerade recht. In der Werkstatt von Lorenzo di Credi soll das Werk entstehen. Damit ist der junge Maler tagelang Hauptgesprächsstoff des Fondaco. Das läßt Agnes' Brust schwellen; sie glaubt zu bemerken, daß man ihr nun mit größerer Achtung begegnet. Endlich ist sie die Ehefrau eines angesehenen Handwerkers und nicht bloß der unnütze Ballast eines reisenden Gesellen.

Auf den ersten Auftrag folgen andere: Die Löwenstudien finden Verwendung auf einem Bild des heiligen Hieronymus, eine kleine Tafel, die Albrecht mit nach Hause bringt, von ihr und den Vasolds bewundern läßt, speziell jedoch im Fondaco zirkulieren läßt; außerdem erzählt er von einem Riß für einen Holzschnitt, den er nach Vorlagen des Werkstattbesitzers und eines anderen welschen Malers gestalte. Einen fertigen Abzug bekommt sie leider nicht zu sehen, da der Formschneider bis in den Frühsommer hinein mit der Übertragung auf den Holzstock beschäftigt sein wird. Wirklich schade, von den Vorzeichnungen, die Albrecht zum Teil mit nach Hause gebracht hat, weiß sie, daß es ein großes Bild geworden ist: Jesus am Kreuz mit den Schächern daneben und den trauernden Frauen und Johannes im Vordergrund, Engeln, die den Herrn trösten.

Albrecht verläßt nun meist morgens wieder das Haus, geht früh und kehrt spät heim, bemerkt sie kaum, stopft die Mahlzeiten bei den Vasolds rasch in sich hinein, ganz so wie vor seiner Krankheit. Doch jetzt beunruhigt das Agnes nicht mehr. Es muß wohl so sein, und Kolb legt ihr immer wieder dar, wie erfolgreich ihr Mann sei, der die Aufmerksamkeit der großen Bellinis auf sich gezogen habe, und das, obwohl die welschen Maler jede fremde Konkurrenz eifersüchtig von sich fernzuhalten suchten.

Bellini! Der Name hat sich ihr eingeprägt, seit ihrem ersten Tag in Venedig. Sie weiß, daß er hier in Venedig einen

guten Klang hat. Sie hat die beiden Brüder schon im Fondaco
gesehen, wo sie des öfteren zu tun haben. Das sind angesehene Maler und Geschäftsleute, deren Bilder etwas einbringen.
Wenn Albrecht sich mit diesen Männern abgibt, kann das
nur gut sein.

VII
Willibald Pirckheimer

Eines Morgens kommt ein Bote vom Fondaco herüber. Er
erklärt Agnes, die allein zu Hause ist, Herr Willibald Pirckheimer lasse Albrecht Dürer ausrichten, er werde in fünf
Tagen nach Venedig kommen. Als sie Albrecht die Kunde
übermittelt, zieht ein Leuchten über sein Gesicht, dann wendet er sich um, sagt nichts weiter, sondern steigt auf die
Dachterrasse hinauf. Später hört Agnes ihn pfeifen: eine fröhliche unbeschwerte Melodie.

Als sie gegen Mittag nach Hause kommt, ist er so in eine
Arbeit vertieft, daß er sie gar nicht bemerkt. Mit heißem
Kopf sitzt er über einer Zeichnung, die Agnes scheu betrachtet. Ein fast nackter Mann hockt in der Mitte des Bildes,
einen Arm in Abwehr erhoben. Rechts und links von ihm stehen zwei Frauen, die, mit langen Prügeln bewaffnet, zum
tödlichen Schlag auf ihn ausholen. Im Hintergrund ragen
Bäume auf, in denen ein Buch hängt. Ein Bild, bei dem
Agnes beim besten Willen nicht einsehen kann, was Albrecht
damit bezweckt, ob das die Arbeit eines Malers sei, der es zu
etwas bringen, der seine Bilder verkaufen und Aufträge
bekommen will. Der Holzschnitt mit der Kreuzigung, der
heilige Hieronymus ... sie hat gedacht, jetzt finge er endlich
an, ernsthaft zu arbeiten. Und nun so etwas!

Er hat ihr erklärt, warum er sich an die Natur hält, Landschaften malt, den Löwen, das seltsame Seeungeheuer, das er
vor ein paar Wochen auf dem Markt gefunden hat. Das hat
ihr eingeleuchtet. Bei allen Aufträgen braucht er einen Hin-

tergrund. Da wird er diese Vorlagen verwenden können, sogar den gräßlichen orientalischen Reiter, den er aus der Werkstatt der Bellinis mitgebracht hat. Aber diese Zeichnung: kein Nürnberger Bürger wird für ein Bild Verwendung haben, auf dem ein nackter Mann von zwei wildgewordenen Frauen erschlagen wird. Was Albrecht sich nur dabei denkt! Sie schüttelt den Kopf. Der Mann auf der Zeichnung ist kräftig, muskulös; trotzdem wehrt er sich nicht. Die Frauen sind jung, von lieblicher Gestalt. Was sollte die zu diesem seltsamen Tun bewegen? Sie würde Albrecht gern danach fragen, aber sie weiß, daß es keinen Sinn hat, denn wenn er sie überhaupt hörte, würde er sich über ihr dummes Gefrage nur ärgern.

Als Agnes am Tag der Ankunft Willibald Pirckheimers zeitig zum Markt aufbrechen will, hält Albrecht sie zurück. „Sieh zu, daß du etwas Gutes bekommst. Der Herr Pirckheimer gilt als großer Feinschmecker. Jedenfalls ist das anzunehmen. Schließlich lebt er in Pavia, in unmittelbarer Umgebung des Mailänder Hofes und bestimmt nicht ohne Kontakte dahin. Und spare nicht. Nur das Beste ist gut genug."

Agnes weiß nicht, ob sie beleidigt oder amüsiert sein soll. „Natürlich werde ich ihn gut bewirten. Bis jetzt hat meine Küche jedem geschmeckt. Aber zum Fenster werfe ich das Geld nicht hinaus, auch wenn dieser Herr ungewöhnlich verwöhnt ist. Schließlich sind wir keine Fürsten, und nicht einmal Patrizier. Wir sind ordentliche Handwerksleute, die wissen, was sich für sie schickt. Aber bevor du vor Sorge vergehst, ob ich das Richtige mitbringe, solltest du die Auswahl lieber selber treffen."

Albrecht hat seiner Frau stirnrunzelnd zugehört, jetzt greift er nach seinem Umhang. „Der Einfall ist gar nicht schlecht. Also gehen wir." Agnes hat ihre Bemerkung nur so dahingesagt; daß Albrecht wirklich ein paar seiner Stunden opfern würde, mit denen er sonst ständig knausert, um mit ihr über die Märkte zu ziehen, wäre ihr nie in den Sinn gekommen. Da fällt ihr ein, daß sie sich noch gar nicht schlüssig ist, was sie dem vornehmen Gast vorsetzen will. Doch nun schlägt sie Albrecht, einer plötzlichen Eingebung folgend, gesottenen Karpfen mit Zuckerbrühe, als zweiten Gang einen kräftig gepfefferten Schweinebraten vor. Ihr

Mann lehnt das zuerst strikt ab. Für den verfeinerten Geschmack eines Pirckheimer erscheint ihm das viel zu gewöhnlich.

Aber Agnes versteift sich auf diese Idee. Sie weiß, daß sie Karpfen und Braten gut zubereiten kann, und bis jetzt hat noch niemand, auch kein Gast ihres recht festfreudigen Vaters, eine solche Mahlzeit zurückgewiesen. Da fällt ihr etwas ein. „Ist der Herr Pirckheimer nicht schon seit sieben Jahren in Italien? Da wird er Sehnsucht nach Nürnberg haben und die gewohnte Kost bestimmt vermissen. So einen Gruß aus der Heimat wird er zu schätzen wissen."

Albrecht lacht. „Gewonnen. Kein schlechter Gedanke. Also dann. Gepfefferten Schweinebraten."

Sie verbringen viel Zeit vergnügt miteinander auf dem Markt. Agnes, die sich für eine gewissenhafte Hausfrau hält, sieht ihren Mann die Waren mit solcher Sorgfalt prüfen, wie er sie sonst nur seinen Pinseln und seinem Zeichengerät entgegenbringt. Doch läßt sie es sich gefallen und widerstrebt ihm nicht, sondern folgt ihm durch das Geschiebe und Gedränge auf dem Platz. So sehr ihr das Markttreiben und dieser unerwartete Ausflug mit Albrecht auch gefallen, muß sie ihn doch endlich bitten, umzukehren, da zu Hause noch viel zu tun sei.

In Vasolds Küche streicht er ständig um sie herum, bis Agnes sich beengt und bedrängt fühlt. Sie stößt ihn einige Male an, knurrt vor sich hin; nach einer Weile fängt es in ihr an zu brodeln. Aber wenn sie jetzt explodiert, wird Albrecht den Herrn Pirckheimer irgendwohin ausführen, und sie kann ihr Festgericht oben allein am Tisch verzehren. Das möchte sie um jeden Preis vermeiden. So rückt sie ihm einen Schemel hin und bittet ihn diplomatisch, sich dort niederzulassen. Dann fragt sie ihn über den Gast aus.

Albrecht erzählt nur zu gerne, auch wenn Agnes und Marianne, die ihre Kinder in den Hof hinausgeschickt hat, nur mit halben Ohr zuhören. Daß Albrecht und Willibald als Kinder gemeinsam im Hof des Pirckheimerschen Hauses, in dessen Hinterhaus die Dürers gewohnt, herumgetobt hätten, wobei der junge Pirckheimer von allen Buben wegen seiner Kühnheit und Unerschrockenheit bewundert worden sei. Leider habe er immer nur für kurze Zeit bei den Großeltern geweilt, da die Familie nicht in Nürnberg gelebt und nur die älteste Schwester Charitas ganz bei den Großeltern gewohnt habe. Wie sehr er die Pirckheimers um ihren Reichtum, die weiten Säle und ihre großzügige Lebensart beneidet habe. Dann beginnt er von dem Vater seines Freundes zu schwärmen, der mit dem fünfjährigen Knaben wie mit einem Erwachsenen geredet und gelehrte Gespräche geführt habe. Willibald habe schon damals das Lateinische beherrscht, wovon er, Albrecht, bis heute nur wenige Brocken verstehe. Und trotzdem habe Johannes Pirckheimer auch ihn, den Goldschmiedesohn, mit Respekt und Achtung behandelt.

Als Johannes Pirckheimer Gesandter in Mailand geworden sei, habe er Willibald, der einen Teil seiner Erziehung vorher beim Bischof von Eichstätt erhalten habe, mit an den Hof genommen. Da die Dürers damals ebenfalls umgezogen seien, habe sich der Kontakt zu den Pirckheimers ab jenem Zeitpunkt verloren. Bevor der Freund vor sieben Jahren zum Studium nach Italien gegangen sei, habe er ihn jedoch noch einmal in Nürnberg wiedergetroffen und in den vergangenen Jahren zwei oder drei Briefe mit ihm gewechselt.

„Du hast ihn also seit Jahren nicht gesehen, lange bevor du auf die Wanderschaft gegangen bist. Wer weiß, was er mit seinem Besuch im Schilde führt", wagt Agnes einzuwerfen, der es langsam bei dem Gedanken an diesen hohen Besuch beklommen zumute wird. „Vielleicht hat er sich irgend etwas zuschulden kommen lassen, und du sollst ihm jetzt aushelfen." Agnes hat nur schemenhafte Erinnerungen an die großen Burschen, die durch die Höfe der Häuser am Herrenmarkt getobt sind. Daß es jedoch in der Nähe des jungen Pirckheimer immer laut und wild zuging und er den Ton angab, das weiß sie noch genau.

Albrecht blitzt sie erregt an, schweigt jedoch und senkt den Kopf. „Das glaube ich nicht", wirft er ihr, schon im Aufstehen, noch hin. Als er das Zimmer verlassen hat, seufzt Agnes tief auf. Nun hat sie wieder einmal nicht aufgepaßt. An bestimmten Tagen ist es wirklich ein Kreuz. Albrecht kann so gut gelaunt sein, daß es ihr unheimlich wird; dann wieder muß sie auf der Hut sein und ihre Worte umsichtig wählen. So wenig es ihr bis jetzt gelungen ist, ihn einmal aus seiner Melancholie zu reißen, so häufig geschieht es, daß er durch irgendeine Bemerkung von ihr plötzlich zurückschnappt und sein Hochgefühl ihn verläßt. Sie versteht das nicht, weder seine Stimmungen noch die Wechsel.

Sie beißt sich auf die Lippe vor Ärger. Hoffentlich hat sie jetzt nicht alles verdorben. Daß er nicht mehr in der Küche hockt, hat allerdings auch sein Gutes, nun kann sie in Ruhe am Herd schalten und braucht nicht mehr zu fürchten, daß er ihr dazwischenfährt.

Als sie ihren Mann wiedersieht, hat er sich sehr sorgfältig zurechtgemacht, trägt ein neues Wams, beige, mit schwarzen Streifen abgesetzt, in dem sich vorn ein weißes Hemd bauscht. Die Goldlitze, die das Hemd oben zusammenhält, und das fein geflochtene Band über der Schulter vollenden den edlen Eindruck. Das heißt, da ist noch etwas anderes, was sie auf den ersten Blick fast übersehen hätte: die hauchdünnen Handschuhe aus Korduanleder. Seine Beine stecken in Strumpfhosen, bei denen ein Bein schwarz, eines braun eingefärbt ist. In losen Locken wallt das sorgsam gestrählte Haar über seine Schultern. Er bewegt sich ganz vorsichtig, um diese Pracht nicht durcheinanderzubringen.

Agnes staunt nur. Was das alles gekostet haben wird. Die neueste venezianische Mode. Wie ein Patrizier ist er gekleidet. Und nur bestes Tuch. In dieser Tracht kann er es selbst mit den jungen Herren aus den Kompanien aufnehmen. Obwohl die natürlich viel bunter gekleidet sind. Aber schon ihr Vater hat immer behauptet, daß wahre Vornehmheit sich dezent gebe. Und um die langen, goldenen Locken wird ihn sicher auch der Erste unter den Venezianern beneiden! In Nürnberg dürfte er sich als Maler so nicht vom Rat sehen lassen.

Albrecht fragt knapp, ob sie mit der Mahlzeit zurechtkomme; dann zieht er sich wieder nach oben in ihre Stube zurück. Sie wendet den Braten noch einmal um. Nun sollte sie sich vielleicht auch umziehen. Schließlich will sie nicht völlig neben ihrem Mann verblassen, und Albrecht soll sich wegen seiner Frau nicht schämen müssen.

Pirckheimer kommt früher als erwartet. Gerade als Albrecht sich auf den Weg machen will, nach ihm Ausschau zu halten, poltert er die Treppe herauf und wummert gegen die Tür. Agnes hört laute Begrüßungsrufe und dann ein

Albrecht Dürer: Selbstbildnis mit Landschaft, 1498

durchdringendes, lang hinrollendes Gelächter. Als sie herbeieilt, steht Willibald Pirckheimer ihrem Eheherrn gegenüber und lacht aus vollem Hals. „Nein, wer hätte das gedacht, daß dieser Nürnberger sich so rasch herausmacht. Gerade hab ich mir einen Vortrag überlegt, um dem schüchternen deutschen Maler klarzumachen, daß seine Bescheidenheit unangebracht sei, ein Künstler zu Hohem berufen und viel Hochachtung verdient, und dann hat dieser Nürnberger Bursch' das sogleich selbst gemerkt. Aber eigentlich hätte ich mir das denken sollen, schließlich kenne ich dich recht gut. Komm, laß dich umarmen, Albrecht, und dich in Italien, dem Land der Kunst und Lebensart, willkommen heißen."

Die Begrüßung der beiden zieht sich eine Zeit hin, so daß Agnes reichlich Gelegenheit hat, den Gast genauer ins Auge zu fassen. Er ist um einiges kleiner als Albrecht, dazu stämmig, das Gesicht fast rund. Die breite Nase hat offensichtlich schon manchen derben Schlag aushalten müssen. Ein Rauf- und Saufbruder? Er trägt zwar einen Umhang aus sehr teurem Tuch, doch sieht der schon ein bißchen abgestoßen aus und hängt recht verknittert an ihm herunter. Nun ja, er hat einen langen Ritt hinter sich, hätte sich aber auf dem Schiff ruhig wieder etwas herrichten können, denkt Agnes abschätzig.

Endlich entdeckt Pirckheimer sie an der Stubentür; abrupt unterbricht er das Gespräch mit Albrecht, zieht vor ihr das Barett. Er macht ihr Komplimente, und plötzlich ist sie der Mittelpunkt. Sie weiß nicht recht, was damit anfangen, fühlt sich steif, schüchtern, fremd. Doch das freundliche Lachen Pirckheimers, der jetzt nicht mehr derb, sondern nett und verständnisvoll aussieht, und seine Fragen nach ihrem Wohlergehen lassen ihre Unsicherheit dahinschmelzen. Sie lächelt auch, knickst, wagt sogar einen Scherz und ruft dann nach der Magd, damit sie die Schüsseln aufträgt. Der Karpfen und der Braten werden von Herrn Willibald, der schließlich ein Kenner ist, in den höchsten Tönen gelobt.

„Nun Dürerin", erklärt er ihr lachend. „Seit etlichen Jahren weile ich hier bei den Welschen, bin fast schon einer geworden, und was ich hier vorgesetzt bekommen habe, besonders im Hause meines Freundes Galeazzo di Sanseverino – er ist Oberbefehlshaber des Mailänder Heeres –, das kann sich sehen lassen. Sie sparen nicht an den besten Weinen, an Kapaunen, Rebhühnern, in Zucker gebratenen Junghühnern, sogar in Gold und Silber getauchten Rindern. Ein Kostverächter bin ich wahrlich nicht. Aber so eine deftige Mahlzeit, so köstlich und heimisch zubereitet, das wärmt einem das Herz. Fast fühle ich mich wie zu Haus."

Er stößt auf das Wohl der Köchin an, wendet sich konzentriert dem Fleisch zu, kaut langsam und genüßlich, blinzelt Albrecht verschmitzt an. „Da weiß ich wenigstens, was mich daheim erwartet, wenn ich im Frühjahr zurückkehre, denn auch mein Vater hat mir ein braves Weib ausgesucht, die Creszentia Rieterin. Hoffentlich werde ich dann nicht noch fetter. Aber du, Albrecht, bist reichlich dünn. Sollte dieser Festschmaus etwa die Ausnahme sein, so daß du an normalen Werktagen nicht viel vorgesetzt bekämest? Deine Frau ist doch ein braves Weib, oder?" Der Schalk blitzt ihm aus den Augen, als sein Blick von Agnes, deren Gesicht sich rot überzogen hat, zu Albrecht hinüberwandert.

Albrecht versichert ihm daraufhin beflissen, daß er nicht nur ausgezeichnet versorgt werde, sondern seine Frau außerdem oft bei Anton Kolb über den Büchern sitze und rechne. Nun trifft sie ein erstaunter, interessierter Blick. „Ich wollte halt nicht untätig herumsitzen", erklärt Agnes verlegen.

„Das ist recht", erwidert Pirckheimer. „Mit einem derart umsichtigen Weib wird es der Familie Albrecht Dürer nicht ergehen wie den Pirckheimern, mit deren Geschäften es nun wohl endgültig vorbei ist."

„Ihr meint den Konkurs?" fragt Albrecht besorgt.

„Ja, den, was denn sonst. Aber gräme dich nicht, Albrecht, mir ist es ganz recht, so bin ich nicht gezwungen, mein Leben mit Geschäften zu verbringen, die mir ein Graus sind. Wenn ich nach Hause zurückgekehrt bin, wird mein Vater sich in ein Kloster zurückziehen, und ich soll mich der Stadtpolitik zuwenden. Aber auf diese Weise werde ich endlich freie Hand haben, mich den antiken Schriften zu widmen. Du wirst dir kaum vorstellen können, wie öde die Rechtsstudien sind, denen ich mich auf Wunsch meines Vaters widmen muß. Wenn nicht noch Zeit für anderes bliebe... Die Kultur der Italiener werde ich sehr vermissen, und ganz besonders eine Dame... Ach was, auch darüber werde ich hinwegkommen. So wichtig sind die schönen Frauen nun wieder nicht. Aber verdammt schöne und anmutige Frauen gibt es in Mailand, Albrecht, als Maler", er zwinkert ihm mit einem Seitenblick auf Agnes vergnügt zu, „wirst du das beurteilen können."

„Seid Ihr deshalb von Padua nach Pavia gewechselt?" grinst Albrecht.

„Nein, natürlich nicht. Ich hatte einen ganz handfesten Streit mit Albrecht de Curia, dem Rektor der Universität, einem aufgeblasenen Kerl, der den Studenten alles versprochen und nichts gehalten hat. Wahrscheinlich mußte er sich als Bastard Albrechts von Bayern unter lauter ehelich Geborenen so aufblasen, aber ich fand es unerträglich. Doch davon einmal abgesehen, hat sich Pavia als die weit bessere Wahl erwiesen. Und die Nachbarschaft zu Mailand gibt es ganz nebenbei als Zugabe. Die Stadt nennt sich zurecht das neue Athen, auch wenn sie zur Zeit eher einer Baustelle gleicht, aber zur Zeit des Perikles wird Athen nicht anders ausgesehen haben. Leonardo da Vinci ist der Genius, mit dem der Moro seinen eigenen Namen so unsterblich wie den des Perikles machen will. Ich habe mit meinem Freund Sanseverino die von da Vinci erdachten Bewässerungsanlagen vor der Stadt besichtigt. Unglaublich. Und vielseitig ist der Mensch: Er hat eine Lampe konstruiert, eine Glaskugel, die mit Wasser gefüllt ist. Der Docht brennt in einem Glaszylinder im Innern der Kugel. Die Glaskörper und das Wasser verstärken die Lichtentfaltung ungeheuer."

„Ich habe nur von einem Maler da Vinci gehört und schon Vorlagen von ihm benutzt. Die allerdings sind unvergleichlich."

„Genau das ist der Mann. Entschuldige, ich hätte zuerst von seinen Bildern erzählen sollen, obwohl er damit recht geizt. Seit über zehn Jahren arbeitet er an Skizzen zu einem riesigen Standbild ‚Il cavallo' zu Ehren Francesco Sforzas, das dessen Sohn Ludovico, der Moro, bei da Vinci in Auftrag gegeben hat. Aber da Vinci fängt vieles an und vollendet nur weniges. Schade, daß du zur Zeit nicht dorthin reisen kannst, der Mann würde dich interessieren. Allerdings ist im Augenblick die Reise keineswegs zu empfehlen. Ein gefährlicher Kriegsplan, den sich der Moro ausgedacht hat. Jeden gegen jeden ausspielen zu wollen, um zuletzt Sieger zu bleiben. Bis jetzt ist in diesem Kriegszug der Franzosen nichts so verlaufen, wie der Mailänder es geplant hat. Und nun der Tod Gian Galeazzo Sforzas."

„Wer ist das?"

„Dem Namen nach war er der rechtmäßige Mailänder Herzog und Neffe des Moro, aber völlig unfähig zur Führung der Regierungsgeschäfte. Er frönte allen möglichen Lastern, nicht zuletzt dem Trinken, in lebensgefährlicher Weise. Sein plötzlicher Tod kann sich zu einer politischen Katastrophe auswachsen, da Charles VIII. von Frankreich mißtrauisch geworden ist und vermutet, daß bei seinem Tod nicht alles mit rechten Dingen zugegangen sei und der Moro, Gians Onkel, der bislang nur Regent war, in die Angelegenheit verwickelt sei."

„Und, ist er?"

Pirckheimer grinst breit. „Das würde er gerade ausplaudern. Grundsätzlich würde es ihm ins Konzept passen, aber Gian kann schlicht seinem Lebensstil erlegen sein. Seine Frau käme als Täterin übrigens ebenfalls in Frage. Ich könnte mir vorstellen, daß sie hofft, auf diese Weise selbst Regentin werden zu können. Obwohl das so gut wie ausgeschlossen ist. – Steckte der Moro dahinter, wäre der Zeitpunkt für einen solchen Mord äußerst ungeschickt gewählt und reichlich unverfroren. Charles hat sich so erregt, daß der Moro ihm Sanseverino als eine Art Geisel mit auf den Weg nach Süden geben mußte. Ich habe den Kriegszug ein Stück begleitet, dann aber diesen Abstecher nach Venedig vorgezogen, weil ich dich hier auf keinen Fall verpassen wollte."

„Haltet Ihr Venedig für sicher?"

„Absolut, aber für die italienische Halbinsel wächst sich dieses Unternehmen langsam zu einer Katastrophe aus. Nach dem Plan des Moro sollte Charles Florenz angreifen und dabei Federn lassen. Stattdessen ist Charles nach Florenz regelrecht eingeladen worden – von diesem fanatischen Mönch Savonarola, der in der Stadt den Gottesstaat ausgerufen hat und dem die Bevölkerung verfallen ist; Wimmerer werden seine Anhänger genannt, weil sie auf seinen Befehl hin in Klagen und Weinen ausbrechen. Savonarola ist höchstpersönlich zu Charles nach Pavia gereist. Er hält in dieser durch und durch verderbten Welt Charles für die Zuchtrute, die Gott Italien geschickt habe, Papst Alexander dagegen für den Antichrist, dessen Sittenlosigkeit zum Himmel schreie. Charles hat ihm versprochen, Florenz zu schonen und sofort nach Rom weiterzuziehen."

„Ich habe gehört, daß dieser Savonarola Schmuck, Musikinstrumente, sogar Gemälde verbrennen lasse und etliche meiner Kollegen ihm ihre Bilder selbst brächten und sogar gelobten, in Zukunft einzig religiöse Bilder zu malen."

„Das macht dir zu schaffen?"

„Ja, ich verstehe das nicht. Sie müssen doch merken, daß sie mit jedem Bild über diese Welt Gottes Schöpfung loben."

„Das ist sehr vernünftig gedacht. Aber wer überall nur Unmoral wittert, verliert den Sinn für die Schönheit, die ja schließlich auch von Gott stammt. Andererseits weiß Savonarola selbst Schönes durchaus zu schätzen, ist hochgebildet, kennt die lateinischen Schriftsteller, schwärmt für die *virtu* der Römer und ist sehr poetisch begabt, was seinen Predigten zugute kommen soll. Wobei seine Kritik an Rom durchaus Berechtigung zu haben scheint."

„Und der französische König?"

„Der zieht siegreich durchs Land. Das einzige, was Charles schwächt, ist dieses verdammte neuartige Fieber, das im ganzen Land um sich greift und offensichtlich im Bett weitergereicht wird. Wenn das die Franzosen, und natürlich auch die Schweizer und deutschen Landsknechte, in Italien verbreiten – und es sieht so aus, als ob sie kaum ein welsches Mädchen unbehelligt ließen –, wird der Krieg auf eine neue Art geführt, die mindestens genau so schlimme Folgen hat wie der eigentliche Kriegszug. Ob Savonarola sich das vorgestellt hat? Aber jetzt genug von der Politik. Wir werden die Welt nicht ändern, und zuweilen lebt es sich recht gut darin."

Pirckheimer hebt sein Glas und prostet Albrecht zu. „Eigentlich bin ich gekommen, um zu sehen, was du als Maler treibst. Was hast du in Venedig bis jetzt gesehen? Nun, die frommen Bilder Giambellinis sind dir sicher nicht entgangen, und in die Scuola von San Marco und San Giovanni Evangelista hat dich sicherlich jemand mitgeschleppt. Aber hat Gentile Bellini dir die Bilder gezeigt, die er aus der

Türkei mitgebracht hat? Immerhin ist er einige Jahre Hofmaler beim Sultan gewesen. Er soll seine inneren Gemächer mit freizügigen Bildern ausgemalt haben. Zeigt er euch Eingeweihten nicht manchmal einiges? Aber nun komm, ich kann es kaum erwarten, deine Arbeiten zu sehen. Die Kunst der Welschen wird dich nicht ganz unbeeindruckt gelassen haben."

Albrecht ist aufgesprungen. Nun führt er den Gast zu seiner Truhe und Agnes, die bereits eine ganze Weile das Gefühl gehabt hat, daß die beiden ihre Anwesenheit vergessen haben, kann in Ruhe den Tisch abräumen.

Die Magd hilft ihr beim Hinuntertragen des Geschirrs. Die Kinder haben sich sofort auf die Bratenreste gestürzt, verziehen dann aber das Gesicht. Der Pfeffer brennt wie Feuer in ihrem Mund.

Als Agnes ihre Stube wieder betritt, ist in den Gesichtern der beiden Freunde eine auffällige Veränderung vor sich gegangen: Aus Albrechts' ist alle Anspannung gewichen, der nagende Selbstzweifel; seine Augen leuchten, fast wie ein leibhaftiger Engel sieht er jetzt aus, denkt Agnes; der lebhafte Pirckheimer dagegen ist still geworden, sein Gesicht zeigt tiefe Erschütterung. Er setzt sich gerade an den Tisch und ergreift sein Glas. „Das übertrifft alles, was ich mir vorstellen konnte, Albrecht", erklärt er, und in seiner Stimme klingt feierlicher Ernst. „Großes habe ich von dir erwartet, aber daß du es mit den größten Italienern würdest aufnehmen können, mit Leonardo, Mantegna..."

„Nun, das denn wohl nicht", antwortet Albrecht bescheiden.

„Jetzt noch nicht, Albrecht, aber es wird nicht mehr lange dauern. Ich habe dir ein paar Vorlagen von den beiden mitgebracht. Nachdem ich deine Arbeiten gesehen habe, ist mir um einiges wohler bei dem Gedanken an meine Heimkehr. Ich werde in Nürnberg einen echten Freund haben, und wir beide werden Nürnberg zusammen zum deutschen Zentrum der wiedererwachenden Antike machen; du in der Malerei und ich in der Literatur."

Eine Zeitlang herrscht Schweigen in der Stube, die Freunde sitzen sich ruhig gegenüber, dann schlägt Dürer Pirckheimer vor, ihnen etwas auf seiner Laute vorzuspielen, wozu man den nicht lange bitten muß. Er fängt mit sehr ernsten getragenen Melodien an, geht zu munteren italienischen Liedern und zum Schluß zu recht derben, lustigen Weisen über. Schließlich singen sie gemeinsam Lieder aus der Heimat.

Als der Herr Pirckheimer sie verläßt, ist es schon früher Morgen. Das Paar steht Hand in Hand am Fenster und schaut ihm nach, wie er über den Campo auf den Fondaco zugeht, wo die Pirckheimers immer noch eine der sechsundfünfzig Kammern besitzen. Ihm folgen einzelne Gestalten in Lumpen, die über den Steg des Fondaco zu einem vergitterten Fenster eilen, aus dem ihnen ein Gehilfe des Hausmeisters die Reste der Abendmahlzeit hinausreicht. Vom Wasser tönen schon Rufe der Barkenführer herauf. Auf der Terrasse des Nachbarhauses verkrallen sich zwei fauchende Kater ineinander. Dann überdeckt der Glockenschlag von S. Bartolomeo alle anderen Geräusche. Albrecht schließt das Fenster. In seinen Augen sitzt immer noch der leuchtende Punkt, den Pirckheimer am Abend vorher darin entfacht hat. Agnes nimmt es nachdenklich wahr.

Pirckheimer bleibt ein paar Wochen in Venedig, denn wegen des Einfalls des französischen Heeres in Norditalien ist die Universität von Pavia geschlossen, und er hat viel Zeit. Durch ihn öffnet sich für seinen Freund Albrecht so manche Tür, die ihm sonst verschlossen geblieben wäre. Agnes ist mächtig stolz, als in Kolbs Büro jedermann darüber staunt, daß Pirckheimer und Dürer an den berühmten Hof der Caterina Cornaro nach Asolo eingeladen worden sind, wo die Königin von Zypern Wissenschaftler und Künstler um sich schart. Die beiden Männer sind überhaupt viel unterwegs.

Doch wenn Albrecht nach Hause kommt, ist er vergnügt, gesprächig, dem Leben bei den Vasolds und ihr zugewandt. Er zeichnet sogar die Magd, deren robustes Lachen auch Agnes gefällt. Bei Kolb sieht sie die beiden Freunde häufig mit Jacopo de' Barbari über die Entwürfe für den Venedig-Plan gebeugt oder in ein heftiges Gespräch vertieft; oft sitzen sie auch mit ihm zusammen in der Schenke oder ziehen gemeinsam durch die Gasthäuser Venedigs.

Auf der einen Seite ist sie froh, daß es Albrecht wieder gut geht, andererseits versetzt es ihr immer wieder einen Stich, wenn die beiden Männer prächtig gelaunt zusammen losziehen. Alle möglichen Gedanken, was die beiden auf ihren Ausflügen treiben mögen, gehen ihr durch den Kopf. Sie hat sich daran gewöhnt, daß die Venezianer viel freiherziger sind als die Nürnberger. Als Albrecht sie zusammen mit einer Venezianerin gezeichnet hat, hat sie sich in ihrem biederen Nürnberger Kleid recht alltäglich gefunden. Bei ihrem Kleid ist der Stoffreichtum dazu da, ihren Körper züchtig zu verhüllen; die Venezianerinnen benutzen eine Menge hauchdünnen Stoffes, um anzudeuten, was sich darunter befindet, und tragen ihre Brüste stramm hochgeschnürt, so daß sie fast über die Einfassung des Kleides quellen; der über die Körpermitte hinwegwallende Stoff des langen Kleides lenkt dann den Blick erst recht auf die Brüste.

Die Huren Venedigs sind kaum aufdringlicher als die in Nürnberg; aber diese Frauen sind es nicht, die Agnes Sorge bereiten. Was auf den Festen der vornehmen Gesellschaft Venedigs geschieht, interessiert und beunruhigt Agnes viel mehr. Hat Pirckheimer nicht am ersten Abend etwas von lüsternen orientalischen Bildern Gentile Bellinis erzählt? Zeichnet Albrecht, seit er in Venedig ist, nicht häufig Szenen voller nackter Leiber? Zu alten Geschichten sollen diese Bilder gehören, Pirckheimer hat weitere Vorlagen mitgebracht, die Albrecht in fiebrige Aufregung zu versetzen scheinen. Außerdem spricht Pirckheimer immer wieder vom Wiedererwachen der Antike, wenn er Albrecht solche Zeichnungen vorlegt und ihm die grauslichen, heidnischen Geschichten dazu erzählt. Götter kommen darin vor, die unschuldige Jungfrauen verführen, wilde Feste feiern, und wer weiß was noch alles.

Wie die beiden sich den vornehmen Frauen auf den Festen, zu denen sie eingeladen werden, präsentieren, ist ihr ein weiteres Ärgernis. Albrecht braucht endlos, um sich herauszuputzen. Das wird seinen handfesten Zweck haben. Auf der anderen Seite kommen die beiden nie wirklich betrunken zurück. Die Venezianer wirken überhaupt recht beherrscht, selbst die Kaufleute in der deutschen Niederlassung begegnen ihr hier zuvorkommender, als sie es in Deutschland tun würden; die Männer erzählen seltener Zoten, besaufen sich nicht so zügellos wie zu Hause und essen viel gesitteter. Es kann also durchaus sein, daß ihre Bedenken auch in anderer

Hinsicht unnötig sind. Schließlich sind ein Großteil der Studien, die Albrecht in den letzten Wochen gezeichnet hat, Bilder harmloser Art, zwar selten fromme, aber doch unverfängliche, wie das Getier aus dem Meer, der Löwe, Pferde, Säuglinge oder auch Zeichnungen von Menschen, die er trifft.

Als Pirckheimer anfängt, vom römischen Karneval zu schwärmen, den er trotz des Kriegszuges der Franzosen – vielleicht auch gerade deswegen, schließlich sind die Franzosen und mit ihnen Galeazzo di Sanseverino inzwischen in Rom einmarschiert – nicht verpassen will, stößt er damit bei Dürer auf Ablehnung. Agnes wäre hier im deutschen Viertel von Venedig zwar sicher aufgehoben, aber durch ein Land zu ziehen, das vom Krieg überzogen ist, widerstrebt dem Maler. Im Gegensatz zu Pirckheimer reizt ihn das Kriegshandwerk überhaupt nicht, der Gedanke an ein Schlachtfeld ekelt ihn geradezu. Außerdem hat er Schreyer versprochen, im Frühjahr zurückzukehren, und die Pest scheint abzuflauen. Eine Kiste ist mit Vorlagen und Skizzen gefüllt, er brennt darauf, sein neues Wissen nun anzuwenden. Und vielleicht rührt sich in ihm auch ein bißchen Heimweh.

Zum Abschied von Venedig schenkt Albrecht ihr eines der kostbaren venezianischen Hochzeitskästchen, das Agnes etwas mit der Kunst der Venezianer versöhnt. Bei der Abreise, als die Nürnberger Kaufleute sich ihnen zu Ehren im Hof des Fondaco zusammengefunden haben – ganz wie bei ihrer Ankunft –, spürt sie gar ein leises Bedauern, diesen Ort, der ihr ein bißchen Heimstatt geworden ist, zu verlassen.

Sie reisen mit dem ersten größeren Frühjahrstransport nach Nürnberg zurück. Bis Chafasine bringt sie eine Gondel; dann werden sie ein Stück auf der Brenta getreidelt. Weiter geht es im Wagen durch die Poebene: eine unangenehme Fahrt im Nieselregen, ohne viel zu sehen, ständig frierend, und unaufhörlich schleichen sich in ihre Gespräche die Schatten der Landsknechte, die vor gar nicht langer Zeit nicht weit von hier die Gegend unsicher gemacht haben. Pirckheimer ist zu Pferde aufgebrochen, gut gewaffnet, voller Vorfreude. Jedesmal wenn er über das Soldatenleben zu schwadronieren begann, hat Agnes Albrechts Mißbehagen regelrecht spüren können. In solchen Augenblicken hat sich das Band zwischen ihr und ihrem Ehemann gefestigt; das fühlt sie auch jetzt.

Erst auf dem Schiff, welches sie über den Gardasee bringt, wird die Sicht klar, tauchen die Bergriesen vor ihnen auf und um sie herum die ersten Frühlingsboten. Albrecht sucht den Frühling, er möchte in die aus ihrem Winterschlaf erwachende Landschaft hinauswandern, zeichnen und malen. Auch Agnes genießt die wärmenden Sonnenstrahlen, den reinen Himmel, den Geruch des herannahenden Frühlings. Doch die Freude ist getrübt durch die Aussicht, diesen Frühling wieder zu verlassen, in den Winter hinauf in die Alpen und nach Nürnberg zurückzukehren, in matschiges Tauwetter, wo der Frühling noch etliche Wochen auf sich warten lassen wird.

Dort lauert noch anderes auf sie. Agnes versucht die Gedanken an die Daheimgebliebenen zu verwischen, doch die bahnen sich immer wieder einen Weg. Albrecht und sie sprechen nicht darüber, aber sie spürt, daß er von den gleichen Sorgen gequält wird.

Noch vor dem Anstieg zur Paßhöhe wird der Zug in Klausen wegen der Zollkontrolle der Fuhrwerke zu einem ersten größeren Aufenthalt genötigt, den Albrecht sofort nutzt, um sich in der Landschaft umzusehen. Agnes begleitet ihn inzwischen manchmal, wenn er sich mit seinem Malzeug auf den Weg macht. Sie ist mit ihm ein Stück den Berg an der gegenüberliegenden Talseite hochgewandert, was gar nicht einfach war, da das Gehen im unwegsamen Gelände einige Geschicklichkeit erfordert. Nun sitzt sie still neben ihm, beobachtet, wie er diesen kleinen Ort aufs Papier bannt: die Eysack und die Brücke, über die der Weg in die Stadt führt, jedes Haus, den Brunnen hinter dem Ort, den Zaun, der die Hausansammlung umgibt. Kein Ding wird für unwert erachtet: Stamm für Stamm schichtet Albrecht aufeinander, bis sich die Holzstöße zusammengefügt haben. Selbst die Stämme, die noch einzeln davor auf dem Boden liegen, werden nicht vergessen; die Burg Branzoll, die gewundene Straße zum Kloster hinauf, aber auch winzige Büsche und Gräser.

Abends in der Gaststube am Kamin zeigt er seine Bilder; Reisende und Einheimische scharen sich um sie. Die wundern sich zwar, daß jemand ihr Städtchen und ihr Tal zeichnet, die nichts Besonderes darstellen, aber sie erkennen jede

Einzelheit wieder und freuen sich offensichtlich, ihre Welt da vor sich auf dem Papier zu sehen. Albrecht lobt die klare Luft, die die Farben kräftig aufscheinen läßt, aber auch Agnes liebt die Frische, die von den Bergen heruntersteigt und die Brust weit macht, ganz ähnlich wie die Meeresbrise in Venedig.

Bei einem ihrer Ausflüge ist ihnen eine Jagdgesellschaft begegnet, die sich gerade zu einem Umtrunk gesammelt und die erlegten Tiere schon zusammengetragen hatte. Natürlich ist Albrecht stehengeblieben und hat mit raschen Strichen den Kopf eines Hirsches, in dem noch der Pfeil der Armbrust steckte, in seinem Skizzenheft festgehalten. Agnes wundert sich immer wieder, wie scheinbar mühelos er Menschen, Landschaften und Tiere aufs Papier bannt. Doch bemerkt sie inzwischen auch die Anspannung in seinem Gesicht, den Blick, der von dem toten Tier zu seinem Blatt wandert und wieder zurück, weiß, wie sehr er in diesem Augenblick dem Wesen zugewendet ist, das da vor ihm liegt.

Die Jäger, die sich fachkundig über den Hirsch unterhalten, das Fell, seine Größe, sein Geweih und den gelungenen Schuß bewundern, beachten den Maler kaum. Außerdem läßt ihnen Albrecht keine Zeit, die Zeichnung zu betrachten. Er will ins Tal zurück, um sie im Gasthof auszuführen.

Als Agnes später das Bild betrachtet, spürt sie, daß von ihm eine Wirkung ausgeht, die sie lieber gemieden hätte. Der tote Hirsch war ein erlegtes Wild unter anderem, und Albrecht hat nichts weiter getan, als den Kopf des Tieres genau abzubilden. Trotzdem findet sie jetzt etwas in dem starren Auge des Kadavers, das ihr bei dem Tier selbst gar nicht aufgefallen ist: Die Todesverlassenheit des Hirsches scheint in diesem Auge in einer Weise auf, die das Grauen zu ihr zurückbringt, das eine Zeitlang aus Agnes' Leben gewichen war und das Albrecht und sie noch immer aus ihren Gesprächen säuberlich zu verbannen suchen; dieses Bild stellt eine unerbittliche Mahnung dar an das, was in Nürnberg auf sie wartet, das Ziel ihrer Reise ist und dem weder Albrecht noch sie länger ausweichen können.

Teil 2

VIII

Heimkehr

Frühjahr 1495

Die alte Dürerin preßt ihren Ältesten an sich, als wollte sie ihn nie mehr loslassen. Ihr Gesicht ist schmaler geworden, die Haut umspannt die Backenknochen noch härter, die Augäpfel treten starr hervor. Alt wirkt sie, nicht wie eine Vierzigjährige. Agnes erschauert, als sie ihr zur Begrüßung ein Kreuz auf die Stirn malt. Der Vater ist ebenfalls sehr gealtert, müde lächelt er die Heimkehrenden an.

Die Pest hat das Haus geleert. Fast alle sind erkrankt, auch die Mutter, deren Lebenswille sich jedoch als stärker als die Krankheit erwiesen hat. Die Kinder hatten weit weniger Kraft, der Krankheit und dem Tod zu trotzen. Außer Carl, Ursula und Magret sind zuletzt noch Anthon und Sebald gestorben. Christina und Hans hängen ständig am Rock der Mutter, die es gleichgültig geschehen läßt. Die Kinder verstehen nicht, sind verstört, weinerlich, haben die ernsten Gesichter von Erwachsenen bekommen. Katharina, jetzt die älteste, umarmt Agnes schluchzend. „Wie gut, daß ihr endlich zurück seid. Wir brauchen euch so dringend."

Fremd wirkt das Haus, kalt und leer. Keine Gesellen, keine Lehrlinge. Zur Begrüßung nur Brot und Schmalz. Der alte Dürer zuckt entschuldigend die Schultern. „Die Mutter ist immer noch schwach, und Katharina bewältigt die Arbeit kaum. Außerdem gibt es jetzt im Frühjahr nur wenig zu kaufen. Der Bäcker ist gestorben; nun versucht seine Frau allein zurechtzukommen. Unsere Vorräte sind fast alle dahin, vieles mußte verbrannt oder weggeschüttet werden."

Katharina ist rot geworden, glaubt einen Tadel in den Worten des Vaters zu spüren und setzt zur Verteidigung an, bricht jedoch wieder ab. Agnes würde sie gerne trösten, weiß aber nichts zu sagen. Die Dürerin sitzt bei ihnen am Tisch wie eine Fremde. Hin und wieder sucht ihr Blick Albrecht, verliert sich dann aber erneut.

Nach Tisch wird lange gebetet, unendlich lange, bis Albrecht es nicht mehr aushält und aufsteht. „Wir müssen Agnes' Eltern noch begrüßen", wirft er in das Gebet hinein und zieht Agnes mit sich hinaus. Im Freyschen Haus am Markt hat der Tod nicht gewütet. Die Eltern sind gesund, auch Katharina hat die Pestzeit ohne Schaden überstanden. Die Mutter strahlt ihre Tochter voller Stolz an. Ausführlich werden sie befragt, über die Verwandten in Innsbruck, was sie in Venedig erlebt hätten. Die Eltern können gar nicht genug über die Reise in Erfahrung bringen. Agnes wird es wieder warm; auch aus Albrechts Gesicht weicht die Verkrampfung. Erst spät am Abend verabschieden sie sich.

Am nächsten Morgen werden sie in aller Frühe geweckt, denn sie sollen sich der Familie zum Kirchgang anschließen, Albrecht die Mutter stützen. Der Weg nach St. Sebald und die Menschen, die sie grüßen, erscheinen Agnes fremd. Bleich und hohlwangig sehen die Überlebenden aus. In müden Augen flackern neugierige Blicke auf, viele bleiben jedoch stumpf und trüb. Vor Kobergers Haus flüstert Endres Agnes zu, daß die Familie nicht in dieses Haus zurückgekehrt sei, sondern jetzt in der Offizin wohne. „Und stell dir vor, mein Freund Anthoni, der der einzige Sohn aus Kobergers erster Ehe war, ist in Amberg an der Pest gestorben. Es hat ihnen gar nichts genützt, daß sie fort sind."

„Und wie geht es Margarethe? Sie muß doch längst niedergekommen sein", flüstert Agnes zurück.

„Ihr Hans ist direkt nach der Geburt in Amberg gestorben", antwortet ihr Endres zögernd, als dürfte er darüber nichts sagen. Doch zählt er ihr nun vor fast jeder Haustür auf, wen es in dem Hause zu beklagen gibt. Etliche Menschen haben ihre gesamte Familie verloren und stehen plötzlich allein da; einige haben sofort wieder geheiratet und dabei wilde Feste gefeiert, von denen der Vater verboten hat zu reden. Endres hat indes gehört, die Tanzwut habe die Menschen bei solchen Gelagen so befallen, daß sie sich in einer Nacht zu Tode getanzt hätten. Ein paarmal habe eine Gruppe von Menschen, die wie rasend durch die Gassen gesprungen sei, sie alle aus ihrem ohnehin leichten Schlaf gerissen; niemand habe gewagt, sich ihnen in den Weg zu stellen.

Selbst um St. Sebald herum, wo es immer sehr geschäftig zugeht, scheint alles verwaist. Endres weiß zu berichten, daß Anfang November über tausend Bettler und Fremde, die zu Allerheiligen in die Stadt geströmt waren, wegen der Pest ausgetrieben worden seien und erst ganz wenige wieder Einlaß gefunden hätten. Dann zählt Endres auf, was er noch gehört hat: daß an einem Tage in ihrer Pfarrei zweiundsechzig Menschen gestorben seien; in ganz Nürnberg sollen es an die achttausend gewesen sein, eine Zahl, die Endres sich gemerkt hat, deren Höhe aber seine Vorstellungskraft bei weitem übersteigt. Viel mehr Bedeutung hat für ihn, daß der Vater die Katze totschlagen mußte, weil im Haus die Pest wütete. Er kann es immer noch nicht verstehen und hat es dem Vater reichlich übelgenommen. Die Katze, die sich so gern von ihm streicheln ließ, die ganz gesund war, warm und weich.

In den folgenden Tagen und Wochen schreckt Albrecht im Schlaf oft hoch, wacht naßgeschwitzt auf, fragt Agnes einmal gar, ob er nun in der Hölle sei und diese Finsternis um ihn herum ewig andauern werde. Manchmal ruft er nach den verstorbenen Geschwistern, auch nach Barbara und Johannes, die älter als er waren, jedoch früh gestorben sind. Agnes nimmt ihn in den Arm, versucht zu trösten.

Aber auch ihr ist bang zumute. Sie möchte Gott dafür dankbar sein, daß sie diese Zeit in Nürnberg nicht miterleben mußte und er sie am Leben erhalten hat. So setzt sie sich oft zu der Schwiegermutter, die fast den ganzen Tag unter dem Kreuz in der Stubenecke hockt und ständig die Perlen des Rosenkranzes durch ihre Finger gleiten läßt: „Gegrüßet seist du Maria ... gebenedeit unter den Weibern, und gebenedeit ist die Frucht deines Leibes, Jesus. Heilige Maria, Mutter Gottes, bitte für uns Sünder, jetzt und in der Stunde unseres Todes. Amen." Doch Agnes bringt die Worte nicht über die Lippen, der kalte Schweiß bricht ihr aus, und sie wartet jeden Augenblick darauf, daß die alte Frau zu schreien und zu toben anfängt, mit Gott und ihrem Schicksal hadert: „... gebenedeit ist die Frucht deines Leibes ..." Doch Barbara Dürerin stößt den Text gleichmütig aus sich heraus; er scheint der einzige Halt, den sie noch hat: „Der für uns ist gegeißelt worden ... der für uns das schwere Kreuz getragen hat ... der für uns ist gekreuzigt worden." Die Toten scheinen den Lebenden nur Schmerzen und Angst hinterlassen zu haben und eine bleierne Schwere, die sich ums Herz krampft.

Albrecht hat die Arbeit bei Schreyer aufgenommen, hält sich ständig dort auf, jedenfalls solange das Tageslicht seine Arbeit zuläßt. Die Werkstatt des Schwiegervaters bleibt verwaist, dort hilft zur Zeit Endres aus. In der Stube sind nur Christina, Katharina, die Schwiger und Hans zu versorgen. Hans macht seit neuestem wieder in die Hose, und als Agnes ihn ärgerlich darauf hinweist, daß er dafür schon viel zu groß sei und die Lache auf dem Fußboden durchaus selber wegwischen könne, rettet er sich in Frechheiten und wilde Beschimpfungen der Schwägerin. In solchen Augenblicken erwacht die Dürerin aus ihrer Erstarrung, flüstert in panischer Aufregung Agnes etwas zu, fleht sie an, ihr ihren Hans zu lassen, ihn nicht zu quälen. Um der kranken Frau willen, gibt sie nach, bittet Katharina, von oben frische Wäsche für ihren Bruder zu holen. Doch die rührt sich nicht, steht mitten in der Stube und beginnt plötzlich zu schluchzen. Agnes nimmt sie in den Arm und zieht sie, als es nicht besser werden will, mit sich hinaus in den Flur, legt ihre Hand auf Katharinas Stirn, greift angstvoll nach ihren Händen, die sich eiskalt anfühlen. Panik steigt in ihr auf. Wieder eine Kranke im Haus, die Krankheit keineswegs besiegt, die Reise umsonst. Dem Grauen läßt sich offensichtlich nicht entfliehen.

Doch Katharina, die ihr Entsetzen spürt, schüttelt den Kopf: „Ich kann einfach nicht mehr, Agnes, ich bin nicht krank, nur fertig, und ich will nicht mehr. Es ist der Gestank, der mir so zusetzt. Weißt du, wie die Kranken gestunken haben, die Fieberdünste, die Beulen, die langsam heranreiften, auf die ich ein Cataplasma von Kamillen, Eibischpulver, Bockshornklee, Leinsamen und Eigelb schmieren mußte; der Theriak, mit all seinen scheußlichen Zutaten. Nicht einmal die Beginen kamen zur Krankenpflege noch in die Häuser; Vater hat die Beulen selbst aufgeschnitten, aus denen sich Blut, Eiter und Wasser ergossen. Das durfte ich wegwischen und die Tücher waschen. Ich kann nicht mehr, Agnes, ich spüre den Gestank überall, ich will aus dem Haus. Kannst du Vater nicht überreden, unseren Stand auf dem Rathaus wiederzueröffnen? Das schaffe ich, ich kann rechnen und kenne den Wert seiner Becher. Außerdem brauchen wir das Geld dringend. Ich kann nicht mehr hier im Haus hocken, bitte, Agnes, bitte."

Agnes verspricht Katharina alles, auch ihr hat sich die Kehle zugeschnürt, sie glaubt plötzlich, in der dumpfigen Luft zu ersticken. Gegen den Protest der Schwiegermutter reißt sie in der Stube alle Fenster auf, auch in den Schlafkammern, und schlägt die Decken zurück. Obwohl von außen keine frische Seeluft oder würziger Bergwind hereinwehen, so scheinen die Gerüche der Straße hundertmal erträglicher als der abgestandene Dunst des Hauses.

Der Schwiegervater, der froh ist, daß wieder eine Frau im Hause schaltet, läßt sich, wenngleich mit einigen Bedenken, darauf ein, Katharina zum Rathaus zu schicken. Wenn Agnes ohne ihre Hilfe zurechtkomme, solle es ihm recht sein. Daß Agnes allerdings ohne Katharina eine große Wäsche veranstalten will, wundert ihn sehr, aber in diesem Punkt gibt er nicht nach. Es gebe zur Zeit weder genügend Wäscherinnen, noch reiche das Geld, und da der Haushalt sich sehr verkleinert habe, werde noch eine Zeit lang saubere Wäsche zu finden sein. Also muß Agnes sich damit begnügen, so viel Wasser herbeizuschleppen, daß sie unten in der Tenne selbst eine Lauge in den beiden großen Bottichen ansetzen kann, um darin zumindest Hosen, Röcke und Hemden einzuweichen und aufzubrühen. Von der frischen Lauge zweigt sie einige Eimer ab, mit denen sie mehrmals die Steinfußböden gründlich schrubbt, wobei der Hausherr sie kopfschüttelnd gewähren läßt.

Agnes hat die Führung des Haushaltes in die Hand genommen, ohne daß darüber irgendwie gesprochen worden wäre, lernt aber rasch, Katharina zu beneiden, die sie etwas vorschnell hat ziehen lassen. Es leben zwar nur noch wenige Menschen in dem großen Haus, aber zeitweise glaubt inzwischen selbst Agnes, die Toten in allen Ecken spüren und riechen zu können. Ihr Drang nach frischer Luft erregt den Unwillen der Dürerin, die in schöner Regelmäßigkeit sämtliche Fenster, die Agnes aufmacht, schweigend wieder schließt.

Wenn die Dürerin nicht in der Stube den Rosenkranz betet, hockt sie auf ihrem Bett und reibt an den blanken Gefäßen herum, die in der Truhe am Bett aufbewahrt werden. Christina und Hans schleichen wie Geister durchs Haus, schrecken jedesmal zusammen, wenn sich eine Tür öffnet; bei anderer Gelegenheit können sie sich plötzlich so heftig zanken, sind durch nichts zum Einlenken zu bewegen, daß Agnes sie verwünschen könnte.

Der alte Dürer, meist in sich zurückgezogen, hat Albrecht und Agnes den Vorschlag gemacht, sich jetzt, da im Haus reichlich Platz sei, im gesamten dritten Stock einzurichten: eine eigene Stube, eine Kammer, eine Malwerkstatt für Albrecht, selbst eine Küche, all diese Räume seien dort oben vorhanden. Stiche könne er natürlich nach wie vor in der Goldschmiedewerkstatt anfertigen, aber Farben und die Gerätschaften eines Malers ständen besser in einem Raum, der nicht ständig von einer Esse verräuchert sei.

Albrecht hat diesen Vorschlag mit deutlicher Erleichterung aufgenommen. Sein anfänglicher Arbeitseifer ist rasch geschwunden. Morgens macht er sich immer langsamer und lustloser auf den Weg, kommt abends abgespannt und bedrückt nach Hause. Am Familientisch sagt er fast nichts, und auch von Agnes läßt er sich nur mühsam, Wort für Wort, den Grund für seine Enttäuschung entlocken. Nein, es seien nicht die Schatten der Toten, die ihm die Lust an der Arbeit verdürben. Seine Arbeit habe ihm bis jetzt immer über manches weggeholfen. Aber Wolgemut habe die Entwürfe bereits während des Winters verfertigt. Sie hielten sich zwar inhaltlich an die antiken Vorgaben, seien im Stil jedoch nürnbergisch und konventionell. Die neue Malweise, die er aus Venedig mitgebracht habe, lehne Wolgemut zwar nicht ab, halte es aber für überflüssig – und wohl auch für eine Kritik an seinen Vorlagen –, wenn Albrecht an den Bildern noch etwas ändern wolle. Er habe sich zwar nicht getraut, seinen Lehrer direkt um die Erlaubnis zu bitten, alles oder zumindest einige Bilder neu gestalten zu dürfen, aber Wolgemuts Einstellung habe diesem nur allzu deutlich im Gesicht gestanden. Nun pinsele er Farben an die Wand wie jeder

Geselle, der nie im Süden gewesen sei. So habe er sich das nicht vorgestellt. Apollo, Orpheus, Thalia, Terpsichore, welch gewaltige Aufgabe, der er sich durchaus gewachsen sehe; und nun entständen harmlose Bildchen, mit denen Schreyer keinen Welschen beindrucken würde. Ein Jammer sei es.

Aber auch solche Schinderei findet einmal ein Ende. Das große Fest, mit dem Schreyer seine Vorderstube einweiht, bringt den jungen Maler mit einem Fremden zusammen, der erst kürzlich nach Nürnberg gezogen ist und in Florenz die welsche Kunst kennengelernt hat. Das Ergebnis diese Gespräches ist ein Auftrag: ein Wandbild, ein kleines zwar nur, aber eine Arbeit, bei der Albrecht das Motiv selbständig wählen darf. Wolgemut freut sich ehrlich für seinen Schüler, scheint aber auch ein wenig erleichtert, daß in seiner Werkstatt nun wieder unangefochten sein Wort gilt. Soll Albrecht ruhig auf seine neue Art malen, er fühlt sich dazu zu alt, und es wird weiterhin reichlich Aufträge geben, bei denen sein bewährter Stil gefragt ist.

Eines Morgens bringt Agnes einen Farbstoff, den der Apotheker für sie besorgt hat, in das Haus des Kaufmanns. Christinas Angebot, ihr den Weg abzunehmen, hat sie bestimmt zurückgewiesen. Sie weiß, wie unwirsch Albrecht auf Störungen reagiert. Außerdem ist sie selbst froh über jede Gelegenheit, das Haus unter der Veste wenigstens für kurze Zeit zu verlassen.

Eine Magd führt sie in den ersten Stock in ein Zimmer, das keineswegs durch seine Größe beeindruckt. Albrecht hat ein einstöckiges Gerüst vor der Wand aufgebaut, auf dem er sitzt. Auf ihren Gruß erhält sie keine Antwort. Also stellt sie ihr Gefäß ab und wartet. Das Gerüst ist nicht besonders hoch, aber ihr scheint es nicht geheuer, den ganzen Tag auf einem so wackligen Ding verbringen zu müssen, es könnte leicht ins Schwanken geraten, vor allem wenn Albrecht ganz in seine Malerei versunken ist. Aber es scheint standzuhalten, auch wenn er sich weit zur Seite neigt.

Schließlich wandert ihr Blick den Umrissen der Gestalten nach, die Albrecht auf die Wand aufgetragen hat. Ein Stier, auf dem eine Frau hockt, beherrscht die Fläche. Agnes stellt erschreckt fest, daß diese kaum bekleidet ist. Die Nürnberger werden sicher nichts Gutes von ihrem Eheherrn denken, wenn sie hier eine derart freizügige Darstellung zu sehen bekommen. Oder soll dies ein Raum werden, in dem nur bestimmte Besuche ...?

Ein Gongschlag, der durchs Haus hallt, stört Albrecht aus seiner Arbeit auf. Er seufzt, legt seinen Pinsel vorsichtig ab, beginnt den steifgewordenen Arm auszuschlagen und die Finger in schneller Bewegung zusammenzuziehen und zu strecken. Dann räkelt er sich wie eine Katze, zieht sich schließlich das Haarnetz vom Kopf, mit dem er seine Locken bei der Arbeit zusammenhält, schüttelt seine Haarpracht und entdeckt erst jetzt Agnes.

„Gut, daß du kommst. Mein Auftraggeber hat heute morgen etwas von einem Vorschuß gesagt, einem richtigen, der nicht nur die Unkosten für die Farben deckt. Wir können also getrost mit der Einrichtung der Werkstatt beginnen. Du solltest dich umhören, ob du irgendwo ein gutes Angebot für einen großen Tisch findest. Vielleicht weiß dein Vater, in welcher Schreinerei in Nürnberg es zur Zeit noch einen Schreiner gibt. Er kommt auf dem Rathaus mit Gott und der Welt in Berührung und müßte über solche Dinge Bescheid wissen."

„Wie groß hast du ihn dir denn gedacht?"

„Miß den Raum einmal aus. Der Tisch samt Stühlen darf höchstens ein Drittel der Zimmerfläche bedecken. Es muß noch Platz bleiben für die Bilder, Schränke für Farben und Geräte müssen ebenfalls angeschafft werden, da oben im dritten Stock nur wenige Wandschränke eingebaut sind. Ich muß mich jetzt beeilen. Die Hausfrau sieht es nicht gern, wenn ich zu spät bei Tisch erscheine; es ist ohnehin ungewöhnlich großzügig, daß sie mich täglich zum Essen einlädt. Bei Tisch kann ich jedoch nicht in meiner Arbeitskleidung erscheinen, muß mich also noch umziehen. Im Augenblick bleibt mir keine Zeit, mich um die Einrichtung der Werkstatt zu kümmern. Diese Arbeit mußt du mir abnehmen." Mit einem Grinsen setzt er hinzu: „Daß du dich übers Ohr hauen lassen könntest, befürchte ich nicht. Rechnen hast du schließlich gelernt."

„Mein Vater weiß bestimmt etwas. Gerade vorgestern hat er mich gefragt, ob er uns irgendwie helfen könne."

Für Albrecht scheint das Gespräch damit beendet, und Agnes macht Anstalten zu gehen. Doch als sie schon in der Tür steht, ruft Albrecht ihr nach: „Bevor ich es vergesse, Agnes, heute abend kann es spät werden. Pirckheimer ist eingetroffen und will sich meine Arbeit ansehen. Da wird es viel zu besprechen geben."

„Und zu feiern", erwidert sie in Albrechts aufstrahlendes Gesicht hinein. Dann zieht sie die Tür hinter sich zu. Sollen die Männer ruhig den Abend genießen. Sie wird sich um den Tisch kümmern. Albrecht scheint sich in dieser Hinsicht auf sie zu verlassen.

Rund um und auch im Rathaus prangen in den Gewölben die Geschäfte der Nürnberger. Wer auf Qualität hält, hat hier seinen Stand, und seit dem vergangenen Jahr verwaltet ihr Vater diese Stände als Hauswirt. Als sie den Innenhof betritt, wird sie von allen Seiten gegrüßt. Neugierig macht sie die Runde. An Kobergers Stand wird das „Heiligenleben" feilgeboten und „Friedolins Schatzbehalter", den ihr eine Freundin zur Hochzeit geschenkt hat; die Beckenschlager bieten große flachrandige und kleine randlose Becken an; solche Nürnberger Produkte hat sie sogar in Venedig bei den Fischbratern zu sehen bekommen; die Kannengießer präsentieren wunderschöne Reliefgüsse; besonders gefallen ihr jedoch die geschnitzten Hängeleuchter aus Geweih; aber auch Felle gibt es und nicht zu vergessen alle Sorten von Messern. Am Dürerschen Stand steht Katharina vor einer Reihe von Bechern, Kirchengerät, Krügen. Agnes geht zu ihr hin, schwatzt ein bißchen mit ihr. Neben Katharina bietet jemand feines Nürnberger Wolltuch, für das die Stadt berühmt ist. Ein Spiegelmacher hat sich am nächsten Stand niedergelassen; in seinen Spiegeln lebt das geschäftige Treiben ein zweites Mal auf.

Agnes' Vater steht am hinteren Ende des Hofes im Gespräch mit einigen Leuten. Er nickt seine Tochter heran. Die Männer unterbrechen ihr Reden, um die junge Freyin zu begrüßen. Sie kennt die Herren, zum Teil sind es altbekannte Nürnberger; den fremden Kaufherrn hat sie im Haus ihres

Onkels in Innsbruck getroffen. „Eure Tochter ist weitgereist, Frey. Seid Ihr selbst je so weit gekommen?"

Der Vater schüttelt den Kopf und zieht die Tochter an sich, verspricht, als sie mit ihrem Anliegen heraussprudelt, sich in dieser Sache umzuhören, er habe bereits etwas im Auge. Als sie sich verabschiedet, fragt er sie, ob sie noch in St. Sebald vorbeischaue, und als sie nickt, erklärt er ihr: „Ja, das ist recht. Nur nimmt es der Rat seit dem Winter mit der Bettelordnung sehr genau. Paß auf, wenn du ein Almosen gibst; die vom Rat zugelassenen Bettler tragen Blechmarken. Gib den anderen nichts, die täglich in die Stadt strömen, selbst wenn sie zudringlich werden. Das bringt nur Ärger ein. Mit dem Rat ist zur Zeit nicht zu spaßen. Heute ist Gerichtstag. Jemand hat zwei silberne Becher gestohlen. Sei also vorsichtig."

Doch vorerst drängt es Agnes erst einmal zum Markt. Sie kann jetzt nicht einfach ins Haus und zu den alltäglichen Geschäften zurück, und dort wissen sie ja, daß sie für Albrecht unterwegs ist.

Der Weg über den Markt: Auf dem Obstmarkt hinter dem Fünferhaus gibt es um diese Jahreszeit nur unansehnliche schrumpelige Äpfel. Der gesamte Marktplatz zwischen der Frauenkirche und ihrem Elternhaus ist während ihrer Abwesenheit gepflastert worden. Das wurde Zeit. Man versank dort geradezu im Morast. Aber während sie zum Fischmarkt vor dem Freyschen Haus hinübergeht, muß sie feststellen, daß das Pflaster unangenehm glatt ist, besonders neben den großen Bottichen der Fischhändler. Als ihr ein Händler eine kümmerliche Forelle anpreist, bleibt sie kaum stehen. Herrlich ist ihr der Nürnberger Markt immer vorgekommen; doch wenn sie diesen Fischmarkt nun mit dem in Venedig vergleicht, lächert es sie an. Wie hat sie sich anfangs vor den Meeresungeheuern dort gefürchtet, die sich später als außergewöhnlich wohlschmeckend erwiesen haben.

Eine Magd hat den Fisch gekauft, fährt aber zurück, als der Händler ihr den Preis nennt. „Allmächtiger, schon wieder aufgeschlagen. Meine Herrin wird mich an den Haaren reißen, wenn ich ihr diesen Preis nenne. Ihr könnt doch nicht täglich aufschlagen!" Der Händler nimmt ihr ohne weiteres den Fisch wieder ab und macht Anstalten, ihn in den Bottich zurückzuwerfen. „Deine Jammerei kannst du dir sparen. Beim Bäcker wird es dir nicht anders ergehen. Überall herrscht Teuerung; das ist nun einmal so."

Die Magd zählt ihm widerstrebend das Geld hin und erhält den Fisch zurück. Im Weitergehen bleibt Agnes einen Augenblick beim Schönen Brunnen stehen, den sie früher täglich gesehen, aber kaum je bewußt angeschaut hat, und versucht, unter den vielen Figuren die beiden griechischen Helden Hektor und Alexander herauszufinden, die hier unter Evangelisten und Kirchenlehrern stehen und auf die Albrecht sie ein paarmal verwiesen hat, als sie über seine Griechenliebe den Kopf geschüttelt hat. Sie findet jedoch keine Figur, die irgendeine Ähnlichkeit mit Albrechts griechischen Helden aufweist.

Auf dem Heimweg gerät sie in einen Auflauf. Vor dem Rathaus hat sich eine Menschentraube gebildet. Dort wird gerade das Gerichtsurteil verlesen; Agnes hört die Stimme des Richters, die Rufe der Stadtknechte. Das Urteil lautet auf Austreibung. Vorher soll der Delinquent mit Gerten ausgepeitscht werden.

Der Bursche wird vorgeführt: ein freches hämisches Gesicht, welches das Urteil nichts anzugehen scheint. Dann saust die Gerte auf den mageren Körper nieder, der zuckt und sich windet. Schreie sind zu hören, später nur mehr ein Wimmern. Irgendwann sieht Agnes durch die Menge hindurch, die in Bewegung geraten ist, erneut das Gesicht des Verurteilten: Das scheint in sich zusammengefallen, alle Abgebrühtheit daraus gewichen; ein Kindergesicht, gezeichnet von Angst, Hunger und täglichem Überlebenskampf.

Nach solchem Schauspiel ist ihr nicht zumute, heute schon gar nicht. Sie kämpft sich durch die Menschen und strebt raschen Schrittes fort. Sie werden das Kind aus der Stadt treiben, es verhöhnen, mit Steinen bewerfen, und sollte es all dies überleben, wird es sein Elend heute nacht irgendwo in einer Scheune ins Heu rotzen.

Die Straßen der Stadt kommen Agnes plötzlich eng vor, der Druck, der im Dürerhaus auf ihr lastet, scheint jetzt auch hier ihre Brust zu beschweren. Als sie hochblickt, droht selbst die Veste von oben zu ihr herab, so daß sich ihre Schritte verlangsamen und sie einer plötzlichen Eingebung folgend in die entgegengesetzte Richtung strebt. An der Pegnitz entlang zieht es sie vor die Stadt. Sie wandert über die Hallerwiesen, gedankenverloren, ohne selbst recht zu bemerken, wohin ihr Weg führt. Auf dem hohen Nordufer an der Drahtziehmühle bleibt sie stehen und läßt den Blick über den Fluß schweifen. Er kehrt zurück, bleibt schließlich an einem Baum hängen, der zwischen ihr und dem Fluß steht. Inzwischen ist selbst hier im Norden das Frühjahr eingezogen. Die Blüten sind von dem Baum bereits abgefallen, kleine zartgrüne Blätter entrollen sich an den Verästelungen der Zweige. Trotzdem ist der Baum noch recht nackt, so daß der glänzende Fluß dahinter durchschimmert. Seltsam, die Formen der Blätter, die frische helle Frühlingsfarbe, das ist ihr früher alles nicht aufgefallen. Früher hat sie nur Bäume gesehen, Äste und Blätter. Natürlich stand ihr ein Obstbaum wegen seiner Früchte näher als eine Pappel, aber ansonsten ist ein Baum für sie einfach ein Baum gewesen.

Das hat sich inzwischen gründlich geändert. Auf ihrer Reise hat sie viel Neues erfahren. Sie erinnert sich gern, sieht den Obsthain bei der Venedigerklause vor sich, der in voller Blüte stand, als Albrecht dort malte. Die Landschaft insgesamt noch kahl, braungrau, ein Hauch Violett; der Fels ragte kalt und nackt hoch. Doch die Bäume des Hains waren von schimmerndem Flaum umgeben, graublau, von zartem Grün durchschienen, eher erst eine Verheißung des Frühjahrs. Das Licht tastete sich nur vorsichtig über den Hang, vom Grau ins Gelbliche übergehend, und die Luft ... sie glaubt, sie samtig auf der Haut zu fühlen, von klarem Bergwind durchströmt, Frühling, Sonne und Wärme verheißend. Hier in Nürnberg sind die Umrisse schärfer, nichts zerfließt, doch am Fluß ist auch hier die Luft klar, ein bißchen kühl noch und vom Wasser überfrischt, so daß sie den trüben Dunst des Hauses und der Stadt von sich weichen fühlt.

Eine Ewigkeit scheint vergangen zu sein, seit Albrecht an dieser Stelle nach ihrer Hochzeit gemalt und sie sich deswegen geschämt hat. Aber damals war sie ja fast noch ein Kind. Seitdem ist sie weit herumgekommen, auf der Reise die Frau eines Malers geworden, hat sein Handwerk kennengelernt.

Zur Nachtzeit liegt sie lange wach im Bett. Wartet. Endlich gibt sie es auf und rollt sich zum Schlaf zusammen. Der Tag hat so viel gebracht. Ihr Vater hat ihr bereits am Nachmittag ein günstiges Angebot für einen Tisch unterbreitet, der beim Schreiner nicht abgeholt worden, weil der Auftraggeber inzwischen verstorben ist. Er verfügt genau über die richtige Größe und müßte nur ins Haus geschafft werden, da dem Schreiner kein Gehilfe mehr zur Seite steht. Morgen ... Die Gedanken entwinden sich ihr.

Unten klappt die Tür. Schritte auf der Stiege, schweres Tappen, plötzlich lautes Bollern und ein unterdrückter Fluch. Agnes ist sogleich hellwach. Albrecht schwankt ins Zimmer, flüstert nach ihr. Als sie ihm antwortet, setzt er sich aufs Bett und zieht die Beine hoch. Übergangslos überschüttet er sie mit dem, was sich während des Abends für ihn ereignet hat. Willibald Pirckheimer sei von dem Bild begeistert, habe sich alle Entwürfe angesehen. Einzig die Europa, an der müsse er noch einiges ändern; die Haltung ihrer Arme wirke verkrampft, er sehe es ein. Jede Einzelheit hätten sie durchgesprochen, Willibald werde von nun an seine Arbeit überwachen, er wolle alle Entwürfe mit ihm durchgehen. „Ist das nicht herrlich, Agnes? Auf diese Weise wird es ein Meisterwerk, die Wiedergeburt der Antike in Nürnberg."

Agnes verbeißt sich die Bemerkung, die ihr auf der Zunge liegt, in diesem Fall werde er gewiß häufig in so erheitertem Zustand spät in der Nacht nach Hause schwanken. Sie weiß, wenn sie jetzt etwas sagt, fällt die frischerwachte Freude in ihm wieder in sich zusammen. Soll er auf dieser Woge schwimmen; sie will jetzt möglichst bald schlafen und sich morgen weiter um die Einrichtung der Werkstatt kümmern.

Sie steht auf und hilft ihm aus den Schuhen, wartet, bis er vom Bett heruntersteigt und sich willig wie ein Kind von ihr ausziehen läßt. Als er nackt, auf unsicheren Beinen vor ihr steht, macht er eine Bewegung auf sie zu, der sie ausweicht. Erst im Bett gestattet sie, daß er seine Arme um sie legt und seinen Kopf in ihre Armbeuge bettet.

IX

Europa

Seitdem die Schwiegermutter wieder etwas zu Kräften gekommen ist, hat sie morgens häufig außer Haus zu tun, wobei sie Christina und Hans mitnimmt. Die Dürerin schweigt sich über diese Gänge aus, aber Christina berichtet Agnes, daß sie in die Frühmesse in die Kirche des Heiliggeistspitals gehen, weil es dort viele Ablässe gibt, die ihre Mutter den toten Geschwistern zugute kommen lassen möchte; daß sie dort nach der Messe an allen Seitenaltären beten und anschließend noch mehrere Kirchen der Stadt besuchen würden, um auch dort des Segens, den der Anblick des Sakramentes bewirke, teilhaftig zu werden. Wenn Hans nicht irgendwann anfange zu heulen, würden sie wohl nie heimkehren.

An diesem Morgen ist Agnes in Eile. Sie muß zu Albrecht. Sie wollen beim Schreiner die Möbel abholen, haben auch schon ein paar kräftige Burschen gefunden, die den Transport übernehmen. Gerade als sie sich fertig zum Ausgehen angezogen hat – die Haube hat sich mal wieder gegen jeden einigermaßen schicklichen Sitz gesperrt und Agnes fast zur Verzweifelung gebracht –, kommt Christina die Treppe heraufgerannt. „Agnes, du sollst herunterkommen. Die Mutter braucht dich."

„Ich kann jetzt nicht."

Trotzdem steigt sie mit Christina hinab und findet die Schwieger in der Küche vor dem Herd. Deren sonst so bleiches Gesicht glüht. „Agnes, mir ist das Herdfeuer ausgegangen, und dabei ist es schon so spät. Gleich wird der Vater aus der Werkstatt kommen und seinen Imbiß wollen, aber die Suppe ist ganz kalt."

„Ausgerechnet jetzt. Ich bin in Eile."

„Wenn ich einmal etwas von dir will ..."

Agnes liegt ihr Ärger auf der Zunge, doch da sie hinter der vorwurfsvollen Miene der Schwieger deren Panik sieht, legt sie wortlos ihr Tuch ab und kniet nieder, reibt und bläst, bis auch ihr Kopf glüht. Endlich, beim dritten Versuch, springt ein Funke, der aber gleich wieder verlöscht. Sie fährt auf, rennt nach oben, greift nach einem Gefäß und schaufelt etwas von der Glut ihres Herdes hinein. Darauf häufelt sie unten Reisig und bläst erneut. Diesmal gelingt es. Sie streicht sich rasch durch das erhitzte Gesicht, ruft der Schwiegermutter einen Gruß zu, und bevor diese etwas erwidern kann, ist sie verschwunden – die Tür der Tenne knallt hinter ihr zu –, hetzt durch die Straßen. Jetzt hat sie die Schwiegermutter verärgert, die ihr dieses Benehmen sicher nachtragen wird, und kommt trotzdem zu spät. Albrecht wartet nicht gern. Er ist in dieser Hinsicht übergenau. Nun, vielleicht akzeptiert er, daß sie seiner Mutter helfen mußte, obwohl man das bei ihm nie weiß.

Als sie in die Straße einbiegt, in der Albrecht arbeitet, sieht sie Willibald Pirckheimer von der entgegengesetzten Seite auf das Haus zueilen. Seine kräftige Statur, das teure Tuch seiner Kleidung, sein Gang zeigen in jeder Bewegung den Herrn, offenbaren aber auch noch anderes. Sie erinnert sich nur zu gut an den Abend mit ihm in Venedig, wie er ihren Schweinebraten genüßlich verzehrt und die Köchin wortreich gelobt hat, an sein charmantes Lächeln, seine Trinkfestigkeit, seine farbenfrohen Geschichten vom Mailänder Hof, die Begeisterung und Ergriffenheit, mit der er die Bilder ihres Eheherrn beurteilt hat, seine Musik, die sie zu Tränen gerührt hat. Doch gerade jetzt könnte sie ihn gut entbehren, so zerzaust und verschwitzt, wie sie hier angerannt kommt.

Agnes' Schritt verzögert sich, aber nur einen Augenblick lang, da ihr bewußt wird, daß Herr Pirckheimer sie ebenfalls betrachtet. Entschlossen setzt sie also ihren Weg fort, direkt auf die Haustür und den Freund ihres Eheherrn zu.

„Ah, die schöne Venezianerin", ruft der ihr lachend entgegen und zieht mit einer Verbeugung das Barett. Agnes, die sich gerade ein paar selbstbewußte Sätze zur Begrüßung des Patriziers zurechtlegen wollte, spürt, wie sie errötet und sucht nach einer passenden Antwort, mit der sie das Kompliment zurückgeben kann. In diesem Moment jedoch bringt sie sein spöttischer Blick zum Verstummen, weil sie plötzlich argwöhnt, daß er sich über sie lustig machen will. Einen solchen Ton hat er in Venedig nicht angeschlagen, sondern ihr höfliche Komplimente gemacht.

Unwillkürlich greift sie nach einem Haarkringel, der irgendwie einen Weg aus ihrer Haube herausgefunden hat, und muß zu ihrem Entsetzen feststellen, daß der Herr Pirckheimer ob dieser Geste breit herauslacht. Die Vasoldin, die wäre in einer solchen Situation um eine Antwort nicht verlegen und würde ihm schon etwas Passendes entgegnen. Aber sie kann bestenfalls einen Gruß herauskrächzen, der recht unwirsch klingt, und verstummt anschließend ganz.

„Ihr scheint heute nicht mit dem rechten Fuß aufgestanden zu sein, Dürerin", antwortet Pirckheimer ihr. „Doch wer ein freundliches Kompliment nicht zu schätzen weiß, der straft sich selbst. Und das an einem solch schönen Frühsommertag. Kommt. Ihr sucht sicher Euern Eheherrn."

Gemeinsam lassen sie sich von dem Hausknecht, der ihnen die Türe öffnet, nach oben in die Stube führen, in der Albrecht arbeitet. Allerdings sei er gerade nicht anwesend, bespreche etwas mit dem Hausherrn. Ob er sie melden solle.

„Nein", antwortet Pirckheimer für sie beide. „Wir können ruhig warten. Uns wird die Zeit sicher nicht lang werden."

Agnes wagt kaum aufzuschauen, geschweige denn etwas zu sagen. Verlegenheit und Ärger kämpfen in ihr miteinander. Nun ist sie ganz umsonst so gerannt, steht hier mit dem Herrn Pirckheimer herum wie irgendein Besucher und soll dazu eine Unterhaltung führen, nach der ihr keineswegs der Sinn steht.

Im gleichen Augenblick fühlt sie Pirckheimers Hand auf ihrer Schulter. „Was ist Euch, Dürerin? In Venedig wart Ihr nicht derart knapp, eigentlich überhaupt nicht auf den Mund gefallen. Habe ich durch irgend etwas Euren Unwillen erregt? Das war ganz sicher nicht meine Absicht." Er mustert sie einen Augenblick schweigend und fährt schließlich fort: „Habt Ihr das Wandbild Eures Eheherrn eigentlich schon gesehen?"

„Ja, ich war bereits ein paarmal hier, und natürlich kenne ich die Entwürfe und die Vorlagen aus Italien." Erneut trifft Agnes ein Blick, den sie nicht recht deuten kann.

„Kennt Ihr auch die Geschichten, die darauf erzählt werden?" fragt er weiter.

Agnes schüttelt den Kopf, erleichtert, daß ihre Person nicht mehr Mittelpunkt des Gespräches ist. „Es sind alte heidnische Sagen. Ich mag sie nicht sehr. Meist geht es nicht besonders fromm in ihnen zu und scheußlich sind sie dazu."

„Fromm ...", Pirckheimers Ton ist ernst geworden. „Sicher nicht in dem Sinne fromm, den wir diesem Wort heute geben. Aber auf eine andere Art. Diese Geschichten sind voll tiefer Bedeutung und Weisheit. Die Alten haben eine Humanität entwickelt, von der das Christentum viel gelernt und etliches in sich aufgenommen hat, vielleicht sogar das Edelste. Den Alten können wir nur demütig danken und ihnen andächtig lauschen. Ihre Geschichten sind nicht bloße Geschichten, sondern offenbaren uns etwas über die Entwicklung der Menschheit, wie die Menschen sich die Erde untertan gemacht und die Natur gezähmt haben. Allerdings verachteten im Gegensatz zu uns die Griechen den menschlichen Körper nicht, sondern haben versucht, seine Schönheit zu studieren und nachzugestalten. Sie verehrten zwar eine Menge Götter und kannten den Schöpfer der Welt nicht, aber sie kannten bereits ein einzelnes Prinzip, das über ihren Göttern stand, das Schicksal. Und wie könnte man Gott den Herrn wohl mehr loben, als indem man die Schönheit seiner Geschöpfe darstellt, wie es übrigens auch Euer Eheherr tut."

Agnes scheint nicht überzeugt: „So redet Albrecht auch. Aber es stimmt nicht. Die nackte Frau auf dem Stier dort an der Wand, findet Ihr die etwa schön?"

„Ihr müßt Euch hüten, Dürerin, so vorschnell mit Eurem Urteil zu sein. Ihr seid recht jung und unerfahren und solltet auf die Erklärungen hören, die Euch ein erfahrener, gebildeter Mann gibt. Es wird Eurem Eheherrn nicht gefallen, wenn sein junges Weib so naseweis daherschwatzt."

Doch Agnes will nicht aufgeben. „Schön ist die Frau nun wirklich nicht", murmelt sie störrisch in sich hinein.

Jetzt lacht Pirckheimer laut heraus, ein meckerndes, plötzlich anschwellendes Lachen, das in kleinen Stößen verebbt. „Schon gut, schon gut, Dürerin, ist recht. Ihr wollt überzeugt werden, das ist nicht die schlechteste Eigenschaft, geradezu ein der Antike würdiges Verhalten. Nun, dort an der Wand hat Albrecht die Europa abgebildet, die vom Göttervater Zeus, der sich ihr in Stiergestalt genähert hat, geraubt wird.

Tja, die griechischen Götter sind in ihren Gelüsten durchaus menschlich und voller Fehler gewesen. Wegen der Eifersucht seiner Frau mußte selbst der Göttervater zu einer List greifen, sich in einen Stier verwandeln, wenn er sein Ziel erreichen wollte.

Die Schönheit der Europa besteht allerdings nicht in einer hübschen Figur und einer glatten Larve. So vereinfachend sieht unser Albrecht die Welt nicht. Er will hinter die Larve schauen und den Menschen in seiner Widersprüchlichkeit erkennen. Europa frevelt, indem sie sich von dem Stier anlocken und von seiner kraftstrotzenden und gleichzeitig sanften Schönheit verführen läßt, wodurch es ihm überhaupt erst gelingt, sie zu entführen. Das Bild meines Freundes Albrecht ist bestimmt von der herrlichen Gestalt des Stieres, der Fülle seines muskulös schwellenden Fleisches, dem reinen Weiß seines Felles, den sanften und doch glutvollen Augen, den edel geschwungenen Hörnern. Bereits während Europa die glühenden Rosen pflückt, statt der Veilchen oder Narzissen, deren sich ihre harmlos und unschuldig mit den Blumen tändelnden Gefährtinnen erfreuen, erfaßt sie eine Ahnung der Leidenschaft, die bald darauf in ihr zu dem sanftmütigen Stier entbrennen wird, dem sie ihren Blumenstrauß bereitwillig hinhält und auf dessen Stirn sie einen Kuß drückt, ja, von dem sie sich zu dem Ritt einladen läßt, von dem sie nicht wiederkehren wird. Der Dichter Polizian, dessen Beschreibung dieser Szene Albrecht von mir bekommen hat, ist das unterschwellige Einverständnis der Europa ebenfalls aufgefallen, indem er ihre Gefährtinnen rufen läßt: ‚Europa, komm zurück!', als ob Europa sie freiwillig verlassen hätte.

Albrecht hat sie deshalb auf meinen Rat hin nicht als naives Kind dargestellt, sondern als kraftvolle Frau, dem Stier durchaus ebenbürtig, die wußte, oder zumindest ahnte, auf was sie sich mit ihm einließ. Sie hat sich auf den Stier geschwungen, hockt fast kniend auf ihm, hält sich mit nur einer Hand an einem der Hörner. Den Kopf erhoben, genießt sie mit flatternden Haaren und doch voller Angst den wilden Ritt. Seht Euch ihr Gesicht nur genau an, darin zeigt sich durchaus Furcht, aber kein Entsetzen."

Agnes, die nicht gewagt hat, Pirckheimers Redefluß zu unterbrechen, bemüht sich, durchaus etwas geschmeichelt, seinem Gedankengang zu folgen. Erst als sich die Tür öffnet und Albrecht erscheint, unterbricht Pirckheimer seinen Vortrag. Einen Augenblick herrscht Schweigen, Albrechts Blick wandert verwundert von Pirckheimer zu Agnes, die sich diesen Blick nicht deuten kann, der indes ihre Verlegenheit noch steigert.

„Dein Bild findet in deiner Frau eine strenge Kritikerin", lacht Pirckheimer, der sich an der Szene zu weiden scheint und Agnes nun gönnerhaft die Wange tätschelt. Die möchte am liebsten im Erdboden versinken. Albrecht erlöst sie schließlich mit der schlichten Frage, was sie hierhergeführt habe. Agnes holt tief Luft und erklärt etwas irritiert, daß sie verabredet seien, der Schreiner warte.

„Zum Schreiner mußt du wohl mit, Albrecht, da hilft alles nichts", antwortet Pirckheimer statt ihres Eheherrn. Und als Albrecht den Mund öffnet, um ihm zu widersprechen, poltert er gleich wieder los: „Keine Einwände! Ich werde mich heute morgen anderweitig zu beschäftigen wissen. Außerdem ist meine Zeit, von der mir reichlich zur Verfügung steht, nicht derart kostbar, daß ich nicht ruhig einmal warten könnte. Viel schlimmer ist, daß du deine Zeit noch anderem als deiner Kunst schenken mußt."

Nachdem sich Pirckheimer verabschiedet und Albrecht das Hemd gewechselt hat, bleibt er im Flur vor dem großen Spiegel stehen und fährt sich mit beiden Händen durchs Haar. Seltsam, daß sich in seinem Haar so gut wie nie ein Farbspitzer findet, denkt Agnes. Sie ist neben Albrecht vor den edlen, in Walnußholz gefaßten Spiegel getreten und betrachtet ihre beiden Gestalten darin. Die zwei dort im Spiegel scheinen ihr nicht recht zusammenzupassen. Sie selbst, eine junge Handwerkersfrau im Bürgerkleid mit großem, eng am Hals abschließenden Kragen, die Haube zwar etwas verrutscht, aber sonst brav und bieder. In ihrem Gesicht hocken ein paar ängstlich fragende Augen, die Körperhaltung zeigt ihre Unsicherheit an, was ihr besonders in den herabhängenden Schultern zum Ausdruck zu kommen scheint.

Dagegen neben ihr ein vornehmer junger Herr in aufrechter, stolzer Haltung, dessen Locken weit über die Schultern bis auf das Hemd fallen, das sie mit so viel Mühe geplättet hat, weil es keine Falte aufweisen darf, da, wie er ihr ausführlich dargelegt hat, sich sonst die schlichte Schönheit des teuren Tuches nicht entfalte. Unwillkürlich seufzt sie auf. Im gleichen Augenblick trifft ihr Blick den Albrechts im Spiegel. Er legt seine Hand an ihre Seite und sagt: „Dort wird er hängen, der Schlüsselbund, der dich als die Hausherrin ausweist. Genau an dieser Stelle neben dem Geldbeutel. Sobald alle Schränke gefüllt sind. Zumindest die Schlüssel für unsere Kammern. Die für den ganzen Haushalt werde ich dir kaum versprechen können, denn den unteren Teil des Hauses hütet meine Mutter eifersüchtig." Er lächelt ihrem Spiegelbild entschuldigend zu. „Sicher ist es oft für dich nicht leicht, mit ihr umzugehen, besonders zur Zeit nicht. Aber daran läßt sich nichts ändern. Mit ihren Eigenheiten wirst du zurechtkommen müssen, sie meint ja alles herzensgut. Ich muß mich im Augenblick allerdings möglichst von ihr fernhalten, da der Anblick ihres Elends mich oft in einen Abgrund zu ziehen droht und ich alle meine Kraft für meine Arbeit brauche. Läßt sie dich wenigstens einigermaßen schalten, oder schaut sie dir alles nach?"

„Sie ist fast nur mit ihren Gebeten beschäftigt."

„Laß sie nur. Das legt sich schon wieder. Wie soll sie sonst ihr Unglück ertragen?"

Der Blick, der ihrem im Spiegel begegnet, ist ernst geworden. „Du schaffst das schon, Agnes. Bei mir geht es vorwärts. Und der Pirckheimer will uns ein wirklicher Freund sein, der verachtet den Bürger nicht, dazu hat er viel zu lange bei den Welschen gelebt. Du hast erfahren, wie mich die Venezianer behandelt haben. Denen ist ein Maler kein Knecht."

„Ja, dich haben sie wie einen Herrn behandelt, aber mich?", denkt Agnes, äußert das aber nicht laut, sondern faßt Albrecht am Ärmel: „Wir müssen uns eilen, der Schreiner wartet", erklärt sie schroff und wendet sich zur Tür.

Nach Abschluß des ersten Auftrages arbeitet Albrecht meist zu Hause in der eigenen Werkstatt. Hin und wieder läßt er jedoch alles stehen und liegen und geht fort, ohne jemandem mitzuteilen, wohin es ihn treibt. Um Aufträge scheint er sich kaum zu bemühen; wenn sie ihn darauf anspricht, zieht sich sein Mund zu einem schmalen, harten

Strich zusammen, der ihr anzeigt, daß er dieses Thema für beendet hält, ein für allemal über diese Dinge mit ihr nicht mehr sprechen will.

In seiner Truhe stapeln sich Blätter mit Studien: merkwürdige Gestalten, die der griechischen Sagenwelt entstammen, sitzend oder in irgendeiner Bewegung ihren Körper präsentieren und zudem meist nackt sind. Darüber hinaus bannt er weiterhin die Landschaft um Nürnberg aufs Papier, dazu Tiere, die er draußen vorfindet. Lauter Blätter, die für Hintergründe zu gebrauchen sind, aber nichts, was ein wirkliches Bild füllen könnte. Zwar macht er Risse für Holzschnitte – etwas, was sein Vater einmal als Gelegenheitsarbeit bezeichnet hat, ihm jedoch sehr wichtig zu sein scheint, so wichtig, daß er sogar anfängt, die Zeichnungen selbst auf Holzstöcke zu übertragen. Das ist nun wirklich nicht die Arbeit eines Malers.

Agnes hat häufig Gelegenheit, ihm in der Werkstatt über die Schulter zu schauen, was sie gerne tut, schon aus alter Gewohnheit. Bei ihrem Vater mußte sie sich um die Ordnung in der Werkstatt kümmern, und seit Albrecht bemerkt hat, wie geschickt sie mit seinen Geräten umgeht, hat er ihr Punzeisen, Stichel, Meißel und Schaber zur Reinigung anvertraut. Sie ist außerdem dafür verantwortlich, daß er jedes Instrument an seinem Platz findet. Die Holzstöcke sucht er selbst aus, obwohl sie inzwischen weiß, worauf es ihm ankommt. Es kommt nur ein Hartholz in Frage, Nußbaum, meist jedoch Birnbaum, und die Platten müssen längs zur gewachsenen Faser des Holzes geschnitten werden. Albrecht prüft das Holz sehr genau, schaut, ertastet, beklopft es, bevor er sich Platten davon zurechtschneiden läßt, und auch dann noch mustert er so manchen Holzstock aus, wenn er Unregelmäßigkeiten an ihm entdeckt. Es gehört zu Agnes' Aufgaben, solche Holzstücke zum Schreiner zurückzutragen, an denen dieser oft keinen Makel entdecken kann und die er ihr dann entrüstet noch einmal zur Prüfung hinhält, darauf hinweist, daß er seit Jahren Wolgemut zu dessen größter Zufriedenheit Tafeln liefere.

Doch sie versteht ja auch nicht ohne weiteres, warum gerade dieser Holzstock in Albrechts Augen keine Gnade gefunden hat, doch das hilft ihr wenig. Sie weiß, daß ihr Mann auf seinem Ansinnen bestehen wird. So rettet sie sich in freundliche Worte, mit denen sie das Material des Schreiners lobt, betont, daß auch ihr Mann im allgemeinen mit den Lieferungen sehr zufrieden sei und der Schreiner nur gutes Material habe; dann aber besteht sie unmißverständlich darauf, dieses Stück Holz sei sicherlich für vieles gut, aber leider nicht als Holzstock für Albrechts Holzschnitt geeignet, schließlich achte er in ganz besonderem Maße auf Qualität, die Feinheit seiner Linien sei nun einmal außergewöhnlich, deswegen wolle er sein Werk auch nicht wie andere Maler einem Formschneider anvertrauen. Immer wieder bestimmt sie den Mann auf diese Weise dazu, für Albrecht die besten Stücke beiseite zu legen.

Die Platten für den Kupferstich werden genauso sorgsam untersucht. Sie bewundert, wie rasch und genau Albrecht eine Vorlage überträgt, mit dem Zeigefinger den Stahl führt, dessen runder Knauf locker in seiner Hand liegt, und daß die linke Hand die Kupferplatte scheinbar mühelos auf der glatten Lederunterlage dem Stichel entgegenführt. Ganz selten nur muß er eine Platte ausmustern, weil er eine Linie verzogen hat. Aber dann ist er unerbittlich, selbst wenn sie meint, die Platte sei noch zu gebrauchen, niemand, der die Vorlage nicht kenne, könne feststellen, daß diese Linie nicht exakt so verlaufe, wie Albrecht das geplant habe. Ihre Einwände rühren ihn jedoch überhaupt nicht, obwohl er im allgemeinen äußerst sparsam ist, so daß es anfangs einige Male zum Streit gekommen ist, weil Agnes ihn der Verschwendung bezichtigt hat. Aber mit der Zeit hat sie gelernt, ihr Urteil zurückzuhalten, da er in solchen Fällen bitterböse wird und doch nie nachgibt.

X

Einladung aufs Rathaus

Oktober 1495

„Wir sind zur Pirckheimer-Hochzeit aufs Rathaus eingeladen." Agnes platzt mit dieser Neuigkeit heraus, kaum daß sie sich neben den Vater gesetzt hat, der in seiner Werkstatt arbeitet. Der Hochzeitslader hat ihnen heute die offizielle Einladung für das gesellschaftliche Ereignis des Herbstes 1495 in Nürnberg überbracht. Nur hat es leider deswegen im Hause Dürer eine schlimme Szene gegeben, die dadurch beendet worden ist, daß Albrecht Türen knallend das Haus verlassen hat. Da ist sie seinem Beispiel rasch gefolgt, allerdings ohne die Türen hinter sich zuzuwerfen. Die Eltern wenigstens werden staunen und stolz auf sie sein.

Sie hat recht. Hans Frey strahlt seine Tochter an und ruft nach seiner Frau, damit sie die gute Nachricht ebenfalls hört. „Die Pirckheimers wollen sich also wieder in Nürnberg niederlassen, und die älteste Tochter Charitas war nur eine Art Vorhut", vermutet Frey.

„Eine gute Verbindung hat sich der Johann ausgedacht. Creszentia Rieterin ist zwar nicht mehr die allerjüngste, aber von untadeligem Ruf", ergänzt die Mutter.

„Das wird man über ihren Bräutigam nicht so ohne weiteres sagen können. Hoffentlich hält er ihr nicht ständig vor, daß sein Vater ihn zu dieser Hochzeit mehr oder weniger gezwungen und ihn aus den Armen einer liebevollen Dame in Pavia gerissen hat. Sie hat ihm zur Hochzeit sogar ein paar golddurchwirkte Handschuhe geschickt, damit er weiterhin an sie denke."

„Wo hast du denn solches Geschwätz her?"

„Pirckheimer hat es Albrecht selbst erzählt."

„Aber sicherlich nicht, damit du es in die Gegend posaunst. Behalte das lieber für dich. Die Pirckheimers haben mit ihrem Ruf in Nürnberg genug Ärger."

Agnes horcht auf. Irgendein Getuschel hat es in Nürnberg um die Pirckheimers immer gegeben. Als sie jetzt nachfragt, zögert die Mutter mit der Antwort, deutet etwas von einem Skandal an, den es um die junge Barbara Löffelholzin vor ihrer Eheschließung gegeben habe, der sogar die Nürnberger Gerichte beschäftigt habe.

Doch da fährt der freundliche Hans Frey recht grob dazwischen: „Nun laß endlich diese dumme alte Geschichte, die der Frau Barbara auf Lebzeiten den Aufenthalt in Nürnberg vergällt hat. Ist es ein solches Verbrechen, wenn ein junges Mädchen dem Werben eines Mannes irgendwann nachgibt, während ihr Verlobter auf Jahre als Gesandter an fremden Höfen weilt?"

„Das allein ist es nicht gewesen, sondern sie hat ihm auch die Ehe versprochen", wirft die Freyin ein. „Und außerdem hat sie aus dem Verhältnis überhaupt kein Geheimnis gemacht. Sechs Nächte hat er mit ihr verbracht!"

„Ach, komm, Anna, wird etwas vielleicht dadurch weniger verwerflich, daß es in aller Heimlichkeit geschieht? Mußte das in allen Einzelheiten vor Gericht abgehandelt werden?"

„Damals hat dich die Angelegenheit ziemlich aufgeregt."

„Weil ich jung war und nicht verstehen konnte, daß Johann Pirckheimer sie trotzdem heiraten wollte. Inzwischen sehe ich das anders. Er hat sich als Mann von echtem Seelenadel erwiesen, indem er sich über das dumme Geschwätz hinweggesetzt hat. Offensichtlich hat er damals eine gute Wahl getroffen."

„Wie kannst du so etwas in Anwesenheit unserer Tochter sagen?"

„Unsere Tochter ist inzwischen eine erwachsene, verheiratete Frau. Tu nicht so, als wäre Nürnberg in letzter Zeit ein Tugendpfuhl geworden. Die Geschichte ist einfach lächerlich. Schau dir die Pirckheimers heutzutage an: Es gibt kaum eine Familie in Nürnberg, die ein so untadeliges Leben führt, so fromm und gottesfürchtig lebt. Vier ihrer Töchter sind ins Kloster eingetreten. Was willst du noch?"

„Das könnte man durchaus als eine Vorsichtsmaßnahme ansehen, mit der ihnen ein Fehltritt, wie der ihrer Mutter, unmöglich gemacht werden soll."

„Jetzt wirst du gehässig, Anna. Der Ruf der Charitas hier im Klarenkloster beweist die Lächerlichkeit solch gemeiner

Unterstellungen. Johann Pirckheimer wird ob seiner noblen Haltung schlimme Erfahrungen gemacht haben, so daß seine Frau nie wieder einen Fuß in ihre Heimatstadt gesetzt hat. Und sie hat gut daran getan, wie dein Gerede beweist. Es tut mir regelrecht leid für die Creszentia, die bis zum heutigen Tag nur für die Mutter gelebt hat, daß sie sich jetzt mit solch abgestandenem Geschwätz herumärgern muß. Hoffentlich vergällt ihr das nicht die Festfreude. Daß Johann Pirckheimer, bevor er sich auch in ein Kloster zurückzieht, seinen Sohn hier in Nürnberg fest im Sattel und gut verheiratet sehen will, ist ehrenwert. Man kann dem Paar nur Glück wünschen. Und daß Willibald nicht wie ein Mönch gelebt hat, ist ihm wohl kaum anzulasten. Oder hast du angenommen, Agnes, Albrecht habe auf seiner Wanderschaft nie eine Frau angesehen?"

„Lassen wir das Thema lieber." Der Freyin gefällt die Richtung, die das Gespräch genommen hat, überhaupt nicht. „Freuen wir uns lieber, daß unsere Tochter auf ein patrizisches Fest eingeladen ist."

„Da hast du ausnahmsweise recht. Das Gerede legt sich, wenn etwas Zeit verstrichen ist, von allein. Ganz Ähnliches habe ich am eigenen Leib erlebt, als sich alle Welt darüber aufregte, daß der berühmte Martin Behaim auf einer Nürnberger Judenhochzeit getanzt hat. Ich war zu feige, um mitzutun, obwohl nun wirklich nichts dabei ist. Aber allein für unsere bloße Anwesenheit hat der Rat mich und den Hans Imhoff mit einem strengen Verweis bedacht, während der Behaim sogar ein paar Tage Haft abbrummen mußte. Einfach lächerlich. Was soll auf einer Judenhochzeit anders sein als auf einem Christenfest? Es geht dort ganz genauso zu wie bei uns, selbst die Kinder machen die Juden auf die gleiche Weise wie wir."

„Hans!" Die Freyin schaut verlegen zu Agnes hinüber. „Ich bin damals vor Scham fast vergangen."

„Ja, weil du bei jedem Gebädsch dabei bist. Dann ist es natürlich besonders unangenehm, wenn man selbst das Ziel des Klatsches wird. Aber du hast es überstanden, ohne größeren Schaden zu nehmen", grinst Frey, „und bei anderen Gelegenheiten hat es dir ja durchaus gefallen, wenn ich getanzt habe. Nun, Agnes, ich hoffe, du und dein Mann, ihr freut euch ohne Wenn und Aber auf das Fest. Die Dürers sind sicher sehr stolz. Was ist, stimmt etwas nicht?"

„Nein, das nicht. Albrecht ist mit mir sogar bei der Schneiderin gewesen, um sich und mir Tanzkleidung anmessen zu lassen. Das hat allerdings zu einem heftigen Streit mit seiner Mutter geführt. Sie hat sich fürchterlich aufgeregt, wie man in dieser Zeit sein Geld für eine Tanzerei ausgeben könne. Die Schwieger kommt halt über den Verlust ihrer Kinder nicht hinweg und hat sich auch von ihrer eigenen Krankheit noch nicht erholt. Jeden Pfennig würde sie am liebsten als Almosen geben, die sie den Toten aufopfert. Der Schwiegervater hat versucht auf sie einzuwirken, ihre Almosen würden trotzdem nicht zu kurz kommen. Aber sie wollte sich überhaupt nicht wieder beruhigen. Es war schrecklich."

„Und wie hat Albrecht reagiert?"

„Er hat sich nicht beirren lassen. Gute Werke seien schön und notwendig, aber die Lebenden hätten genauso ein Recht. Die Kleider würden gekauft, und dabei bleibe es. Die Schwieger hat geschluchzt, ihn angefleht, von der Sünde der Hoffahrt geredet; das hat ihn überhaupt nicht gerührt. – Er kann es nicht ertragen, daß seine Mutter ständig nur von den Toten spricht. In solchen Momenten wird er ganz hart."

„Wie geht es im allgemeinen?"

„Eigentlich ganz gut. Nur ist es mir oft unheimlich, wenn sie gar nicht mehr aufhört zu beten und besonders wenn sie mich der Reihe nach mit den Namen ihrer verstorbenen Töchter anspricht, obwohl das durchaus verständlich ist. Jetzt bin ich zum Glück nicht mehr ständig unten im Haus. Sie haben eine neue Magd gefunden; vor ein paar Tagen hat sogar ein neuer Geselle vorgesprochen. Endres darf nun wieder in die Lateinschule gehen. Albrecht hat bei seinem Vater sehr darauf gedrungen, und der hört meist auf ihn.

Der Schneiderin hat Albrecht einen langen Vortrag über den Stoffschnitt und den Faltenwurf gehalten. Sie solle keinesfalls am Stoff sparen. Sie hat nachher Bemerkungen gemacht, sie nähe schließlich seit Jahren für die vornehmsten Familien Nürnbergs, aber sie könne sich nicht erinnern, daß ihr je ein Kunde derart zugesetzt habe. Ob jetzt die Handwerker die Führung in der Mode übernehmen wollten?"

„Tja, sie weiß halt nicht, wie wichtig für einen Maler

Kostüme sind, wenn er nicht gerade nackte Personen malt", schmunzelt der Vater, während Agnes langsam errötet, woraufhin er sie eingehend mustert. „Hast du dich etwa noch nicht daran gewöhnt, meine Tochter, dann wird es aber Zeit. Wenn man deinen Mann nach dem Fortgang seiner Arbeit fragt, scheint es für ihn nur dieses Problem zu geben: die Gestalt und die Bewegung lebendiger Wesen, seien es nun Tiere oder nackte Menschen. Und er versteht wirklich etwas davon. Schau dir die Gemse auf meinem neuen Tischbrunnen an, wie steif und ungelenk sie aussieht im Vergleich zu den Tieren, die Albrecht zeichnet. Er benutzt allerdings meist nicht die alten Vorlagen, wie das in meiner Generation allgemein üblich war, sondern verbringt viel Zeit damit, sich lebendige Tiere anzuschauen. Vor ein paar Tagen habe ich ihn am Burggraben stehen sehen, ganz konzentriert auf den Anblick des Rehbocks, der dort unten herumspringt. Er hatte nur Sinn für den Bock und für seinen Stift, da hab ich ihn lieber nicht angesprochen", erklärt er ihr.

Bevor Agnes ihm etwas erwidern kann, hat sich die Mutter erneut in das Gespräch eingeschaltet. „Wie schön für euch, daß ihr zu diesem Fest geladen seid. Nur, hast du gar keine Bedenken, Agnes, ob ihr dort nicht auffallen werdet? Schließlich sind fast nur patrizische Familien geladen?"

Agnes seufzt unhörbar. So sind die Eltern. Der Vater immer forsch heraus, ob das nun seiner Umgebung recht ist oder nicht. Und die Mutter – sie glaubt von den Reden des Vaters ablenken zu müssen und tut dies in einer Weise, die Agnes erst recht aufbringt.

Doch verfehlen die Worte der Mutter ihre Wirkung nicht. Agnes spürt, wie ihre eigene Besorgnis, die sie bislang kaum bemerkt hat, sich mehr und mehr Raum in ihr sucht. Vom Vater erntet die Mutter allerdings einen verärgerten Blick. „Das mußt du gerade sagen. Als ob unsere Tochter dort nicht hingehörte! Du bist doch sonst so stolz auf deine vornehme Herkunft. Agnes hat sich immer zu benehmen gewußt, das hat sie ja nicht zuletzt bei dir gelernt. In Venedig mußte sie sich in einer vornehmen Gesellschaft zurechtfinden, in der andere Gesetze gelten als hier. Auch das scheint ihr geglückt zu sein."

So war es bestimmt nicht, denkt Agnes etwas beschämt. Bei den Vasolds ging es bieder nürnbergisch zu, eher manchmal derb. Und ansonsten hat Albrecht sie selten mitgenommen, auf Feste überhaupt nicht. Aber das verschweigt sie den Eltern. Sie erklärt spitz, auf die Pirckheimersche Hochzeit zu gehen, mache ihr überhaupt nichts aus. Durch schäbige Kleidung falle sie jedenfalls nicht auf. Dann verabschiedet sie sich.

Als Agnes bei der letzten Anprobe den feinen Stoff um sich herum zur Erde fließen sieht, die langen Flügel über die Arme gebreitet hält, fühlt, wie das enge Mieder ihre Brust nach oben drückt, und Albrechts zufriedenes Gesicht bemerkt, gewinnt die Festfreude langsam wieder die Oberhand. Selbst die Schneiderin ist zufrieden und erzählt, der Zuschnitt der Kleider ändere sich zwar ständig und die Kunden würden immer anspruchsvoller, aber das Geschäft gehe gut. Im letzten Herbst habe sich ein Bürger in ihrer Werkstatt allein sechs neue Kostüme anmessen lassen.

Auf dem Weg zum Rathaus, in dem während der nächsten Tage das Fest stattfinden soll, überfällt sie zu guter Letzt doch Bangigkeit. Sicher sind sie dort die einzigen Handwerker, auch wenn sie die meisten der patrizischen Festgäste als Nachbarn kennen. Wie leicht entsteht Gerede, wie leicht kann ihnen jemand vorwerfen, daß sie sich durch die Teilnahme an diesem Fest überhöben, und einen schlechten Ruf können sie sich nicht leisten, denn sie sind auf die patrizische Kundschaft angewiesen. Albrecht gegenüber wagt sie ihre Bedenken nicht zu äußern. Der scheint sich überall zurechtzufinden und diese Einladung für völlig selbstverständlich zu halten. Wie ihr Vater. Und dabei sind es gerade die beiden, mit deren Herkunft es nicht besonders weit her ist.

Es scheint nicht jedem recht, daß Willibald Pirckheimer sich in Nürnberg ansiedelt, da er natürlich in der Stadtpolitik ein Wort wird mitreden wollen. Johann Pirckheimer hat lange im Dienst fremder Fürsten gestanden und eine tiefe Liebe zu Büchern entwickelt; beides ist den reichsstädtischen Kaufleuten suspekt. Außerdem sind die Pirckheimers seit je als hochfahrend bekannt, als Leute, die tun, was ihnen paßt. Das hat sich selbst nach dem Konkurs nicht geändert, und das Nürnberger Patriziat erwartet nun einmal, daß man sich einfügt. Das ist allgemein bekannt, da kann ihr Vater sich noch so sehr darüber lustig machen.

Aufatmend stellt Agnes fest, daß Albrecht und sie ziemlich weit unten an der Tafel sitzen, wie es sich schickt. Sie glaubt zwar in Albrechts Augen einen Augenblick Unwillen über die Sitzordnung aufblitzen zu sehen, doch ihr ist es recht: Ihre Anwesenheit wird nicht gleich von allen Anwesenden zur Kenntnis genommen, während sie andererseits die Gäste weiter oben unauffällig beobachten können.

Dr. Johannes Pirckheimer, der seit dem Tod seiner Frau nach Nürnberg zurückgekommen ist, ist ein stiller, in sich gekehrter, grämlich wirkender Mann, der eine riesige Bibliothek besitzen soll und sehr zurückgezogen lebt. Seine vier älteren Töchter, die alle im Kloster leben, sind zu dem Fest nicht erschienen. Aber er hat noch fünf jüngere Kinder, die natürlich anwesend sind. Die kleinen Mädchen Klara, Sabina und Eufemia sitzen brav aufgereiht am Tisch und wagen sich fast nicht zu rühren. Sebald und Juliana, die größeren, kichern manchmal miteinander. Doch sobald sie ausgelassen zu werden beginnen, weist ihr Vater sie durch einen strengen Blick zurecht. Agnes fällt auf, daß seine Augen selbst auf der Hochzeit seines Sohnes, obwohl sie sein Werk ist, ernst, ja mißtrauisch den Saal durchstreifen, als ob er sich merken wollte, wer von den Patriziern der Stadt zu diesem Fest erschienen ist. Nur wenn er zu der Braut hinüberblickt, stiehlt sich ein Lächeln in seine Mundwinkel, und er nickt ihr aufmunternd zu.

Agnes schaut zu der Braut am oberen Ende des Tisches hinauf, die sich wie sie selbst nicht wohl in ihrer Haut zu fühlen scheint. Sie wirkt unsicher, und das, obwohl sie sich um ihre Herkunft keine Gedanken zu machen braucht. Ihre Familie ist der der Pirckheimers durchaus ebenbürtig. Agnes kennt Creszentia, deren Haus schräg gegenüber dem der Freys auf dem Herrenmarkt liegt, als eine kräftige, selbstbewußte Person, die weiß, was sie will. Doch hat Agnes in den letzten Jahren die Ältere selten zu Gesicht bekommen, da sie als jüngste Tochter die kranke Mutter bis zu ihrem Tod gepflegt hat. Auf eine Heirat hat sie sicherlich nicht mehr gehofft. Allgemein war man in Nürnberg überzeugt, daß sie den Schleier nehmen würde. Die unerwartete Werbung der

Pirckheimers wird ihren Brüdern nur zu gelegen gekommen sein. Wie sie selbst darüber denkt, dazu kann Agnes jedoch nur Vermutungen anstellen.

Ob Willibald Pirckheimer ihr wohl das Hochzeitsgeschenk seiner Herzensdame aus Pavia gezeigt oder ihr überhaupt von ihr erzählt hat? Agnes beneidet Creszentia nicht. Einen Mann zu heiraten, der sich zwar in die Heirat gefügt ... Sie denkt den Gedanken nicht weiter, weil ihr plötzlich bewußt wird, daß sie nicht weiß, wie Albrecht auf das Ansinnen seines Vaters reagiert hat. Schließlich war er unterwegs, als er davon erfuhr. Sie ist immer davon ausgegangen, daß er froh war über diese Eheschließung, die ihm Wohlstand gebracht hat. Aber wenn nun ...

Viele Patrizier zeigen auf der Hochzeit ihren Reichtum durch teure Tuche und kostbares Geschmeide, doch sind ihre Kostüme konventionell – Agnes sieht es mit innerer Genugtuung –, sogar den altmodischen Tappert sieht man hin und wieder. Der eigenwillige Bräutigam hat dagegen nicht das traditionelle Nürnberger Hochzeitergewand angelegt. Pirckheimer trägt ein enges Wams mit geschlitzten Ärmeln und Querwülsten, eine vorne offene Schaube, die den Blick auf eine hautenge, gemusterte Hose freigibt; die Mütze zum Barett umgeklappt und natürlich keine Schnabelschuhe, sondern die neuen, vorne abgerundeten „Kuhmäuler".

Mittelpunkt des Festes ist er allerdings nicht. Das ist eindeutig ein anderer, der sich von seinem neuen Herrn Charles von Frankreich hat Urlaub geben lassen, dessen Heer er auf dem Rückmarsch von Italien nach Lyon begleitet hat. Extra nach Nürnberg ist er gekommen, um dem Fest seines Freundes welschen Glanz zu verleihen: Giovanni Galeazzo di Sanseverino, Oberbefehlshaber des Mailänder Heeres und langjähriger Verlobter Bianca Sforzas, einer illegitimen Tochter des Moro. Eine stattliche, kräftige Erscheinung, gerade aufgerichtet, in Seide und Brokat gehüllt, höfisch, mit besten Manieren. Ihm eilt der Ruf voraus, nicht nur ein fähiger Feldherr und geschickter Politiker, sondern ebenfalls ein großer Frauenheld zu sein.

In Venedig hat Marianne Vasoldin behauptet, das Kind, mit dem der schwächliche, der Trunksucht erlegene Gian Galeazzo Sforza angeblich seine Zeugungskraft unter Beweis gestellt habe, stamme in Wirklichkeit aus einer Liebesnacht der schönen Herzogin Isabella von Aragon mit diesem Sanseverino. Nun, in Venedig kursierten alle möglichen Gerüchte, speziell über den Mailänder Hof, aber diesem Mann traut Agnes eine solche Tat durchaus zu. Verwegen sieht er aus, furchtlos und stolz blickt er um sich; seine Augen wirken hart, vielleicht sogar grausam. Er ist keineswegs mehr jung. Und doch hat Agnes selten einen so schönen Mann gesehen. Die wilden, bizarren Geschichten, die Pirckheimer und Albrecht von ihren griechischen Helden und Göttern erzählen, von denen sie schwärmen, zu diesem Sanseverino würden sie durchaus passen. Er würde vermutlich kaum Bedenken haben, wenn sich für ihn eine Gelegenheit ergäbe, wie dieser heidnische Zeus in Gestalt eines Stieres eine Jungfrau übers Meer zu entführen. Mehr noch, bei diesem Herrn könnte sie sich sogar vorstellen, daß manche junge Frau geneigt wäre, ihm ohne Besinnung zu folgen. Wie gut, daß es sich um eine Sage handelt, die mit der Wirklichkeit nichts zu tun hat.

Das Festessen mundet Agnes ausgezeichnet. Die Pirckheimers haben keine Kosten gescheut, erlesene welsche Speisen heranzuschaffen, und bleiben im Aufwand doch unter der vom Rat festgesetzten Grenze. Indes beobachtet Agnes, daß etliche der Nürnberger Gäste, vor allem Frauen, recht bescheidene Häppchen zu sich nehmen und selbst diese nicht genießen, vor allem ein Seetier, das in einer schwarzen Sauce schwimmt und an dessen langen Beinen Saugnäpfe sitzen. Agnes hat diese Sepia jedoch schon bei Marianne Vasoldin vorgesetzt bekommen. Die Nürnberger fühlen sich offensichtlich erst bei den gebratenen Vögelchen und dem heimischen Wild wieder wohl.

Das Festprogramm ist bunt gemischt: Nürnberger Meistersinger geben ein Ständchen; daneben hat Pirckheimer eine italienische Wandertruppe herbeibeordert, deren Sprache zwar nicht jeder versteht, deren Rollen und Gesten jedoch allgemein verständlich sind und viel Beifall finden. Natürlich kommt die Musik ebenfalls nicht zu kurz: Die Eheleute Schellemann, zwei ausgezeichnete Sänger, tragen ohne Instrumentalbegleitung einige Lieder vor, während eine andere Gruppe nicht nur singt, sondern sich auch selbst auf der Harfe oder Laute begleitet und in Nürnberg bisher unbekannte Tänze vorführt.

Von Sanseverino hält man Abstand, mustert ihn mißtrauisch. Die leichtfertige, gefährliche Politik seines Herrn hat in Nürnberg große Bestürzung ausgelöst, Sanseverinos eigener Tanz auf dem Vulkan nicht minder. Den Nürnberger Kaufleuten ist an Frieden und sicheren Straßen gelegen; Abenteurer sind ihnen ein Greuel, weil ausgesprochen geschäftsschädigend. Und trotzdem zieht dieser Mann alle Blicke auf sich, wird angestaunt wie ein Wundertier, das sich in den Nürnberger Ratssaal verirrt hat und dem man besser nicht zu nahe kommt, da man nicht weiß, wie gefährlich es ist.

Doch bleibt das nicht so. Die Neugier überwiegt und wohl auch die Überlegung, daß man nicht weiß, wann sich wieder eine Gelegenheit finden wird, direkt aus der Höhle des Löwen etwas über die zukünftige Politik des Herrschers von Mailand oder des französischen Königs zu erfahren. Im Laufe des Abends verringert sich der Abstand zu Sanseverino: Erst einer, dann ein zweiter der Herren des Rates versuchen mit ihm ins Gespräch zu kommen.

Inzwischen sind die Früchte und das Gebäck verzehrt; die Musiker und der Vortänzer haben auf der Balustrade Platz genommen. Die Festgesellschaft sammelt sich zum Tanz, und obwohl sich im Saal die Menschen drängen, bleibt Sanseverino der Blickpunkt. Als er mit der frisch angetrauten Frau seines Freundes Pirckheimer Aufstellung nimmt, ist die sicherlich die einzige weibliche Person im Saal, die sich nicht über diese Ehre freut, sondern ihm etwas verlegen gegenübersteht. Während des Tanzes wechseln die Partner ständig. Irgendwann schreitet Sanseverino auch auf Agnes zu, ergreift ihre Hand, sie machen ein paar Schritte zusammen, er dreht sich einmal um sie, sie um ihn, dann wechselt er zu einer anderen Partnerin.

Beim nächsten Tanz ehrt Willibald Pirckheimer seinen Freund Albrecht vor aller Augen, indem er mit seiner Frau zum Tanz schreitet. Er bittet Agnes freundlich, mit einer formvollendeten Verbeugung und ohne jeden Spott in der Stimme. Anfangs ist sie etwas unsicher; es ist ein neuer Tanz aus Italien, dessen Schrittfolge sie nicht ganz beherrscht.

Auch hat sie bemerkt, wie sehr das ungewohnte lange Kleid hinter ihr über den Boden schleift; sie fürchtet plötzlich zu stolpern. Doch die Reverenz gelingt ihr in gerader Haltung, Pirckheimer faßt ihre Hand, zur Musik ergibt sich die Schrittfolge fast von selbst. Sie ist schlank und biegsam, und wenn sie hochfedert, unterstützt Pirckheimer ihren Sprung, ganz wie es die Mode vorschreibt, indem er mit seinem Knie kräftig unter ihr Gesäß stößt. Sie werden beide ausgelassen, Agnes Befangenheit dem Freund ihres Mannes gegenüber löst sich auf, sie lobt das Mahl, zeigt ihre Weltläufigkeit, indem sie einzelne fremdländische Früchte benennt und fragt, wie es ihm gelungen sei, diese Leckerbissen so frisch nach Nürnberg zu bringen? Er lacht, im nächsten Augenblick entfernt ihn die Tanzfolge ein Stück von ihr.

Als er wieder nach ihrer Hand greift, antwortet er ausweichend, wenn die reitende Post nur neun Tage brauche, werde ein Pirckheimer wohl ein paar Früchte und Gewürze hertransportieren lassen können. Außerdem gebe es reichlich Eis in den Alpenbergen, mit dem sich sogar Leichtverderbliches mehrere Tage frischhalten lasse. – Leider kann sie, während er dies sagt, seinen Gesichtsausdruck nicht sehen, da sie den Kopf aufrecht halten und geradeaus schauen muß. Sie beschließt jedoch, dies für einen Scherz zu halten und auf der Hut zu bleiben. Nach einiger Zeit fällt ihr auf, daß der füllige Pirckheimer immer heftiger atmet. Als sie ihn fragt, ob er sich nicht wohlfühle, japst er nach der nächsten Drehung: „Wartet nur, Dürerin, wenn Ihr erst schwanger seid, dann hüpft Ihr auch nicht mehr herum wie eine Elfe. Wird übrigens langsam Zeit, daß sich bei Euch etwas tut. Woran liegt es? Zu jung dürftet Ihr nicht mehr sein. Oder läßt etwa Albrecht zu wünschen übrig? Wer weiß, vielleicht ist unser Freund allzusehr mit den Schönheiten, die seine Hände schaffen, beschäftigt und vernachlässigt des nachts sein Eheweib?"

Pirckheimer lacht über das ganze Gesicht, verbeugt sich, macht ein paar Schritte von ihr weg; weit genug, um Agnes einige Augenblicke Zeit zu geben, ihre Fassung wiederzugewinnen. Wenn ihr doch jetzt eine passende Erwiderung einfiele! Aber in ihrem Kopf bleibt es leer. Jeder Gedanke, der sich schemenhaft herauszubilden beginnt, zerfließt sofort wieder. So scheint es ihr am ratsamsten, auf seinen scherzhaften Ton einzugehen. Sie versichert ihm also lächelnd, ihr Eheherr lasse sich nichts zuschulden kommen, da gebe es keinerlei Probleme, sie danke für seine freundschaftliche Besorgnis.

„Na, dann folgt der Rest wohl auch bald", versichert jetzt Pirckheimer beflissen, der zu merken scheint, daß er zu weit gegangen ist. Im weiteren plaudern sie über den Saalschmuck, die neuen Wandleuchter und andere Belanglosigkeiten.

Als zehn Tage später die Monatszeit bei Agnes einsetzt, erschrickt sie zum ersten Mal darüber. Sie hat seit dem Tanz nicht mehr an Pirckheimers Bemerkung gedacht. Aber in diesem Moment taucht die Erinnerung daran wieder auf, beharrlich und quälend. Man macht sich in Nürnberg also Gedanken über sie. Wenn Albrechts Freund so redet, sobald der Wein seine Zunge gelöst hat, dann werden sich andere noch weitaus deutlicher auslassen. Sie schluckt bei der Vorstellung, daß irgendwelche Männer in der Trinkstube zotige Witze über sie reißen, Matronen genußvoll zischeln oder bedenklich den Kopf hin und her wiegen, wenn die Rede auf die Eheleute Dürer kommt.

Zum Glück bleibt an diesem Tag nicht viel Zeit, sich solch trüben Gedanken hinzugeben. Sie muß Druckplatten in die Druckerei Koberger bringen. Albrechts Pate hat seine Offizin am Ägidienhof weiter vergrößert. Sie geht gern dorthin, denn Koberger scheint seine Zuneigung für sein Patenkind ebenfalls auf dessen Frau ausgedehnt zu haben.

Obwohl Koberger gerade am anderen Ende der Offizin einigen seiner vielen Gehilfen Anweisungen gegeben hat, unterbricht er diese Arbeit und kommt durch den großen Saal auf sie zu, um sie zu begrüßen. Dann schaut er sich die Druckplatten an. „Der Genius deines Eheherrn bricht immer mehr durch. Schau her, solchen Strich macht ihm niemand nach, mühelos scheint er gezogen. Wenn er hier arbeitet, habe ich immer den Eindruck, nichts bereitet ihm Mühe, jeder Strich, den er zieht, sitzt perfekt."

„Er selbst ist damit oft unzufrieden."

„Das mag durchaus sein. Je größer das Können, desto anspruchsvoller ist in der Regel der Meister. Aber was ist mit dir, Agnes? Dich scheint heute irgend etwas zu bedrücken."

„Nein, mit mir ist nichts." Aber gerade während sie das beteuert, würde Agnes am liebsten in Tränen ausbrechen.

Kobergers Blick ruht auf ihrem Gesicht. Er mustert sie eindringlich, ernst. „Ich kann mir vorstellen, daß es im Alltag manchmal nicht leicht ist, mit einem solchen Genius verheiratet zu sein. Setzt Albrecht dir arg zu?"

„Nein, ... ja doch, manchmal schon. Aber das ist es nicht. Ich weiß nicht, was heute mit mir los ist."

Koberger schweigt, schaut sie auffordernd an. Doch sie findet die Worte nicht, obwohl sie gerne reden würde und weiß, daß er sich um Verständnis für sie bemühen würde. Sie fragt, wann sie die Abzüge abholen kann und läßt sich anschließend von Koberger zur Tür begleiten. Jetzt müßte sie eigentlich zur Salve-Regina-Andacht in die Sebaldkirche. Den Samstagabendgottesdienst, der mit einem Ablaß verbunden ist, besuchen die Dürers seit jeher gemeinsam; auf diese Weise beenden sie die Arbeit der Woche.

Aber im Augenblick ist Agnes danach nicht zumute. Sie möchte allein sein und irgendwo ihren Kummer vergraben. Da liegt ihr die Frauenkirche mit ihren Marienaltären näher; der Muttergottes hat sie früher dort oft ihren Kummer geklagt und fast nie vergebens. An diesem Ort wird sie auch jetzt Hilfe finden.

Vor der Statue Mariens steckt sie zwei Kerzen an. Lange betrachtet sie die Mutter und ihren Sohn: das Kind, das vergnügt auf dem Arm der Mutter sitzt, von ihrer Hand gehalten; die Mutter, in sich versunken, ruhig und zufrieden, die weder lächelt noch hoheitsvoll auf Agnes hinunterblickt, sondern einfach das Zusammensein mit ihrem Kind genießt. Mehrmals setzt Agnes zu einem Gebet an, versinkt schließlich darin und weiß nachher doch nicht, was und wofür sie gebetet hat.

Sie braucht ein paar Tage, bis ihr Kummer etwas verblaßt. Er löst sich jedoch nicht mehr auf. Manchmal sieht sie schmerzhaft das Bild der Gottesmutter in ihrem Glück über ihren Sohn vor sich; dann versucht sie diesen Schmerz zu vergraben, immer tiefer, bis er fast verschwunden scheint. Ihrem Eheherrn wagt sie sich nicht anzuvertrauen. Sie schämt sich vor ihm, obwohl sie nicht daran Schuld trägt, daß in ihr kein Leben keimen will. Vielleicht grämt er sich im geheimen genauso und ist enttäuscht von ihr – und von sich. Doch schließlich schiebt sie diesen Gedanken von sich. Noch ist nichts endgültig. Noch haben sie Zeit, viel Zeit, sind sie beide jung.

XI

Hoher Besuch

April 1496

„Allmächtiger, was ist denn das? Das kommt mir hier nicht herein."

„Doch, dieser nette Wicht ist eine Meerkatze und wird mich nach oben in meine Werkstatt begleiten. Ich will ihn zeichnen."

„Der tut nichts, der ist ganz brav." Der Mann, der das kleine Ungeheuer an der Leine führt, verbeugt sich vor Agnes und zieht die Kappe.

„Ganz brav! Wenn ich das schon höre. Und wer räumt nachher wieder auf, wenn in der Werkstatt alles durcheinanderfliegt? Oder wenn er Euch entwischt und sich über meine Wäsche hermacht? Außerdem werden die Wäscherinnen draußen im Hof alles stehen und liegen lassen, wenn sie dieses Vieh zu Gesicht kriegen.

„Komm, reg dich nicht unnütz auf. Es soll mir Modell sitzen. Ich werde sein Bild brauchen können. Schau mal, sieht es nicht wie ein richtiges kleines Teufelchen aus?"

Das findet Agnes nun wieder nicht. Wie der kleine Kerl da auf der drittuntersten Treppenstufe hockt, sich vorn mit den Pfoten abstützend, während der Schwanz sich um ihn herum ringelt und eine Treppenstufe weit hinunterhängt, blickt er sie aus seinen schmalen, schrägstehenden Augen mit einem sehr menschlichen, gar nicht bösartigen, sondern eher tieftraurigen Blick an. Er hat das Mäulchen, dessen Winkel sich nach unten ziehen, fest zusammengekniffen. Ein hübsches wolliges weißes Fell umrahmt das Gesicht. Als Agnes näher herankommt, schlägt er jedoch abwehrend mit der Pfote um sich, reißt beängstigend weit das Maul auf.

„Wenn er sich fürchtet, wird er leicht wild", warnt der Besitzer des Tieres und legt ihm seine Hand auf den Kopf. Das klammert sich nun mit seinen Vorderpfoten – wie richtige kleine Menschenhände sehen sie aus, findet Agnes – am Arm des Mannes fest, der es hochnimmt und wie ein kleines Kind schaukelt.

„Noch etwas, Agnes", erklärt Albrecht und hört sich dabei so stolz an, daß sie erstaunt aufsieht. „Wir erwarten hohen Besuch. Der Kurfürst Friedrich von Sachsen will sich ansehen, was ich schaffe, ich soll ihn außerdem porträtieren, und wenn er zufrieden ist, will er ein großes Altarbild bei mir bestellen."

„Jesses, und das sagst du erst jetzt? Und ausgerechnet heute, mitten während der großen Wäsche?"

„Wir müssen die Wäscherinnen sofort nach Hause schicken und sehen, daß hier wenigstens einigermaßen Ordnung herrscht. O Gott, ein solcher Besuch, und wie sieht es hier aus." Die alte Dürerin, der nie entgeht, was zwischen Albrecht und Agnes vorgeht, steht wie regelmäßig bei solchen Gelegenheiten oben am Treppenabsatz im Flur und mischt sich dazwischen. Ihr Verhalten hat für Agnes den Umgang mit ihrem Eheherrn bislang keineswegs vereinfacht. Auch diesmal reagiert er gereizt.

„Laßt die Wäscherinnen, wo sie sind, und tut eure Arbeit. Der Kurfürst begibt sich wohl kaum in dieses Haus, um euren Haushalt zu besichtigen. Daß hier gearbeitet wird, wird ihn nicht weiter erstaunen. Wenn sich außerdem ein paar dralle Mägde über die Waschbottiche bücken, wird ihm das nur recht sein."

„Daß du immer im falschen Augenblick zu Späßen aufgelegt bist!" Aus den Augen der Mutter trifft den Sohn ein vorwurfsvoller Blick.

Er senkt kurz die Lider, begehrt dann aber auf: „Mir ist keineswegs zum Späßen zumute, ich meine das bitterernst. Der Kurfürst wird mit mir in die Werkstatt hinaufgehen. Ihr beide könnt meinetwegen euren Sonntagsstaat anlegen, hier an der Treppe stehen und einmal knicksen. Aber dann verschwindet ihr wieder, und erst wenn ich rufe, darf Agnes einen Krug Wein und einen Imbiß heraufbringen. Im Haus ist alles in Ordnung, bleibt so, wie es ist und damit basta." Er dreht sich rasch um und verschwindet an seiner Mutter vorbei mit dem Fremden und seinem Affen um die Treppenbiegung, während Agnes und ihre Schwiegermutter sich betreten ansehen.

„Das ist wohl nicht zu ändern", sagt die Alte endlich kopfschüttelnd. Kurz darauf hört Agnes die Stubentür zuklappen.

Für die ist mit Albrechts Wort alles geregelt, denkt sie. Die sitzt jetzt in der Stubenecke und opfert Gott ihren Unmut auf. Nur meiner, der bleibt. Da veranstaltet man alle fünf Monate große Wäsche, aber ausgerechnet in dieser Woche meldet sich ein solcher Gast mit einem großen Auftrag. Was davon abhängt, ist ihr durchaus bewußt. Wenn Albrecht für den Kurfürsten eine Tafel malt, wird sein Ruf gefestigt sein, nicht nur in Nürnberg, sondern auch darüber hinaus. Aber jetzt die Wäscherinnen abzubestellen, da hat Albrecht recht, ergibt keinen Sinn. Seit heute morgen vier Uhr früh brennt das Feuer unter dem Kessel. Die Wäsche, für die die Lauge bereits am Freitag aufgesetzt worden ist und die seit Sonntag einweicht, ist schon mehrmals aufgebrüht worden. Zwölf Stück Seife haben die Frauen verbraucht, viel zu viel, obwohl sie aufgepaßt hat. Sie muß den Frauen unbedingt einschärfen, daß sie morgen mit der Stärke sparsamer umgehen sollen. Albrecht kontrolliert die Abrechnungen sehr genau und bemängelt jedesmal die Höhe des Gesamtbetrages. Der Böttcher, der am Donnerstag die Gefäße und Wannen nachgesehen hat, hatte zum Glück nicht viel zu beanstanden, da nur eine beschädigt war. Er konnte schon mittags das Haus wieder verlassen, nachdem er die Dauben innen und außen bestrichen hatte. Sein Lohn wird also Gott sei Dank nicht sehr ins Gewicht fallen.

Den morgigen Tag werden die Frauen zum Auswaschen brauchen. Wahrscheinlich wäre es besser, wenn hier unten in der Tenne weniger Umtrieb wäre. Aber wenn sie die Wäscherinnen jetzt heimschickt, wird es Ärger geben; sie werden ihr Geld verlangen und sicherlich am Mittwoch nicht ohne weiteres erneut kommen wollen. Außerdem ist zur Zeit das Wetter gut; schließlich müssen die großen Wäschestücke zur Bleiche getragen werden. Falls der Sonnenschein anhält, kann die Wäsche am Mittwoch trocken werden. Ob es allerdings bis zum Donnerstag schön bleibt, ist fraglich. Auch sind die Plätterinnen für Donnerstag bestellt, die Männer, die das Rollen besorgen, für Freitag. Wenn der ganze Plan durcheinandergerät, wird sie das teuer zu stehen kommen. Was dann wiederum zu Schwierigkeiten mit Albrecht führen dürfte.

Er legt zwar großen Wert auf saubere und ordentlich geplättete Wäsche, aber bereits, daß tüchtige Plätterinnen mehr Geld kosten als die Wäscherinnen, will ihm nicht in den Kopf. Natürlich hat er recht mit seiner Sparsamkeit; obwohl das Geschäft mit den Holzschnitten und Kupferstichen einiges einbringt, können sie keineswegs große Sprünge machen. Da ist jede Ausgabe sorgfältig zu prüfen.

Von oben tönt Gekreisch. Als sie die Werkstatt betritt, steht Albrecht mitten im Zimmer, neben ihm Endres und Hans. Alle drei lachen aus vollem Halse, während ihnen gegenüber die Meerkatze mit übereinandergeschlagenen Beinen auf der Bank sitzt und ganz manierlich, fast wie ein kleiner Mensch, ein Stück Brot ißt, von dem sie sich kleine Stücke abbricht, die sie in einer eleganten Bewegung zum Munde führt. Das Lachen der Menschen scheint sie jedoch zu beunruhigen, denn sie hält plötzlich in ihrer Bewegung inne, kratzt sich mit ihrer großen Pfotenhand am Kopf und wirft ohne Vorwarnung das gesamte Brotstück Hans ins Gesicht. Der schaut erstaunt zu seinen Brüdern hoch, die sich jetzt ungeniert über ihn amüsieren. Da bricht er in Tränen aus, klagt schluchzend seine Brüder an, sie sollten gefälligst mit dem Lachen aufhören, ihm brumme der Kopf. Als sie mitleidslos weiterlachen, stampft er schließlich mit dem Fuß auf. Das regt allerdings den kleinen Wicht ihm gegenüber dazu an, seine Bewegungen täuschend echt nachzuahmen, woraufhin eine neue Lachsalve, in die nun auch Agnes einstimmt, auf Hans herniedergeht. Schließlich läuft er Türe knallend aus dem Zimmer, sicherlich um seiner Mutter sein Leid zu klagen.

Das Gelächter in der Werkstatt endet abrupt, als von unten kräftig dreimal gegen die Decke gewummert wird. Einzig die Meerkatze läßt sich bei ihren Faxen dadurch nicht stören – sie bohrt gerade einen ihrer großen schwarzen Finger in ihre Nase –, doch Albrecht ist wieder ernst geworden. „Es ist wohl besser, wenn Ihr Euch mit Eurem Kätzchen wieder auf den Weg macht, sonst bringen wir ernsthaft das ganze Haus durcheinander." Während er das sagt, steht ihm das Lachen weiterhin in den Mundwinkeln. Er bittet Agnes, den Mann und sein Tier zur Tür zu geleiten, damit nicht doch noch ein Unglück geschehe, es zum Beispiel in einen der Waschbottiche springe oder die Mägde anfalle. Anschließend möge sie wieder heraufkommen, es gebe einiges zu besprechen.

Auf der Treppe ist Agnes froh, daß der Mann sein Tier fest im Arm hält, während das Äffchen seltsame, unheimliche Schnalzlaute von sich gibt. Wer weiß, was es im Schilde führt. Im dunklen Treppenhaus beginnt der Kerl auf dem Arm seines Herrn kräftig zu rumoren, einmal trifft Agnes ein verängstigter Blick. Als die beiden endlich vor der Tür stehen, atmet Agnes auf. Draußen läßt der Mann das Äffchen los, das nun nicht etwa von ihm wegstrebt, sondern sich manierlich auf seiner Schulter niederläßt, beide Beine ordentlich nebeneinander setzt und mit wachen Augen die Gasse hinunterblickt. Wieder erscheint es Agnes recht menschlich.

Albrecht hat inzwischen auf den Wandbänken Skizzen, Entwürfe, Schnitte und Stiche ausgebreitet, kramt mal in dieser, dann in jener Truhe, scheint völlig in Gedanken. Agnes ist sich nicht sicher, ob er sie überhaupt hat kommen hören. Doch während er über eine Truhe gebückt ist, erklärt er ihr unvermittelt, daß Kurfürst Friedrich sich ihm morgen nur kurze Zeit zur Verfügung stellen werde, so daß er nur rasch eine Zeichnung von ihm werde hinwerfen können. Das eigentliche Bild werde er ohne seine Anwesenheit malen müssen; aber selbst damit habe der Kurfürst es eilig. Noch vor seiner Abreise in zwei, drei Tagen wolle er das Bild geliefert bekommen. „Deswegen ist es sinnvoll, ein Tüchlein zu bemalen. Aber zu meinem Schrecken habe ich gerade festgestellt, daß kein geeigneter Stoff mehr vorhanden ist. Du hast letztens ein so herrlich feines, dünnes Leinen besorgt, meinst du, du könntest aus der gleichen Quelle noch etwas bekommen?"

„Ja, aber wann soll ich mich auf den Weg machen, die

Wäscherinnen warten auf ihre Abendmahlzeit; die Suppe köchelt bereits eine ganze Zeit lang auf dem Feuer."

„Kannst du nicht die Mutter bitten, sich darum zu kümmern? Das Tüchlein ist wichtiger. Du mußt es heute abend noch waschen, damit du es morgen aufspannen kannst. Ist der Vorrat an Nußöl im Keller schon wieder aufgebraucht? Das brauche ich später nämlich ebenfalls. Es wäre mir lieb, wenn du mir morgen irgendwann bei der Imprägnierung des Tüchleins helfen könntest; Hasenhautleim habe ich vorrätig, erst vor drei Wochen habe ich eine ganze Hasenhaut getrocknet; sonst würde mir aber auch Wolgemut damit aushelfen."

„Wann soll ich das bloß alles erledigen?"

„Agnes, du weißt so gut wie ich, was von diesem Auftrag abhängt. Der Kurfürst ist ein einflußreicher Mann und dazu den Künsten zugetan. Vielleicht sammelt er ein bißchen zu viele Reliquien, aber soweit er noch Geld übrig hat, ist er nicht knauserig, sondern weiß die Arbeit eines Malers zu schätzen. Celtis scheint mich ihm empfohlen zu haben. Auch den sollten wir nicht enttäuschen. Der hat nicht nur bei dem Sachsen Einfluß."

Im Hinuntergehen schaut Agnes bei der Schwiegermutter herein, die sofort bereit ist, sie bei den Wäscherinnen zu vertreten, sich aber beklagt, was mit dem armen Hans angestellt worden sei. Agnes versucht sie zu beruhigen, sieht anschließend kurz im Hof vorbei und schickt Christina los, das Nußöl zu besorgen. „Wende dich im Rathaus an meinen Vater und sag ihm, daß Albrecht es für ein Altarbild für den sächsischen Fürsten braucht. Nur das allerfeinste, das frisch ist und kalt gepreßt, kommt in Frage. Mein Vater weiß dann Bescheid. Das ist sein Ressort."

Beim Abendessen fehlt Albrecht. Die Wäscherinnen, die von dem hohen Besuch gehört haben, schwatzen aufgeregt durcheinander, auch Christina und Katharina haben rote Wangen bekommen. Die alte Dürerin schlägt vor, daß sie alle am Abend ins Bad gehen sollten, da dies zu Hause zur Zeit nicht gut möglich sei. Doch bringt sie mit diesem Vorschlag ihren sonst so ruhigen Mann richtig auf. „Hat Albrecht euch nicht gesagt, ihr sollt diesen Unsinn lassen? Weiß der Teufel, wann der Kurfürst das letzte Bad genommen hat. Die hohen Herren menscheln in dieser Hinsicht recht gern. Im kaiserlichen Hof in Linz hat es, als ich dort für Kaiser Friedrich gearbeitet habe, selbst in den Festsälen recht scharf gerochen. Schließlich sitzen die Herren Ritter meist auf ihren Pferden und jagen mit ihnen durchs Land. Kot, Dreck und Schweiß sind ihnen vertrauter als uns, und sie halten es kaum für nötig, sich nach jedem Ritt zu säubern, schon gar nicht, weil sie ihre Umgebung nicht mit ihrem Geruch belästigen möchten. Solche Gedanken sind ihnen fremd. Seht lieber zu, daß der Herr unserer Wäsche nicht zu nahe kommt.

Solch fürstliche Aufträge sind sicherlich ehrenvoll, aber auch schwierig, und so leicht die hohen Herren aufwendige Aufträge vergeben, so schwierig ist es hinterher, an den versprochenen Lohn zu kommen. Zahlen sie nicht, steht unsereins dumm da; von einem Fürsten läßt sich die Schuld nicht ohne weiteres einklagen wie von uns Bürgern. Ich war ziemlich erleichtert, als Kaiser Friedrich mich damals ordentlich entlohnt hat. Aber das hätte leicht anders kommen können."

„Man sagt, Kurfürst Friedrich bezahle seine Rechnungen", wirft Albrecht ein, der gerade zur Tür hereintritt. „Ich habe den Frauen bereits auseinandergesetzt, daß er uns nicht wegen ihres Haushaltes die Ehre erweist. Hans, Endres und Christina, von euch möchte ich morgen nichts hören, kein Geschrei, keine knallenden Türen, nichts. Prügelt euch an einem anderen Ort, und wenn die Sebalder Lateinschüler wieder einmal mit den Schülern der neuen Poetenschule ihre Kräfte messen müssen, brauchst du uns anschließend keineswegs deine Wunden vorzuführen, Endres. Was ist das überhaupt für ein seltsamer Streit zwischen euch?"

„Poetenschüler! Wo hat es so etwas je gegeben? Und was die sich einbilden."

„Das ist eine ausgezeichnete Schule, die noch berühmt werden wird. Aber darüber können wir uns ein andermal unterhalten." Albrecht hat kaum ein paar Löffel Suppe hinuntergeschluckt, als er schon wieder nach oben in die Werkstatt verschwunden ist. Das Nachtgebet fällt heute für alle recht knapp aus.

Während der folgenden Nächte werden sie des öfteren im Schlaf aufgestört. Die Stadt ist voller Soldaten: das Treffen des Schwäbischen Bundes, dessentwegen der Sachse in die

Stadt gekommen ist, wirft seine Schatten voraus. Allein der Landgraf von Hessen hat einhundertfünfzig Berittene mitgebracht, die den Aufenthalt in Nürnberg lautstark genießen, in kleinen Gruppen gröhlend durch die Gassen ziehen. Zum Glück liegt das Frauenhaus auf der anderen Seite der Pegnitz, sonst wäre der Lärm wohl noch ärger. Trotzdem bleibt Agnes' Schlaf unruhig und leicht. Weit oben von der Veste her dringt Lärm zu ihnen herunter, schwillt vor der Tür von Zeit zu Zeit bedrohlich an und verebbt nur ganz langsam, je weiter die Soldaten hinunter in die Stadt ziehen. Aber ruhig wird es überhaupt nicht.

Albrecht, sonst empfindlich, scheint gegen diese Art Belästigung gefeit, Agnes hört seine Atemzüge, die ruhig und gleichmäßig aufeinander folgen. Der Besuch des Kurfürsten ist ohne unangenehme Zwischenfälle vorübergegangen. Sie hat den Sachsen nur einmal ganz kurz zu sehen bekommen, als sie einen Krug Wein in die Werkstatt getragen hat. Dreck hat er jedenfalls nicht ins Haus gebracht, sondern sich für das Bildnis recht sorgfältig zurechtgemacht.

Albrecht war ein paarmal bei Wolgemut, der an der Vermittlung des Auftrags beteiligt gewesen zu sein scheint. Aber die Altarbilder für den Kurfürsten sollen nicht in seiner Werkstatt, sondern hauptsächlich im Dürerschen Haus entstehen. Seitdem das klar ist, fühlt sich Agnes in ihrer Küche nicht mehr wohl, da Albrecht in den letzten Tagen den Herd dauernd bei der Aufbereitung seiner Farben benutzt hat. In der Werkstatt stehen schon etliche Flaschen am Fenster in der Sonne, die niemand anrühren darf, Albrecht aber nach einer genau festgelegten Ordnung täglich ein paarmal schüttelt. In mehreren Gefäßen werden Pinsel aufbewahrt, die er in warmem Wasser ausgeschwenkt hat. Vorher hat er die Pinsel jedoch mit Seife gereinigt, mit der er ganz entgegen seinen sonstigen Gewohnheiten mehr als verschwenderisch umgeht. Gutes Leinöl verbrennt er, um in der Flamme Kerne zu schwärzen, die er anschließend verreibt, um sie als Grundstoff für schwarze Farbe zu benutzen. Frische Hühnereier verschwinden plötzlich, weil er sie für das Anreiben von Farben braucht, auch hat er Agnes mehrmals gebeten, sich etwas Ohrenschmalz aus den Ohren zu pulen, für das er bei seinen Farben Verwendung hat. Da gerade wieder ein Warenzug aus

Venedig in der Stadt seine Ware anbietet, hat er Agnes einen Vorrat an Safran besorgen lassen. Zum Glück hat sich der Apotheker an Albrechts ausgefallene Wünsche inzwischen gewöhnt und bemüht sich lächelnd, Agnes exakt das Richtige abzuwiegen.

Und trotz der vielen Arbeit, die bereits bei der Vorbereitung eines großen Altarbildes anzufallen scheint, hat Albrecht gestern und vorgestern lange Spaziergänge gemacht, von denen er mit allerlei Dreck und Steinen zurückgekehrt ist, die er in ihrer Küche im Mörser zerkleinert und mit Wasser verrührt hat. Jetzt stehen mehrere Eimer mit Lehm dort herum, die er des öfteren aufrührt oder durch ein Sieb umschüttet.

Aber selbst ihre Küchenvorräte sind nicht länger vor ihm sicher: Honigtöpfe verschwinden; er siedet Öl zusammen mit Sägespänen, die die Magd sich zum Fegen besorgt hat, und schüttet das Öl zuletzt über Brotrinden, die er ohne zu zögern vom frischen Brot abschneidet. Das Gebräu hat er zu den übrigen Flaschen in die Sonne gestellt. Obendrauf soll sich in ein paar Tagen eine helle Ölschicht bilden, die sich abschöpfen läßt. Auf diese Weise will Albrecht gebleichtes Öl herstellen.

Als sie einen Maler geheiratet hat, ist ihr nicht in den Sinn gekommen, daß er ihre Küche derart in Beschlag belegen und dort einen intensiven Geruch von Essig, Öl und bitteren Kräutern verbreiten könnte. Ihr Vater oder auch ihr Schwiegervater beschränken sich bei ihrer Tätigkeit auf ihre Werkstatt, in der eine Esse raucht, in der sie die metallenen Gegenstände erhitzen und schmieden. Darüber hinaus brauchen sie nur einen Tisch, obwohl ihr Vater sein Werkzeug oft im gesamten Raum verteilt hat. Aber an der Tür hat er immer halt gemacht und die Herrschaft über das übrige Haus der Mutter überlassen.

Und nun wird Wolgemut Albrecht zeitweilig einen Gesellen ausleihen. Der wird sich dann weiter in der Küche ausbreiten. Gut, daß sie den Raum nur bei Besuchen braucht und sie im Alltag unten bei den Schwiegereltern essen.

XII

Pfingsten

Am Pfingstsonntag besuchen alle Dürers gemeinsam den Festgottesdienst. Die Kirche zeigt sich in vollem Ornat: Es ist gründlich aufgeräumt worden, die stinkenden Hinterlassenschaften der Hunde, die trotz der Bodengitter vor den Türen immer wieder hineinlaufen, sind hinausgefegt worden; im Kirchenschiff sind die besten Tücher aufgehängt und eine Unmenge von Kerzen entzündet.

Fast die gesamte Geistlichkeit von St. Sebald ist in ihren Chormänteln am Hochaltar versammelt, die Pröpste, der Schaffer, die Kapläne, selbst etliche der Vikare sind beim Singen der Matutin anwesend, deren drei Lektionen heute die Schüler singen. Da an den elf Nebenaltären an einem solchen Festtag keine Messen gelesen werden, drängt sich alles um den Hochaltar. Zur Feier des Tages ist das Heiltum ausgestellt, die Altartafeln sind um die Seitenflügel des Altares erweitert worden. Die Kirche hat sich gefüllt, wie ein summender Bienenstock geht es darin zu; sie ist voller Unruhe und Bewegung.

Agnes steht neben der Schwiegermutter und den beiden Mädchen im Gedränge, Albrecht mit seinem Vater und den Buben auf der gegenüberliegenden Seite des Kirchenschiffes. Fast hätte es zu Hause im letzten Augenblick eine Auseinandersetzung gegeben, denn Albrecht ist ungern mitgegangen, letztlich nur, um die Eltern nicht zu beunruhigen. Nach dem Gottesdienst wird er gereizt und unzufrieden sein. Agnes kennt das bereits.

Albrecht schätzt dieses bewegte Treiben in der übervollen Kirche nicht, würde sich am liebsten wenigstens in eine ruhige Nische zurückziehen. Vor ein paar Tagen hat sie ihn zu dem Gesellen und dem Knecht, der ihm die Farben reibt, sagen hören, daß ihm die großen Kirchenfeste wie geschaffen für den Teufel schienen, da in dem Trubel niemand beten könne, sich die meisten Menschen stattdessen ausgiebig langweilten und allen möglichen Gedanken hingäben, die ihnen die Teufel während des endlosen Gesanges in aller Ruhe einraunen könnten.

Er sehe das in der Kirche manchmal geradezu vor sich: kleine geflügelte Teufel mit Vogelkrallen, Flügeln, Schwänzen und Schweineschnauzen, die den Menschen die sündigen Vorstellungen eingäben. Von leiblichen Genüssen, Leckereien, einer fetten Henne am Bratspieß bis hin zu Krügen und Bechern voll süßen Weines, so daß sich die Kirchgänger in Gedanken hingebungsvoll der Völlerei widmen könnten. Vielen bedeuteten dagegen die Spielkarten oder ein Brettspiel weitaus mehr, was die Unholde ebenfalls nicht verachteten. Der Sünde der Lüsternheit würden sie natürlich auch Raum schaffen, indem sie hübsche, nackte Jungfrauen vor den Augen eines jeden erstehen lassen würden, der dafür empfänglich sei. Manchem vermeintlich Frommen sehe man diese Träume geradezu an. Augenzwinkernd hat er dann hinzugesetzt: das gelte natürlich nicht für die Maler, die sich die hübschen Jungfrauen um ihrer Kunst willen ansehen müßten. Aber das sei schließlich etwas ganz anderes.

Die jungen Männer haben verständnisinnig gegrinst und gefragt, wie denn die Teufel in das Gotteshaus hineinkämen, ob ihnen nicht der geweihte Rauch den Aufenthalt verleiden würde. Ohne eine Miene zu verziehen, hat Albrecht daraufhin scheinbar ernst erwidert, im Gegenteil, der Duft des Rauches ziehe sie gerade an: Da die Menschen in der Kirche ständig umherwanderten, könnten sie in dem Trubel leicht hineinschlüpfen und würden auch zwischen den Menschen nicht besonders auffallen, da es genug Teufelswerk in der Kirche gebe.

In das Gelächter der Gesellen ist Agnes nicht eingefallen, sondern hat sich als Meisterin bemüßigt gefühlt, ihren Mann zu ermahnen, die jungen Kerle nicht auf Abwege zu führen, da sie sicherlich nicht ohne weiteres verständen, welch ernsthaftes Anliegen ihn bewege. Als Albrecht es in dieser Situation nicht unterlassen konnte, ihr in unverändert ernstem Tonfall zu erklären, da gebe es nichts mißzuverstehen, hat sie ohne ein weiteres Wort den Raum verlassen, dabei deutlich im Rücken das Gefeixe der jungen Kerle über die sauertöpfische Meistersfrau spürend. Und es ist doch Albrechts Aufgabe, den Übermut der jungen Leute zu dämpfen, anstatt ihn geradezu anzuregen!

Zum Teufel mit Albrechts Scherzen. Jetzt hier im Gewühle kommen ihr seine Ideen nicht mehr so unwahrscheinlich vor; vielleicht hätte sie bei einer anderen Gelegenheit sogar gelacht, aber vor den jungen Burschen schicken sich solche Äußerungen nicht. Wenn Albrecht nach der Messe entnervt und mißgestimmt aus der Kirche kommt, wird er kaum zu Scherzen aufgelegt sein, sondern sein Ärger auf die Stimmung der ganzen Familie drücken. Allerdings ist der Trubel heute wirklich unangenehm; ständig kommen Leute in die Kirche hinein; sie wollen nur das Heiltum betrachten, kurz die Erhebung des Opfers miterleben oder warten auf die Prozession zum Taufbrunnen. Solche Kirchgänger lassen sich durch den Gesang der Schüler nicht von ihren Gesprächen abhalten. Hinter Agnes lacht eine Gruppe von Frauen immer wieder laut heraus, die sich selbst von den strafenden Blicken der alten Dürerin nicht beeindrucken lassen. Die Luft ist stickig, durchtränkt von dem süßlichen Geruch des Weihrauchs, den Agnes ebensowenig schätzt wie Albrecht und der heute besonders üppig aufgelegt und verqualmt wird. Es ist keine Atmosphäre, die zu innerer Einkehr auffordert. Agnes ist heilfroh, als sich endlich die Kirchentüren weit öffnen.

Während das Volk aus der Kirche drängt, gibt es an der Tür eine Stockung. Unruhe entsteht, man hört entsetztes Aufstöhnen. Langsam schiebt sich die Menge weiter. Draußen blinzelt Agnes zuerst eine Weile, doch bald fällt ihr auf, daß der Sonnenschein sie bei weitem nicht mehr so blendet wie vor dem Kirchgang, sondern seinen Glanz verloren hat. Wie alle anderen blickt sie nach oben zum Himmel, von wo die Sonne nur mehr fahles Licht aussendet, da sich um sie herum ein Reif gebildet hat.

Im gleichen Augenblick erschallen Bußrufe über den Platz. „Ein Zeichen Gottes wegen unserer Sünden", ruft eine Stimme. „Tut Buße, kehrt um. Kniet nieder und bekennt eure Schuld." Doch die Menge steht unbeweglich, und erst als jemand zum Vaterunser ansetzt, fallen viele ein. Es folgt ein Ave Maria, das inbrünstig anschwillt; man hört einzelne Schluchzer. Nun tritt der Propst vor die Kirche und fordert die Gläubigen auf, sich in Ruhe nach Hause zu begeben und dort den Tag im Gebet zu verbringen.

Viele Menschen versuchen seiner Aufforderung Folge zu leisten. Man hört weiterhin Gebete, auf den meisten Kirchgängern lastet jedoch eine eigenartige Stille. Agnes ist der Hals wie zugeschnürt. Die Schwiegermutter starrt stumm mit undurchdringlichem Blick in sich hinein, wirkt aber keineswegs verängstigt, bewegt die Lippen lautlos im Gebet, während Agnes in den Augen der Mädchen die helle Panik sieht. Katharinas Mund bebt. Als Agnes nach ihrer Hand greift, fühlt sich diese kalt und feucht an. Die Frauen schieben sich im Gedränge weiter vorwärts, streben vom Kirchplatz fort nach Hause.

Vor ihrer Tür warten die Männer; Vater Dürer mustert die Gruppe besorgt, schaut fragend Agnes an, die beruhigend nickt. Albrecht steht etwas abseits. Er wendet sich zwar den Ankommenden zu; als er jedoch sieht, daß sein Vater die Mutter ins Haus führt, konzentriert er sich erneut auf den Anblick der Himmelserscheinung, geht ein paar Schritte, schließt ein Auge, während das andere weit geöffnet ist. Als er mit der Hand das schauende Auge beschattet, folgt Agnes den übrigen Familienmitgliedern ins Haus. Solange Albrecht dort draußen steht, wird er sich nicht stören lassen wollen.

Den Pfingsttag, der ein prächtiger Festtag zu werden versprach, verbringen sie zu Hause im Gebet, das heute niemandem zu lang wird. Im Gegenteil, die runden Perlen des Rosenkranzes scheinen Beruhigung auszuströmen; nur langsam, zögernd schiebt jeder die Kugel weiter, greift sofort nach der nächsten, die er fest mit der ganzen Hand umschließt. So beten sie sich durch die verschiedenen Gesetze, lassen keines aus, sprechen die Bitten und Gebete immer wieder mit der gleichen Inbrunst.

Schließlich ist es Albrecht, der unvermittelt aufsteht und den Raum verläßt. Sie hören seine Schritte auf der Treppe, bis sie im übernächsten Stock verebben. Dann fallen sie alle in das Gebet des Vaters erneut mit ein. Für Agnes haben die Gebete jetzt allerdings einiges von ihrer beruhigenden Kraft eingebüßt. Bei Albrecht weiß man nie ...

Als sie ihn am späten Nachmittag in der Werkstatt aufsucht, sitzt er am Tisch, eine Zeichnung vor sich. Er hat den

Stift hingelegt und betrachtet seinen Entwurf schon eine ganze Weile. Offensichtlich ist der Pfingsttag dargestellt: Der Heilige Geist schwebt in Gestalt einer Taube über Maria, die von den zwölf Aposteln umgeben ist. Sie alle schauen ernst, in sich gekehrt. Es ist keine fröhliche Erscheinung, keine lang erwartete, erlösende, sondern eine, die Besorgnis auslöst, Ernst. Alle Apostel schauen nach oben, skeptisch, Agnes glaubt in ihrem Blick sogar Furcht zu sehen. Maria dagegen ist ganz in innere, andächtige Betrachtung versunken. Sie scheint zwischen all diesen starken Männerleibern einen geschützten Platz gefunden zu haben.

„Glaubst du, daß der Reif heute eine pfingstliche Erscheinung war und Gutes bedeutet?"

Albrecht antwortet zuerst nicht, hat ihre Frage aber in sich aufgenommen, denn einige Zeit später meint er: „Das kann ich nicht mit Bestimmtheit sagen. Aber woher sollen wir die Kraft nehmen, das Leben zu bestehen, wenn uns nur die Angst bestimmt? Offensichtlich hilft es meinen Eltern, besonders der Mutter, im ständig sich wiederholenden Gebet zu verharren. Ich kann das dagegen nur schwer aushalten. Ich habe dir schon einmal erzählt, daß die Mutter überall das Böse lauern sehen und ihre Kinder wegen jeder Nichtigkeit zur Buße aufgerufen hat. Nie hat jemand das Haus verlassen, ohne daß ihn ihr frommer Wunsch begleitete: ,*Geh im Namen Christo.*' Jede kleine Verfehlung hat sie unerbittlich geahndet. Manchmal kann ich sogar verstehen, daß Hans, der das Ziel all ihrer Liebe ist, aber daher andauernd von ihr ermahnt wird, seiner Seele in seinen ungebärdigen Streichen Luft zu machen versucht.

Es will mir nicht in den Kopf, daß Gott uns nur geschaffen haben soll zur Buße und Strafe. Warum wäre diese Welt dann so voller Schönheit? Überall hat Gott sie uns geschenkt, wo ich hinschaue, in jeder Kleinigkeit zeigt sie sich mir; selbst da, wo das Leben häßlich scheint, grausam, zerstörerisch, schimmert diese Schönheit als sein Urgrund immer wieder durch, oft ist sogar das Häßliche in mancher Hinsicht schön.

Auf dem Altar für den Kurfürsten will ich beides zeigen, die Freuden und die Schmerzen. Er gewährt mir bei der Ausgestaltung seines Marienaltares die volle Freiheit, um die ich ihn gebeten habe. Auf der einen Seite des Altars will ich die sieben Schmerzen Mariens darstellen, auf der anderen Seite aber die sieben Freuden ihres Lebens. Diese Szene hier gehört zu den Freuden Marias, auch wenn diese Freude sich nicht in Lachen und Glücklichsein äußert."

Agnes hat sich auf der Bank am Fenster niedergelassen. Albrechts Worte tun ihr gut, so daß sich die Beklemmung dieses Tages ein wenig in ihr löst. Ihr Blick wandert über seinen Tisch, bleibt an der Bewegung der Hände ihres Mannes hängen, der manchmal mit schnellen Strichen zeichnet, dann wieder eine Linie ganz langsam und behutsam, fast zögerlich zieht. Vor ihm auf dem Tisch liegen Vorlagen und Vorzeichnungen, auch der kleine Unhold, der ihnen vor dem Kurfürsten seinen Besuch abgestattet hat, ist hier festgehalten.

Eine Zeichnung nimmt Agnes' Aufmerksamkeit schließlich gefangen. Es ist eine junge Frau mit einem Säugling auf dem Arm dargestellt, eine einfache Frau mit einem runden Gesicht, die auf einer Rasenbank sitzt. Ihr Gesicht ist entspannt, der Mund leicht geöffnet. Sie schaut den Betrachter an, während das Kind auf ihrem Schoß liegt, von oben bis unten ein einziges Bündel, so stark ist es gewickelt. Es hat die Augen geschlossen und schläft fest.

Agnes nimmt das Blatt hoch, wobei sie bemerkt, daß darunter ein zweites mit dem gleichen Motiv liegt, allerdings handelt es sich um eine andere Frau und der Säugling ist nicht gewickelt, sondern unternimmt nackt auf ihrem Schoß Stehversuche. Eine ganze Weile verharrt Agnes' Blick auf den Bildern, bis Albrechts Stimme sie aufschrecken läßt: „Du erinnerst mich an etwas. Ich habe eine der Hocken vom Markt mit ihrem Kind für übermorgen ins Haus bestellt. Ich möchte, daß sie mir in aller Ruhe Modell sitzt. Ich habe der Frau versprochen, deren Kind ich nackt zeichnen möchte, daß es sich nicht verkühlen wird. Laß die Magd also gut einheizen. Außerdem habe ich ihr ein Gewand versprochen; vielleicht hast du ein gebrauchtes, das sie anschließend behalten kann."

„Muß es aufgebügelt werden?"

„Gut, daß du daran denkst. Vielleicht kannst du die Frau dazu bringen, daß sie es zuläßt, wenn das Kind sich bewegt. Sie ist ziemlich schüchtern und sehr darauf bedacht, einen guten Eindruck zu hinterlassen. Ich glaube sogar, es flößt ihr Angst ein, als Madonna gezeichnet zu werden. Leider meinen diese jungen Frauen immer, nur wenn das Kind stocksteif liege oder sitze, sei es brav und fromm. Das mußt du ihr ausreden. Mich bringt dieser Kampf völlig aus der Fassung."

„Ich werde es ihr erklären."

„Damit nimmst du mir eine große Last ab. Du wirst die richtigen Worte finden. Das gelingt dir meist. Wie du bei dem Vertragsabschluß Konrad Schweitzer klargemacht hast, daß er zwar gut bezahlt werden und alle Spesen ersetzt bekommen wird, aber du ihm genau auf die Finger sehen wirst, das hat ihn offensichtlich beeindruckt, und ich glaube nicht, daß wir je Ärger mit ihm bekommen werden. Manchmal bist du wirklich tüchtig, Agnes."

Agnes errötet ob des Lobes, doch ist ihr der Händler, der Albrechts Drucke auf Messen und Märkten feilhält, im Augenblick recht gleichgültig. „Du zeichnest viele Madonnen."

„Ja, das Thema läßt mich nicht mehr los, seitdem ich in Venedig die Marien Giambellinis gesehen habe. Die Hoheit dieser Frauen, vor allem aber ihre Kinder, die die Maler dort fast immer in Bewegung malen oder mit irgendeinem Tier beschäftigt, so wie Kinder nun einmal sind."

„Deine Marien sind keine Himmelsköniginnen, sondern ganz einfache Frauen aus niedrigem Stand."

„Wie es Maria gewesen ist. Deswegen setze ich sie auf die Erde oder auf eine Rasenbank. Wenn die Madonna etwas Königliches an sich hatte, offenbart sich das in ihrem Wesen, in ihrer Harmonie mit ihrem Sohn, so wie bei jeder jungen Mutter."

Agnes spürt einen leichten Stich, sagt jedoch nichts. Albrecht hat sich wieder seiner Zeichnung zugewandt. Schließlich steht sie auf, bemerkt etwas wie: „Ich habe unten im Flur jemanden gehört. Deine Mutter wird mich bei der Zubereitung des Nachtmahles brauchen", und verläßt den Raum.

Nein, nein, bitte nicht, nur das nicht. Sie hat gehofft, sie könnte die Furcht, die seit Pfingsten in Nürnberg umgeht, aus dem Dürerhaus verbannen. Albrecht hat sich seit diesem

Tag in seiner Arbeit vergraben, nach dem Garausläuten noch in seiner Werkstatt gesessen und unglaublich viel Licht verbraucht. Aber niemand hat gewagt, etwas darüber zu äußern. Jetzt sind die Entwürfe fast fertig und die Holztafeln bestellt.

Und nun steht da Katharina, wachsbleich und zitternd, klagt über Schmerzen, großen Aufruhr im Bauch. Fünfmal sei sie heute morgen bereits im heimlichen Gemach gewesen. Trotzdem lasse der Drang nicht nach. Dazu sei ihr ganz elend, mal überlaufe es sie heiß, mal kalt, und der Kopf fühle sich schwer an und schmerze.

„Komm", sagt Agnes, wobei sie ihrer Stimme einen aufmunternden Klang zu geben versucht. „Ich bring dich ins Bett, mache dir eine Bettflasche zurecht und koche dir einen Kräuteraufguß. Vielleicht hast du nur etwas Verdorbenes gegessen. Dann ist morgen alles überstanden."

„Aber sag nichts der Mutter", fleht Katharina. „Sie regt sich bloß übermäßig auf. Außerdem stellt sie sofort Kerzen neben das Bett und bringt ein Kreuz herbei. Dann fühlt man sich mit Sicherheit todkrank. Deswegen habe ich bislang zu keinem darüber gesprochen. Aber jetzt halte ich es nicht mehr aus."

„Seit wann plagen dich die Krämpfe denn schon?"

„Seit gestern mittag", gesteht Katharina zögernd. „Wenn die Mutter es erfährt, holt sie am Ende noch die Büßer ins Haus. Deren Gestank könnte ich heute am allerwenigsten vertragen, auch wenn ihre Gebete viel helfen mögen."

Agnes versucht Katharina zu beruhigen und begleitet sie in die Mädchenkammer hinauf, schaut alle halbe Stunde nach ihr, gewinnt jedoch den Eindruck, daß ihre Mittel nichts nützen. Als Katharina am Abend zu fiebern anfängt, schickt Agnes Endres zu Doktor Ulsen, der sofort kommt und sich, nachdem er Katharina untersucht hat, die übrigen Familienmitglieder anschaut. Schluchzend gesteht Christina auf seine Fragen, daß sie die gleichen Übel quälen wie Katharina, sie aber ebenfalls kein Aufsehen erregen wollte.

Sie wird zu Katharina in die Kammer gelegt; allerdings verlangt der Arzt, daß für sie ein zweites Bett aufgestellt wird. Dann läßt er beide zur Ader. Agnes hält die Schüssel, die sich rasch mit dunklem Blut füllt; bittet den Arzt, bevor er geht, noch nach der Mutter zu sehen, ihr vielleicht ein

Stärkungsmittel zu verabreichen oder einen Schlaftrunk. Inzwischen hat Christina sich plötzlich übergeben, so daß das Bett frisch bezogen werden muß. Das Laken gibt Agnes der Magd zum Auswaschen.

Der Stadtphysikus gestattet der Mutter nur einen ganz kurzen Gutenachtbesuch bei den Mädchen. Die Verzweiflung steht ihr zu sehr im Gesicht geschrieben. Die Nachtwache will Agnes sich mit der Magd teilen, bleibt aber etliche Stunden länger, weil sie merkt, daß der Zustand der Kranken sich ständig verschlechtert. Erst in den frühen Morgenstunden läßt sie sich von Albrecht ablösen.

Die Krankheit der beiden einzigen noch lebenden Dürermädchen zieht sich drei Tage lang hin; drei Tage des Wachens, Hoffens, Verzweifelns und Betens. Die Männer arbeiten in ihren Werkstätten, aber man sieht ihnen an, daß sie nicht bei der Sache sind. Vater Dürer schaut fast jede Stunde einmal bei seinen Mädchen herein, streicht ihnen über die Stirn, steht bleich und stumm neben ihnen.

Am Abend des zweiten Tages empfiehlt der Arzt, den Pfarrer zu holen. Daraufhin bereitet man den beiden Mädchen unten in der Stube ihre Betten. Nachdem sie die Absolution empfangen haben – Katharina kann vor Schwäche zu den Worten des Priesters nur nicken –, erhalten sie die letzte Ölung und den Johannis-Segen. Für den Verzehr der heiligen Kommunion sind sie schon zu schwach. Mit Mühe schlucken sie trotz großen Durstes ein paar Tropfen Wein, während der Pfarrer die Worte spricht: *„Trink hin St. Johannis Segen im Namen des Vaters, des Sohnes und des Heiligen Geistes."* Zuletzt besprengt er die Stube zur Bannung der Dämonen mit Weihwasser.

Danach läßt sich die Dürerin von niemandem mehr daran hindern, sich an den Betten ihrer Töchter niederzulassen. Sie bleibt, den Rosenkranz zwischen den Fingern, lautlos die Lippen bewegend, die ganze Nacht hindurch dort sitzen, während Katharina still diese Welt verläßt, dahindämmernd niemanden mehr erkennt.

Als Katharina fast unhörbar ihren letzten Atem ausstößt, schreckt Christina heftig hoch. Das ganze Haus versammelt sich nun betend in der Stube, auch Endres und Hans werden aus ihren Betten geholt, obwohl Hans sich weigern will und die Stube nur betritt, als Albrecht ihn anzischt, er solle nun wenigstens um der Liebe zu seinen Eltern willen gehorchen und der toten Schwester die Ehre erweisen. Die Eltern haben von der Szene zum Glück nichts mitbekommen.

Als Christina immer schwerer zu atmen beginnt, tragen Albrecht und der Vater die Tote in die andere Stube hinauf, damit Agnes und die Magd sie dort waschen können, bevor sie auf ihrem Totenbett wieder aufgebahrt wird. Christina hat viel heftiger mit dem Tod zu kämpfen, lebt noch zwei Tage, bis auch ihre Leiche neben der toten Schwester niedergelegt und wenige Tage später bei den Predigern im Kloster gegenüber beerdigt wird.

„Halt, halt. Langsam, ganz langsam zurück, etwas mehr nach rechts, ja, genauso, weiter, weiter, halt, langsam, habe ich gesagt. Allmächtiger, nicht so schnell, so, weiter, weiter, halt, das reicht."

Mit hochrotem Kopf steht der Fuhrknecht in der Tenne und dirigiert das Ochsengefährt rückwärts durch das weit geöffnete Tor ins Haus, bis unter die große Balkenkonstruktion, die, einem Galgen nicht unähnlich, in den letzten Tagen hier aufgeschlagen worden ist. Das Ochsengespann versperrt die Straße in ihrer gesamten Breite, hat mit seiner ungewöhnlichen Ladung dazu noch Schaulustige angezogen. Die Knaben der Poeten- und der Sebaldusschule, ausnahmsweise einträchtig vereint, verstopfen die gesamte untere Straße, obwohl die Fuhrknechte ihnen ein paarmal drohend zugeschrien haben, daß sie, sollte der Wagen sich losreißen, alle des Todes seien.

Agnes sieht aus der Türöffnung vom Hof aus den Wagen in die Tenne einfahren, hört durch die Rufe der Knechte und das Knirschen der Räder hindurch die aufgeregte Stimme der Schwiegermutter von der Treppe her. Sie sieht sicherlich im Geiste die große Druckerpresse schon irgendwo anstoßen oder durch die Bodendecke einbrechen.

Allein der Transport einer so großen Maschine den Berg hoch warf schier unlösbare Probleme auf. Daß zwei Ochsen oder auch vier eine solche Ladung nicht einfach hochziehen konnten, war von vornherein klar. Deshalb hat man sie zusätzlich an einer Seilwinde befestigt. Den gefährlichsten

Augenblick stellt allerdings das Anhalten und langsame Zurücksetzen des Gefährtes in die Tennenöffnung hinein dar.

„Jetzt steht der Wagen richtig. Die Bremsen anziehen, und dann können wir." Die vier Knechte setzen sich in Bewegung, lösen zuerst die Seile, die die Druckerpresse an den Wagen binden, befestigen sie erneut weiter oben an der Maschine und hängen sie zuletzt über eine Winde, die in der Balkenkonstruktion hängt. Die Seile straffen sich, das Kommando für den Ochsenführer erschallt, dann setzen sich die Tiere langsam in Bewegung. Die Männer, deren Hände die Seile fest umklammern, laufen knallrot an, scheinen aufzuschwellen, aber sie halten das Gewicht und lassen die Presse ganz langsam, quälend langsam, abwärts, bis plötzlich einer der vier seinen festen Stand zu verlieren scheint und sein Körpergewicht auf das andere Bein verlagern muß. Vielleicht hat er dabei auch den Zug am Seil verringert, jedenfalls scheint die schwere Holzkonstruktion einen Augenblick lang unkontrolliert herabzustürzen, doch haben die Männer sie sofort wieder im Griff. Zwar schwankt sie etwas, aber sie halten sie fest, obwohl ihre Gesichter sich mehr und mehr zu einer Grimasse verzerren und ihnen der Schweiß in Strömen den Kopf hinunterläuft.

Wie lange sie das wohl aushalten, denkt Agnes. Wenn sie jetzt doch noch loslassen, werden alle Ängste der Schwiegermutter wahr, und das Unding stürzt durch den Boden in den Keller.

Aber die Männer halten durch, die Druckerpresse kommt exakt an dem vorbezeichneten Ort auf dem Boden zu stehen, und da steht sie nun, fest und schwer. Die allgemeine Anspannung entlädt sich in einem kräftigen Applaus; die Träger werfen ihre Seile und die Seilwinde auf den Wagen und lassen sich von der Magd große Bierhumpen überreichen, die Agnes im Hof schon bereitgestellt hat. Der Fuhrknecht hat inzwischen den Wagen aus der Tenne gefahren, damit die Ochsen, die die ganze Transaktion gleichmütig abgewartet haben, die Straße zur Burg hinauf wieder freigeben. Während alle Anwesenden – auch die Nachbarschaft ist inzwischen zusammengeströmt – sich bereits zuprosten, überprüft Albrecht, ob die Mechanik der Maschine beim

Transport keinen Schaden genommen hat. Erst als er sich davon überzeugt hat, stößt er mit den Fuhrknechten und Trägern an.

XIII

Die Heimliche Offenbarung

1497

So kann es einfach nicht weitergehen. Immer wieder grübelt Agnes darüber, seit wann Albrecht in dieser schlechten Verfassung ist. Heute hat er sich in der Stube bis jetzt überhaupt nicht sehen lassen.

Nach dem Tod der Schwestern hat er zuerst eifrig an dem Altar weitergearbeitet, geradezu fieberhaft. Es ging gut voran, so daß die Tafeln nun fertiggestellt, halb verpackt unten in der Tenne auf den Transport warten. Agnes bleibt vor den Bildern stehen. Auf einer der Tafeln mit den sieben Schmerzen Marias hat Albrecht, wie angekündigt, die kleine Meerkatze untergebracht. Angekettet sitzt sie vorn im Bild und schaut mit schräggeschnittenen wachen Augen, in denen sich die Traurigkeit eingenistet hat, den Betrachter des Bildes an. Während Agnes das Tier betrachtet, spürt sie, daß es sie irgendwie anrührt, wohl weil es so verloren wirkt und sich vor dem leuchtend gelben Farbton des Gewandes eines Schriftgelehrten hinter ihm ganz dunkel abhebt.

Zu der Meerkatze bildet der freche Kläffer des Nachbarn Schreyer zwischen den Schriftgelehrten einen komischen Gegensatz. Albrecht scheint von diesem Hündchen ganz begeistert, hat es sogar schon ein paarmal gezeichnet. Großspurig trägt es den Namen Diogenes, der von einem griechischen Philosophen stammen soll. Agnes findet den Kleinen zwar auch ganz lustig, kann aber nicht verstehen, warum Albrechts Griechenfreunde so viel Aufhebens um ihn machen. Er soll allerdings sehr teuer gewesen sein.

Bei aller Freude, die Albrecht der kleine Hund zu bereiten

scheint, hat jener seine Stimmung nicht grundlegend aufzuhellen vermocht. Albrecht erinnert Agnes in seinem düsteren Sinn eher an die traurige, vor sich hin sinnende Meerkatze.

Beide Altarseiten sind fertig; seit ein paar Tagen widmet sich Albrecht vorwiegend einem Projekt, das recht umfangreich zu sein scheint. Die Aushilfen hat er jedoch zu Wolgemut zurückgeschickt. Über das neue Projekt schweigt er sich aus, verkapselt sich täglich mehr, wirkt belastet. Er schläft unruhig, läßt sich zu keinen Auskünften bewegen, sondern hütet seine Zeichnungen sorgfältig vor jedem Betrachter. Agnes weiß nicht, was ihn quält. Oft denkt sie, es sei der Tod der Geschwister, den er nicht verwinden könne; dann wieder hält sie es für möglich, daß es um Probleme geht, die aus seiner Arbeit herrühren, daß er nicht recht vorwärtskomme, jedenfalls nicht so, wie er sich das vorgestellt hat. Manchmal steigt jedoch der Verdacht in ihr auf, es könnte mit dem Fest bei Pirckheimers zu tun haben, auf dem Albrecht, nachdem er anfangs bester Laune war, plötzlich verstummt ist. Das ist bei ihm zwar nichts Außergewöhnliches, aber sie weiß im Augenblick einfach nicht mehr, was sie denken soll.

Bei Pirckheimers ist Nachwuchs angekommen, eine Tochter. Agnes hat Creszentia im Wochenbett mehrmals besucht und wurde dann zur Taufe des Kindes eingeladen, bei der neben dem Vater und dem Paten nur Frauen zugelassen sind. Trotzdem hat Pirckheimer ein paar Tage später entgegen dem Herkommen und üblichen Brauch ein Fest gegeben, an dem die von der Geburt geschwächte Mutter allerdings nicht teilnehmen konnte.

Willibald Pirckheimer dagegen präsentierte sich den Gästen wie immer gesprächig. Beim Essen, zu dem er fast fünfzig Leute geladen hatte, unterhielt er seine Gäste mit langen Ausführungen über den Sinn der Gründung einer Familie und den hohen Wert, den es für einen Mann darstelle, Kinder zu zeugen. Lang und breit kam er auf die Wahl des Weibes zu sprechen, der – natürlich bezog er sich bei seinen Ausführungen auf einen italienischen Dichter, einen gewissen Alberti – drei Dinge zugrunde liegen sollten: ihre Schönheit – wobei natürlich ihre innere Schönheit gemeint sei –, ihre Verwandtschaft und ihr Reichtum; alle drei Dinge seien genau zu bedenken. Nun liege die Schönheit eines Mannes ja wohl in seiner stolzen Erscheinung und der Kraft seiner Glieder, die einer Frau aber in ihren guten Sitten, ihrer Bescheidenheit und Reinlichkeit. „Wie du dir die Kinder wünschst, so wähle die Mutter!" rief er den Gästen zu, wobei er seine Worte mit einer großen Geste begleitete. Danach machte er eine Pause, wohl um sich Zeit zu verschaffen, die Wirkung seiner Worte in den Gesichtern der Gäste zu erkunden. Dann fuhr er fort, daß er insofern die Wahl, die sein Vater für ihn getroffen habe, in jeder Hinsicht aufs höchste gutheißen könne, obwohl er sich damals nur schwer mit dem Gedanken an Heimkehr und Gründung einer Familie habe anfreunden können, da er, wie es der männlichen Jugend nun einmal eigen sei und zustehe, sich noch der Brunst und Glut dieses Lebensalters hingegeben habe. Aber das habe durchaus seinen Sinn und Nutzen, da sich dadurch erst die reife und feste Männlichkeit entwickele. Nun, das liege hinter ihm, er habe in seinem Heim sein Glück gefunden, das jetzt durch eine Tochter vervollkommnet sei, auch wenn der Sohneserbe vorerst noch fehle.

Er habe für das Kind den Namen Felicitas gewählt, um das Glück auf sie herabzurufen, und er hoffe, daß seine Tochter diesem Namen entsprechend Glück empfangen und spenden werde. Er werde ihr, wie es die Tradition im Hause Pirckheimer festlege, eine sorgfältige Erziehung und umfassende Bildung angedeihen lassen, damit auch sie den Ruf ihrer Tanten, weithin gelehrte und geschätzte Frauen zu sein, genießen könne.

Auf diese Worte hin standen die Gäste auf, um gemeinsam das Glas zu erheben, auf die Tochter Felicitas, auf die Familie Pirckheimer. Anschließend wurde die kleine Felicitas hereingetragen und dem Vater in den Arm gelegt. Die Berührung mit diesem kleinen Geschöpf veränderte den klobigen Mann auf eine seltsame Weise, die Agnes ihm nie zugetraut hätte: Sein Blick wurde weich, seine großen Hände umfaßten vorsichtig und zärtlich das Kind. Der Anblick dieses Glückes rührte alle Gäste; Agnes gelang es nur mit großer Mühe, ihre Tränen zurückzuhalten. Ein rascher Seitenblick auf Albrecht bestätigte ihr, daß diese Szene ihn ebenfalls völlig in ihren Bann geschlagen hatte, seine Augen von den beiden nicht mehr lassen konnten.

Was im weiteren geredet wurde, hatte sie nicht gehört, zu sehr war sie mit sich selbst beschäftigt. Albrechts Blick. Sie hat darin Wehmut zu entdecken geglaubt, eine Sehnsucht, die bei ihr keine Erfüllung findet, keine Erfüllung finden kann. Und nichts, gar nichts kann sie dagegen tun, selbst wenn sie es sich mit der ganzen Kraft ihres Gemüts wünscht. Dieser Makel wird ihr immer anhaften.

Inbrünstig hatte sie gehofft, daß sie auf dem Fest niemand darauf ansprach oder gar erneut fragte, wann es bei ihnen denn nun endlich soweit sei. Albrecht seinerseits hatte den gesamten Nachmittag über kein Wort mehr von sich gegeben, wie abwesend dagesessen, weit weg von all dem, was in der Pirckheimerschen Stube geschah.

Sie wischt sich die Hände ab und greift behutsam nach dem Papierstapel, den Albrecht für sie auf die Truhe im Flur gelegt hat. Mit einem raschen Blick sieht sie die Drucke durch. Obenauf liegen gleich mehrere Blätter des verlorenen Sohnes, ein Blatt, das viel gekauft wird. Häufig fragen die Kunden sie nach der Bedeutung des Bildes, da es sich um kein gängiges Motiv handelt. Zwar ist die Geschichte jedermann bekannt, doch haben andere Maler die Freude des Vaters über den reuigen, zurückgekehrten Sohn zum Zentrum ihrer Darstellung gemacht. Dieser Vater taucht auf Albrechts Druck überhaupt nicht auf. Ihm geht es um die Reue des Sohnes, darum, daß er für seine Sünden büßt. Das hat er ihr ausführlich erklärt.

Der Mann, der da zwischen den Schweinen im Unrat kniet, hat die Hände zum Gebet erhoben. Er trägt ein gutes Gewand, das er sorgfältig geschürzt von jeglichem Dreck fernhält. Auch sonst sieht er sauber und ordentlich aus. Zum Glück, findet Agnes, hat Albrecht ihn nicht verdreckt und verkommen dargestellt. So sehen nämlich die beiden Büßer aus, die seit einiger Zeit in Nürnberg zur Umkehr aufrufen, deren wildes Aussehen in Agnes jedoch Abscheu und Ekel erregt. Ein Bild von ihnen würde sie ihren Kunden nur ungern anbieten.

Der verlorene Sohn befindet sich auf dem Himpfelshof, der ganz in der Nähe von Nürnberg liegt, worauf sie die Kunden meistens extra hinweist. Auch, mit welcher Sorgfalt dieser Hof gestochen ist, Hunderte von winzigen Strichelchen hat ihr Mann ziehen müssen, jeder kleine Backstein ist zu sehen. Am meisten jedoch schätzt sie die Tiere, mit denen Albrecht sich auf jedem seiner Bilder besondere Mühe macht: die Säue, die sich um den Trog drängen und recht garstig aussehen, so daß man den Schweinehirten, der zwischen ihnen im Mist hockt, einfach bedauern muß; die kleinen Frischlinge daneben, die sich munter im vorderen Bildteil tummeln; aber auch der Kopf der Ente, der aus dem Tümpel herausragt, ist genau getroffen, und der Hahn auf dem Mist fehlt genausowenig wie die Schwalben auf dem Dach. Selbst das Hinterteil eines Ochsen ist zu sehen. Beim Betrachten des Bildes hat man wirklich den Eindruck, mitten auf dem Hof zu stehen.

Unter diesem Bild liegt das Männerbad, das sie weit weniger schätzt. Nur nackte Männlichkeit! Und obwohl die Schamteile züchtig verhüllt sind, zeigen die Männer aufdringlich ihr Fleisch. Ja, sie weiß, daß kein Maler in Deutschland so genau den Körperbau der Menschen kennt wie ihr Mann, der mit dieser Kenntnis allen anderen Nürnberger Malern überlegen ist, was sie den Kunden gegenüber nicht müde wird herauszustreichen. Sie erzählt den Kunden zwar allerlei über die Bedeutung dieses Bildes, daß die Männer die fünf Temperamente versinnbildlichen und welcher Mann wofür steht. Aber nur wenige kaufen es deswegen. Sie hat schon manches freche Grinsen hinnehmen müssen, dazu Bemerkungen über die Welschen, deren lockere Sitten nun Nürnberg überschwemmten. Sie hat gelernt, damit umzugehen und weist solche Kunden schnippisch zurecht; doch gern tut sie das nicht.

Gut, daß die Federzeichnung aus dem Frauenbad nicht vervielfältigt werden kann: Sie müßte sich zu Tode schämen, ein solches Bild feilzubieten. Zum Glück hat Albrecht eingesehen, daß sie auch den starken Ercules und die drei Hexen, die gar nicht wie Hexen aussehen, aber vollständig nackt sind, öffentlich in der Stadt besser nicht anbietet. Sie würde zu gern wissen, wann Albrecht die Modelle gezeichnet hat; einmal hat sie sich zu fragen getraut, doch nur ein verschlossenes Grinsen zur Antwort bekommen.

Die dürre Alte auf dem Ercules-Stich, eine Rachefurie nennt Pirckheimer sie, deren schlaffe spitze Brüste direkt über dem Ercules herabdrohen, ist im Gegensatz zu den anmutigen Hexen an Scheußlichkeit kaum zu übertreffen. Aber als sie das, leider auch noch im Beisein Willibald Pirckheimers, vorgebracht hat, hat jener Albrecht lachend auf die Schulter geklopft. Die Furie scheine wirklich gelungen, wenn seine Frau sich so vor ihr schüttle. Nein, über diese gräßlichen alten Legenden , die sie bei den Welschen ausgegraben haben, ist mit den beiden Männern einfach nicht zu reden. Es gibt durchaus auch andere Bilder, auf denen Fürchterliches zu sehen ist, wie zum Beispiel die Marter der zehntausend Christen; doch werden auf diesem Holzschnitt fromme Soldaten dargestellt, die um ihrer Taufe willen tapfer das Martyrium auf sich genommen und dadurch ihre heidnischen Peiniger so beeindruckt haben, daß sich etliche von ihnen ebenfalls zum Christentum bekehrt haben. Durch den Anblick dieser gequälten Körper sollen die Menschen zur Buße aufgerufen werden, was ihr vollkommen einleuchtet. Zum Glück liegen auch von diesem Stock etliche Drucke im Stapel.

Sie beschließt, heute einen Umweg durch die Gilgengasse zu machen, da auf dem Markt wieder eine Auspeitschung stattfindet, die sicher allerhand Gelichter in die Stadt gelockt hat. Wenn sich viele Menschen in der Stadt sammeln, kann das für ihr Geschäft nur gut sein, allerdings muß sie die Bilder erst einmal unbeschadet zu ihrem Verkaufsstand bringen.

Noch ist es in den Verkaufsgewölben recht leer. An ihrem Stand bleibt jedoch, kaum daß sie ihre Ware ausgelegt hat, gleich ein Fremder stehen, der aus dem Rathaus kommt. Er betrachtet die Blätter lange, so lange, daß Agnes endlich ungeduldig wird. „Was ist, mein Herr, wollt Ihr nun etwas kaufen oder nicht?" Der Mann schaut erstaunt auf, weiß einen Augenblick lang gar nicht, was sie von ihm will. Doch kauft er rasch einmal den verlorenen Sohn, fragt sie nach der Adresse des Meisters und ob der auch andere Themen gestalte. „Reichlich", lacht sie und schickt den Kunden, der nach Geld aussieht, zu Albrechts Werkstatt.

Inzwischen scheint die kleine Sitzung oben im Rathaus beendet, so daß sich die Verkaufsgewölbe langsam füllen. Die Beweinung Christi und die Marter der zehntausend Christen finden heute guten Absatz. Später kommen etliche Handwerker bei ihr vorbei, zufrieden, weil ihre Produkte in den

Augen der Zunftoberen Gnade gefunden haben. Denen sitzt das Geld recht locker. Sie staunen immer wieder, daß es heutzutage so schöne Blätter gibt, die für sie erschwinglich sind, selbst wenn sie einen halben Taglohn dafür aufwenden müssen, und kaufen eifrig. Die Marktbauern werden erst später, wenn sich ihre Kasse gefüllt hat, im Rathaus vorbeischauen.

Nach der Auspeitschung – die Schreie des Verurteilten waren deutlich zu hören – strömt das Volk herbei, einfache Leute, denen sie gleich das wunderbare Schwein von Landser oder auch die drei Bauern im Gespräch vorlegt, die auf viertel Blätter gedruckt sind und dem Geldbeutel dieser Menschen am ehesten zusagen. Die meisten sind noch sehr erregt von dem gerade Erlebten und empfänglich für aufregende Geschehnisse. Sie staunen, wie genau dieses mißgestaltete Schwein getroffen ist, wollen von ihr Einzelheiten über den Fall hören und was sein Auftauchen zu bedeuten habe; einer fragt nach der Idra mit den drei Köpfen und den grünen Schuppen, die an Ostern irgendwo aufgetaucht sein soll, und von der er auch gerne ein Abbild hätte. Agnes kann ihm leider nicht dienen; ihr Mann hat jenes Untier nicht gezeichnet. Vielleicht sollte sie ihn darauf aufmerksam machen, daß danach gefragt wurde. Sie stellt erstaunt fest, daß auch diese kleinen Blätter zusammen einiges einbringen. Ihre Kasse hat sich gefüllt, auch wenn sehr viele Heller und Pfennige darin klingen und nur wenige Gulden.

Als sie mit den restlichen Bildern in die Werkstatt zurückkommt, findet sie Albrecht dort noch vor. Er sitzt im Dämmerlicht vor einem Buch und einem Blatt, obwohl weder die Schrift noch die Zeichnung ausreichend Licht erhalten. Als sie näher herantritt, muß sie feststellen, daß er über das Pult hinweg ins Leere starrt. Er hat nicht einmal bemerkt, daß sie den Raum betreten hat, und als sie ihn anspricht, erfolgt keine Reaktion. Solche Zustände kennt sie mittlerweile bei ihm, er behauptet zwar, danach am besten arbeiten zu können, aber sie fürchtet sich sehr davor.

„Albrecht", flüstert sie in die Stille hinein. Die Umrisse auf der Zeichnung sind im Halbdunkel nur schemenhaft zu erkennen. Aber daß es ein wildes, bewegtes Bild wird, erkennt sie sofort. Zögernd verharrt sie an ihrem Platz, traut sich jedoch nicht, ihren Mann zu berühren, denn zu oft hat er sie in solchen Momenten wie eine lästige Fliege unwillig abgeschüttelt. Sie wagt andererseits nicht, ihn hier allein sitzen zu lassen und in die Küche zu gehen, da sie keine ruhige Minute haben und der Schrecken sich immer tiefer in sie eingraben würde. Wovor sie sich fürchtet, weiß sie nicht deutlich, aber wenn Albrecht so dasitzt, ergreift die Angst von innen her völlig Besitz von ihr, bis sie sich von ihr aufgebläht fühlt, so daß sie explodieren möchte, ihn anschreien, um sich Erleichterung zu verschaffen. Aber das darf ihr auf keinen Fall passieren; das wäre das letzte, was er in solchen Zuständen vertragen könnte.

So mutig sie sein kann, dieses Schweigen um ihn herum kann sie nur schwer ertragen. Also bleibt sie vor ihm stehen, wartend, während die Augenblicke quälend langsam vertropfen.

Endlich bricht die neue Viertelstundenglocke von St. Sebald in die Stille ein. Sie scheint Albrecht in seine Werkstatt zurückzurufen, denn er seufzt tief auf und greift nach ihren Händen, so fest, daß es weh tut. Aber das nimmt sie gern hin, spürt es erleichtert.

„Und ein anderer Engel ging aus von dem Tempel rufend mit einer großen Stimme zu dem Sitzenden auf den Wolken: Sende deine Sichel und schneide, denn die Stund ist kommen, daß geschnitten werde, denn der Schnitt der Erde ist dürre geworden." Albrechts Worte verhallen im Raum. Agnes steht wie gelähmt, fühlt ihre Glieder bleischwer werden. So muß sich Lots Frau gefühlt haben, während sie zur Salzsäule erstarrte.

„Koberger hat mir den Text gegeben", fährt Albrecht fort. „Er stammt aus dem Neuen Testament, der Offenbarung des Johannes über das Ende der Welt. Agnes, es stimmt, die Zeit ist reif. Was dort steht, trifft auf uns zu. Hör nur." Einen Augenblick lang scheint er nach den Worten zu suchen, dann sieht Agnes, daß sich seine Lippen wieder bewegen, hört schließlich seine Stimme, die ganz fremd klingt:

„ ,Und ich hörte eine große Stimme vom Tempel, sagend den sieben Engeln: Geht und gießt aus die sieben Schenkmaß des Zornes Gottes in die Erde ... Und eine grausame Wunde und ein böses Geschwür wird den Menschen, die da hätten das Zeichen des Tieres und die da anbeten das Bild.' Ist es nicht so, Agnes? Ist diese Welt nicht

169

voller Sünde und Gotteslästerung? Wer kümmert sich noch um Gott? Reichtum ist das Zauberwort, das jeder anbetet. Mode, Fressereien, Geschmeide, die bestimmen das Streben der Menschen. Und alle Zeichen, die Gott uns sendet, fruchten nichts. Hat etwa die Pest, die Tausende Bewohner dieser und anderer Städte dahingerafft hat, die Menschen zur Einsicht geführt? Sind etwa die Fürsten aufgewacht und haben ihren Eigensinn überwunden, um gemeinsam ein Heer gegen die Türken aufzustellen, die nun schon die Kroaten und Ungarn geschlagen haben? Statt dessen haben französische Heere Italien verwüstet, hält sich in Deutschland kaum jemand an den Ewigen Landfrieden, händelt auch der Markgraf schon wieder mit der Stadt Nürnberg. Nicht gegen Gefahren wenden sich die Menschen, nicht für die Einheit der Christenheit kämpfen sie, sondern für ihren eigenen Bauch und Geldsack. Nun hat Gott uns die ungläubigen Türken geschickt, uns zu vernichten, und hier, hier steht es geschrieben:

‚Und die Zahl des reitenden Heeres war zwanzigtausendmal zehntausend, und ich hörte ihre Zahl. Und also sah ich Rosse in dem Gesichte. Und die da saßen auf ihnen, die hatten feurige, dunkle und schwefelige Panzer. Die Häupter der Rösser wie die Häupter von Löwen. Von ihrem Mund geht aus Feuer und Rauch und Schwefel. Und von diesen dreien Plagen ist erschlagen ein Dritteil der Menschen.'" Erschöpft hält er inne, starrt mit weit aufgerissenen Augen in die Dunkelheit, die sie inzwischen umgibt.

„Das sagst du, der du in Venedig Türken gezeichnet und behauptet hast, sie wären gar nicht gefährlich, sondern Menschen wie du und ich, die Greuelgeschichten über sie dagegen erfunden?" fährt es Agnes heraus.

„Das stimmt, dabei bleibe ich, einzeln sind es Menschen wie wir, aber ihre Heere sind das Werkzeug Gottes, die er uns um unserer Sünden willen schickt. Doch die Welt will nicht verstehen; die Menschen verharren in ihrer Verblendung. In der Bibel steht weiter, daß selbst die Engel sich gegen Gott erhoben haben, die Zeit der Ernte jedoch gekommen sei. Und Agnes, auch wir, wir alle müssen Gott schwer beleidigt haben, daß er diese Stadt und insbesondere meine Familie so züchtigt, obwohl ich es oft einfach nicht glauben will. Aber Gott ist nicht nur der Dulder und Leider, sondern dazu der

Rächergott, und nichts, selbst wenn es Generationen zurückliegt, gilt ihm als ungeschehen. Aber was in unserem Hause seinen Unwillen erregt hat, danach suche ich vergeblich. Wir waren als Kinder nicht weniger brav als andere; ich habe mich stets bemüht, den Eltern zu gehorchen und ihrem Willen zu genügen. In diesem Haus wird mehr gebetet und gefastet als in vielen anderen, und die Mutter tut in ihrer Bußfertigkeit fast zu viel. Und doch hat sie nur Kinder geboren, um sie gleich wieder sterben zu sehen."

„Nicht alle sind gestorben, Albrecht. Du lebst und ebenfalls der Endres und der Hans."

„Ja, wir leben. Darüber habe ich mich oft gewundert. Doch es wird seinen Grund haben, Agnes. Wenn Gott gerade uns leben läßt, mich, das dritte Kind, während er die ältesten hat sterben lassen, liegt darin eine Verpflichtung, der wir uns nicht entziehen dürfen. Ständig frage ich mich, was hat er mit mir vor? Wie kann ich ihm nachfolgen? Er muß mich für Ungewöhnliches ausersehen haben. Aber wenn mich diese Fragen bedrängen, lasten sie manchmal so auf mir, daß ich mich schier erdrückt fühle."

Er zieht Agnes näher an sich heran, umschlingt ihren Leib und gräbt sein Gesicht in die Falten ihres Kleides. „Dieses Entsetzen, Agnes, spürst du es nie? Es lauert überall, und am schlimmsten überfällt es mich nachts in meinen Träumen."

Als Agnes Albrechts Gesicht warm an ihrem Bauch spürt, löst sich etwas in ihr. „Doch, Albrecht, ich habe auch Angst, immer wieder. Wenn du träumst, hockt sie mit uns in der Kammer. Aber sie lauert ebenfalls draußen auf der Straße. Und ..." Sie stockt. Wenn sie ihn jetzt fragt, was ihr schon lange auf der Seele brennt, wird sie damit nicht alles verderben, er wieder zurückschnappen in das Gehäuse, in das er sich vorhin wie eine Schnecke zurückgezogen hatte? Aber irgendwann muß es heraus.

„Glaubst du nicht, daß Gott uns auch strafen wird für die nackten Bilder, die du malst? Warum mußt du all diese nackten Scheußlichkeiten malen, Albrecht? Ich verstehe dich in dieser Hinsicht einfach nicht; du bist so gottesfürchtig und fromm und malst trotzdem dies heidnische Zeugs. Deine Mutter sagt nie etwas dazu, aber es beunruhigt sie sehr."

Mit einem Ruck läßt Albrecht sie los und setzt sich aufrecht hin. „Von diesen Dingen versteht ihr Weiber nichts. Da solltet ihr euch heraushalten."

„Aber ich muß deine Bilder verkaufen, und die Kunden fragen danach", begehrt sie kleinlaut auf.

Ein wütender Blick trifft sie, dem sie standhält und der sich daraufhin immer mehr mit Erstaunen mischt. Langsam zieht er sie auf seinen Schoß herab. Seltsamerweise entspannt sich sein Gesicht dabei. „Nein, Agnes, mit diesen Bildern erzürne ich Gott sicher nicht. Die Nacktheit der Menschen ist nichts Böses, im Paradies waren alle nackt und zeigten sich ganz unbeschwert einander in der ihnen von Gott verliehenen Gestalt, deren Schönheit von ihm gewollt ist und deren Anblick uns durch die Kleidung vorenthalten wird. Daran kann nichts Verwerfliches sein; ich bin mir in diesem Punkt absolut sicher, und du kannst dich darauf verlassen.

Die Welt hat unendlich gesündigt, so daß uns der Untergang droht. Aber Gott hat seine Geschöpfe noch nie vollständig vernichtet, sondern ihnen immer Gelegenheit zur Umkehr gegeben. Wir können den Sturz in den Abgrund also verhindern, indem wir die Schlechtigkeit überwinden und die Welt erneuern. Wir müssen ein neues Zeitalter schaffen, ein Zeitalter der Wissenschaft und der Tugend. Dazu hat Gott uns in besonderer Weise ausersehen, uns, die Maler, Dichter und Gelehrten. Das sage ich nicht einfach dahin, sondern das behaupten viele Gelehrte. Mich hat er zum Maler geschaffen. Ich fühle es deutlich, daß ich damit seinen Auftrag erfülle. Dazu gehört es, daß ich Gott in all seinen Geschöpfen finde und den göttlichen Funken in den Menschen darstelle. Nur so sind Schlechtigkeit und Angst zu überwinden. Ein neuer Mensch muß entstehen, der die Welt neu ordnet."

Obwohl diese wortgewaltige Rede ihres Mannes sie sehr beindruckt, bleibt Agnes einiges an seinen Ausführungen unklar und unverständlich. Sie sieht ihre Käufer vor sich, Menschen, die ein Bild kaufen, um zu Hause ihre Andacht davor zu halten, Menschen, die sich an den Bildern erfreuen und auf diese Weise vielleicht gebessert werden. Aber sie hat auch schon mit ganz anderen zu tun gehabt: schmierigen Typen oder gar geilen Mönchen, deren Blicke eine andere Sprache sprachen. „Viele Menschen, die auf dem Markt bei mir kaufen, sind anderer Ansicht; über das Männerbad fällt manche zweideutige Bemerkung."

„Und dabei habe ich ihnen allen einen Lendenschurz umgebunden", schmunzelt Albrecht und zwinkert ihr zu.

Sie lächelt zögerlich zurück, schmiegt sich enger an ihn und hört sich plötzlich etwas sagen, was sie eigentlich für sich behalten wollte: „Dafür hat aber der Wasserhahn eine recht eigenartige Form und ragt zudem noch direkt vor dem Unterleib eines Mannes hervor."

„Zufälle gibt es! Und was sagt meine brave Ehefrau, wenn jemand mit solch seltsamen Beobachtungen herausrückt?"

„Ich verweise ihn freundlich auf die kunstvolle Darstellung der Körper und erkläre, daß in diesem Stil in Venedig gemalt werde, außerdem der eigentliche Wert dieses Bildes in seiner allegorischen Bedeutung liege, es eine Darstellung der vier Temperamente sei, die die Männer versinnbildlichten, und der Dicke mit dem großen Humpen, der wie der Herr Pirckheimer aussieht – was ich ihnen natürlich verschweige –, ein Mensch mit schwarzer Galle sein soll."

„Sieh mal an, mein Weibchen merkt sich, was ihm sein Ehewirt erklärt, und scheint geschäftstüchtig."

Agnes atmet auf. Die Schatten scheinen zumindest für den Augenblick gebannt, obwohl sie nicht versteht, woher dieser plötzliche Stimmungsumschlag rührt. Sie scherzen noch eine Weile miteinander, schließlich folgt Albrecht ihr zum Mahl. Stift, das Buch und die Zeichnungen bleiben auf dem Arbeitstisch liegen.

In dieser Nacht reden sie endlich einmal wieder lange. Agnes genießt es, in seinen Armen zu liegen, wenn er erzählt, sie teilnehmen läßt an seiner Arbeit, an dem, was in ihm vorgeht. Koberger habe ihm eine ins Deutsche übersetzte Bibel mit recht altmodischen Holzschnitten zur Geheimen Offenbarung vorgelegt mit der Frage, ob ihn dieses so aktuelle Thema nicht interessiere und er sich dazu nicht Bilder einfallen lassen wolle.

Und nun habe ihn diese Offenbarung völlig in ihren Bann gezogen. In seinem Kopf entstünden viele Bilder, es sei kaum auszuhalten, manchmal quälten sie ihn fürchterlich. Aber wenn er etwas gezeichnet habe, fühle er sich leer, doch außerdem erleichtert. Es sei fast, als ziehe das Zeichnen dieser Bilder die Angst aus ihm heraus, die dann in den Riß gebannt sei. Die vier Reiter seien fast fertig, die türkischen Reiter ihm wie von selbst aus der Feder geflossen, ebenso der Klepper des Todes. Sie ritten ohne zu zögern über alle Menschen hinweg, die von den Hufen der Pferde zermalmt würden. Mit den Engeln, die ihr Schenkmaß über die Welt ausgössen, habe er jedoch Probleme; sie widersetzten sich seiner Vorstellungskraft. Vielleicht müsse er sie weglassen. Es seien ja genug Bilder übrig.

Sie liegen eine Zeitlang still beieinander, lauschen dem Atmen des anderen und spüren sich warm Seite an Seite. Doch irgendwann erklärt Agnes plötzlich: „Ich bin immer noch nicht schwanger."

Nach einer Weile bedrückender Stille antwortet er ausweichend: „Du bist noch jung, erst einundzwanzig."

Erneutes Schweigen, endlich stößt sie es heraus: „Was ist, wenn es nie etwas wird?"

Er seufzt, streichelt über ihr Haar, die Schulter, den Arm hinab. Wie man ein Kind streichelt. „Gottes Ratschluß ist unerklärlich."

„Aber du, kannst du das einfach so hinnehmen? Was wirst du fühlen", flüstert sie zurück, „wenn du nie einen Sohn wirst in deinen Armen halten können, dich nie wirst Vater nennen hören, nie deinem Sohn in deiner Werkstatt zeigen kannst, wie er den Pinsel führen soll, ihm all das zeigen, ihn all das lehren kannst, was deine Kunst ausmacht; wenn das Geschlecht der Dürer mit dir versiegt? Ich kann den Gedanken kaum ertragen; Unfruchtbarkeit ist ein Fluch."

Albrecht braucht lange, bis er ihr antwortet: „Es ist bestimmt schwer. Ich sehe schließlich auch, mit welchem Stolz Willibald sein Töchterchen im Arm hält, mit ihr lacht, spielt und sie liebkost. Darüber hinaus ist so ein Kind ein starkes Band zwischen den Eltern, und meine Eltern haben sich bei allem Leid auf jedes Kind erneut gefreut und seinen Tod tief betrauert. Dennoch ist vielleicht selbst die Kinderlosigkeit ein Segen, und Gott hält seine Hand auf diese Weise schützend über uns. Wenn das Strafgericht über uns hereinbrechen sollte, erspart er uns so all den Horror und das Entsetzen, die uns erfassen würden, müßten wir unsere Kinder leiden und sterben sehen. Ich habe bereits so viele Kinder sterben sehen, zu viele, an der Pest, an irgendeiner anderen Krankheit ..."

Mit einer solchen Auskunft hat sie nicht gerechnet. „Sollen wir uns etwa darüber freuen?"

„Nein, Agnes, freuen sicherlich nicht, aber zufrieden das hinnehmen, was Gott uns schickt. Es wird seinen Sinn haben."

Was Albrecht sagt, klingt richtig, aber etwas in ihr widersetzt sich solcher Einsicht vehement. Albrechts Hand ist auf ihren Bauch hinübergewandert, tastet dort herum, als suche sie etwas. Agnes fühlt sich bedrückt und voller Beklemmung, hin und hergerissen in dem Aufruhr ihrer Ängste. Doch nach und nach fließt die Wärme seiner Hand beruhigend in sie hinein. „Du wirst mich nicht verachten, hältst es nicht für einen Makel, wenn ich dir keine Kinder gebäre?"

„Nein, Agnes, das ganz sicher nicht. Was bringt dich auf diesen Gedanken?"

„Auch wenn die Leute sich das Maul zerreißen?"

„Das sollte uns als allerletztes stören. Du weißt jetzt, was ich darüber denke, und solltest es ebenso hinnehmen. Alles weitere braucht uns nicht zu beunruhigen. Wir werden arbeiten, leben, büßen, solange es Gott gefällt, und vielleicht wird selbst das vergebens sein. Es liegt alles in seiner Hand. Ich werde weiterhin schaffen, auch wenn ich nie einen Sohn haben werde und nicht einmal sicher weiß, ob mein Lebenswerk einen Sinn haben wird. Manchmal drückt mich dieser Gedanke schier zu Boden. Doch ein andermal glaube ich, alles bewegen zu können. Die Ideen fließen mir zu, ich möchte unaufhörlich schaffen, nicht nur die alten Bilder, sondern neue, die aufrütteln und die neue Zeit ankündigen. Ich sehe, daß Gott mir ein Talent gegeben hat, und ich werde dem gerecht werden, koste es, was es wolle. Mit materiellen Gaben hat er mich nicht gesegnet, für das, was ich tun will, muß ich mich ständig schinden. Doch die Kraft, die mich vorwärtstreibt, fast schon ein Zwang, zeigt mir, welchen Weg er mir weisen will. Wir können unser Leben nur in seine Hände legen. Irgendeinen Grund muß es haben, daß er mich in diesem Hause hat überleben lassen. Warum sonst hätte er mir dieses Talent gegeben? Und ich spüre es deutlich, Agnes, daß die Malerei in Deutschland von hier, von Nürnberg aus, einen neuen Anfang nehmen könnte."

In den nächsten Monaten arbeitet Albrecht sehr viel, unternimmt jedoch daneben, wie gewohnt, seine Ausflüge. Soweit Agnes seinen Schuhen Glauben schenken kann, wandert er viel außerhalb der Stadt herum; doch wenn sie ihn fragt, wo er gewesen sei, fallen seine Antworten recht unbestimmt aus. Außer verdreckten Schuhen und Hosen bringt er von diesen Ausflügen Skizzen mit; scheinbar wahllos sammelt er Eindrücke von Gesichtern, Pflanzen, Tieren und der Landschaft. Oft scheint er allerdings nur planlos durch die Gegend zu ziehen, ohne etwas aufs Papier zu bannen. Agnes bürstet wortlos seine Hosen und Strümpfe aus, hängt sie sorgfältig auf und weist die Magd an, die Schuhe zu reinigen. Sie fragt nicht weiter, mustert ihn zwar manchmal mißtrauisch, hält aber die alltäglichen Geschäfte möglichst von ihm fern. Häufig bringt sie ihm sein Essen in die Werkstatt hoch und trägt es auch wieder herunter, wenn er es zu essen vergißt. Die Magd erhält dann Anweisung, es auf dem Herd warmzuhalten.

Soweit kann sie mit seinen Absonderlichkeiten zurechtkommen. Daß Albrecht an den Tagen, an denen seine getragene Stimmung in Ausgelassenheit umschlägt, in der Werkstatt alles stehen und liegen läßt, bringt Agnes dagegen ziemlich auf. Meist kommt er bei solcher Gelegenheit erst spät in der Nacht sehr aufgekratzt nach Hause und will noch erzählen, von Philosophen und Dichtern, nennt griechische und römische Namen, die ihr nichts sagen, schon gar nicht um diese nachtschlafende Zeit. Wenn sie sich brummend im Bett umdreht und sich die Decke über die Ohren zieht, steht er häufig gereizt wieder auf und geht in die Werkstatt hinüber.

Trotzdem ist zwischen ihnen beiden eine Ruhe eingekehrt, die ihnen gestattet, sich in solchen Fällen am nächsten Tag ohne Groll zu begegnen. Das Gespräch über ihre Unfruchtbarkeit hat Agnes sehr beruhigt, seitdem kränkt sie das Blut, das jeden Monat aus ihr heraustropft, anfangs bräunlich, zunehmend leuchtender, rötlicher, bei weitem nicht mehr so sehr, auch wenn sie im ersten Moment immer wieder ein dumpfer Schrecken durchzieht. Sie weiß, daß die Schwiegermutter jede Woche in der Frauenkirche eine Kerze für sie anzündet, Gott anfleht, diesen Fluch von ihr zu nehmen, und ihr jedesmal fragende Blicke zuwirft, wenn ihr Monat sich neigt. Manchmal rennt sie in solchen Momenten nach oben, wühlt sich in ihr Bett und heult, möchte nichts mehr hören und sehen, nie mehr dieser Familie gegenübertreten müssen, vor allem, da sie weiß und sieht, daß ihre Kinderlosigkeit sie nicht nur in den Augen der Schwieger, sondern auch denen der meisten anderen Menschen in ihrem Wert herabmindert.

An anderen Tagen kann sie ihre Sorgen viel gelassener hinnehmen. Dann erscheinen ihr Albrechts Ausführungen einsichtig und tröstlich. Er zumindest verachtet sie nicht, und dafür ist sie dankbar und bemüht sich, ihm ihre Liebe zu zeigen, indem sie ihm das Leben so angenehm wie möglich macht. Darüber hinaus ist in ihr während jenes Gespräches in der Nacht eine weitere Einsicht gewachsen: Ein Maler zu sein, jedenfalls ein solcher wie Albrecht, ist eine ungeheuer schwere Aufgabe. Er leidet nicht nur unter der Mühsal seiner Arbeit und an dem alltäglichen Lebenskampf, sondern in besonderer Weise *in* seiner Arbeit; die Situationen, die er darstellt, erlebt er an seiner eigenen Person. Sie wußte bisher nicht, daß ein Maler seine Arbeit auf diese Weise durchleiden muß. Natürlich ist ihr Vater an manchen Tagen verdrossen gewesen, weil ein Werkstück nicht so gelingen wollte, wie er sich das vorgestellt hatte. Aber daß ein Werk ganz aus eigener Qual heraus wächst, wie sie es bei Albrecht sieht, das war bei ihrem Vater nie der Fall.

Die Angst, die sich bis vor kurzem in ihr Raum gesucht hatte, wenn Albrecht sich bei seiner Arbeit völlig von allem anderen abgeschlossen hatte, ist in den letzten Wochen einer unbestimmten Besorgnis um ihn gewichen. Oft hat sie das Gefühl, daß sie ihn schützen muß vor etwas, das ihn bedroht, sie beide bedroht, das sie allerdings nicht zu benennen weiß. Mit den Worten Krankheit, Sterben läßt es sich nicht fassen, auch das drohende Strafgericht ist es nicht allein, sondern etwas Unklares, Unsagbares, das keinen Namen hat. Wenn sie sich den Riß mit den vier Reitern anschaut, erkennt sie jedoch in den Gesichtern der am Boden Liegenden – Frauen,

Mönche, ein Bischof, sie alle werden gleichermaßen zuschanden geritten – ihr eigenes Entsetzen wieder.

Ganz langsam taucht Albrecht aus der Tätigkeit an der Offenbarung auf, nimmt teil an dem, was im Hause vor sich geht, kommt zu den Mahlzeiten; sein Gesicht entspannt sich nach und nach, der Blick öffnet sich, er kann sogar wieder lächeln. Als er die Risse der Holzschnittfolge schließlich alle nebeneinander auf dem Werkstattisch ausbreitet, sieht Agnes, daß zwar viele Bilder vom Schrecken geprägt sind, bei der Eröffnung des sechsten Siegels die Menschen sich in Angst abwenden und ihre Häupter zu bedecken suchen, Racheengel mit dem Schwert auf Kaiser und Papst dreinschlagen und der siebenköpfige Drache frech sein Haupt erhebt. Aber das ist nicht das einzige. Es gibt daneben auserwählte Menschen, die kniend das Mal empfangen, mit dem der Engel sie kennzeichnet, und die verschont werden. Die kraftvolle Gestalt des Erzengels Michael stößt ihren Speer dem Drachen in den Schlund; der Lobgesang der Auserwählten füllt ein ganzes Bild, bis schließlich Satan gefangen, gefesselt, zu Hundegröße geschrumpft, von einem Engel an einer Kette in ein Loch gestoßen wird, während ein anderer Engel Johannes eine wohlbefestigte Stadt zeigt – es könnte fast Nürnberg sein –, das Neue Jerusalem, in dem, wie sie dem Bibeltext dazu entnimmt, Christus mit den Heiligen während der nächsten tausend Jahre leben wird.

XIV

Im Bad

1499

Während Agnes in der Abziehstube ihre Kleider auszieht, wird sie langsam ruhiger. Bis zum letzten Augenblick war es nicht sicher, ob sie ihre Verabredung mit ihrer Schwester Katharina würde einhalten können. Dabei liegt ihr viel an dem Badenachmittag, nicht nur der Sauberkeit wegen. Aber obwohl jeder im Haus weiß, daß sie am Donnerstag nachmittag ins Sonnenbad in der Judengasse – bis vor kurzem eines der wenigen christlichen Häuser im Judenviertel – gehen möchte, scheinen sich gerade an diesem Tag die Wünsche aller auf sie zu konzentrieren. Heute waren es Gäste, die sich plötzlich anmeldeten. Fremde, vornehme Leute, die ihr unbekannt waren, die einfach am Haus unter der Veste vorsprachen und fragten, ob der Maler Dürer zu sprechen sei. Sie hat die Fremden zu Albrecht in die Werkstatt hochgeführt und die Magd angewiesen, eine Erfrischung bereitzuhalten, bevor sie sich auf den Weg gemacht hat.

Besucher, die von seinen Bildern aufgerührt, ernsthaft ergriffen von der biblischen Vision sind, empfängt Albrecht zwar gern und läßt sich mit ihnen häufig auf lange Gespräche ein. Doch wenn es sich wieder einmal um Kaufleute handelt, Herren, die einen Rat von ihm wollen, wie sie das zum Jahrhunderwechsel bevorstehende Strafgericht überstehen können, in welche Stiftung sie ihr Geld investieren sollen, kann er sich fürchterlich aufregen – oder aber ganz melancholisch werden. Und zwar nicht aus Angst vor dem Gericht Gottes: Aus ihm ist seit der Gestaltung der Bilder der Schrecken gewichen. Je mehr alle Welt in Panik gerät, umso ruhiger scheint er zu werden. Soll sich einer auskennen mit diesem Mann.

Wenn Albrecht gerade in eine wichtige Arbeit vertieft war – und das weiß man bei ihm nie, denn selbst, wenn er scheinbar müßig aus dem Fenster starrt, kann es sein, daß er nachher behauptet, dies sei ein besonders produktiver

Augenblick gewesen –, wird er ihr heute abend Vorwürfe machen, ob sie ihn nicht wenigstens vor solchen unnützen Störungen schützen könne. Andererseits kann sie Glück haben, und er fühlt sich durch das Erscheinen der Herren geehrt, so daß ihre Sorgen völlig überflüssig sind.

Katharina sitzt bereits in der Badestube, von oben bis unten voller Seife, die sie mit einer Bürste über die Haut verteilt. Die Schwestern übergießen sich gegenseitig mit warmem Wasser, steigen zusammen in eine Wanne und lassen sich vom Badknecht einen Becher Wein bringen.

In dem Raum herrscht ein ziemlicher Lärm, da viele Frauen mit ihren Kindern hergekommen sind, die sich nur unwillig einseifen lassen, später umso begeisterter in den Kinderwannen planschen, ein Anblick, der in Agnes auch heute wieder Beklemmung auslöst, genauso wie sie sich jedesmal den abschätzigen Blicken der Mütter ausgesetzt fühlt. Die noch unverheiratete Katharina schaut dagegen ganz entspannt auf das Treiben. Zu ihrem Erstaunen drängt Agnes heute ziemlich bald auf die Beendigung des Bades. Bevor die beiden Frauen in die Schweißstube hinaufgehen, trocknen sie sich gründlich ab.

Auf der untersten Stufe der Schwitzbank treffen sie Christine Reinoldin an, seit ein paar Monaten die Ehefrau des Bildschnitzers Veit Stoß. Sie ist mit ihm und seinen fast erwachsenen Kindern gerade in eines der Häuser des Judenviertels ganz in der Nähe des Bades gezogen. Als Agnes die Madonnenfigur bewundert, die sie auf dem Weg zum Sonnenbad zum ersten Mal an dem Haus in der Pechtelsgasse gesehen hat, antwortet die Stoßin ihr mit einem tiefen Seufzer.

„Gefällt sie dir etwa nicht?" fragt Katharina erstaunt nach.

„Doch, das schon", antwortet Christine zögernd, „aber ihr wißt ja, weswegen sie da hängt, und ich glaube nicht, daß sie alle bösen Geister einfach bannen wird."

„Aber warum sollen euch böse Geister verfolgen? Dein Mann hat mit der Austreibung der Juden nichts zu tun, der hat das Haus schließlich nur vom Rat gekauft."

„Das ist zwar richtig, aber ein anderes Haus hätte er zu einem derart geringen Preis nie bekommen. Achthundert Gulden! Ein Spottpreis."

„Nun, damit wollte der Rat ihn wohl wegen der Brücke entschädigen."

„Die Brücke. Die ist auch ein Alptraum. Er mußte sie sogar auf eigene Kosten wieder abreißen."

Da mehrere Frauen in die Schweißstube hereinkommen, müssen die drei Frauen eine Bank weiter nach oben rücken, während der Bader heißes Wasser auf die Steine am Boden gießt, das zischend als Dampf hochsteigt und ihnen den Schweiß aus der Haut treibt. Gegenseitig klatschen sie sich ihre Badewedel kräftig auf den Rücken.

„Immerhin scheint der Rat zu versuchen, die Angelegenheit etwas einzurenken. Vielleicht wird im neuen Haus alles besser", meint Agnes.

Aber Christine schüttelt den Kopf. „Wie denn? Wo die ganze Welt aus den Fugen gerät? Wieso sollte sich da gerade in unserem Hause etwas einrenken?" Sie senkt den Kopf und flüstert fast: „Dem Strafgericht Gottes werden wir alle nicht entgehen. Es lauert auf uns. Vor vier Wochen, die Fehlgeburt. Ich hatte gehofft, daß sich die Situation mit einem eigenen Kind bessert. Aber daraus ist nun nichts geworden."

Agnes will etwas Tröstendes sagen, ihr liegen ein paar Worte auf den Lippen, du bist jung, hast viel Zeit; aber dann kommt ihr solches Gerede schal vor, nur allzu bekannt.

Beim Verlassen der Schweißstube geben sie ihre Badewedel wieder ab und atmen draußen die kühlende Luft ein. Agnes drückt die Stoßin auf einen Hocker und beginnt, sie mit lauwarmem Wasser, das in großen Eimern bereitsteht, zu begießen. So ist sie beschäftigt und braucht nichts zu reden.

Die Bademagd hat schon ein paarmal zu ihnen herübergeschaut, muß aber noch zwei anderen Frauen vor ihnen die Haare waschen. Sie ist eine dürre Person, die einen Kopf nach dem anderen mit langsamen, trägen Bewegungen einseift, wobei ihr Mundwerk keinen Augenblick stillsteht. Als sie endlich für die drei Frauen Zeit hat, beglückwünscht auch sie die Stoßin sogleich zum Erwerb des neuen Hauses und gibt ihrer Freude Ausdruck, die unselige jüdische Nachbarschaft, die direkt geschäftsschädigend gewesen sei, endlich los zu sein. „Die Leute haben sich wunders was gedacht, das hier los sei, dabei war dies halt nur ein übervolles, enges, etwas schmuddeliges Viertel, in dem sich nie sonderlich Interessantes ereignet hat. Aber jetzt wird sich das ändern, wenn solch angesehene Familien wie die Eure sich hier niederlassen. Ihr habt sicherlich sehr viel zu tun, um das heruntergekommene Haus in einen erträglichen Zustand zu versetzen?"

Als sie nur eine einsilbige Antwort bekommt, verzichtet sie darauf, weiter in Christine zu dringen, sondern wendet sich der Dürerin zu. „Wolltet Ihr Euch nicht ebenfalls vergrößern und eines der umfangreichen Anwesen erwerben? Wo sich Euer Betrieb in den letzten zwei Jahren ständig vergrößert hat. Ganz Nürnberg spricht davon. Euer Eheherr soll unermeßlich reich geworden sein, und das in dieser Zeit, in der alles über schlechte Geschäfte stöhnt."

„Unermeßlich reich! Schön wär's", lacht Katharina. „Davon habe ich im Haus meiner Schwester leider nichts bemerkt."

„Davon kann man auch nichts bemerken", brummt Agnes, „denn davon sind wir weit entfernt. Außerdem hat mein Mann mit dem Druck der Bilderfolge große Unkosten gehabt, in den ersten Jahren seines Werkstattbetriebes sogar Verluste gemacht. Die Einnahmen brauchten wir also dringend, um wenigstens die gröbsten Löcher zu stopfen. Von Reichtum kann keine Rede sein." Doch im stillen denkt sie, daß die Magd ganz Unrecht nicht hat, denn häufig rollen mit Fässern beladene Fuhrwerke aus ihrer Tenne. Von Brügge bis Rom will scheinbar jeder die Blätter mit der Heimlichen Offenbarung des Johannes, ob nun aus Interesse an der Kunst ihres Mannes oder aus Angst vor dem Strafgericht, wagt sie nicht zu entscheiden. Die Summen, die sie mit Koberger, den Händlern oder direkt mit Kunden abrechnet, sind wirklich beträchtlich.

Da Agnes es nicht schätzt, zur Ader gelassen zu werden, läßt sie sich nach dem Haarewaschen ein letztes Mal mit Wasser übergießen, streift das Badehemd über, steigt vorsichtig über zwei planschende, um sich spritzende Kinder hinweg und legt sich im Ruheraum auf eines der Betten. Ihre Schwester Katharina folgt ihr auf dem Fuß, während Christine sich nach der Fehlgeburt zur Ader lassen will, um das schlechte Blut in ihrem Körper loszuwerden.

Eine Weile liegen die Schwestern schweigend nebeneinander. Agnes genießt die Ruhe, spürt, wie ihre Arme und Beine schwer werden und ihre Gedanken sich verflüchtigen. Sie schließt die Augen, um sich ganz diesem Wohlgefühl hinzugeben. Doch bereits nach kurzer Zeit schreckt Katharina sie aus ihrem Halbschlummer auf. „Du, Agnes, sag mal, wegen der Judenaustreibung, hat es da nicht Streit zwischen Vater und Albrecht gegeben? Mutter war ziemlich aufgeregt und hat gemeint, es wäre besser, wenn unser Vater sich mit seinen Urteilen etwas mehr zurückhielte, vor allem, da er öffentliche Ämter innehabe und im Größeren Rat sitze. Er werde sich eines Tages noch ins Lochgefängnis reden. Das hat mir ziemlich Angst gemacht. Was war denn eigentlich los?"

Agnes zögert einen Augenblick, schaut sich im Raum um, aber die Betten in ihrer Nähe sind alle frei. Trotzdem dämpft sie ihre Stimme, während sie Katharina die gewünschte Auskunft gibt: „Vater ist der Ansicht, daß die Vertreibung der Juden ein Unrecht darstelle, ein krummes Geschäft des Rates zur eigenen Bereicherung. Den Juden werfe man ihre Zinsgeschäfte vor, die jetzt die Stadt selbst in die Hand nehmen wolle. Deshalb habe man bei Kaiser Maximilian um die Erlaubnis ersucht, städtische Wechselbänke mit dem Recht, Zinsen einzustreichen, zu errichten. Für die Stadt ein einträgliches Geschäft, mit dem man das Stadtsäckel zu sanieren suche, da man seit langem über seine Verhältnisse gelebt habe und nun so tue, als seien die Juden für alle Probleme der Stadt, und wenn es nach dem Rat ginge, schließlich gar für das Strafgericht Gottes verantwortlich. Darüber hinaus verkaufe der Rat, der das Geld für die Judenhäuser an Kaiser Maximilian abführen müsse, die Häuser innerhalb der Stadt zu Schleuderpreisen wie in dem Fall von Veit Stoß. Peter Imhoff soll ein Areal von vier Häusern für ganze 1200 Gulden erworben haben."

„Wenn das stimmt, ist es ein ausgewachsener Skandal. Und Vater weiß in diesen Dingen meist recht gut Bescheid. Doch natürlich hat Mutter recht, und Vater wird sich ein weiteres Mal Ärger einhandeln, wenn er so etwas offen ausspricht. Aber mir ist nicht einsichtig, wieso es deswegen zum Streit mit Albrecht gekommen ist. Die beiden sind sich sonst meist einig."

„Der Streit hatte nicht Albrechts Verhalten zum Inhalt, sondern seinen Freund Pirckheimer. Der gehört nämlich zu der Ratskommission, die die Angelegenheit ausgeführt hat. Vater hat sich schrecklich darüber aufgeregt, daß Pirckheimer sich einerseits von jedem gewaltsamen Vorgehen gegen die Juden distanziert, andererseits die Austreibung für vernünftige Politik im Interesse der Stadt hält. Er hat ihn als doppelzüngig und durchtrieben bezeichnet, als jemanden, der seine eigene Interessen mit Scheinargumenten durchsetze. Zu behaupten, die Sicherheit der Juden könne von der Stadt nicht länger gewährleistet werden! Räuber, die sich als Kettenhunde ausgeben, so hat er über den Rat geurteilt."

„Und Albrecht?"

„Der wollte seinen Freund nicht auf diese Weise beschimpfen lassen, obwohl er sich hin und her gewunden hat, weil er Pirckheimers Vorgehen genauso befremdlich findet. Er meint jedoch, als Politiker sehe man das etwas anders und müsse es wohl anders sehen. Mit dieser Aussage hat er Vater erst so richtig in Wut gebracht. Mutter und ich haben zum Schluß gedacht, sie würden aufeinander losgehen. Aber so weit ist es zum Glück nicht gekommen, obwohl Vater im Anschluß daran die Politik des Rates gegenüber dem Markgrafen noch ins Spiel gebracht hat. Die Selbständigkeit der Stadt sei gut und schön, trotzdem brauche man nicht leichtfertig den Frieden aufs Spiel zu setzen, nur weil ein Pirckheimer glaube, die neueste Waffentechnik in Italien erlernt zu haben, wobei er dort offensichtlich mit recht zweifelhaften Politikern, von denen wir Deutschen besser nichts lernen sollten, Umgang gehabt habe. Du weißt ja, wie heftig er sein kann.

Albrecht war zum Schluß ganz bleich und hat kein Wort mehr herausgebracht. Das hat Vater zur Besinnung gebracht, so daß er etwas versöhnlicher geredet hat. Aber mit Albrecht war den ganzen folgenden Tag über nichts anzufangen."

„Hat er mit Herrn Pirckheimer Streit gehabt?"

„Das glaube ich nicht. Aber ich weiß es auch nicht ..." Sie hören im Flur draußen Schritte, die Tür wird aufgeschoben und Christine wankt herein. Ihr ist während des Blutens schlecht geworden.

Nun kehrt Ruhe in den Raum ein. Alle drei Frauen liegen schweigend auf den Betten. In Christines Kopf ist es leer, die beiden anderen Frauen hängen ihren Gedanken nach. Eine

Fehlgeburt, denkt Agnes. Nicht ein einziges Mal bin ich in Hoffnung gewesen. Nicht einmal ein paar Wochen Hoffnung und Vorfreude hab ich erlebt wie die Christine. Doch im Grunde glaubt Agnes nicht, daß Christine Stoßin in irgendeiner Weise zu beneiden sei, auch wenn jene die Hoffnung noch nicht aufgeben muß. Ein eigenes Kind würde die Beziehung zu ihren Stiefkindern weiter verschlechtern, und wer weiß, ob dem fünfzigjährigen Mann genügend Zeit bliebe, kleine Kinder großzuziehen. Außerdem würden seine erwachsenen Kinder nach seinem Tod Christine und ihre Kinder bei der Erbschaft vermutlich möglichst kurz kommen lassen. Und dann ...

Die Christine ist nur ein paar Wochen älter als ich, denkt Katharina. Aber mit der möchte ich nicht tauschen. Einen derart alten Mann! Vater wird für mich eine angenehmere Verbindung finden. Die alte Dürerin war bei ihrer Eheschließung noch jünger als Christine und ich und ihr Mann auch bereits vierzig. Daß aus dieser Ehe so viele Kinder hervorgegangen sind! Agnes hat mal gesagt, es seien achtzehn gewesen. Gut, daß ich nicht schon verheiratet bin.

Auf dem Heimweg begleiten sie Christine, die weiterhin blaß aussieht, bis vor ihr Haus, von dessen Wand die neue Madonnenstatue grüßt. Eine herrliche Arbeit – die Töchter des Rotschmiedes können das beurteilen –, der man nicht ansieht, daß sie zur Bannung der Geister der vertriebenen Hausbesitzer geschaffen worden ist.

Als die beiden allein sind, fragt Katharina ihre Schwester: „Was mir nicht klar geworden ist: Woher wird das Geld genommen, das der Kaiser für sich beansprucht? Der wird kaum auf sein Geld verzichten wollen, nur weil ein Imhoff das Areal unterm Preis gekauft hat. Außerdem ist er ständig in Geldnöten; zur Zeit muß er große Summen für seinen Kriegszug gegen die aufständischen Schweizer aufbringen."

Es dauert einen Augenblick, bis Agnes aus der Betrachtung der Madonna in das Gespräch im Ruheraum zurückgefunden hat. „Für eine Jungfrau zeigst du reichlich viel Interesse für die Politik des Rates. Kein Wunder, daß Vater behauptet, ein derart schnippisches Geschöpf wie du sei nur schwer unter die Haube zu bringen."

„Ja", grinst Katharina. „Schließlich bin ich die Tochter

meines Vaters. Er soll sich ruhig Zeit lassen mit der Suche nach einem passenden Mann. Diejenigen, die er bis jetzt für mich ins Auge gefaßt hat, haben mir alle nicht gefallen. So brav wie du überlasse ich mich nicht seinen Entschlüssen. Aber du hast mit Albrecht ziemliches Glück gehabt. Einen so jungen und schönen Mann bekommt nicht jede."

„Na, na, interessant, was du dir über uns für Gedanken machst. Wolltest du nicht etwas über das Geld für den Kaiser erfahren? Das wird nämlich in solchen Fällen durch städtische Steuern aufgebracht, auch die deines Vaters, was sich später für dich auswirken wird, da dieser Betrag deiner Mitgift abgehen wird."

„Dann verstehe ich Vaters Ärger und muß den Freund deines Mannes ebenfalls tadeln."

„Es wird ihn tief beeindrucken."

„Agnes, ganz im Ernst, über Geld scheint Vater recht seltsame Ansichten zu haben."

„Was meinst du?"

„Als Vater Albrecht für dich ausgesucht hat, da war der doch keineswegs so berühmt wie jetzt und stammte auch nicht aus einer alteingesessenen Familie. Wäre es nicht naheliegend gewesen, einen etwas vermögenderen und bessergestellten Mann für dich auszusuchen, vor allem, da es unserer Familie finanziell längst nicht mehr so gut geht wie früher?"

Agnes seufzt. „Naheliegend schon, aber das Naheliegende tut unser Vater selten. Er hatte sich in den Kopf gesetzt, einem jungen Menschen weiterzuhelfen. Er meint, die eingesessenen Nürnberger brauchten unbedingt etwas Zuzug von außen. Und seine Rechnung ist aufgegangen. Nicht nur mein Geld, sondern genauso unsere verwandtschaftlichen Beziehungen haben dazu beigetragen, Albrechts Stellung zu festigen. Nach dem großen Auftrag für den Haller-Altar, den Vater mehr oder weniger vermittelt hat, folgten die anderen Aufträge Schlag auf Schlag. Inzwischen legt fast jeder Patrizier wert darauf, sich oder seine Familie von Albrecht porträtieren zu lassen: Oswalt Kroll, die Tucher, das nimmt gar kein Ende.

Zu Anfang hatte ich die gleichen Bedenken wie du. Aber ich habe festgestellt, daß eine solche Ehe noch einen anderen Vorteil hat, den du auch zu schätzen wissen wirst: Ich habe meinem Ehewirt Vorteile gebracht, für die er sich erkenntlich zeigen mußte. Ich weiß nicht, ob Albrecht mich unter anderen Umständen ohne weiteres mit nach Venedig genommen hätte. Aber unter den gegebenen Umständen konnte er zu Vaters Vorschlag schlecht nein sagen."

Katharina zieht nachdenklich die Stirn in Falten. „Und sonst?"

„Schwierig zu sagen. In Venedig hat er ein paarmal geäußert, wie gut es sei, daß meine Familie über derart weitgestreute Verbindungen verfüge. Aber seitdem er Erfolg hat, sieht er das wohl anders."

„Wie?"

„Es spielt kaum noch eine Rolle. Inzwischen ärgert er sich, daß er überhaupt auf Aufträge angewiesen ist. Eigentlich möchte er ausschließlich seine eigenen Ideen umsetzen."

„Aber wenn die Aufträge aufgrund verwandtschaftlicher Beziehungen immer reichlicher strömen, steigt schließlich auch sein Ansehen. Ist ihm das und finanzieller Gewinn denn nicht wichtig? Darüber freut sich doch jeder."

„Das sagst du so. Er ist auf dem Gebiet etwas absonderlich. Manchmal denke ich, daß die Freundschaft mit Herrn Pirckheimer damit zu tun hat. Anstatt stolz zu sein, daß dieser Herr ihn wie seinesgleichen behandelt, verstimmt es ihn, daß der Patrizier es leichter im Leben hat als er. Das soll einer verstehen."

„Bemitleidest du ihn etwa?" In Katharinas Stimme hat sich ein leicht spöttischer Unterton geschlichen.

„Du hast gut lachen. Warte nur, bis du endlich unter der Haube bist. Dann redest du anders. Selbst wenn es mir gänzlich widerstrebt, was hätte ich davon, wenn ich mich darüber aufregte? Damit könnte ich mir nur Ärger einhandeln. Also laß ich es lieber. Im großen und ganzen ist durchaus mit ihm auszukommen."

„Dann bist du mit Vaters Wahl zufrieden?"

„Wie sollte ich nicht? Verlaß dich nur auf ihn und halte dein spitzes Mundwerk etwas mehr im Zaum, damit kannst du dir nur Ärger einhandeln."

Teil 3

XV

Häusliche Sorgen

Herbst 1505

Lange Zeit verläuft die Straße leicht bergauf, wodurch die Fuhrwerke noch langsamer vorankommen als sonst. Zum Glück ist in der Nacht ein Gewitter niedergegangen, so daß Pferde und Räder kaum Staub aufwirbeln. Es hat Abkühlung und Feuchtigkeit gebracht, aber nicht so viel Wasser auf die Erde ergossen, daß die Wagen im Matsch versänken.

Die Bewegung auf dem Maultier in der frischen Luft tut gut, besonders an einem kühlen Augustmorgen wie diesem. Sie durchziehen gerade einen dichten Wald, indem es von hohen, weit ausladenden Laubbäumen noch vereinzelt heruntertropft. Der Waldboden ist mit Büschen und Farnen bedeckt, aus denen feuchte Nebelschwaden langsam aufsteigen, angezogen von den ersten wärmenden Sonnenstrahlen, die sich durch die feuchtkalte Morgenluft stehlen. Die Luft ist klar, obwohl sie in den verdunstenden Wassertropfen zu vibrieren scheint. Der Wald scheint allen Schmutzes und Staubes ledig. Kaum vorstellbar, daß die Luft in ein paar Stunden schon wieder heiß und drückend sein wird.

Die kreischenden Warnrufe des Eichelhähers übertönen jedes andere Geräusch, das Knarren der Räder, das Stampfen und Schnauben der Pferde und Maultiere und die Rufe der Reiter; erhalten jedoch Verstärkung von dem Schettern einer Amsel.

Nach einiger Zeit öffnet sich der Wald: Felder und Wiesen dehnen sich vor den Augen der Reisenden. Der Dinkel ist schon eingebracht, lange Stoppelreihen grüßen vom Wegesrand. Die Wiesen sind vor kurzem zum letzten Mal gemäht worden. Ein paar Kühe kommen mit ihren Hütebuben bis an den Weg heran und glotzen interessiert auf den Troß.

Der Nürnberger Warenzug zur Frankfurter Messe hat eine geradezu unheimliche Länge. Neunundsechzig Wagen umfaßt er mit den Wagen der Städte, die mit den Nürnbergern gemeinsam reisen. Dazu kommen die Begleitmannschaft, eine Gruppe bewaffneter Landsknechte und die einundfünfzig Kaufleute mit ihren Reit- und Packtieren.

Die Wagen der anderen Städte folgen diesmal in einigem Abstand zu den Nürnbergern; sie haben sich in Nürnberg nicht aufhalten wollen, sondern sich in einem Dorf vor der Stadt gesammelt, bevor sie in aller Eile die Stadt durchquert haben. Aber ohne die Nürnberger und ihre Begleitmannschaft zu reisen, empfiehlt sich nicht. Zu sehr sind die Kaufleute Regensburgs, Ingolstadts und Passaus auf den Schutz ihrer Waren bedacht. So gerne sie die Pest fliehen möchten, so ist sie doch nur eine der Schwierigkeiten, die sich dem reisenden Kaufmann entgegenstellen. Die Straßen in Franken sind in den letzten Jahren alles andere als sicher gewesen. Seit den kriegerischen Auseinandersetzungen mit Markgraf Kasimir vor drei Jahren, bei denen die Stadt in arge Bedrängnis geraten ist, weiß man nie, ob er nicht etwas im Schilde führt. Seine Anschläge gelten nicht nur den Nürnbergern, sondern auch den Kaufleuten aller anderen freien Städte. Dazu kommt, daß Jörg Trummer der Stadt die Fehde erklärt hat, wodurch sich die Aktivitäten anderer Placker ebenfalls verstärkt haben.

Die Pest: Agnes ist heilfroh, daß ein Grund, ein zwingender Grund für sie vorlag, die Stadt zu verlassen; denn zur Herbstmesse fährt sie regelmäßig seit einigen Jahren. Seit sich herausgestellt hat, daß sie die Werke ihres Mannes viel besser verkauft als irgendeiner der Händler, die Albrecht eingestellt hat, obwohl sie vom Fach waren. Wieder einmal führt sie in gut verschlossenen, wasserdichten Fässern etliche Exemplare der Heimlichen Offenbarung, Holzschnitte und Kupferstiche mit sich. Fast vierhundert Drucke, die in fieberhafter Tätigkeit in den letzten Wochen abgezogen worden sind, so daß die eigene Presse nur selten stillstand und sie zeitweilig die Hilfe Kobergers in Anspruch nehmen mußten, obwohl es in dessen Offizin vor der Messe genauso hektisch zuging wie bei ihnen. Aber da er über vierundsechzig Druckerpressen verfügt, ist die eine oder andere trotzdem zwischendurch immer mal wieder frei.

Wenn sie nur die Kunstware für die Frankfurter Messe hergestellt hätten, wären sie sicherlich gut zurechtgekommen. Aber Albrecht brauchte darüber hinaus einen Vorrat für seine Venedigreise und war selbst mit den Entwürfen für die Mitteltafel und vier Flügelbilder eines großen Altares mit einer Kreuzigungsszene beschäftigt, den Kurfürst Friedrich bei ihm in Auftrag gegeben hat. Die mußten sorgfältig auf Papier ausgearbeitet werden, da sie Hans Schäufelein mit Hilfe der anderen Gesellen während Albrechts Abwesenheit allein ausführen soll. Wie gut, daß sie einen so tüchtigen und zuverlässigen Gesellen haben.

Zusätzlich war Albrecht mit dem Malen einiger kleinerer Bilder befaßt, die er in Venedig anbieten will. Diesmal wird er dort nicht mehr, wie vor elf Jahren, als wandernder Geselle auftreten, sondern sich gleich mit seinen Werken vorstellen können. Bis in die Nächte hinein haben alle Hausbewohner mit zupacken müssen.

Seit Monaten ist Albrecht von dem Gedanken an Venedig wie besessen. Und seit die ersten Pestfälle aufgetreten sind, hat sich seine Rastlosigkeit weiter verstärkt. Sicherlich wird er bereits in den nächsten Tagen losreiten. Mit dem Auftauchen des welschen Malers de'Barbari in Nürnberg, den sie aus Venedig kannten – er hat für Kolb gearbeitet –, hat sich in Albrecht der Gedanke festgesetzt, man müsse den Menschen nach dem Maß malen können. Albrecht behauptet jedoch, Barbari ergehe sich nur in Andeutungen und behielte sein eigentliches Wissen für sich, das er nur in Venedig finden werde. Immer häufiger hantiert seitdem Albrecht mit Zirkel und Richtscheit, füllt Blätter mit Linien, Kreisen, Dreiecken und Berechnungen.

Sie kann nur hoffen, daß er diese seltsame Leidenschaft in Venedig austobt; die eigentliche Arbeit rückt seitdem nur allzuoft in den Hintergrund. Mit Pirckheimer scheint er über seine Experimente viel zu diskutieren – natürlich haben ihre Griechen und Römer sich mit Ähnlichem beschäftigt. Albrecht liest deswegen häufig in einem Buch von einem Vitruvius Pollio, einem römischen Baumeister; für so etwas nimmt er sich einfach Zeit, genauso wie er die Abende in der Herrentrinkstube unter keinen Umständen ausfallen läßt, auch wenn die Arbeit drängt.

Mit Willibald Pirckheimer ist er in der letzten Zeit überhaupt sehr viel zusammen gewesen. Zuerst hat sie dafür durchaus Verständnis gehabt: Der Tod seiner Frau hat Pirckheimer stark zugesetzt – Creszentia ist bei der Geburt ihres sechsten Kindes, des ersten Sohnes, gestorben und hat das Kind mit sich genommen. Von Feiern und Fröhlichkeit war in seinem Haus nicht mehr die Rede. Pirckheimers Witz, seine Munterkeit, sein Talent, seine Gäste zu unterhalten, auch und gerade mit seiner Musik, das alles war tiefer Traurigkeit gewichen, und er hat sich von allem zurückgezogen. In seinem Gram hat er ihr aufrichtig leid getan. Daß er öfter nach der Gesellschaft Albrechts verlangt hat, wer sollte etwas dagegen haben, wenn ihm dadurch Trost zuteil wurde?

In der letzten Zeit hat sich das Blatt jedoch gewendet. Pirckheimer lädt nun wieder Gäste zu sich. In den zurückliegenden Wochen hat er angefangen, sich mit anderen Frauen zu trösten, und zwar recht ausschweifend. Was Pirckheimer anfängt, betreibt er offensichtlich intensiv. Nur daß er ihren Albrecht mit hineinzieht! Als sie sich darüber aufgeregt hat, hat Albrecht ihre Vorwürfe jedoch mit einem Schulterzucken und ein paar Scherzen abgetan. Pirckheimer überschätze sich auf diesem Gebiet; er gebärde sich wie ein großer zottiger Hund, der hinter den jungen Kätzchen her sei. Da werde er nicht weit kommen.

Vielleicht ist es ganz gut, wenn Albrecht eine Zeitlang andere Menschen um sich hat. Ob allerdings Venedig ein beruhigendes Pflaster ist, hält sie für zweifelhaft. Vor allem, da ihr Albrecht ein ausgesprochen schöner Mann ist, mit dem Pirckheimer sich nicht entfernt messen kann. Obwohl oder gerade weil Albrecht den unmodischen Bart und die langen Locken trägt. Sie erinnert sich gut, wie Marianne Vasoldin die Blicke kommentiert hat, die die Venezianerinnen auf Albrechts blonde Haarpracht geworfen haben. Und er bemerkt das sehr wohl!

Die Frauen schätzen ihn überhaupt sehr, weil er – zumindest in den Zeiten, in denen es ihm gut geht – sehr liebenswürdig und wirklich bezaubernd sein kann, ohne die Grobheiten, die andere Männer sich leisten.

Es beunruhigt sie, daß er bereits in den nächsten Tagen losreiten will – und zwar keineswegs in erster Linie wegen der schönen Venezianerinnen. In seinen Aufzeichnungen hat sie eine Bemerkung gefunden, die Enthaltsamkeit von Frauen sei für die Kunst eines Malers notwendig. Da ist zu hoffen,

Anbetung der Heiligen Drei Könige, 1504

daß er solche Ratschläge nicht nur anderen erteilt. – Das Geschäft mehrere Wochen unter der Leitung eines Gesellen allein zu lassen, das ist ein ziemliches Risiko. Aber Albrecht meint, auf Schäufelein sei Verlaß und auf die anderen ebenfalls. Friedrich, der Lehrbub, den ihnen der Kurfürst von Sachsen anvertraut hat, ist zum Glück bereits wegen der Pest heimbeordert worden.

Nur seinen Bruder Hans, den sieht er nicht gern mit den Gesellen allein in der Werkstatt. Er wird die anderen von der Arbeit abhalten, Grien läßt sich manchmal von ihm in irgendeinen Unsinn hineinziehen. Kulmbach und Schäufelein werden sich nur mit Mühe dagegen zu helfen wissen, denn Hans wird wie immer bei seiner Mutter Schutz suchen. Und dann ...

Albrecht hätte ihn gern mitgenommen. Hoffentlich ist es ihm noch gelungen, die alte Frau dazu zu überreden. Es würde Hans sicherlich guttun, und er könnte etwas lernen. Aber seine Mutter hat Zeter und Mordio geschrien, so viele Kinder habe man ihr genommen, wenigstens ihren Jüngsten solle man ihr lassen. Albrechts Erklärungen, in Venedig sei er während der Pest sicherer aufgehoben als in Nürnberg, haben nichts gefruchtet, die Dürerin hat geschrien und geschluchzt, bis Albrecht ihr seufzend die Hände auf die Schultern gelegt und nachgegeben hat: Niemand wolle ihr den Hans nehmen, wenn sie darauf bestehe, solle er halt bei ihr bleiben, er habe es nur gut gemeint. Meist hält die Alte Riesenstücke auf Albrecht, aber in dieser Sache hat sie keinen Zoll nachgegeben.

Die Reise hätte Hans sicher einige Flausen aus dem Kopf geschüttelt. Albrecht kann ihn recht hart anpacken; nur macht seine Mutter das alles wieder zunichte, indem sie ihren Jüngsten tröstend in die Arme nimmt und ihm in allem seinen Willen läßt.

Solange Vater Dürer noch lebte, war es mit Hans auszuhalten. Doch seit dem Tod ihres Mannes ist die Dürerin nicht mehr richtig zu Kräften gekommen. Sie ist mutlos und matt, lebt mit in ihrem Haushalt, während Albrecht den Endres nach der Schließung des Geschäfts auf Wanderschaft geschickt und Hans zu sich in die Werkstatt genommen hat.

Ach, der Vater Dürer. Schon über drei Jahre ist er tot. Wie wenig ist von ihm geblieben. Gut, daß wenigstens das Bild, das Albrecht einige Jahre vor seinem Tod von ihm gemalt hat, im Hause hängt. Sie bleibt oft und gern davor stehen, denn es zeigt viel von seinem Wesen: seine Frömmigkeit, seine ernste Güte, das viele Leid, das er in seinem Haus erlebt und das ihn doch nicht niedergedrückt oder hart gemacht hat. Nur selten hatte er für jemanden ein böses Wort, er lebte still und zurückgezogen und war seiner Familie ohne viel Worte ein Vorbild. Erfolgreich in seiner Goldschmiedekunst, machte er nie viel Aufhebens um seine Arbeit, selbst wenn er einen Pokal für den Kaiser in Auftrag hatte.

Seine ruhige Art bestimmte die Familie; er brauchte kaum die Stimme zu erheben, sondern konnte allein durch seine Anwesenheit Streithähne besänftigen. Viel gesprochen hat er nicht; nie hörte man ihn schreien: er war einfach da. Daß er so schrecklich an der Ruhr sterben mußte!

Ein frommer Mann, der für Gebete sehr viel, für Ablässe und Kerzen wenig übrig hatte, es seiner Frau jedoch nicht vorhielt, wenn sie sich auf diese Weise Beruhigung zu verschaffen suchte. Ihr Vater hat Agnes einmal gestanden, daß neben dem Geschäftlichen die bescheidene Art des alten Dürer für ihn mit ausschlaggebend gewesen sei, seine Tochter in diese Familie zu verheiraten. Dadurch sei er sicher gewesen, daß sie nicht in einen Haushalt voller Zank gerate oder gar in einen, in dem die Frauen vieles zu erdulden hätten. Wie recht er damit hatte.

Nun ist die alte Frau seines Schutzes beraubt. Wie versteinert, mißtrauisch und abwehrend gegenüber allem und jedem. Und die soll jetzt mit dem jungen Volk allein zurechtkommen! Die Magd lacht öfters heimlich über die Herrin oder zieht Gesichter, während die Burschen noch weniger rücksichtsvoll sind und ganz offen ihre Späße mit ihr treiben, die sie gelassen hinnimmt, vielleicht nicht einmal als solche zur Kenntnis nimmt.

Agnes kann nur hoffen, daß während ihrer Abwesenheit niemand erkrankt, kein größerer Streit entsteht oder die Magd das Haus verläßt. Sie hat ihr eingeschärft, jeden Abend zu kontrollieren, ob alle Türen verschlossen und alle Lichter im Haus gelöscht sind. Die jungen Leute sind oft sehr nachlässig im Umgang mit dem Feuer!

Doch ist das nicht ihre einzige Sorge. Es will Agnes gar nicht schmecken, daß die Gesellen, Hans und die Mägde nun allein die Kammern im oberen Stock bewohnen. Eindringlich hat sie der Magd zu erklären versucht, was es für sie bedeuten würde von einem der Gesellen, die alle keine eigene Werkstatt in Aussicht haben, schwanger zu werden. Mit einer so guten Stelle, wie Anna sie bei ihnen im Hause hat, wäre es in einem solchen Fall vorbei. Trotz der Pest sucht niemand eine Magd, da die Teuerungswelle vor vier Jahren die Anzahl der Menschen in Nürnberg, die sich nicht mehr durch ihrer Hände Arbeit ernähren können, gewaltig vermehrt hat. Im Gespräch mit ihr hat Anna durchaus den Eindruck gemacht, daß ihr bewußt ist, was die Arbeit im Dürerhaus für sie bedeutet. Trotzdem, viel Ruhe wird sie, Agnes, in Frankfurt diesmal nicht haben.

Auch mit dem Geld wird sie haushalten müssen. Wer weiß, wann Albrecht zurückkommt. Vor der Reise hat er Schulden machen müssen, sich einen recht großen Betrag bei Pirckheimer für die Reisekosten geliehen, was ihnen beiden gar nicht recht ist. Aber es ging halt nicht anders. Nach seiner Rückkehr wird Albrecht das sofort begleichen wollen. Man kann nur hoffen, daß die Reise soviel einbringt, wie er sich erhofft. Sie wird vorerst von dem Erlös des Verkaufes der Kunstware leben müssen und sehen, daß die Auftraggeber der Arbeiten, mit denen die Gesellen beschäftigt sind, pünktlich zahlen. Hoffentlich bleiben sie alle gesund.

Inzwischen ist Agnes auf der Anhöhe angekommen und genießt den Blick ins Land hinaus. Vor ihr dehnt sich eine weite Hügellandschaft mit Wiesen und Feldern, eine schier endlose grüne Fläche. Aber ihr in einer Malerwerkstatt geschulter Blick löst dieses Einerlei schnell in etliche Grün- und Gelbtöne auf, zwischen die sich einige Brauns mischen und dazu ein paar farbige Tupfer. Wie hat sie sich im vorletzten Sommer darüber gewundert, daß Albrecht seine Kraft tagelang an ein winziges Wiesenstück vergeudet hat, an ein paar Stengel verblühten Löwenzahns, ein paar Wegerich- und Bibernellenblätter, unnützes Kraut, das die Bauern in ihren

Der Vater von Albrecht Dürer, 1497

Wiesen nicht lieben. Und für dieses Zeugs, für eine einzige Pflanze, hat er mindestens neun verschiedene Grüntöne gebraucht.

Seltsam, wenn er malt, kommt es ihr oft vor, als ob er alle Ordentlichkeit vergäße; ganz ungezielt scheint er Farbflecken aufzutragen. An einigen Stellen wirken die Farben sogar insgesamt recht verschmiert, und trotzdem, letztendlich kann sie Albrechts Wesen in jedem Bild wiederfinden: ordentlich, genau bis in die kleinsten Einzelheiten. Nichts wird vergessen, nichts weggelassen, auch nicht die Löcher, die die Schnecken in die Blätter gefressen haben.

Weiter vorn erschallen Rufe. Der vordere Teil des Zuges ist bereits nicht mehr zu sehen, ein Reiter eilt am Wagenzug entlang und fordert die Fuhrknechte auf, die Abstände zwischen den Wagen nicht zu groß werden zu lassen. Sie werden gegen Mittag vom Frankfurter Geleit erwartet. Wenn die Frankfurter sie pünktlich in Empfang nehmen, werden sie die Stadt am Nachmittag erreichen, so daß jeder im Hellen in seinem Quartier ankommen kann. Eine Verzögerung ist also nicht anzuraten.

Die Gesellen und der Lehrling werden ihr fehlen. Die jungen Burschen haben zwar einige Unruhe ins Haus gebracht, aber auch Leben. Besonders vor Grien muß sie in dieser Hinsicht auf der Hut sein, obwohl der ein anstelliger Kerl ist – Albrecht schätzt den Gesellen und seine Arbeit sehr. Aber der lustige Grienhans, der das Haus mit seinem Gesang und Lautenspiel füllt und damit jedermann erfreut, kann durchaus über die Stränge schlagen und hat allerlei Unsinn im Kopf. Da Albrecht es aus Angst um seine Farbtöpfe abgelehnt hat, daß eine Katze ins Haus kommt, hat Grien ein Eichhörnchen angeschleppt, das ihm bald, zahm geworden, überall hin im Haus folgte, zum Glück an einer Leine. Von diesem Beispiel ermutigt, fingen die Buben an, Vögel, Schnecken, Käfer und alles mögliche Getier anzuschleppen und die Tenne damit zu bevölkern. Dafür sind sie von Albrecht merkwürdigerweise sogar gelobt worden.

Zu guter Letzt ist auf diesem Wege der Hase zu ihnen ins Haus gekommen. Zuerst hieß es, der wird im Stall dem

Maultier Gesellschaft leisten. Aber dann hat Grien ihm einige Kunstückchen beigebracht. Er war schließlich ganz zahm und durfte nicht nur unten in der Tenne herumhoppeln, sondern folgte Grien oft nach oben. Um die Farbtöpfe hat er zum Glück einen großen Bogen gemacht, so daß Albrecht ihn oben duldete. Ein merkwürdig geduldiges Tier. Was es sich von Hans und Friedrich alles hat gefallen lassen müssen! Nur vor dem Kochtopf wollten es alle retten, da waren sie sich einmal einig.

Als Albrecht den Hasen eines Tages allein in seiner Werkstatt hockend angetroffen hat, mit offenen Augen schlafend – wobei es ihn keineswegs aufgestört hat, daß Albrecht in die Stube getreten ist –, hat er ihn gezeichnet und später sogar gemalt. Der Hase hat sich widerstandslos auf den Tisch am Fenster setzen lassen – auf dem Bild spiegelt sich das Fensterkreuz in seinem Auge – und sich nicht weggerührt, bevor sein Konterfei vollendet war. Als wenn er sich der Ehre bewußt gewesen wäre.

Manchmal fürchtet sie noch immer, daß die Leute einen Maler wie Albrecht nicht ernst nehmen werden. Ein richtiges Bild, sorgfältig ausgeführt, mit nichts als einem Hasen darauf. So etwas hat es noch nie gegeben. Aber zum Glück scheint niemand zu lachen; im Gegenteil: Der Hase wird viel bewundert und bestaunt, besonders da jedes Härchen seines Fells deutlich zu sehen ist. Sie ist schon des öfteren gefragt worden, wie viele Tage ihr Eheherr an diesem Hasenfell gemalt habe. Als sie ihn danach gefragt hat, hat er ihr unter dem Gelächter der Gesellen erklärt, das werde er niemandem verraten, auch nicht seiner verehrten Hausfrau. Na, ihr soll es recht sein, das Geschäft läuft schließlich gut. Aber wie in einer ordentlichen Malerwerkstatt, wie zum Beispiel bei Wolgemut, wo die Lehrlinge Farben reiben und nach alten Vorlagen fromme Bilder auf große Tafeln aufgetragen werden, geht es bei ihnen nicht zu.

XVI

Die Frankfurter Messe

Als sie sich dem Orte nähern, an dem das Frankfurter Geleit auf sie wartet, zieht Agnes das rechte Bein so über den Körper des Maultiers auf die linke Seite zurück, wie man es von einer weiblichen Reisenden erwartet. Aber natürlich hat sie diese unbequeme Art zu reiten nicht auf der ganzen Strecke beibehalten, sondern wie die Männer auf dem Tier gesessen. Beim Einzug in Frankfurt würde sich das jedoch kaum schicken.

Schon während der Troß in Frankfurt einzieht, spürt und sieht Agnes, was sich hier in den nächsten Tagen abspielen wird. Die Stadt ist bereits jetzt gefüllt mit Menschen jeder Herkunft und Schicht: Kaufleuten aus den großen Handelsmetropolen Europas, aus Flandern, Holland, London, Köln, Leipzig, Riga, Lyon, Basel, Mailand, Wien; Hökern aus der Umgebung; Gauklern, die hoffen, hier ein großes Publikum vorzufinden und natürlich allen Gattungen zwielichtiger Gestalten, vor denen man seine Geldbörse wird hüten müssen.

Sie hat sich diesmal erneut bei Maria Steffanin eingemietet, die im Haus neben dem Nürnberger Hof Zimmer vermietet, zum Glück zu etwas niedrigeren Preisen. So kann sie alle Vorteile nutzen, die der Nürnberger Hof bietet, ohne die fürstlichen Preise, die Jacob Heller und seine Ehefrau Katharina von Melem im Nachbargebäude nehmen. Auch Maria Steffanin verfügt im unteren Teil des Hauses über Klappläden und Platz zum Stapeln der Ware; dort hat Agnes fest einen Stand gemietet.

Sie hat ein paar Dinge aufgeschrieben, die sie für ihre Familie besorgen will, obwohl das sicher schwierig werden wird, da ihr wenig Zeit bleibt, sich selbst als Käuferin in den Trubel zu stürzen. Die Schwiger hat ihr dringend ans Herz gelegt, in den Kreuzgängen der Bartholomäuskirche nach einer kleinen Reliquie Ausschau zu halten, einem Knochensplitter vielleicht, der erschwinglich ist. Die Farben Muschelgold und Azurit, die sie für die Gesellen besorgen soll, werden leicht aufzutreiben sein; die Händler, bei denen sie zu kaufen pflegt, kennen sie als gute Kundin und werden auch von allein bei ihr vorsprechen, falls sie sich nicht meldet.

Während des Frühstücks der Nürnberger mit den Pfeifern, die um zehn Uhr gemeinsam zum Pfeiferzug aufbrechen, um sich die Zollfreiheit der Nürnberger bestätigen zu lassen, erwartet niemand, daß hier in der Gegend die Klappläden geöffnet sind. In dieser Zeit wird sie rasch einen Gang durch die Stadt wagen können. Vielleicht bleibt noch etwas Zeit, um sich auf dem Römerberg einige Rechnungsbücher mit den neuartigen Zahlen anzusehen, von denen Koberger ihr auf der Reise vorgeschwärmt hat, weil sie einfach und übersichtlich zu schreiben seien. Ein umfangreiches Programm. Wenn sie das alles erledigen will, muß sie heute abend noch auspacken.

Wie so häufig machen die Kaufleute ihre Planung zunichte: Für den Abend wird sie zum Essen geladen, bei dem sie nicht fehlen darf. Jedesmal, wenn ein Neuling in die Reihen der Messefahrer aufgenommen wird, muß er sich einem Ritual unterziehen, dem sogenannten Hänseln, zu dem die Nürnberger vollständig zusammentreffen. So findet sie sich pünktlich im Gasthof ein und lacht wie alle anderen, als der große Löffel hereingetragen wird, der einiges an Wein faßt und den der arme Kerl in einem Zug leeren soll. Dem jungen Mann ist die Zeremonie äußerst unangenehm. Er ist ein biederer, ordentlicher Mensch, der versucht, seine Aufgabe durch genaue Kalkulation zu bewältigen. Vorsichtig setzt er den Löffel an, trinkt stetig, in kleinen Schlucken, bis es den Umstehenden zu langweilig wird und jemand unter lautem Beifall den Löffel anhebt, so daß der Gehänselte rascher schlucken muß.

Natürlich gerät der in Verzug, schluckt, schluckt, bläst die Backen, verzieht gequält das Gesicht. Der Saft rinnt ihm am Mund hinunter, er gerät in Atemnot. Endlich ist es geschafft, der Löffel geleert, der Beifall dem jungen Mann gewiß. Als sich das Interesse von ihm auf die Fleischplatten verlegt hat, sieht Agnes, daß er, totenbleich geworden, unauffällig aus dem Saal zu verschwinden sucht.

Am ersten Abend ihres Frankfurter Aufenthaltes, erleichtert, die Strapazen der Reise hinter sich gebracht zu haben, verdrücken die Nürnberger eine Fleischplatte nach der anderen: Hühnerschlegel, Schweinebraten, ein ganzes Zicklein, spülen auch mit Bier oder Wein kräftig nach. Doch achten alle darauf, sich keinen Rausch anzutrinken. Die Gespräche drehen sich um die Reise, das Wetter, die Verkaufsaussichten. Agnes sitzt ziemlich still auf ihrem Platz. Nach dem guten Essen spürt sie ihre Müdigkeit doppelt. Es wäre ihr recht, wenn endlich die Tafel aufgehoben würde. Aber sie muß noch eine Zeitlang ausharren, da die Nürnberger es nicht schätzen, wenn sich jemand nicht in ihre Gemeinschaft fügt.

Sehr früh am nächsten Morgen läßt sich Agnes von zwei Hausknechten ihre Fässer zu ihrem Stand rollen und aufstemmen. Dann packt sie aus. Die Erfahrung der letzten Jahre hat ihr gezeigt, daß schon die Art, wie sie ihre Kunstware darbietet, einen Teil des Verkaufserfolges ausmacht. Hier in Frankfurt muß sie besonders aufpassen, da das Publikum einerseits buntgemischt, auf der anderen Seite ein sehr spezielles ist. Auf Heiltumsmärkten gehen die Holzschnitte mit religiösen Szenen am besten; aber gerade für die zeigen viele Messefahrer kaum Interesse. Es reicht, wenn sie ein paar dieser Blätter in einer Ecke aufstapelt. Aus der neuen Folge, dem Marienleben, die noch nicht abgeschlossen ist, sollte sie vielleicht eine Darstellung des heiligen Joachim auslegen, denn aus irgendeinem Grund haben die Niederländer zu diesem Mann eine besondere Zuneigung gefaßt. Da ist einmal die Verkündigung an Joachim, mit einer sehr schönen Abbildung eines Engels, und die Zurückweisung von Joachims Opfer im Tempel. Auf diesem Bild schiebt der Hohepriester Joachims Opferlamm und den Taubenkäfig vor aller Augen über den Altar zurück, wodurch er Joachim, einen feinen, hochgewachsenen alten Mann mit langem Bart, bloßstellt und den kinderlosen, leidgeprüften Mann weiterer Kränkung aussetzt, während neben ihm ein stämmiger Herr das Produkt seiner erdkräftigen Männlichkeit – ein dreistes Bürschen, das sich seiner Bedeutung als Stammhalter offensichtlich bewußt ist – erfolgreich zur Schau stellt. Doch soll diese Kränkung des Frommen dem Betrachter zeigen, daß Gottes Wege unergründlich sind. Denn noch im Alter wurde Joachim dazu ausersehen, Vater der Gottesmutter Maria zu werden, obwohl auch seine Frau bereits in vorgerücktem Alter war. Albrecht hat diese Szene nicht wie andere der Folge nach Vorlagen gestaltet, sondern selbst entworfen: die hochmütig-abschätzigen Blicke der Priester, das dümmlich selbstbewußte Auftreten des zweiten Opfernden und den tief betroffenen Joachim.

Während Agnes das Bild in der Hand hält, durchfährt es sie heiß, zeigt es doch, wie sehr Albrecht ihre gemeinsame Kinderlosigkeit weiterhin beschäftigt. Sie selbst hat eine Zeitlang geglaubt, über den Schmerz hinweggekommen zu sein. Doch wenn sie dieses Bild anschaut, spürt sie den Stich, der wohl nie ganz ausheilen wird, einen Augenblick lang erneut schmerzen.

Aber was hilft's? Es ist müßig, sich solchen Gedanken hinzugeben. Vielleicht ist das Bild anderen ein Trost. Es könnte also sein, daß sich außer den Niederländern, die hier reichlich vertreten sind, weitere Kunden von dieser Darstellung beeindrucken lassen. Schließlich gibt es viele kinderlose Paare.

Die Verkündigung an Maria ist dagegen eine Arbeit, die unterschiedliche Kundenkreise anspricht. Die Frommen mögen das Blatt wegen der Darstellung eines imposanten Engels mit großen Flügeln, dessen Worte Maria demütig anhört. Aber Agnes hat bereits erlebt, daß jemand es ausschließlich wegen der Gewölbe, der hintereinander angeordneten Bögen kauft; unter ihnen wirken die Figuren recht klein. Albrecht hat sie darauf hingewiesen, daß die Darstellung des Raumes auf diesem Blatt etwas Neues und Ungewöhnliches sei.

Als Blickfang eignet sich dagegen eindeutig ein anderes Blatt: der große Kupferstich mit dem heiligen Eustachius, dem Römer Placidus, dessen Bekehrung der Stich zeigt – andächtig ist er beim Anblick des Hirsches, der das Kreuz Christi trägt, in die Knie gesunken. Ältere Darstellungen zeigen meist, wie er angesichts dieses ungewöhnlichen Hirsches vom Pferd stürzt. Albrecht in seiner Eigenwilligkeit hat diese Art der Darstellung abgelehnt und ihr erklärt, daß es ihm widerstrebe, eine Bekehrung mit einem Sturz in

Zusammenhang zu bringen. Nicht Bewußtlosigkeit, sondern ehrfürchtige Aufmerksamkeit wandle den Sinn eines Menschen. Das hat durchaus etwas für sich.

Neben dem Heiligen bestimmt die lebensechte Darstellung eines Pferdes, Hirsches und von fünf Jagdhunden das Bild; schließlich ist dieser Eustachius der Schutzpatron der Jäger. Der Druck ist groß, teurer als die übrigen und macht in erster Linie vornehmen Herren, die das Waidwerk lieben, Eindruck.

Von allen Stichen schätzt Albrecht selbst den, auf dem Adam und Eva im Paradies dargestellt sind, umlagert von Tieren aller Art, am meisten. Endlos hat er daran gearbeitet und ihn ihr schließlich als das Ergebnis seiner Messungen und Berechnungen präsentiert. Deswegen hat er einen ganzen Stapel davon gedruckt. Also legt sie ihn gut sichtbar neben den heiligen Eustachius.

Katharina von Melem, offensichtlich auf einem Rundgang durch ihr Anwesen, nickt Agnes von weitem zu, zögert einen Moment, kommt zu ihr herüber. Die beiden Frauen kennen sich seit einigen Jahren, die Hellers sind Kunden, die vor zwei Jahren einen kleinen Hausaltar bei Albrecht in Auftrag gegeben haben: als Mittelteil den Kopf des leidenden Christus mit der Dornenkrone; ein Bild, vor dem sie sich in ihrem Haus zum Gebet niederlassen. So weit ein guter Auftrag. Daß immer mehr Menschen Andachten bei sich zu Hause abhalten wollen, macht einen großen Teil ihres Verkaufserfolges aus. Daß die Hellers dieses kleine Altarbild jedoch mit Darstellungen ihrer eigenen Personen umgeben wissen wollten, hat Agnes sehr befremdet. Klein unten am Bildrand sind Bildnisse der Stifter durchaus üblich, doch als Altarflügel? Widersetzen kann man sich solchen Bestellungen natürlich nicht, aber ein ungutes Gefühl und eine gewisse Befangenheit gegenüber der Frau von Melem haben Agnes seither nicht verlassen.

Noch während sie überlegt, ob die Hellerin nur zu einem kurzen Schwatz aufgelegt ist oder vielleicht etwas kaufen will und welches Blatt am ehesten in Frage käme, sieht sie, daß die Frau vor der Darstellung des nackten Paares im Paradies stehengeblieben ist und es stirnrunzelnd mustert. „Das ist also die neue Art Kunst, die von den Welschen zu uns herübergekommen ist und die jedermann in den höchsten Tönen lobt. Ist es Euch nicht unangenehm, Dürerin, solch nackte Personen feilzubieten?"

Agnes kennt die direkte Art der Katharina von Melem und weiß, daß der Frau darüber hinaus der Ruf großer Frömmigkeit und Tugendhaftigkeit anhaftet. Die Gäste in ihrem Haus können ein Lied davon singen. Jetzt hat sich um ihren Mund ein kaum wahrnehmbarer verachtungsvoller Zug gebildet, der Agnes aufbringt. Zwar haben die Hellers mehr Geld als sie, aber sie betreiben auch nur ein Geschäft, und über solche Dinge wie die Kunstfertigkeit ihres Mannes sollte sich die Frau lieber nicht so rasch ein Urteil anmaßen, davon versteht sie nichts.

Doch bevor der Dürerin eine spitze Bemerkung entglitten ist, hat sie sich wieder gefangen. Ganz Geschäftsfrau erklärt sie der Hauswirtin freundlich, daß in der Bibel nun einmal stehe, im Paradies seien die Menschen nackt gewesen, und schließlich könne ihr Eheherr nicht etwas malen, das der Bibel entgegenstehe. „Die Nacktheit ist als solche nichts Schlechtes, schließlich hat Gott Adam und Eva so geschaffen, und ursprünglich durften sie sich ganz unbefangen in diesem Zustand zeigen. Erst nach dem Sündenfall mußte der Mensch sich dafür schämen. Damit jedoch niemand an dem Bild Anstoß nehmen kann, hat mein Eheherr das Geschlecht der beiden mit Blättern verhüllt.

Aufsehen hat dieses Blatt deswegen erregt, weil es bislang keinem deutschen Maler gelungen ist, den Körper der Menschen derart genau wiederzugeben. Mein Eheherr arbeitet sie nach einem Maß, muß viel rechnen und entwirft die Figuren mit Zirkel und Richtscheit. Aber wenn Euch diese beiden Gestalten nicht zusagen, wird vielleicht jene Darstellung der Geburt Christi eher Euer Wohlgefallen finden."

Sie zieht den Holzschnitt aus dem Stapel, den sie noch nicht sortiert hat. „Eine sehr feine Darstellung, genau gearbeitet, jede Einzelheit ist zu sehen." Schon während sie dies sagt, ist ihr klar, daß sie auch mit diesem Bild kein Glück hat. Katharina von Melem bleibt reserviert. Wahrscheinlich erscheinen der Frau die Personen zu klein geraten, die Szenerie unscheinbar, das heruntergekommene Haus, in dem die heilige Familie nächtigen muß, dagegen zu auffällig. Aber

Albrecht will gerade deutlich machen, in welch ärmlicher Umgebung Jesus geboren wurde. Das erklärt sie der Frau jedoch besser nicht, sonst ist sie als Kundin endgültig abzuschreiben.

Der Blick der Besitzerin des Nürnberger Hofes haftet erneut an den beiden nackten Gestalten. „Wie verhaltet Ihr Euch gegenüber Kunden, die trotz Eurer Erklärungen lüstern auf dieses Bild schauen oder Witze reißen?"

Agnes lacht. Nun hat sie bei der Frau nichts mehr zu verlieren, heute wird die ihr bestimmt nichts mehr abkaufen. „Wenn sie allzu unverfroren sind, wasche ich ihnen ordentlich das Maul. Grinsen sie jedoch nur frech in sich hinein, fange ich an sie auszufragen, ob etwas mit dem Bild nicht stimmt. Ob irgendein Körperteil nicht der Natur entspreche, der Armmuskel des Mannes, zum Beispiel, die große Zehe, die Haltung des Beines oder die Brust der Frau. Ich frage solange, bis es ihnen unangenehm wird. Wenn es soweit ist, wollen sie meist rasch den Preis wissen und den Kauf abschließen. Aber ich nutze ihre Verlegenheit, um ihnen eines der Bilder mit der Darstellung eines Engels oder eines Heiligen anzubieten, die sie unter diesen Umständen nur in den seltensten Fällen auszuschlagen wagen."

Erstaunlicherweise ist während dieser Erzählung der herablassende Zug im Gesicht der Katharina von Melem einem kleinen, anerkennenden Lächeln gewichen, so daß Agnes eine neue Chance wittert. „Ich glaube, für Euch, Frau Hellerin, passen all diese Bilder nicht, das ist Verkaufsware für jedermann, in großer Auflage hergestellt. Wie seid Ihr eigentlich mit Eurem Altarbild zufrieden? Ein gemaltes Werk ist schließlich etwas ganz anders. Aber man sieht bereits auf den Stichen und Holzschnitten, wie genau mein Eheherr arbeitet, wie viel Arbeit er sich macht, selbst mit jeder an sich unbedeutenden Kleinigkeit. Die vielen Tiere im Paradies, jedes entspricht in allen Einzelheiten seinem tatsächlichen Aussehen. In unserer Werkstatt wird selten nach Vorlagen gearbeitet, wie es allgemein üblich ist, sondern Landschaften, Häuser, Tiere, Bäume und Pflanzen werden nach der Natur gezeichnet, obwohl das aufwendig ist."

„Mein Eheherr und ich haben schon öfter davon gesprochen, dem Dominikanerkloster ein Altarbild zu stiften. Aber zu einem Entschluß sind wir bis jetzt nicht gekommen. Es ist ständig so viel zu tun, und wenn es in Frankfurt etwas ruhiger ist, dann ist mein Eheherr sicher mit einem Tuchtransport unterwegs."

Agnes nickt. „Habt Ihr ein bestimmtes Thema im Auge? Für die Familie Paumgartner in Nürnberg ist in unserer Werkstatt ein Altarbild entstanden, auf dem die Geburt Christi dargestellt ist." Rasch setzt sie noch hinzu: „Die Figuren sind größer als auf dem Holzschnitt, und das Gebäude ist bei weitem nicht so heruntergekommen. Auf den Seitentafeln sind dagegen der heilige Georg und der heilige Eustachius zu sehen."

„Ja, ich habe davon gehört. Es wird viel gelobt. Aber diese beiden Heiligen sagen mir wenig."

„An Heiligen und Märtyrern gibt es keinen Mangel. Die heilige Kunigunde, zum Beispiel; sie hat ihren Mann Heinrich II. auf ausgedehnten Reisen begleitet und später im Kloster für einen strengen Ordensgeist gesorgt." Während sie die Worte ausspricht, weiß Agnes, daß dies ein Mißgriff ist, denn Kunigunde war kinderlos wie Katharina von Melem. Was muß ihr gerade diese Heilige in den Sinn kommen, die außerdem nicht einmal ein Martyrium vorzuweisen hat.

Im gleichen Augenblick fällt ihr etwas viel Näherliegendes ein: der Holzschnitt über das Martyrium der heiligen Katharina, der in ihrer Werkstatt entstanden ist. „Für Euch paßt etwas anderes besser. Ich könnte mir auf den Seitentafeln Eures Altars Darstellungen Eurer eigenen Namenspatrone vorstellen. Sowohl Euer Eheherr als auch Ihr habt Schutzheilige, mächtige Fürsprecher, die für ihren Glauben das Martyrium auf sich genommen haben. Die Enthauptung des Jakobus kann ich mir als ergreifende Szene vorstellen, genauso wie die der Jungfrau Katharina, die sogar zu den Nothelfern gehört. Das Rad mit den spitzen Messern, die die Jungfrau zerfleischen sollten, die sich aber durch ein von Gott gesandtes Feuer verbogen haben, verdeutlicht eindrucksvoll die Leiden, die ihre heidnischen Peiniger für sie erdacht hatten."

„Vielleicht könnte man zusätzlich ihre Geißelung und die zwölf Tage Kerkerhaft ohne Speise und Trank veranschaulichen."

„Möglicherweise läßt sich das ebenfalls verwirklichen. Wenn Ihr unter diese Darstellungen Eure Bildnisse und Eure Wappen malen laßt, so werdet Ihr starke Fürsprecher im Himmel haben."

Das Gesicht der Katharina von Melem hellt sich auf. „Ja, der Vorschlag ist gut. Für die Mitteltafel könnte ich mir ein Marienbild vorstellen, aber ein anderes Motiv, nicht die Geburt Christi."

„Wie wäre es mit der Aufnahme Mariens in den Himmel? Nach dem Eröffnungsgottesdienst zur Frankfurter Messe am Himmelfahrtstag unserer lieben Frau würden sich sicherlich viele Messebesucher zu einem Gebet dorthin gezogen fühlen."

„Das scheint mir eine hervorragende Idee, es paßt zu uns und zu Frankfurt. Jeder wird sofort die Frankfurter Herbstmesse damit in Verbindung bringen. Auf der anderen Seite, würde eine Himmelsdarstellung nicht sehr teuer kommen? Das viele Gold ..."

„Gold wird heutzutage kaum noch verarbeitet, sondern vielmehr Blau. Das ist allerdings ebenfalls nicht ganz billig, da es aus einem Stein gewonnen wird, der aus den Ländern jenseits des Ozeans zu uns kommt. Es gibt zwar durchaus billigere Farben. Aber die besitzen natürlich bei weitem nicht dieselbe Leuchtkraft. Doch das sind Einzelheiten, über die man sich sicherlich einigen kann."

„Vermutlich. Bis dahin wird es noch eine Zeit dauern. Wenn sich die Gelegenheit ergibt, werde ich den Plan mit meinem Eheherrn durchsprechen. Wir werden Euch Bescheid geben, wenn wir uns entschieden haben. Es war auch schon von Mathis Neithardt die Rede, der als Maler ebenfalls einen guten Ruf besitzt und direkt hier am Orte wohnt. Aber Euer Vorschlag gefällt mir."

„Laßt Euch Zeit, Frau von Melem. Zur Zeit weilt mein Eheherr in Venedig. Vor dem Frühjahr wird er nicht zurückkehren."

Katharina von Melem nickt Agnes noch einmal kurz zu, dann setzt sie ihren Rundgang fort, während Katharina weiter auspackt. Vielleicht nicht schlecht, wenn sie Albrecht mit einem so großen Auftrag überraschen könnte, obwohl sie nicht ganz sicher ist, wie er auf den Wunsch nach den Märtyrerdarstellungen reagieren wird.

Die Geschäfte florieren. An Agnes' Klappladen stehen die Kunden manchmal sogar Schlange, besonders gegen Ende der Messe, als sich die Geldsäckel der Kaufleute gefüllt haben und man darangeht, für den eigenen Bedarf einzukaufen, meist weit über das Notwendige hinaus. Agnes hat sich inzwischen daran gewöhnt, daß sich besonders die Drucker und Buchhändler bei ihr einfinden – in erster Linie sind die Basler zu nennen, unter ihnen gute Bekannte wie Johannes Amerbach, mit dessen Besuch sie regelmäßig rechnen kann. Der kann die Qualität ihrer Abdrucke nicht genug loben und kauft regelmäßig einige Kupferstiche. Bei den Reißern und Holzschneidern vom Oberrhein, aus Italien oder den Niederlanden kommen ihr dagegen manchmal Bedenken, ob sie nicht nur eigene Abdrucke davon herstellen wollen, was allgemein üblich ist und wogegen sich leider kaum etwas unternehmen läßt.

Die Stimmung der Nürnberger bleibt diesmal trotz der guten Geschäfte gedrückt. An den Abenden im Nürnberger Hof machen Gerüchte oder auch Nachrichten über die Opfer, die die Pest zu Hause gefordert hat, die Runde. Man hört einiges über Bauernunruhen, die die Gegend um Speyer erschüttern. Viele der Messefahrer wundern sich darüber nicht, das sei nicht überraschend, da im Bistum Speyer manches im argen liege, der Bischof seine Steuereintreiber über Land schicke, die gnadenlos zugriffen, obwohl die Bauern ihren Viehbestand noch vor kurzem hätten verringern müssen. Der Not auf der Seite der Bauern stehe ein unmäßig aufwendiger Lebenswandel des Klerus des Stiftes gegenüber. Kein Wunder, daß die Bauern sich unter der Führung eines Landsknechts zusammengefunden hätten und dem Vorbild der Schweizer nachstrebten. Fürsten und Grafen, selbst die kleinen Landadeligen versuchten, ihre Macht überall auszuweiten.

Das empört natürlich die Stadtbürger; doch als einzelne Männer darauf hinweisen, daß es auf Nürnberger Gebiet den Bauern genauso schlecht gehe, die Auseinandersetzung mit dem Markgrafen und der Kriegszug der Stadt im vergangenen Jahr Dörfer und Städte in Asche gelegt habe, kommt es fast zum offenen Streit, der nur dadurch vermieden wird, daß jemand den Namen Veit Stoß in die Debatte wirft, der betretenes Schweigen auslöst.

Obwohl er mit Erlaubnis des Rates nach Nürnberg zurückgekehrt ist, sitzt er bereits für vier Wochen erneut im Turm ein als Strafe für seine Flucht. Die ungewöhnlich strenge Maßnahme des Rates mißbilligen viele Nürnberger insgeheim. Die Angelegenheit brennt ihnen in den Eingeweiden; doch traut sich kaum einer, Stoß offen zu verteidigen, denn der Arm des Rates reicht weit, und das Entsetzen über das Schicksal des Bildschnitzers lähmt einen jeden.

Als hätte Christine mit ihrer Angst vor den bösen Geistern recht gehabt, denkt Agnes. Ein fürchterliches Schicksal hat den berühmten Mann nach seiner Rückkehr aus Krakau in seiner Heimatstadt erwartet. Nur ist das, was sich in Nürnberg abgespielt hat, nicht von Geistern in Szene gesetzt, sondern von Menschen: Des Betruges überführt – durch den er allerdings nur ausgleichen wollte, was man ihm angetan hatte –, hat der mächtige Anthoni Tetzel Recht über Stoß gesprochen, den alten Mann vom Henker brandmarken, beide Wangen unterhalb der Augen durchstoßen lassen. Damit war er geächtet und seiner Existenz beraubt. Doch während die Nürnberger entsetzt den Spruch der Obrigkeit in sich hineinfraßen, kämpfte Stoß weiter, floh gegen das ausdrückliche Verbot des Rates, die Stadt je wieder zu verlassen, nach Münnerstadt. Und dafür sitzt er jetzt im Turm. Ein kämpferischer Mann, unbeugsam, der sich der Obrigkeit nicht unterwerfen will.

Solange Stoß sich in Münnerstadt aufhielt, haben Agnes und Katharina nach ihren Badenachmittagen hin und wieder bei Christine hereingeschaut, die nach der Brandmarkung ihres Mannes mit ihrem zweiten Kind, der Tochter Margarethe, niedergekommen war und im letzten Jahr wieder einen Sohn geboren hat. Doch der einst sehnlich erwünschte Kindersegen hat Christine in dieser schwierigen Situation in Angst und Schrecken versetzt. Ins öffentliche Bad traut sie sich schon lange nicht mehr, hält auch die Kinder meist im Haus, um ihnen die Schmährufe zu ersparen, die ihnen andere Kinder nachrufen.

Schmal, ängstlich, den Umgang mit Fremden und selbst den Nachbarn nicht gewöhnt, drängen sich Stoß' Kinder hinter ihrer Mutter zusammen, solange der Besuch der Frauen währt. Die beiden Schwestern atmen jedesmal auf, wenn sie das Haus verlassen können.

Doch mit diesem Gespräch über die Zeitläufte und die Ereignisse in Nürnberg lassen sich die persönlichen Sorgen der Kaufleute in Frankfurt nicht beiseite schieben. Spätestens wenn die Post aus dem Süden erwartet wird, drängt sich die Furcht um das Wohlergehen der eigenen Familie bei jedem einzelnen in den Vordergrund. Zwar haben viele der Kaufleute ihre Frauen und Kinder aus der Stadt fortgeschickt, aber dadurch sind sie nicht in Sicherheit.

Oft begleitet Agnes Koberger, den Paten ihres Mannes, der seine Familie auch diesmal nach Schwäbisch-Gmünd geschickt hat, früh am Morgen in den Gottesdienst, um für ihre Lieben zu beten. Leider setzt sich dort das Getriebe der Straßen fort. An mehreren Altären werden gleichzeitig Messen gelesen, murmeln Priester Gebete, und viele der Kirchenbesucher führen ihre Verhandlungen hier ungeniert weiter, schließen in der Kirchenhalle ihre geschäftlichen Verträge ab. Das alles stört die Andacht der übrigen sehr; aber was hilft es, so ist es während der Frankfurter Messe, nirgendwo läßt sich ein ruhiger Ort finden.

Auch Agnes quält sich mit der Frage, was sie bei ihrer Ankunft zu Hause erwartet. Die Schwieger hat zwar die Pest schon einmal überstanden und Agnes hat gehört, daß ein Mensch nur einmal daran erkranke. Aber wie mag es den Gesellen gehen? Hans? Der Magd? Wie wird es um sie stehen, wenn sie zurückkommt? Schließlich bleibt die bange Frage, ob Albrecht ohne größeren Zwischenfall in Venedig angekommen ist? Dort droht zwar zur Zeit nicht die Seuche, die Tiroler Straßen sind gut bewacht, aber es kann ihm anderes widerfahren sein: Durch Steinschlag sind viele Reisende getötet worden, ein Fehltritt kann einen Sturz in die Tiefe nach sich ziehen, ein Unwetter die Reisenden überraschen.

Nach dem Abschlußgottesdienst, der unwiderruflich das Ende der Messe markiert, verlassen alle Messefahrer Frankfurt, und auch die Nürnberger machen keine Ausnahme. Die Pest soll inzwischen an Stärke eingebüßt haben. Noch am letzten Tag hat Agnes die Nachricht erhalten, daß unter der Veste alles gesund sei, Hans von Kulmbach wegen eines Auftrages in Augsburg die Stadt jedoch vorübergehend verlassen habe.

XVII

Die Leitung der Werkstatt

Zum Empfang der Messefahrer in Nürnberg zeigt sich kaum jemand vor der Tür. Wie ausgestorben scheint die Stadt, ein matter Geruch liegt über den Straßen, auf allen größeren Plätzen werden qualmende Feuer unterhalten, deren Rauch die Stadt durchzieht.

Doch als Agnes auf ihrem Maultier die Straße zur Veste hinaufklappert, wird ein Fenster im zweiten Stock des Dürerhauses aufgerissen, mehrere junge Stimmen rufen ihr fröhlich einen Willkommensgruß zu. Dann polternde Schritte auf der Treppe, die große Tennentür öffnet sich, Hans Schäufelein und Grien helfen ihr von ihrem Reittier, die Magd erscheint mit einem Begrüßungstrunk.

Die Pest scheint im Dürerhaus dieses Mal nur wenig Schrecken verbreitet zu haben. Die Magd hat sich nicht davongemacht, sondern den Haushalt sorgfältig geführt. Die jungen Männer haben sich nicht weiter um die Seuche bekümmert. Hans Schäufelein antwortet auf ihre Fragen lachend, er fühle sich ausreichend geschützt, da er eifrig an dem Pestaltar für Kurfürst Friedrich arbeite. Auch hätten sie so viel zu tun gehabt, daß ihnen für eine Erkrankung keine Zeit geblieben wäre. Die Vorarbeiten für die Mitteltafel seien fast abgeschlossen, er male zur Zeit an dem Bildnis des heiligen Rochus auf der Seitentafel.

Grien ist mit den Zeichnungen für einige Scheibenrisse beschäftigt, die Erhard Schürstab für das Nürnberger Karmeliterkloster bestellt hat. Voller Stolz präsentieren die beiden ihr einen umfangreichen neuen Auftrag Ulrich Pinders, der ein Werk mit Passionsszenen herausgeben möchte und dazu Dutzende von Holzschnitten benötigt.

Auf ihre Frage nach der Schwiegermutter erhält sie die knappe Auskunft, daß sie am Grab ihres Mannes gegenüber bei den Predigern noch mehr Zeit als sonst verbringe; die alte Frau habe sich um die Hausbewohner kaum bekümmert, scheine aber auch nicht von Ängsten gepeinigt, so sei jeder seiner Wege gegangen. Streit habe es keinen gegeben.

Hans sei ihnen leider keine große Hilfe gewesen. Die beiden Gesellen beschweren sich, daß er ihnen nicht gehorcht habe, der Arbeit häufig aus dem Weg gegangen sei, statt dessen vor der Stadt herumstromere, sich mit den Metzgergesellen am Einfangen der Kornlerchen beteilige.

Als Hans ein paar Stunden später auftaucht, verteidigt er sich trotzig. In diesem Hause tue jedermann so, als gäbe es die Pest nicht, statt dessen seien die beiden Gesellen ständig so vergnügt gewesen, daß es in ihrer Gesellschaft nicht auszuhalten gewesen sei. Die Netze auszulegen, in die sich die Vögel in großen Scharen verfingen, sei eine wichtige Sache; schließlich lieferten die Tiere, die sie an Stangen aufgespießt zum Braten verkauft hätten, gerade zur Zeit für die Ernährung der geschwächten Stadtbewohner einen wichtigen Beitrag. Dort draußen auf den Feldern habe er sich wenigstens bewegen können, und die Gesellen wären recht gut ohne ihn ausgekommen. Im Gegenteil, sie hätten ihm deutlich zu verstehen gegeben, daß sie in seiner Abwesenheit weit besser zurechtkämen.

Obwohl sie Hans streng zurechtweist, muß sie ihm insgeheim recht geben. Sie sieht ihm an, daß die Angst vor der Pest ihm noch immer tief in den Gliedern sitzt. Die Gesellen haben sich sicherlich über ihn lustig gemacht, und wenn ihn jemand angreift, ist Hans unberechenbar. So hat er zumindest Streit vermieden, was sie ihm gerne zugute halten will. Sie nimmt sich deswegen fest vor, diese Angelegenheit auf sich beruhen zu lassen.

Erst die Schwiegermutter, die bei hereinbrechender Dunkelheit nach Hause kommt, denkt daran, daß schon seit ein paar Tagen ein Brief von Albrecht auf Agnes wartet. Er hat Venedig gesund erreicht und im Gasthof des Peter Pender mehrere Zimmer bezogen.

In die Beruhigung, die diese Nachricht Agnes bietet, mischt sich einiger Unmut über die unerwartet vornehme und teure Unterkunft. Sicherlich mußte sie damit rechnen, daß er nicht mehr mit so einfachen Zimmern wie bei den Vasolds vorliebnehmen würde, aber daß er in einem Gasthof Quartier nimmt, in dem der Kaiser abzusteigen pflegt, kommt ihr reichlich übertrieben vor. Leider hält Albrecht solche Ausgaben für nötig und wichtig. Ihr sind sie ein Ärgernis, gerade jetzt, wo sie mit dem Geld knapp sind.

Im Oktober nimmt ihr Leben seinen gewohnten Gang, es gibt einiges zu tun, im Haus bleiben alle gesund. Sie halten sich etwas abseits, was nicht schwierig ist, da die meisten Häuser in ihrer Straße weiterhin geschlossen, die Besitzer noch nicht in die Stadt zurückgekehrt sind. Die Gesellen fühlen sich oben in der Werkstatt offensichtlich am sichersten, und auch Agnes meidet die Bittgottesdienste, will nichts hören von Tod und Sterben.

Ein weiterer Brief Albrechts kündigt an, daß die deutschen Kaufleute ihm einen großen Auftrag überlassen haben: für die Bartolomeo-Kirche, in der sie in jenem Winter, in dem die Pest in diesem Hause in Nürnberg so fürchterlich gewütet hat, viele Stunden im Gebet verbracht hat. In dieser Kirche soll nun ein Muttergottesbild aufgestellt werden, vor dem die Menschen niederknien und sich in ihren Gebeten um Hilfe an die Mutter des Herrn wenden. Ein großes Tafelwerk, das ihr Ehewirt schaffen soll. Mit einer solchen Ehrung hat sie nicht gerechnet, und Albrecht offensichtlich auch nicht. Denn obwohl er darüber berichtet, als sei das ganz selbstverständlich, spürt sie aus dem Brief heraus, wie stolz er ist. Ein Altar eines Nürnbergers in einer Stadt, die für ihre welschen Maler berühmt ist!

Über seinen Lohn schreibt er nichts. Sie kann nur hoffen, daß er vor Freude über die Ehre das Finanzielle nicht vergessen hat. Gegenüber den reichen Kaufleuten des Fondaco wird er auf keinen Fall kleinlich wirken wollen, nur am Geld interessiert, da könnte es ihm durchaus unterlaufen, daß er keine Forderungen zu stellen wagt. Mit dem Altarbild wird er sich dagegen die größte Mühe machen und keinen Aufwand und keine Unkosten scheuen. Vielleicht hätte sie doch mitfahren sollen.

Dafür spricht noch anderes. Albrecht klagt in seinem Brief über grindige Hände, die ihn am Malen hinderten und ihm große Sorge bereiteten. Ausgerechnet jetzt, da er einen großen Auftrag auszuführen hat, in der Fremde, ohne die Hilfe seiner Gesellen. Allein der Gedanke beunruhigt Agnes. Hoffentlich gibt es in Venedig einen Arzt, der ihm die richtige Behandlung zukommen läßt. Es könnte schließlich sein, daß sich die welschen Ärzte mit einem Grind nicht auskennen. Sie wird gleich zum Apotheker hinüberlaufen und nach dem Rezept der Salbe fragen, die im vorigen Winter gut geholfen hat. Das wird sie ihm schicken. Wenn Albrecht nur in Venedig einen Apotheker findet, der ihm die Ingredienzien sorgfältig zusammenrührt! Vielleicht sollte sie dem reitenden Boten ein Döschen davon mitgeben. Obwohl ein solcher Transport recht teuer würde. Aber wenn Albrecht nicht arbeiten kann, war die ganze Reise umsonst.

Als im Dezember die Pest endgültig abgeflaut scheint, beginnt Agnes mit der Vorbereitung der Produktion für die Frühjahrsmesse. Wenn Albrecht einen großen Auftrag zu bewältigen hat, wird er nicht vor Ostern zurückkehren. Bis dahin könnte das Geld knapp werden.

Also bestellt sie Papier, sucht die Holzstöcke heraus, von denen sie Abzüge herstellen will, und bemerkt zu ihrem Schrecken, daß kaum noch Druckertinte vorrätig ist. Sie muß nun Nußöl besorgen, feinstes Öl, daß sie siedet. So dickflüssig wie Honig muß es werden, hat Albrecht gesagt. Zum Glück lagert noch ein Säckchen mit Obstkernen auf dem Dachboden, die sie brennt, bis sie rot durchglüht sind und sich fein zerstampfen lassen. Mehrmals muß sie größere Teilchen aussondern, nur der reine Ruß darf mit dem Öl verrieben werden. Schließlich entsteht eine feste Masse, die sich mit dem Messer schneiden läßt.

Anschließend wird unten in der Tenne der erste Holzstock vorsichtig mit dem Lederballen dünn mit der Masse eingerieben und im Karren mit Keilen fixiert. Nachdem sie ein Blatt angefeuchtet hat, spannt sie es in den Druckrahmen, klappt ihn über die Platte und zieht langsam, möglichst gleichmäßig am Preßbengel. Als sie das erste Blatt kontrolliert, muß sie zu ihrem Entsetzen feststellen, daß sich der Holzstock verzogen hat. Nun muß sie genau hinschauen, an welchen Stellen die Farbe zu dünn oder zu dick aufgetragen worden ist und die Unebenheiten an der Papierauflage durch Unterlegen ausgleichen. Eine knifflige und äußerst zeitraubende Beschäftigung, für die sie Fingerspitzengefühl brauchte, das ihren klammen Fingern weitgehend fehlt. Das aufwendige Reinigen der Formen wird sie nachher der Magd überlassen, sonst ist sie heute abend ein Eisklotz.

So entsteht Blatt für Blatt, Stapel für Stapel ihre Kunstware. Nur wenige Blätter mißlingen ihr oder weisen kleinere Unregelmäßigkeiten auf. Albrecht legt größten Wert darauf, daß aus seiner Werkstatt nur einwandfreie Ware auf den Markt kommt.

Während sie in der Küche beim Brennen und Sieden ständig ins Schwitzen gekommen ist, wird beim Drucken in der Tenne trotz der inneren Anspannung die Kälte schier unerträglich, obwohl sie sich eine Holzkohlenpfanne aufgestellt hat, an der sie sich die klammen Finger von Zeit zu Zeit aufwärmt. Die Gesellen haben ihr anfangs ihre Mithilfe angeboten, die sie jedoch freundlich abgelehnt hat: sie sollten nur an ihren Werkstücken weiterarbeiten, sie komme zurecht. Doch nach ein paar Tagen in der Tenne spürt sie die Schwielen an den Händen immer schmerzhafter und fühlt die Kälte abends in allen Knochen, so daß sie ihre Großzügigkeit bereut. Aber jetzt wird sie durchhalten, das meiste ist bereits geschafft.

Nur einmal schreibt sie Albrecht einen kurzen Brief, ihr bleibt selbst an den Abenden wenig Zeit, denn Koberger hat ihr einen Stapel Abrechnungen für die Bücher mit der Heimlichen Offenbarung ins Haus geschickt, und für die Gesellen sind etliche Bestellungen zu machen. Darüber hinaus warten die Abrechnungen für die Arbeiten, die die Gesellen inzwischen fertiggestellt haben. So sitzt sie an den Abenden häufig lange über ihren Zahlen, hört dabei die Gesellen im Nebenzimmer mit der Magd schäkern und ihre Karten geräuschvoll auf dem Tisch ausspielen. Die Gasthäuser meiden sie alle noch immer.

Ende Januar schaut Willibald Pirckheimer, frisch aus Nördlingen zurück, kurz bei ihnen herein, erklärt, er wolle, wie er es seinem Freund versprochen habe, ein wenig nach dem Rechten sehen, ob alles seine Ordnung habe. Gern läßt er sich von der Schwiegermutter zu etwas Gebäck einladen, und auch Agnes setzt sich ein Weilchen dazu.

Am Abend findet Agnes die alte Frau aufgeregt mit der Schreibfeder über ein Blatt kratzen, obwohl es viel zu spät ist und die Schwieger sonst sehr mit dem Licht spart. Als Agnes sie fragt, ob sie nicht ins Bett wolle, die Schreiberei könne gut bis zum nächsten Tag warten, außerdem sei es selbst mit dem Licht viel zu dunkel zum Schreiben, schaut sie unwillig hoch: „Weißt du, wann die nächste Post nach Venedig abgeht? Ich habe an Albrecht geschrieben. Was der sich nur denkt? Das geht doch nicht, wo wir dem Herrn so viel verdanken."

„Was ist denn los?"

„Der Herr Pirckheimer hat sich beschwert, daß Albrecht ihm nicht schreibe. Das hätte er wirklich nicht unterlassen dürfen."

„Er wird viel zu tun haben. Es ist nur gut, wenn er sich ganz auf seine Arbeit konzentriert."

„Trotzdem, das gehört sich nicht."

„Ich finde das überhaupt nicht aufregend, eher etwas merkwürdig von Herrn Pirckheimer. Er ist gerade erst nach Nürnberg zurückgekommen. Ein Brief von Albrecht hätte ihn bislang gar nicht erreicht."

Mutter Dürer schüttelt den Kopf und läßt sich nicht beirren. Mit Mühe kann Agnes ihr klarmachen, daß die Magd den Brief so spät in der Nacht nicht mehr fortbringen könne, die Angelegenheit also bis zum Morgen Zeit habe. Sie wünscht der Alten eine gute Nacht, macht sich weiter keine Gedanken um die Angelegenheit. Sie, Agnes, hat andere Sorgen und Albrecht sicher auch.

Während des Aufbruchs zur Frühjahrsmesse trifft ein weiterer Brief von Albrecht ein. Gott sei Dank, der Grind an seinen Händen scheint abgeheilt zu sein. Auch berichtet er, daß er gute Geschäfte mache, die Tafeln, die er mitgenommen habe, fast alle verkauft seien. Er schreibt auffallend fröhlich, ja unbeschwert, schwärmt davon, wie freundlich man ihn aufgenommen habe und daß er ständig eingeladen werde, häufig in vornehme Häuser. Seine Bilder erregten viel Aufsehen, würden zu seinem Leidwesen bereits kopiert.

Da sie nach Frankfurt reise, habe er eine Bitte an sie: Willibald Pirckheimer habe ihn gebeten, ihm einige Steine und Perlen in Venedig zu besorgen. Doch habe er feststellen müssen, daß die deutschen Händler an der Riva üble Geschäftemacher seien, die ihre Steine überteuert anböten. Ob sie sich nicht in Frankfurt umsehen könne, da Schmuck seines Erachtens dort günstiger zu bekommen sei? Einen solchen Freundschaftsdienst seien sie dem Herrn Pirckheimer sicherlich schuldig.

Zum Schluß folgt die genaue Beschreibung der Bestellung und mit einem geradezu stolzen Unterton die Feststellung, er sei inzwischen in Venedig so bekannt, daß ihm von ernsthaften Leuten Warnungen zugekommen seien, er solle sich von venezianischen Malern nicht zum Essen einladen lassen, da er damit rechnen müsse, daß man ihn vergiften wolle.

Das ist nun wirklich etwas viel. Wer ihm nur solche Geschichten ins Ohr geblasen hat? *Sie* kann er damit nicht beeindrucken. Daß er Erfolg hat, will sie wohl glauben; daß vornehme Leute seine Gesellschaft suchen, füllt auch sie mit Stolz; das wird ihm Aufträge einbringen. Aber Vergiftungen ... das ist mit Sicherheit etwas zu hoch gegriffen, solche Geschichten wollen ihr nicht zu der ruhigen Art der Venezianer passen, die sie dort kennengelernt hat. Außerdem ist Albrecht schließlich kein Fürst oder Kardinal, aus diesen Kreisen hört man Ähnliches schon eher. So ein Unsinn, um Giftanschläge wird sie sich keine Sorgen machen.

Davon, daß der Altar fertiggestellt sei und er an den Nachhauseweg denke, steht nichts in dem Brief.

Frühjahr 1506

Als Agnes nach Ostern von der Messe heimkommt, sieht die Schwiegermutter noch blasser aus als sonst, hat offensichtlich abgenommen. Agnes kann sich außerdem des Eindrucks nicht erwehren, daß ihr irgend etwas auf der Seele liegt, mit dem sie jedoch von allein nicht herausrücken will. Geduldig fragt sie nach, erhält aber keine Auskunft. Die Gesellen erzählen, daß sie so in sich gekehrt sei, seitdem der Herr Pirckheimer ihr einen Besuch abgestattet habe.

Nun wird Agnes unruhig. Vielleicht hat der Besucher von Albrecht erzählt, Unangenehmes, daß ihm etwas zugestoßen oder er krank sei. Wenn die Alte weiter schweigt, wird sie sich selbst auf den Weg zum Herrenmarkt machen müssen. Als Agnes der Schwieger zusetzt, erzählt diese ausweichend, Albrecht habe den Herrn Pirckheimer zu ihr geschickt, um sie eindringlich zu ermahnen, reichlich zu essen und nicht aus Sparsamkeit zu hungern. Wenn sie knapp mit dem Geld sei, wolle er ihr jederzeit gern aushelfen. So habe er es mit Albrecht ausgemacht. Sogar einen Krug Wein habe er ihr mitgebracht.

„Und was war der eigentliche Grund für sein Kommen? Du willst mir doch nicht weismachen, daß sich Herr Pirckheimer eigens wegen deiner Eßgewohnheiten hierherbemüht hat."

Obwohl sie sieht, wie die alte Frau sich vor ihren Fragen fürchtet, ist Agnes nun derart beunruhigt, daß sie sich nicht mehr zurückhalten kann, gerade weil ihr die Dürerin ernsthaft leid tut. Der Rat Pirckheimers war sicherlich nicht falsch, und wahrscheinlich war es ein Fehler zuzulassen, daß die Schwieger auf Wunsch Albrechts auch in diesem Jahr auf dem Nürnberger Heiltumsmarkt Kunstware verkauft hat, alle religiösen Blätter, die Agnes vervielfältigen konnte. Die Tage in dem Trubel scheinen sie völlig überanstrengt zu haben, denn selbst unter solch ungewöhnlichen Umständen hat die alte Dürerin sich mit Sicherheit streng an sämtliche Fastenregeln gehalten. Sie wird gleichzeitig kaum einen Bittgottesdienst, Umzug oder eine Predigt ausgelassen haben und bei allen drei Umgängen mit den Heiltümern anwesend gewesen sein, da die Betrachtung des silbernen Kästchens mit dem Armbein der heiligen Anna, der Monstranz mit dem Zahn Johannes des Täufers und der goldenen Schachtel mit den Gliedern der Gefängnisketten des heiligen Petrus, Paulus und Johannes im ersten Umgang sowie später der Reichskleinodien, der Krone Karls des Großen, des Reichsapfels, -schwertes, -zepters und Chormantels mit Ablässen verbunden ist. Und erst recht wird sie beim dritten Umgang dagestanden haben, bei dem auf dem Marktplatz das Reichskreuz gezeigt wird, in dem ein Stück des heiligen Kreuzes und der Lanze, mit der Jesus duchbohrt wurde, sowie ein

Nagel, mit dem er ans Kreuz geschlagen wurde, aufbewahrt werden. Während der Umgänge geraten auf dem überfüllten Platz jedes Mal viele der Gläubigen in große Erregung. Vor allen Dingen, wenn das Reichskreuz gezeigt wird, verlieren etliche die Beherrschung. Manchmal fängt jemand an zu schreien, regelmäßig fallen Frauen in Ohnmacht. Die Dürerin dürfte dieses Geschehen an den Rand ihrer Kräfte gebracht haben.

Schließlich, unter Tränen, rückt sie mit Pirckheimers eigentlichem Anliegen heraus. Albrecht wolle, daß ihr Hans zu Wolgemut gegeben werde, sie solle den Meister fragen, ob er Arbeit für den Buben habe. Das könne sie nicht zulassen. Sie erinnere sich noch gut, wie ihr Albrecht damals unter all den groben Späßen gelitten habe, die die Gesellen in Wolgemuts Werkstatt mit ihm getrieben hätten. Wenn Hans erst einmal dort sei, könne sie ihm überhaupt nicht mehr helfen.

Agnes fällt ein Stein von der Seele. Ihre Aufregung war also völlig unnütz, um Hans besteht kein Grund zur Sorge. Leider macht dieses Ansinnen jedoch deutlich, daß Albrecht die Rückkehr nach Hause weit vor sich her schiebt. Aber damit hat sie seit einiger Zeit gerechnet; der Zustand der Schwiegermutter dagegen hat sie wesentlich Schlimmeres befürchten lassen. „Wenn Albrecht das trotzdem wünscht, wird es seine Richtigkeit haben", erklärt sie der Frau, „und sehr schlimm wird es für ihn bei Wolgemut nicht gewesen sein, sonst würde er Hans nicht schicken." Was sie außerdem gern zu dem Thema gesagt hätte, behält sie um des lieben Friedens willen für sich.

Erst spät am Abend findet Agnes Zeit, Albrechts Brief aufzumachen, der auf ihrem Bett lag. Er gibt seiner Hoffnung Ausdruck, daß seine Mutter sich an Pirckheimers Rat gehalten und Hans aus dem Haus gegeben habe. Dann folgt, was sie fast erwartet hat, ein Hinweis darauf, wieviel Geld er für das Malen der Tafel verbraucht habe, daß er sich einer venezianischen Scuola habe anschließen müssen, was ihn allein vier Gulden gekostet habe, und daß er weitaus mehr hätte verdienen können, wenn er den deutschen Auftrag nicht angenommen hätte. Deshalb wolle er den Sommer über in Venedig bleiben, viel arbeiten und viel verdienen. Es müsse möglich sein, eine solche Summe anzuhäufen, daß er seine Schulden im Herbst zurückzahlen könne. Sie wisse ja, wie sehr die ihn drückten.

Sie werde bis dahin hoffentlich zurechtkommen. Aus ihren Briefen habe er geschlossen, daß die Gesellen genug zu tun hätten. Für die Werkstatt bestehe also offensichtlich keine Gefahr.

Noch eine Frage über ihre Geschäfte in Frankfurt und ein kurzer Gruß. Agnes läßt das Blatt sinken und starrt eine Weile vor sich hin. Viel Gedanken über sie und die anderen im Haus scheint Albrecht sich nicht zu machen. Da sitzt er unerreichbar in Venedig; sie kann ihn nicht zurückbeordern und muß irgendwie weitermachen, kann aber nichts dagegen tun, daß die Befürchtungen, die durch das Verhalten der Schwiegermutter in ihr hochgestiegen sind, langsam Konturen annehmen.

Sie kommt zurecht. Die Gesellen sind noch auf lange Zeit mit den Holzschnitten für Pinder beschäftigt, während die Arbeit am Pestaltar fast beendet ist. Der Nachbar Schreyer, der ein kleines Altarbild in Auftrag geben möchte, erklärt sich zum Glück damit einverstanden, daß Hans von Kulmbach, der im Frühsommer zurückkehrt, den Entwurf selbst zeichnet und ausführt. Hans Dürer arbeitet und wohnt jetzt bei Wolgemut. So hat jedermann zu tun, und es herrscht Frieden im Haus.

Als sich jedoch im Juli – die Vorbereitungen für die Herbstmesse sind bereits in vollem Gange – der Herr Willibald Pirckheimer bei ihr anmeldet, schwant Agnes Unangenehmes. Sie empfängt ihn freundlich, wenn auch etwas reserviert; versucht sich innerlich zu wappnen für das, was er ihr eröffnen wird. Er plaudert auffällig lang über Alltäglichkeiten, fragt nach der Werkstatt, den Geschäften in Frankfurt, wie sie mit den Gesellen zurechtkomme und ob sie sich ausreichend um die alte Dürerin kümmere, die Frau sei schließlich nicht mehr die jüngste, nicht bei bester Gesundheit, habe im Leben viel erduldet.

Agnes hört sich das alles an, antwortet höflich, bleibt jedoch reserviert. Schließlich versiegt Pirckheimers Redestrom, und sie sitzen sich stumm gegenüber. Als sie ihn auffordernd ansieht, räuspert er sich: „Nun, gute Frau, man darf Euch gratulieren zu dem Erfolg Eures Mannes in Venedig. Ihr seid sicherlich hocherfreut über die Ehrungen, die meinem Freund Albrecht dort zuteil werden. Noch nie hat die Lagunenstadt einem Ausländer und dazu einem Maler mehr Aufmerksamkeit geschenkt. Die Folge ist eine Flut von Aufträgen, die finanziell in einer Größenordnung honoriert werden, an die in Deutschland nicht zu denken wäre. Also, kurz und gut, es wäre der reine Unverstand, wenn unser Albrecht seine Erfolge in Frage stellen würde, indem er die Stadt vorzeitig verließe. Er hat deshalb beschlossen – und jeder vernünftige Mensch kann ihn darin nur unterstützen –, noch einige Zeit in Venedig zu bleiben, und mich gebeten, Euch davon in Kenntnis zu setzen.

Der kleine Engpaß, in den Euer Haushalt auf diese Weise geraten mag, spielt demgegenüber wohl nur eine geringfügige Rolle. Ich bin bereit, ja, es ist mir eine Freude – und ich habe das so mit Albrecht abgesprochen –, seiner Familie finanziell aushelfen zu dürfen." Und schon liegt ein Geldbeutel vor ihr auf dem Tisch.

Die Schwieger, die gerade ins Zimmer getreten ist, bedankt sich wortreich bei dem Patrizier, während Agnes sich darum bemüht, ihre Fassung wiederzugewinnen. In was für eine Situation hat Albrecht sie da gebracht! Seit Monaten ergeht er sich in Briefen über seine Rückkehr nur in Andeutungen, streicht seine Erfolge groß heraus, übergeht ihre Fragen, die von Brief zu Brief dringlicher werden.

Anstatt ihr zu schreiben und offen seine Pläne darzulegen, schickt er feige seinen Freund vor, wohl in der Hoffnung, daß sie sich dann nicht getrauen würde, etwas dagegen einzuwenden. In sie, seine Hausfrau, scheint er kaum Vertrauen zu setzen und dazu ein reichlich schlechtes Gewissen zu haben. Einfach über ihren Kopf hinweg zu handeln und den Pirckheimer auf sie loszulassen. Wenn nur nicht noch etwas anderes dahintersteckt!

Über ein Jahr ist er jetzt fort. Sicher fangen die Leute in Nürnberg langsam an zu tuscheln. So lange bleiben nicht einmal die großen Kaufleute fort. Schließlich wäre Albrecht nicht der erste Ehemann, der sich nach Süden abgesetzt hätte, sei es unter dem Vorwand einer Pilgerreise, als Landsknecht oder der Geschäfte wegen. Und sie steht hier – mit der Werkstatt, der Familie, den Gesellen. Obwohl der Betrieb bis jetzt gut gelaufen ist, ewig geht das nicht so weiter.

Nun steht zu allem Überfluß sein Freund vor ihr, der seine Großzügigkeit genießt und versucht, ihr dieses abgekartete Spiel auch noch als eine glückliche Fügung darzustellen. Feige und durchtrieben sind sie, diese Männer.

Als Willibald Pirckheimer sie zum Schluß freundlich lächelnd fragt, ob irgend etwas nicht in Ordnung sei, sie geschäftliche Schwierigkeiten habe oder mit den Gesellen nicht zurechtkomme, er ihr irgendwie anderweitig behilflich sein könne, ist es um ihre Beherrschung geschehen. Sie brüllt los, ein abgekartetes Spiel sei das, sie lasse sich nicht hereinlegen, der alten Frau könne man vielleicht etwas vormachen, ihr jedoch nicht.

Sie sieht, wie das Gesicht ihres Gegenübers rot anläuft, auch er zu brüllen beginnt. Was er von sich gibt, hört sie kaum, aber sie keift dagegen, bis sie zur Besinnung kommt, spürt, daß ihr dieses Gebrüll nichts einbringt, sie sich dabei eher etwas vergibt. Also hält sie inne, wartet ab, bis ihr Gast sich ebenfalls beruhigt hat. In ruhigem Ton erklärt sie kalt, er möge ihr diese Aufregung nachsehen, sie habe sehr viel zu tun, sei gereizt und durch die Nachricht natürlich sehr betroffen.

Pirckheimer nickt, schnaubt ein weiteres Mal durch die Nase, fragt schließlich kühl nach, ob noch etwas zu klären sei, ansonsten möchte er sich empfehlen. „Es ist alles geklärt", hört sie sich sagen. Die verstörte Schwiegermutter bringt den Herrn zur Tür und bittet ihn auf der Treppe, er möge ihrer Schwiegertochter verzeihen, die junge Frau sei überarbeitet, mit der Leitung des Geschäfts ein wenig überfordert und sicherlich – wie sie übrigens auch – beunruhigt, daß der Meister so lange ausbleibe. Ein Mann gehöre nun einmal zu seiner Familie und nicht irgendwo in die fremde Welt. Aber es sei eine große Beruhigung, daß der Herr Pirckheimer über ihr Wohlergehen wache.

Agnes meidet jedes weitere Wort mit der Schwiegermutter und zieht sich sofort hinter ihre Druckerpresse zurück, um den Vorwürfen oder zumindest vorwurfsvollen Blicken der alten Frau zu entgehen. Als die Schwieger ihr jedoch am

Abend gut zureden will, daß sie sich über Pirckheimers Hilfe freuen solle und sich unbedingt bei dem Herrn entschuldigen müsse, entlädt sich Agnes' Zorn über der Alten, schreit sie sie an, daß sie sich nicht in alles einmischen und ihr um Gottes Willen mit diesem Pirckheimer vom Halse bleiben solle.

Albrechts Briefe aus Venedig werden zunehmend fröhlicher, fast ausgelassen; sie atmen eine leichte, schwingende Fröhlichkeit, die sie an ihm nicht kennt und die ihre Befürchtungen vermehrt. Vom Erfolg seiner Bilder schwärmt er in den höchsten Tönen, ebenso von den Menschen, die ihn feiern. Der greise Giambellini habe ihn seiner Hochachtung versichert; der berühmte Mantegna äußere den Wunsch, ihn kennenzulernen. Selbst der Doge Venedigs habe ihn persönlich in seiner Werkstatt aufgesucht, ebenso der Patriarch von Venedig. Eine Fülle von Aufträgen sei die Folge; er habe allein für 2000 Dukaten Arbeit ausschlagen müssen. Zur Zeit male er an mehreren Porträts; nach ihrer Fertigstellung werde er sich auf den Heimweg machen.

Agnes weiß nicht, was sie von diesen Berichten halten soll, ob er seine Erfolge maßlos übertreibt, was ihn zu solch enthusiastischen Äußerungen bewegen mag. Einen Hang zur Übertreibung hat sie an ihrem Mann bislang nicht kennengelernt. So ist es nicht verwunderlich, daß trotz ihrer Bedenken sich in die Angst Bewunderung für ihren Mann zu mischen beginnt.

Von Kriegsvorbereitungen der Venezianer berichtet er nur am Rande. Doch muß die Stadt voller Landsknechte sein. Nach allem, was sie dem reitenden Boten, bei dem sie sich hin und wieder nach den Zuständen in Venedig erkundigt, entlockt hat, ist die Lage keineswegs entspannt. Der neue Papst Julius soll ein entschlossener Feldherr sein, der die römischen Gebiete, die die Venezianer sich vor einiger Zeit einverleibt haben, mit eiserner Hand zurückerobert.

In einem Brief, in dem Albrecht von einem Feuer in seinem Gasthaus berichtet – es muß sehr schnell gelöscht worden sein, denn ihm ist dabei nur ein wollenes Tuch verbrannt –, klingt zum ersten Mal eine gewisse Unruhe an. Agnes glaubt herauszuhören, daß die Sorge, in der Fremde

Schaden zu nehmen, in ihm den Wunsch keimen lassen könnte, endlich in die Heimat zurückzukehren.

Doch es kommt anders. Ende Oktober reitet er in das von französischen Truppen vom Norden und päpstlichen vom Süden belagerte Bologna, in das am 6. November siegreich Papst Julius einzieht. Damit ist der Krieg dort erst einmal beendet. Aber was nur in Albrecht gefahren ist, daß er mitten durch das Kriegsgebiet gezogen ist? Sein Erfolg muß ihm so zu Kopf gestiegen sein, daß er auch noch leichtsinnig geworden ist.

Wenn sie den Gerüchten Glauben schenken darf, die in Nürnberg kursieren und durch einen Brief Christoph Scheurls ausgelöst sein sollen, so ist ihr Eheherr mindestens ebenso triumphal empfangen worden wie der Papst, wenn auch nur von den Künstlern. Sie sollen ihn als einen zweiten Apelles bezeichnet haben, ein Name, den ihm Pirckheimer schon angehängt hat und der mit ihrer Schwärmerei für die Griechen und Römer zu tun hat, der die Walen offensichtlich noch mehr als Albrecht und seine Freunde verfallen sind.

Bis jetzt hat Agnes Albrechts Erfolgsmeldungen zwar für übertrieben, mit etwas Gold übermalt gehalten, aber im Grunde für wahr, denn Besuche hoher Herren, Zahlen über Einkünfte, all so etwas pflegt Albrecht sich nicht auszudenken, sondern mit Zahlen sorgsam umzugehen. In letzter Zeit hat er sogar recht ansehnliche Geldbeträge geschickt. Wenn sie ehrlich ist, erfüllen seine Berichte – und ebenfalls die Gerüchte in der Stadt – sie inzwischen mit einem gewissen Stolz, der ihr dabei hilft, seine Abwesenheit weiterhin zu ertragen.

Aber diese Geschichte aus Bologna kommt ihr allzu unwahrscheinlich vor. Wie sollte er im gesamten Norden Italiens in so kurzer Zeit derart berühmt geworden sein? Ausgerechnet in einem Land, in dem die Maler – wie er selbst nicht müde wird zu betonen – denen aller anderen Länder weit überlegen sind. Sicherlich hat er in den vergangenen Jahren viel dazu gelernt, das ist ihr nicht verborgen geblieben. Doch ein derartig triumphaler Empfang in einer Stadt, in die er angeblich geritten ist, weil ihn dort jemand Geheimnisse über die Perspectiva lehren wollte ...?

Eine ganze Portion Mißtrauen bleibt ihr. Daneben ist ihr

der Gedanke gekommen, daß er seine Erfolge nur deswegen so herausstreicht, weil ihm selber nicht wohl in seiner Haut ist, weil er spürt, daß es nicht richtig ist, seine Werkstatt und seine Familie so lange im Stich zu lassen. Und wieder greifen alle möglichen Befürchtungen in ihr Raum. Selbst Marianne Vasoldins Warnungen gehen ihr erneut durch den Sinn, lassen sie nicht zur Ruhe kommen.

Schließlich schiebt sie diese Gedanken von sich. Es führt zu nichts, sich solchen Grübeleien hinzugeben. Das hilft ihr nicht weiter, und überhaupt – vielleicht bildet sie sich Dinge ein, bauscht etwas auf, das gar nicht so schlimm ist. Bis jetzt ist sie zurechtgekommen, und es sieht durchaus so aus, als würde ihr das noch eine Zeitlang gelingen. Vielleicht vertraut Albrecht einfach ihrer Tüchtigkeit.

Manche Kunden auf der Messe haben zwar beanstandet, daß sie keine neuen Blätter vorzeigen kann, sich aber vertrösten lassen mit der Ankündigung vieler, ganz neuartiger Motive, die ihr Eheherr aus Italien mitbringen werde. Auch auf der Frankfurter Messe spricht man über den großen Erfolg des Malers Dürer bei den Welschen.

Dezember 1506

Der nächste Brief erreicht sie erst Ende Dezember. Knapp erklärt Albrecht darin, er habe wegen des Händlers, der in Rom an der Pest verstorben sei, dort Außenstände eintreiben müssen. Glücklicherweise habe es sich so gefügt, daß er im Gefolge Julius' II., der seinen Kriegszug erfolgreich beendet habe, sicher nach Rom hätte reisen können. Er habe sogar in Florenz kurz Station gemacht und dort einen Maler kennengelernt, einen gewissen Santi, dessen Bilder ihn sehr beeindruckt hätten. Aber mindestens ebenso wichtig sei für ihn der Besuch in der Werkstatt des Leonardo gewesen, den er aber leider nicht persönlich angetroffen habe. Nach dem, was er dort zu sehen bekommen habe, sei Pirckheimers und Sanseverinos Lob seines Genius sicherlich nicht übertrieben gewesen.

Über den Aufenthalt in Rom – die knappe Mitteilung, daß sein Geld zum größten Teil verloren sei, ansonsten kein Wort über die Stadt, die für viele Menschen Ziel ihrer Pilgerreise ist, voller Gnadenstätten und sicherlich auch voller Kunstwerke. Der Brief ist mit dem Boten aus Venedig gekommen und enthält den Hinweis, daß Albrecht sich, sobald das Wetter es zulasse, auf den Heimweg machen wolle.

Der Winter zieht sich hin, Albrecht läßt auf sich warten. Agnes ist hin- und hergerissen zwischen der Hoffnung, daß ihr Mann endlich kommen möge, und der Sorge, ihm könnten in den Bergen Eis und Schnee zu schaffen machen. Vielleicht ist es sicherer, wenn er das Frühjahr abwartet. Dies zeigt nur, daß er nicht leichtsinnig ist. Aber sie hat die Berge selbst überquert, weiß, wie breit und gut ausgebaut die Paßstraße ist und daß sie nicht in schneereiche Regionen hinaufführt. Die Menschen, die dort oben wohnen, sind zur Räumung der Straße verpflichtet, müssen regelmäßig Dienst an der Straße tun. Wagen mögen durchaus Schwierigkeiten an den Steigungen haben, doch kommen die Postreiter eigentlich immer ohne größere Verzögerungen durch.

Auch wird er nicht so unvernünftig sein, das Geld, daß er bei den Welschen verdient hat, auf dem Pferd bei sich zu führen. Das Beispiel seines Vetters Niclas dürfte ihm noch gut im Gedächtnis sein, der bei einem Überfall sein gesamtes Vermögen eingebüßt hat und völlig verarmt ist. Trotzdem – ein gewisses Unbehagen bleibt ihr.

Anfang Februar 1507 beginnt sie für die Frühjahrsmesse zu drucken, überlegt, ob sie diesmal vielleicht mit den Nürnbergern weiter zur Leipziger Messe ziehen soll. Seitdem Albrecht größere Summen aus Venedig überwiesen hat, drücken sie zwar keine Geldsorgen mehr; doch es gilt, das Interesse an Kunstware aus der Dürerschen Werkstatt in Deutschland weiterhin wachzuhalten. Also zieht sie sich einen weiteren Unterrock über und erledigt ihre Arbeit an der Druckerpresse mit der gewohnten Sorgfalt.

XVIII

Der Venezianer

Februar 1507

Und dann, eines Nachmittags tritt er zur Tür herein, kotbespritzt, ein verschwitztes Pferd hinter sich führend, steht er in der Tenne vor ihr.

Befremdet schauen die beiden sich an, Albrecht streckt ihr zur Begrüßung die Hand hin wie irgendein Kunde oder Lieferant, der ins Haus tritt. Einen Augenblick lang überlegt sie, ob sie ihm nicht um den Hals fallen müßte, aber sie läßt es bleiben, gibt ihm nur die Hand.

Er tritt verlegen von einem Bein auf das andere; auch er weiß offensichtlich nichts zu sagen. Vor anderthalb Jahren hat er dieses Haus verlassen. Anderthalb Jahre, das ist eine lange Zeit. „Da bist du also wieder", bringt Agnes als einziges schließlich heraus, und obwohl das ganz bestimmt nicht ihre Absicht war, hört sie deutlich einen vorwurfsvollen Ton in ihren Worten.

„Ja, da bin ich wieder", antwortet er ihr mit einem tiefen Seufzer. Die Augenblicke, die die beiden da voreinander stehen, vertropfen zäh, scheinen sich endlos hinzuziehen. Erst die Stimme der Schwiegermutter erlöst sie, als jene von oben ruft: „Ist jemand gekommen, Agnes? Ich meine, ich hätte etwas gehört."

„Albrecht ist wieder da", hört Agnes sich rufen. Ein Aufschrei, rasche Schritte auf der Treppe. Albrecht stürzt seiner Mutter entgegen und fällt ihr in die Arme. „Mein Sohn, o mein Sohn", schluchzt die alte Frau. „Daß du zurückgekommen bist. Wie lange hast du mich warten lassen?"

Albrecht hält seine Mutter stumm umschlungen. Agnes nutzt die Gelegenheit, sich an den beiden vorbei die Treppe hoch zu stehlen. Sie ruft die frohe Kunde in die Werkstatt hinein, bittet die Gesellen, alles stehen und liegen zu lassen und den Herrn zu begrüßen. Dann gießt sie in der Küche einen Becher Wein ein und eilt wieder hinunter.

Als sie Albrecht den Becher reicht, muß dieser sich erst aus den Armen seiner Mutter lösen. „Herzlich willkommen daheim", kann Agnes nun sagen. Schon einen Augenblick später herrscht um sie herum ein ziemlicher Trubel. Die Gesellen sind die Treppe heruntergepoltert, umstehen ihren Meister, begrüßen ihn lautstark. Es dauert eine Weile, bis Agnes sich Gehör verschaffen kann. Das Pferd muß abgerieben, in den Stall eingestellt und gefüttert werden, Albrecht kann nicht ewig hier unten im Kalten stehenbleiben. Er gibt einige Anweisungen, wie sein Gepäck zu behandeln sei, schließlich läßt er sich – leicht belustigt, wie ihr scheint – von ihr die Treppe hoch bitten und in die warme Stube führen. Dort nimmt sie ihm den Mantel ab, während die Magd ihm beim Ausziehen der Stiefel zur Hand geht. Ob er hungrig sei, fragt seine Mutter und ist schon in der Küche verschwunden, ohne eine Antwort abzuwarten. Agnes hat inzwischen die Magd in die Waschküche hinuntergeschickt, die während des Winters eigentlich nie zum Baden dient. Aber in diesem Fall scheint es Agnes geraten, den Ofen dort einzuheizen. Als auch sie noch einmal nach unten laufen will, um zu sehen, wie die Magd mit dem Feuer zurechtkommt, hört sie Albrecht zu Grien sagen, er möge rasch zum Pirckheimerschen Hause hinüberlaufen und dem Herrn seine, Albrechts, Rückkehr ankündigen. Wenn es Herrn Pirckheimer recht sei, werde er am späteren Abend kurz bei ihm hereinschauen.

Während Albrecht in der Wanne sitzt, beginnt in der Küche eine hektische Tätigkeit. Von dem Huhn, das im Topf über dem Feuer gekocht hat, löst die Magd die Knochen ab, so daß Agnes das Fleisch kleinschneiden kann, während die alte Dürerin eine Mandelmilch aufsetzt. Die drei Frauen drängen sich in der engen Küche um den Herd. Albrechts Mutter besteht darauf, daß sich die Schwiegertochter heute ihren Anweisungen fügt, denn der Blamensir solle schmecken, wie Albrecht es seit altersher gewohnt sei. Agnes, entnervt, fügt sich, sagt selbst nichts, als die Alte außer Reismehl und Schmalz ein reichliches Maß Zucker in den Topf gibt. Allerdings denkt sie sich ihr Teil – Albrecht hat in seinen Briefen des öfteren von den erlesenen Speisen geschwärmt, die er in Venedig vorgesetzt bekommen hat –

und geht in die Badestube hinunter, um dort nach dem rechten zu sehen. Albrecht läßt sich von ihr willig den Rücken und das Haar einseifen, mit Wasser übergießen, aber dann schickt er sie wieder hinauf, er komme zurecht, sie solle ihm lieber saubere Wäsche herunterholen.

Er braucht endlos, bis er fertig ist – sie warten alle schon eine ganze Zeitlang am Tisch. Selbst Hans ist von Wolgemut herübergekommen. Als Albrecht sich zu ihnen setzt, scheint er verlegen, löffelt zwar von dem Mus einiges in sich hinein, wirkt dabei jedoch abwesend und unkonzentriert.

Er ißt rasch, ohne viel zu reden, will bereits aufstehen, bemerkt aber rechtzeitig, daß alle ihn erwartungsvoll ansehen. „Was ist?" fragt er verwundert. Schüchtern erklärt Schäufelein, daß sie alle gespannt seien auf das, was er zu erzählen habe. Albrecht schüttelt den Kopf, lacht, da müsse Schäufelein sich einen Tag gedulden, er werde den Inhalt der Mappe, die er auf dem Pferd mitgebracht habe, gründlich mit den Gesellen durchgehen; er verspreche ihnen einige Überraschungen. Einige kleinere Tafeln habe er jedoch im Fondaco in Venedig gelassen; sein Faß werde mit dem ersten Frühjahrstransport kommen, darauf müsse man sicherlich ein paar Wochen warten. Aber jetzt wolle er sich entschuldigen, den Herrn Pirckheimer könne er nicht warten lassen.

Agnes wartet lange auf ihren Mann, hat die Schwiegermutter längst mit allen ihr zur Verfügung stehenden Überredungskünsten in ihre Schlafkammer gebracht, den spätabendlichen Rundgang durch das Anwesen – alle Türen sind abgeschlossen, niemand hat versehentlich ein Licht brennen lassen – hinter sich und das Tor für die Nacht verriegelt. Damit sie Albrecht hört, wenn er von der Straße aus ruft, legt sie sich auf das Lotterbett in der Stube, das sie aus der Wand herausklappt. Es ist schmal und hart, sie kann sich gerade mit Mühe darauf ausstrecken. Sie ist zwar müde, schreckt aber des öfteren hoch, weil sie auf der Straße Schritte hört, die jedoch am Hause vorbeigehen.

Dann liegt sie da, versucht zu schlafen und die Gedanken von sich zu schieben, die sich ihr aufdrängen, sich zu einer Wut verdichten, die ihr Blut in dumpfen Schlägen durch die Adern pochen läßt, eine Wut, die ihr nichts nützt und in

Wellen ihren Körper überschwemmt. Es bleibt ihr unverständlich, was ihr Mann sich bei seinem Benehmen denkt. Ein halbes Jahr wollte er fort, gut, es sind anderthalb Jahre geworden, dafür hat er seine Gründe gehabt; anderthalb Jahre, die für sie nicht einfach waren, aber es ließ sich machen, sie hat die Gesellen halten können, die Werkstatt bekommt immer noch Aufträge, Albrechts Drucke lassen sich weiterhin absetzen. Aber daß er nach Hause kommt, mit keinem Wort nachfragt, wie es seiner Familie ergangen ist, gerade seinen Blamensir hinunterstürzt und anschließend die ganze Familie am Tisch sitzenläßt, selbst seine Mutter, das ist etwas, das sich einfach nicht gehört. Sie hat sich an vieles in seinem Verhalten gewöhnt, hingenommen, daß er sich selten benimmt, wie es Brauch ist. Sie hat sich damit arrangiert. Aber heute abend ..., das kann sie nicht verstehen, da kann sie ihre Gedanken drehen und wenden, wie sie will. Unruhig wälzt sie sich auf dem harten Brett herum. Schließlich weckt sie die Magd – der sie allerdings nur ungern den Schlüssel überläßt –, damit sie selbst sich wenigstens ein paar Stunden in ihrem eigenen Bett ausstrecken kann, obwohl sie kaum darauf hoffen darf, Schlaf zu finden.

Sie muß aber doch eingeschlafen sein, denn sie erinnert sich am Morgen, allerhand wirres Zeugs geträumt zu haben, hat sich auf Albrechts Pferd reiten sehen, durch eine bedrückend enge Schlucht, von der sie im Traum mit Sicherheit wußte, daß sie nach Venedig führte. Irgendwann ist sie ins Bodenlose abgestürzt, endlos in die Tiefe gefallen, ohne je irgendwo Grund zu erreichen. Daraufhin ist sie im Schlaf kurz aufgeschreckt, anschließend sofort erneut in unruhigen Schlummer gefallen. Albrecht hat sie nicht nach Hause kommen hören; sie findet ihn in der Stube auf dem harten Lotterbett ausgestreckt, fest schlafend.

Nach der Morgensuppe schaut er kurz in die Werkstatt, erklärt ihr anschließend, er müsse an diesem Morgen den einen oder anderen Besuch machen. Am Abend wolle er ein Fest geben. Er schreibt ihr die Namen der Leute auf, die eingeladen werden sollen, die Gesellen oder die Magd könnten die Einladungen überbringen. Er erwarte, daß gut aufgetischt werde; sie solle keine Kosten scheuen, an Geld fehle es ihm nicht mehr.

„Aber wir sind mitten in den Vorbereitungen zur Frankfurter Frühjahrsmesse. Wie soll ich da Zeit finden? Die Gesellen kann ich ebenfalls nicht einfach schicken, sie sind mit Arbeit überhäuft."
„Schick Hans."
„Der arbeitet bei Wolgemut."
„Dann laß dir etwas einfallen. So wichtig ist die Frankfurter Messe nun auch nicht. Du wirst das schon schaffen."
Es gelingt Agnes, im Findelhaus zwei Mädchen auszuleihen, bei Margarethe Kobergerin eine weitere Magd; dem Metzger einen Hirschbraten und zwei Hasen abzuringen, Kuchen und Naschwerk beim Bäcker zu bestellen und die Stube auf Hochglanz zu bringen. Zum Glück hat Albrecht eingesehen, daß ein derart großes Fest, wie er es ursprünglich geplant hat, nicht ohne größere Vorbereitungen auszurichten ist. Das wird also verschoben. Trotzdem kann sich die Liste der Gäste sehen lassen: außer Wolgemut und seiner Frau, den Kobergers, Agnes' Eltern, ihrer Schwester und ihrem Schwager haben Stephan Paumgartner, der Prior des Augustinerklosters Eucharius Carl, etliche Nachbarn und Willibald Pirckheimer zugesagt. Da Albrecht bei Pirckheimer auch Lorenz Behaim, den Bamberger Kanoniker, angetroffen hat, hat er ihn ebenfalls dazu gebeten. Nur wenn alle Tische, die sich im Haus befinden, zusammengeschoben werden, reicht der Platz knapp.

Zu Beginn des Abends hält Herr Pirckheimer eine Rede, in der er all das wiederholt, was Albrecht über seine Erfolge in Venedig geschrieben hat. Pirckheimer betont, daß alle hohen Würdenträger Venedigs, der Doge Loredana, der Patriarch, ja nicht zuletzt der führende Maler der Stadt, Giambellini, den Albrecht mit Stolz seinen Freund nennen dürfe, ihm, dem deutschen Maler, ihre Aufwartung gemacht hätten, wie es nur Leuten aus altem Adel zukomme. Und was noch erstaunlicher sei: Der Rat der Lagunenstadt habe seinem Freund ein festes jährliches Gehalt von zweihundert Gulden angeboten. Die Stadt Nürnberg könne sich glücklich schätzen, daß ihr Sohn ein solches Angebot ausgeschlagen habe und in seine Heimatstadt zurückgekehrt sei. Das stelle natürlich eine gewaltige Herausforderung für diese dar. Man könne nur hoffen, daß die freie Reichsstadt in ihrer Liebe zur

Kunst nicht zurückstehen und sich ähnlich großzügig erweisen werde.

Pirckheimers geschliffene Rede, die er mit lateinischen Zitaten durchsetzt, stellenweise mit großer Geste unterstreicht, seine ernste Miene, sein feierliches Auftreten und die großen Summen, die er nennt, beeindrucken alle Anwesenden zutiefst. Unsicher, verlegen schaut Agnes zu ihrem Mann hinüber, der ihr heute abend noch fremder erscheint als bei der ersten Begrüßung.

Makellos und teuer gekleidet wie stets bei festlichen Anlässen – nur im Stil heute eindeutig venezianisch – sitzt er aufrecht, erhobenen Hauptes am Kopf der Tafel. Seine Locken sind sorgfältig gedreht – über eine Stunde hat Agnes sich dafür Zeit nehmen müssen, da sie der Magd diese Tätigkeit nicht überlassen darf. In seinen gemessenen Bewegungen zeigt er eine Würde, die sie an ihm nicht kennt; fast wie ein vornehmes Standbild kommt er ihr vor. Er ist während der gesamten Rede Pirckheimers sehr ernst geblieben, hat den Freund nur aus den Augen heraus angelächelt. Kein Wunder, daß von der alten Dürerin unterdrückte Schluchzer zu hören sind, selbst den Gesellen und Hans stehen Tränen in den Augen. Zum Schluß seiner Rede bittet Pirckheimer die Anwesenden, auf das Wohl und die Zukunft Dürers anzustoßen, anschließend möge Albrecht erzählen, worauf sie sicher alle gespannt seien.

Als jedermann seinen Becher in der Hand hält, erhebt Albrecht seine Stimme, um seinem Freund für diese bewegenden Worte zu danken, denen er noch etwas hinzufügen möchte. Das in Venedig ihm so reichlich zugeflossene Geld, für das er jedoch hart gearbeitet und welches er sicher bei der Firma Imhoff angelegt habe, reiche, um das Eigenrecht an diesem Hause, für das sein Vater sein Lebtag lang Zins habe zahlen müssen, zu erwerben. Damit breche für die Familie Dürer eine neue Zeit an. Mehr noch, er habe beschlossen, ein weiteres Wohnhaus zu erwerben, damit sein Bruder Endres ungehindert die Goldschmiedewerkstatt seines Vaters weiterführen könne, sobald er in seine Vaterstadt zurückkehre. Er habe deshalb bereits mit den Erben des Waltherschen Hauses am Tiergärtnertor Kontakt aufgenommen, da dieses Haus ihm wegen seiner Sternenkammer für seine Arbeit und seine

Studien besonders geeignet erscheine. Allerdings müßten erst etliche Bauarbeiten zu Ende geführt werden, mit denen Walther vor seinem Tode begonnen habe.

Die Runde prostet nun Albrecht zu, das Gesicht seiner Mutter ist aufgestrahlt, und selbst Agnes wird feierlich zumute. Ihr Albrecht ist wirklich etwas Besonderes, ein Mann, der Herren aus den vornehmsten Geschlechtern Nürnbergs ohne weiteres an seine Tafel bitten kann. Stephan Paumgartner, Behaim, der Prior des Klosters: Keiner dieser Männer hat einen Augenblick gezögert, bevor er für den Abend zugesagt hat. Und darüber hinaus ... keine Schulden mehr, ein zweites Haus, ein Umbau. Bei dem Gedanken melden sich in Agnes jedoch Befürchtungen, entsteht ein, wenn auch vages Bild von Anstrengung, Schmutz, Verhandlungen mit Handwerkern, Ärger und unendlichen Aufregungen.

Solche Gedanken scheinen am Tisch außer ihr niemanden zu plagen. Die alte Dürerin sieht seit langem wieder einmal glücklich aus, um Jahre verjüngt. Als Agnes ihren Blick um den Tisch schweifen läßt, wirft ihr Vater ihr einen triumphierenden Verschwörerblick zu, den sie heute abend mit einem offenen Lächeln erwidert. Was er denkt, steht ihm gut sichtbar in den Augen.

Die übrigen Mitglieder der Tafelrunde haben die Ankündigung dieses Hauserwerbs zwar mit Applaus honoriert, aber sich nicht näher dafür interessiert. Sie überschütten Albrecht mit Fragen über seinen Aufenthalt in Venedig, die er ausführlich beantwortet. Währenddessen entschwindet Agnes in die Küche, damit die Mägde die Fleischplatten hereintragen.

Albrecht kommt kaum dazu, sich den Leckerbissen zu widmen. Er muß seinen Gästen den Unterschied zwischen der Malerei der Deutschen und der Walen erklären, dankt zwischendurch augenzwinkernd dem Augustinerprior für seine hilfreichen Gebete gegen die Franzosenblattern. Der schmunzelt zurück, woraufhin Albrecht der Versammlung erklärt, daß diese Seuche in Venedig inzwischen fast jedermann befallen habe.

„Auch in Deutschland ist dieses Übel längst nicht mehr unbekannt", meldet sich Anthoni Koberger. „Du hast selbst ein Blatt für einen Holzschnitt gerissen, der davor warnen soll."

„Wobei es mehr als zweifelhaft erscheint, ob einzig die Konjunktion des Jupiters und des Saturns im Hause des Skorpions dafür verantwortlich ist", ruft Paumgartner ausgelassen dazwischen.

In das allgemeine Gelächter antwortet der Prior ernst: „Ohne mich den marktschreierischen Prophezeiungen mancher Bußprediger anschließen zu wollen, drängt sich doch der Eindruck auf, daß das ausschweifende Leben vieler Menschen diese Krankheit sehr begünstigt. Wobei man oft hört, die Walen trieben es noch schlimmer als die Deutschen."

Albrecht nimmt den ernsten Ton auf. „Dieses Gerücht entbehrt jeglicher Grundlage. Ich weiß nicht, wer so etwas in die Welt setzt, aber man hört es diesseits der Alpen häufig. Die Venezianer sind ein ernsthafter Menschenschlag, von denen wir an Sittsamkeit und Höflichkeit einiges lernen könnten. Doch – so schwer es mir fällt, etwas Derartiges zu sagen – für den römischen Klerus gilt dieses schlimme Urteil sehr wohl. Ich habe den Papst in Bologna mit eigenen Augen gesehen. Julius II. ist ein Feldherr, ein Eroberer, ein derber Condottiere voller Härte und Gier, der, statt den Sold pünktlich zu zahlen, lieber Ablässe an seine Soldaten vergibt. Aber das ist bei weitem nicht das schlimmste. Rom ist ein einziges Sündenbabel. Der Prunk und die Verschwendungssucht der Kurie, die durch angeblich fromme Werke finanziert werden, müssen jeden rechtschaffenen Menschen abstoßen, und nicht nur die Christen. Ganz Rom ist ein Jahrmarkt, an jeder Straßenecke werden Ablässe gehandelt, wobei die Ablaßhändler den gutgläubigen Pilgern die ausgefallensten Dinge versprechen. Julius hat einen Jubelablaß ausgeschrieben, zu dessen Gunsten er alle anderen Ablässe aufgehoben hat. Mit diesen Geldern will er eine neue Kathedrale in Rom erbauen, größer und prächtiger als jede andere der Christenheit. Die besten Architekten und Künstler beruft er dafür nach Rom. Aber mag sie noch so schön werden: es ist und bleibt eine Schande, wie in diesem Sodom mit Seelen Handel getrieben und Christus verkauft wird."

Albrecht ist bei seinen Worten in Erregung geraten. Jetzt schweigt er und blickt zu Boden. Alle Anwesenden schauen gespannt – und etwas verlegen – auf Lorenz Behaim, der lange Jahre in Rom Alexander VI. als Haushofmeister gedient hat. Der nickt: „Ja, es stimmt leider. Die Verweltlichung der Päpste in Rom und ihre Schamlosigkeit haben ungeheure Ausmaße angenommen. Seine Heiligkeit Alexander VI. ist ohne Zweifel – wie alle Päpste heutzutage, auch Papst Julius – durch Nepotismus und Simonie auf den heiligen Stuhl gestiegen. Das ist sicherlich zu bedauern. Trotzdem kann ich Albrechts hartes Urteil nicht übernehmen. Auf den ersten Blick mag Rom auf den frommen Pilger so wirken. Aber gerade Alexander hat vieles getan, was der Stadt zugute gekommen ist. Durch Alexander ist Rom eine andere Stadt geworden, indem er die Macht der Adelsfamilien sehr stark beschnitten hat. Wenn auch das Fehdewesen des römischen Adels nicht ganz zum Erliegen gekommen ist, so sind doch zumindest die Dauerfehden der Orsini und Colonna auf ein erträgliches Ausmaß geschrumpft.

Er ist ein kluger Politiker gewesen, dieser Borgiapapst, kultiviert. Es war faszinierend, an seinem Hofe tätig zu sein, vor allen Dingen als Baumeister. In dieser Eigenschaft konnte ich dort an Bauwerken von einer Größenordnung mitarbeiten, die ihresgleichen nicht schnell findet. Was dort in wenigen Jahren geschaffen worden oder noch im Bau ist, das wird die Welt jahrhundertelang beeindrucken und dem Papst eine neue Stellung und ein völlig verändertes Ansehen verschaffen. Daß Alexander den Frauen zugetan war – übrigens nicht mehr als irgendein anderer –, das ist letztlich nicht das Entscheidende. Auch nicht, daß er in seinem Palast großartige Feste ausrichten ließ, schamlose Feste, von denen der Adel ganz Italiens schwärmte, und der ist nicht gerade zimperlich.

Persönlich lebte dieser Papst jedoch recht einfach. Einzig in der Liebe zu seinen Kindern war er ausschweifend, deckte ihre Laster oder verstrickte sich für sie in dunkle Machenschaften: Meuchelmorde sind in der römischen Gesellschaft leider an der Tagesordnung. Sein Sohn Cesare mag einen äußerst schlechten Ruf haben, vielen als Ausgeburt des Teufels erscheinen – als Feldherr zeigt er eine Größe, die eines Caesar würdig ist. Im Dienste seines Vaters und der Kirche hätte er Italien zu einer Einheit führen, die unseligen Kriege im Land beenden können. Aber leider, das ist vorbei, hoffen wir, daß er im Dienste des spanischen Königs noch viele Heldentaten vollbringt."

Albrechts Gesichtsausdruck zeigt Mißfallen, ein paarmal hat er während Behaims Ausführungen den Kopf geschüttelt. Agnes' Blick wandert zu seiner Mutter hinüber – die jedoch noch immer in sich hineinlächelt und das, was Behaim erzählt, offensichtlich überhört hat –, trifft sich schließlich mit dem der Margarethe Kobergerin. Den beiden Frauen sind Dispute über kirchliche Mißstände durchaus vertraut, obwohl sie diese nicht sonderlich schätzen, da durch sie jedesmal der Friede im Hause bedroht ist.

Zumindest in Anwesenheit der alten Dürerin könnten die Männer zurückhaltender sein. Als vor einigen Jahren die Nürnberger Predigermönche die Einnahmen ihres Klosters steigern wollten, indem sie Frauen mit den Wundmalen Christi zur Verehrung empfahlen, hat sich der alte Dürer – auch als die Frauen sich als Betrügerinnen entpuppt hatten – Gespräche darüber an seinem Tisch strikt verboten. Zu recht, findet Agnes, wenn sie bedenkt, wie hart der Kampf damals in der Stadt geführt wurde, in dem besonders die gelehrten Lehrer der Poetenschule und die Dominikaner sich unflätig beschimpften. Ganz Nürnberg stand Kopf.

Leider scheint das Thema noch nicht beendet. Nun hat Willibald Pirckheimer den Faden aufgenommen: „Ein genialer Feldherr, ja. Cesare eilt sogar der Ruf voraus, er verstünde es, seine Soldaten so an sich zu binden, daß sie aus Verehrung für ihn eine geradezu ungeheuerliche Kampfkraft entwickelten. Eine Begabung, die man in der Kriegskunst nicht unterschätzen darf. Auch soll die Bevölkerung jeder Stadt, die er erobert hat, ihm voller Begeisterung die Tore geöffnet und ihn als Befreier gefeiert haben. Insofern hast du recht, Lorenz, ein begnadeter Caesar.

Aber das ist nur die eine Seite. Ein Papst, der in erster Linie auf das Wohl seiner leiblichen Kinder bedacht ist und seine Eroberungspolitik in ihren Dienst stellt – wobei Cesare sich den Wünschen seines Vaters keineswegs gefügt, sein Vater ihn dafür aber nie zur Rechenschaft gezogen hat –, kann nicht gleichzeitig überall in der Christenheit zu Ablaßspenden aufrufen, die nicht nur eine veräußerlichte Frömmigkeit zur Folge haben, sondern auch jedem anderen Gemeinwesen entzogen werden. Nürnberg mußte vor einigen Jahren 2500 Gulden Ablaßgelder an den Papst abführen, bei der nächsten Gelegenheit 4000; Geld, mit dem die Stadt das Findelhaus und den dringend erforderlichen Erweiterungsbau des Heilig-Geist-Spitals finanzieren wollte. All diese Gelder einfach nach Rom abfließen zu lassen, da kann eine Stadt nicht einfach tatenlos zusehen."

„Vor allen Dingen, da wir Deutschen auf diesem Gebiet einiges gewohnt sind. Die Gelder für den Türkenablaß, die Kaiser Maximilian kassiert hat, wo sind die geblieben? Oder hat jemand von einem Feldzug gegen die Türken gehört, für den diese Gelder schließlich gesammelt worden sind?" Anthoni Koberger hat seine Hand auf den Arm seiner Frau gelegt. „Womit ich nichts gegen den Ablaß sagen will. Auch wenn das Geld auf Erden nicht seiner Bestimmung zugeführt wird, so kommt der Ablaß unseren verstorbenen Kindern bestimmt zugute."

Margarethe Kobergerin senkt den Blick. Es ist gar nicht lange her, daß ihr wieder – zum fünften Mal – ein Kind gestorben ist: eine kleine Margret, die nur eine Stunde gelebt hat. Nun ist die Kobergerin erneut schwanger. Man sieht es noch nicht, doch hat sie es Agnes vor ein paar Tagen mit Tränen in den Augen erzählt, Tränen, in denen die Angst davor, wieder ein Neugeborenes zu verlieren, und die Hoffnung auf ein gesundes Kind ineinandergeflossen sind.

„Gerade deswegen ist das Gebet so wichtig, nicht nur das Geld, wie die Ablaßverkäufer ihren Kunden oft weiszumachen versuchen", erklärt der Abt seufzend. „Erst die fromme Gesinnung und die gute Tat des Gläubigen machen den Ablaß wirksam."

„Trotzdem ist es beim Kauf eines Ablasses nötig aufzupassen, damit man nicht einem Betrüger in die Hände fällt. Auch davon gibt es allzu viele", ergänzt Albrecht, und die Männer am Tisch nicken und lächeln ein bißchen vor sich hin.

Als die Gesellschaft im Aufbruch ist, fragt Albrecht unerwartet: „Wie geht es eigentlich Veit Stoß? Niemand hat mir nach Venedig geschrieben, wie es um seine Sache steht."

„Der ist in Ulm, auf persönliche Einladung des Kaisers", wird ihm geantwortet.

„Das hört sich gut an. Dann scheinen sich die Wogen endlich wieder geglättet zu haben?"

„Das kann man nun nicht sagen", antwortet ihm der Prior. „Beide Seiten beharren weiterhin auf ihrem Standpunkt. Den kaiserlichen Gnadenbrief, den er vor einem Jahr erhalten hat, will der Rat nicht anerkennen, während Stoß – kaum aus dem Gefängnis entlassen – bereits wieder Forderungen an die Stadt stellt; er stellt Ansprüche auf Geldbeträge, die die Stadt ihm angeblich schuldet."

„Sie sind ihm nicht gezahlt worden", schaltet sich Agnes ins Gespräch, die der Stoßin vor kurzem einen Besuch abgestattet hat.

„Das wird noch offiziell geklärt werden", brummt Pirckheimer.

„Aber es wird Zeit, daß dieser unselige Streit zu einem Ende kommt", wirft Hans Frey im Hinausgehen mit grimmiger Miene hin.

Während der Fasnachtstage steht Nürnberg Kopf. Die Gesellen und Hans sind verschwunden, ziehen wohl als Reimrotte von Haus zu Haus, wo sie ihren Spruch aufsagen und sich bewirten lassen. Die Schwieger hat in der Kirche der Predigermönche gegenüber Zuflucht gesucht, so daß Agnes allein im Hause ist.

Albrecht macht auf Einladung Pirckheimers bei der patrizischen Schembartrotte mit. Als die Läufer mit lautem Knallen und Gerassel ihrer Schellen, bewehrt mit Speeren und Baderquasten, begleitet von den Stadtpfeifern, die Straße von der Veste herunterziehen, betrachtet Agnes das Schauspiel vom Stubenfenster des Dürerschen Hauses aus. Der Basilisk auf der Hölle, dem großen Wagen, schaut drohend zu ihr herein: ein Ungeheuer, halb Schlange, halb Hahn, dessen Erscheinen die Zuschauer, vor allem die Frauen, am Straßenrand und in den Fenstern der Häuser mit lautem Gekreisch honorieren. Etliche der Schembartläufer haben sich über die Verbote des Rates hinweggesetzt, tragen recht offenherzige Hosenlätze oder die anstößigen Schnabelschuhe und laufen vermummt herum. Die Kostüme müssen Unsummen gekostet haben, teure Stoffe, geschlitzt und unterlegt, dominieren sowohl bei den Läufern als auch bei den Teufelsgestalten und sogar den Wildmännern.

Ihren Mann und seinen Freund hat sie schon aus der Ferne unter ihrer Maskierung ausmachen können. Bei den Tanzsprüngen und den Hüpfschritten sind diese zwei leicht zu erkennen: die eleganten Bewegungen ihres Albrechts, sein rhythmischer, leichter Wiegeschritt, die selbstvergessene Art, seinen Oberkörper hin und her zu schwingen; daneben die erstaunlich raschen, tänzelnden Bewegungen des plumpen Körpers von Pirckheimer, der manchmal wild mit einer bereits recht zerzausten Pfauenfeder um sich schlägt, dann wiederum großes Geschick darin entwickelt, sich unbemerkt an Frauen heranzumachen und ihnen mit der Feder an den Busen oder unter den Rock zu fahren, während Albrecht die Schönen recht eindringlich mustert und ihnen mit seiner Feder höchstens behutsam über den Arm oder das Gesicht fährt. Das bringt ihm jedoch manchen strahlenden Blick ein, für den er sich dadurch zu bedanken pflegt, daß er auf die Person zu eine rasche Bewegung mit seiner Feder macht, wobei er sie so ins Sonnenlicht hält, daß das Pfauenauge darauf frisch aufzustrahlen scheint. Mit einer leichten Verbeugung verabschiedet er sich schließlich, streicht seine Feder vorsichtig glatt und wendet sich der nächsten zu. Für einen Blick zu ihrem Fenster hoch bleibt ihm offensichtlich keine Zeit.

Eigentlich war ihr nicht nach Umzügen, Fasnachtsspielen und Tanz zumute. Sie hätte sich am liebsten zu Hause eingesponnen; wollte nichts sehen, nichts hören. Aber ihre Schwester Katharina hat ans Haustor gewummert und, von mehreren mit Rosenwasser gefüllten Eiern getroffen, Agnes in ihren starken, süßen Rosenduft mit eingehüllt. Katharina ließ keine Entschuldigung gelten, sondern zerrte Agnes mit zum Rathaus hinunter.

Im Getümmel auf dem Hauptmarkt beteiligt sich auch Agnes am Werfen mit Nüssen und Roseneiern. Aber als der Zug sich auf den Weg zur Fleischbrücke macht, halten sich die beiden Frauen zurück und suchen erstmal im Freyschen Haus Zuflucht. An der Fleischbrücke kommt es regelmäßig zu Scharmützeln mit den Metzgern, die selbst nach der Vorführung ihres Tanzes weiterhin eine Kette bilden wollen, die die Tiermasken regelmäßig zu sprengen versuchen. Dabei gibt es häufig Verwundete, so daß Frauen sich dem Auftritt besser fernhalten, auch wenn sie auf diese Weise später die Tänze und derben Fasnachtsspiele vor dem Frauenhaus verpassen.

Trotz des Getümmels auf dem Marktplatz ist den beiden Schwestern recht kalt geworden, so daß sie sich gern von ihrem Vater einen Becher heißen Weines einschenken lassen. Die Frage der Mutter, ob Albrecht sich eingelebt habe, beantwortet Agnes mit ein paar nichtssagenden Worten. Die Mutter schaut sie daraufhin zwar stirnrunzelnd an, hat sich jedoch daran gewöhnt, daß sie von ihrer Tochter in solchen Fällen einsilbige Auskünfte bekommt. Hans Frey übergeht die Szene, indem er seiner Tochter von dem guten Wein nachschenkt.

Sie haben ziemlich viel Zeit, denn die Läufer suchen erst noch einzelne Häuser auf, um Geld für ihre Feste zu sammeln, bevor sie allesamt wieder auf dem Herrenmarkt zusammenkommen. Erst als die Hölle auf den Platz gezogen wird, strömen die Läufer und Wildleute von verschiedenen Seiten herbei. Auch das jetzt folgende Schauspiel betrachten die Frauen lieber nur vom Fenster aus: Mit großem Gekreisch und Gebrüll werden die Speere geschwungen und die Hölle erstürmt, der Basilisk bekämpft und getötet. Dann endlich lodert eine Flamme auf, das Feuer breitet sich in der Hölle aus, und schließlich steht das ganze Gefährt in Flammen, löst sich das Untier in dichten Qualm auf. Man wartet noch, bis die Hölle niedergebrannt ist, dann drängt die Menge langsam auseinander. Nun eilt jedermann mit Frauen und Töchtern zum Tanz ins Wirtshaus.

Martin Zinner hat seine Frau Katharina längst abgeholt, als endlich Albrecht auf der Treppe zu hören ist. Er scheint in bester Laune, läßt sich von den Eltern zu einem Becher Wein einladen, bevor er sich mit Agnes auf den Weg macht. Er behandelt sie mit ausgesuchter, galanter Höflichkeit, bietet ihr seinen Arm, fährt ihr mit seiner Feder über Gesicht und Hals. Agnes weiß nicht recht, was sie davon halten soll, läßt es sich gefallen, bleibt jedoch still, lächelt scheu, als er die Feder für sie in der Sonne aufblitzen läßt.

Die Gaststube quillt fast über – nach der Kälte draußen, empfinden sie die Hitze drinnen doppelt. Albrecht führt sie zum Tanz, sie springen und hüpfen herum. Seit einer Ewigkeit – so scheint es ihr – ist Agnes nicht mehr so viel herumgewirbelt. Sie muß sich anstrengen, um mit Albrecht mithalten zu können, der sich mühelos bewegt und viele Tanzschritte weitaus besser beherrscht als sie. Offensichtlich hat er in Venedig etliche Nächte beim Tanz verbracht. Sie lassen kaum einen Tanz aus, immer wieder wechseln die Paare, dreht sich Agnes um einen Tänzer, wird in die Luft gehoben oder schreitet zwischendurch ein paar Schritte im Takt der Musik ruhig einher.

Der Wein, das Herumwirbeln, die Hitze lösen allmählich Agnes' Verkrampfung, so daß sie sich von der ausgelassenen Stimmung anstecken läßt, sich wohler fühlt und ihre Zurückhaltung ihrem Mann gegenüber nachläßt. Wenn sie an seiner Seite einherschreitet oder hüpft, spürt sie, daß sie von vielen Frauen um diesen schönen, einnehmenden Mann, über dessen Erfolge im Ausland ganz Nürnberg redet, beneidet wird, man in ihnen ein glückliches Paar sieht; und sie wünscht sich ja nichts sehnlicher als das.

Beim Essen kann sie auf seinen munteren Ton eingehen, lacht über seine Scherze. Langsam scheint sich ihre alte Vertrautheit wiederherzustellen. Gemeinsam amüsieren sie sich unbefangen bei den derben Zoten des Fasnachtsspiels, in dem über eine ungetreue Ehefrau hergezogen wird, die alle Schliche kennt, ihrem Tölpel von Ehemann Hörner aufzusetzen. Das gröhlende Gelächter des Publikums tönt fast noch lauter als zuvor das Stampfen der Tanzenden.

Spät in der Nacht kommen sie nach Hause. Schweigend wandern sie zusammen die Straße unter der Veste hinauf. Agnes ist todmüde, hat sich auf dem Weg bei Albrecht eingehängt und freut sich auf ihr Bett und die Nacht in Albrechts Armen.

Vor ihrer Haustür bleibt er stehen, zieht sie an sich und küßt sie, einen langen, warmen vertrauten Kuß lang, der erste richtige Kuß, seit er aus Venedig zurückgekehrt ist. Sie genießt ihn in vollen Zügen, läßt seine Hände gewähren, obwohl sie in der Öffentlichkeit auf der Straße stehen. Dieser

Abend hat viel von der Fremdheit, die sich zwischen ihnen eingestellt hatte, von ihnen genommen.

Doch als er sich schließlich aus dieser Umarmung löst, erklärt er ihr unvermittelt mit einer galanten Verbeugung, er wünsche ihr nach diesem wunderschönen Abend nun eine gute Nacht. Sie sehe reichlich erschöpft aus und sehne sich sicherlich nach ihrem Bett. Er müsse sich jedoch noch einmal auf den Weg machen, sei mit Pirckheimer verabredet, der seinen Freunden ein auserlesenes Programm zu bieten versprochen habe. Es seien nur Patrizier geladen. Er habe eigens eine italienische Ballettgruppe für diese Nacht nach Nürnberg beordert. Aufwendige Szenen aus der Geschichte der Griechen ständen auf dem Programm, lebende Bilder sollten zu seinen Ehren gestellt werden, auch sei ein Bankett geplant. Ganz nebenbei habe Pirckheimer pikante Überraschungen für diese Bacchanalien angekündigt, was der Name für geheime griechische Festkulte zu Ehren des Weingottes Bacchus sei, zu denen nur Eingeweihte zugelassen seien. Die Festivitäten könnten sich also durchaus länger hinziehen, aber das mache nichts, die Fasnacht dauere ja noch ein paar Tage.

Ein rascher Kuß zum Abschied, dann geht er die Straße zum Rathaus, die sie gerade gemeinsam Arm in Arm hinaufgeschritten sind, wieder hinab.

Agnes bleibt eine ganze Zeit vor dem Tor stehen, unfähig sich zu bewegen. Sie ist plötzlich wieder wach, völlig ernüchtert; dennoch versteht sie überhaupt nicht, was sich soeben abgespielt hat, sie fragt sich sogar, ob überhaupt etwas geschehen ist, sie mit Albrecht wirklich den Handwerkertanz besucht oder ihr ihre Einbildung einfach einen Streich gespielt hat. Aber das kann nicht sein, da sie ihren Ehemann unten auf der Straße ausmachen kann. Der Wunsch, laut hinter ihm herzuschreien, die ganze Straße zusammenzukeifen, bleibt ihr im Halse stecken. Immer noch sprachlos, kramt sie schließlich den Schlüssel hervor, schließt auf und verschwindet im Haus, knallt die Tür mit aller ihr zur Verfügung stehenden Kraft zu, macht mechanisch ihren Rundgang und fällt zuletzt ins Bett.

Am nächsten Tag hört Agnes erneut ungewöhnlichen Lärm vom Rathaus heraustönen. Posaunen dröhnen, dumpfe

Schläge wilder Trommelwirbel hallen durch die Stadt. Doch ist ihr heute nicht danach, sich in den Trubel zu stürzen. Sie fühlt sich seit dem Erwachen wie zerschlagen, die Muskeln schmerzen, und darüber hinaus ist sie müde und verstimmt; sie nimmt sich vor, oben in der Werkstatt gründlich sauberzumachen, eine Tätigkeit, die sie nur selten in Ruhe durchführen kann und die Albrecht nicht von der Magd ausgeführt wissen möchte. Im Haus ist es ungewohnt ruhig, vor Mittwoch wird niemand wieder in der Werkstatt arbeiten.

Sie will die Gedanken über das, was in der Nacht geschehen ist, nicht an sich herankommen lassen. Wenn sie verstimmt ist, löst sich das im allgemeinen dadurch auf, daß sie irgendwo im Haus kräftig zupackt. Doch heute will ihr nichts von der Hand gehen, sie schafft langsam und unlustig vor sich hin, klemmt sich einmal den Finger ein, lauscht auf den Lärm in der Stadt. Vielleicht sollte sie es wie die Schwieger machen, die heute früh erneut in die Kirche aufgebrochen ist und dort sicher ein ruhiges Eckchen für Andacht und Gebet gefunden hat.

Am Abend berichtet ihr Katharina, daß eine große Rotte Maskierter, in türkischen Gewändern und äußerst reich bekleidet, durch das Spitlertor in die Stadt eingeritten sei und vor dem Rathaus eine Handelsszene zum besten gegeben habe, bei der diese Türken edle Stoffe, Kleinodien und Edelsteine ausgebreitet hätten. Dann seien jedoch die Schembartleute angerückt, die vereinzelt aus dem Gewirr der Schaulustigen heraus die Türken angegriffen hätten. Nach einer ausgiebigen Schlägerei hätten die Türken, reichlich ramponiert, die Flucht ergriffen und die Schembartleute sich in ihre Trinkstube zurückgezogen. Fast das Beste an der ganzen Angelegenheit seien jedoch die sauren Mienen der Ratsherren gewesen, denen die Auslagen der Türken offensichtlich gefallen hätten. Die Sache würde also sicher zumindest für die Schembartleute ein Nachspiel haben.

Schließlich fügt sie hinzu, daß die Schembartleute zwar maskiert gewesen seien, aber alle recht jung, jemanden, der wie ihr Meister oder Herr Pirckheimer ausgesehen hätte, hätte sie während der gesamten Schlacht nicht entdecken können. Agnes weiß nichts dazu zu sagen.

Erst am Mittwoch morgen entdeckt Agnes Albrecht in der Kirche bei der Austeilung des Aschekreuzes wieder. Er ist bleich, wirkt übernächtigt, völlig überanstrengt. Er schließt sich ihr auf dem Heimweg an; läßt die Frühsuppe stehen, nachdem er nur wenige Schlucke getrunken hat. Agnes hat bereits vor dem Kirchgang die Magd angewiesen, die Badestube zu beheizen. Nun hilft sie Albrecht aus den Kleidern, die nach Bratendunst, Wein, Schweiß und Rosenwasser riechen. Nach dem Bad muß sie ihn stützen, damit er die Treppe hochkommt. In der Schlafstube fällt er ohne ein weiteres Wort ins Bett und ist sofort eingeschlafen.

Auch nachdem er sich ausgeschlafen hat, sieht er weiterhin schlecht aus, ißt nur wenig, bleibt in sich gekehrt. Oft verläßt er am frühen Nachmittag das Haus. Den Morgen über sitzt er in seiner Werkstatt, wo er auch mit den Gesellen wenig redet, sich kaum für ihre Arbeit interessiert, sondern still vor sich hin rechnet, schließlich diese Berechnungen in Striche umsetzt. Er hat einige Gliederpuppen aus Venedig mitgebracht, die er vor sich aufstellt, sie von Zeit zu Zeit in eine andere Körperhaltung biegend. Die Körper, die schließlich auf dem Papier entstehen, scheinen nur aus Kreisen und Drei- und Vierecken zu bestehen. Anschließend beschriftet er die Linien dieser Figuren mit Zahlen. Manchmal wendet er sich jedoch plötzlich von diesen Zeichnungen ab und vergräbt sich in ein lateinisches Buch, das er aus Venedig mitgebracht hat. Als sie ihn einmal verwirrt fragt, ob er denn Latein verstehe, schüttelt er den Kopf und meint knapp, deswegen müsse er das Buch mit Willibald zusammen übersetzen. Die Kenntnis dieses Buches sei für jeden Maler unerläßlich.

XIX

Das Haus in der Zistelgasse

Zwei Wochen später bricht der Zug zur Frankfurter Frühjahrsmesse auf, dem Agnes sich wie immer in den letzten Jahren anschließt. Sie hat sich im stillen gefragt, ob Albrecht die Reise diesmal für unnötig hält – viel Neues hat sie nicht anzubieten –, aber da er keine Äußerung darüber gemacht hat, hat sie ihre Sachen gepackt. Vielleicht tut es gut, aus Nürnberg rauszukommen. Auch wird ihr Vater mitfahren und mit ihm ist sie gerne unterwegs.

Auf der Messe sprechen Jacob und Katharina Heller die Dürerin gemeinsam an, sie beziehen sich dabei auf das Gespräch, das die beiden Frauen vor anderthalb Jahren über ein Altarbild geführt haben: Agnes habe damals ein sehr interessantes Motiv vorgeschlagen, sie hätten sich mehr oder weniger entschlossen, der Dürerschen Werkstatt diesen Auftrag zu erteilen. Man höre viel Gutes über die Kunst ihres Ehewirts, speziell aus Venedig; deswegen würden sie ihm den Vorzug geben. An Mathis Neidhardt, dem sie ursprünglich diesen Auftrag zugedacht hätten, würde man sich zu einem anderen Zeitpunkt wenden. Er sei in der Stadt jederzeit erreichbar. Jacob Heller habe in Kürze im Süden zu tun, werde sich ein paar Tage in Nürnberg aufhalten, da könne er alle Einzelheiten des Vertrages mit Albrecht Dürer besprechen.

Als Agnes zu Ostern von der Reise heimkehrt, ist dort ein Auftrag von Kurfürst Friedrich eingetroffen, den Albrecht angenommen hat. Er dankt ihr zwar für den Auftrag der Hellers, aber sie spürt, daß er ihm im Innern gleichgültig gegenübersteht. Für den Altar des Kurfürsten hat er bereits einige Zeichnungen entworfen, mit denen er jedoch nicht sonderlich zufrieden zu sein scheint. Albrecht arbeitet wieder jeden Tag einige Stunden in der Werkstatt, verzieht sich jedoch am frühen Nachmittag häufig in die obere Stube, um ungestört zu lesen und zu schreiben. Abends verläßt er weiterhin meist das Haus.

Eines Morgens bleibt er im Bett liegen; als Agnes heraufkommt, hat sie das Gefühl, daß irgend etwas mit ihm nicht stimmt. Sie legt ihre Hand auf seine Stirn, die heiß ist. Albrecht erklärt, er fühle sich matt; seine Augen glänzen.

Der Arzt, den sie holen läßt, verordnet Bettruhe und einen Theriak, überläßt ihr den Kranken zur weiteren Pflege. Für sehr besorgniserregend scheint er den Zustand ihres Mannes nicht zu halten. Die alte Dürerin setzt sich zu ihrem Sohn ans Bett und betet einen Rosenkranz nach dem anderen.

Das Fieber bleibt, aber es steigt nicht. Nach einigen Tagen kann der Kranke aufstehen. Er sitzt jedoch nur kurze Zeit in der Stube, dann muß er sich wieder hinlegen. Mit jedem Tag, den das Fieber anhält, wächst die Sorge. Immer dringlicher werden Agnes' Fragen an den Arzt, der nur mit den Schultern zuckt.

Der Schwiegermutter kann jeder ansehen, was die Krankheit ihres Ältesten für sie bedeutet. Sie geht noch häufiger zu den Predigern hinüber, sitzt oft an Albrechts Bett oder in der Stubenecke, betend, häufig in Tränen aufgelöst.

Agnes spürt, wie sehr die Ängste seiner Mutter Albrecht beunruhigen. Hin und wieder bittet sie die Alte, nicht in die Schlafkammer hinaufzusteigen, da Albrecht Ruhe brauche. Sie selbst schaut oft nach ihm, steht hilflos vor ihm und weiß nicht, was sie tun soll.

Einmal fragt er sie, wie lange er bereits krank sei. „Der Auftrag des Kurfürsten bleibt liegen, von dem Altar für Heller gar nicht zu reden."

„Du bist nicht gern aus Venedig zurückgekommen", antwortet sie ihm scheinbar zusammenhanglos. „Nur wegen der Mutter und Hans. Für dich und deine Kunst wäre dort alles viel besser gewesen."

Er seufzt tief auf und legt seine heiße Hand auf ihre. „Nein, nicht nur wegen der Mutter und Hans. Meinst du, du hättest mir nicht gefehlt? Ich brauche dich. Merkst du das nicht?"

„Man konnte es dir bei deiner Heimkehr nicht ansehen."

„Die Heimkehr ist mir schwergefallen, das gebe ich zu. Aber ist das ein Wunder, nachdem ich in Venedig fast wie ein Fürst behandelt, mit Ehren und Geld überhäuft worden bin? Dem könnte niemand einfach den Rücken zukehren, in die Heimat zurückkreisen und auf diese Weise dieses Lebenskapitel abschließen. So manches Mal habe ich mit dem Wunsch gerungen, dort zu bleiben als gefeierter Herr. Doch was mich letztlich heimgetrieben hat, das war die Sehnsucht nach dir. Du bist mein Zuhause. Der frostige Empfang hat mich allerdings daran zweifeln lassen, daß ich hier willkommen sei."

„Aber ich dachte ..."

„Laß nur."

„Nein, einmal muß es gesagt werden. Ich war ziemlich gekränkt über die Art, wie du uns hier hast sitzenlassen und mir deinen Freund auf den Hals gehetzt hast, der mir dein weiteres Ausbleiben in seiner gönnerhaften Art so dargestellt hat, daß ich einfach annehmen mußte, dies sei ein abgekartetes Spiel, das mir eine Zeitlang verschleiern sollte, daß du nicht zurückkommen würdest. Hattest du gar kein Vertrauen zu mir? Hättest du mir nicht selbst erklären können, warum du dort bleiben wolltest?"

„Ich dachte, eine mündliche Erklärung wäre besser. Willibald ist so wortgewandt. Aber vielleicht war es auch ein bißchen Feigheit."

Sie schweigen zusammen. Zum ersten Mal, seit er wieder daheim ist, sehen sich die beiden richtig an. „Als ich von Venedig losgefahren bin, habe ich gehofft, daß sich für mich jetzt auch in Nürnberg vieles ändern könnte. In Venedig war das Geldverdienen so leicht. Manchmal drückt es mich nieder, ständig an das Geld denken zu müssen, damit meine Familie leben kann. Daß es nicht einfach vorhanden ist! Es gäbe so viel zu tun. Stattdessen steht die Plackerei für den Broterwerb jederzeit im Mittelpunkt, und die Kunst geht darüber zugrunde.

In Italien trinkt man mit der Luft Schönheit, die Arbeit wird leicht, die Linien scheinen sich von selbst zu gestalten. Man lernt mit jedem Atemzug, zum Beispiel wie ein Maler mit dem Pinsel die Vorzeichnung eines Bildes aufträgt. Das macht ein Bild viel lebendiger. Du hast selbst gesehen, welche Schönheit die Gestalt der Madonna ausstrahlt, die ich in Italien gemalt habe. – Stattdessen hier dieser Auftrag des Kurfürsten. Für seine Heiltumssammlung als Ergänzung zu den Reliquien des heiligen Achatius! Die immergleichen Bilder von gequälten Körpern und ihren Peinigern! Ein solches Bild zu malen ist mir nur Mühsal. Aber man muß an das Geld denken, sich bücken und dem Fürsten für den großartigen Auftrag danken."

„Wenn das Bild fertig ist, gibt es den anderen, weit großzügigeren Auftrag aus Frankfurt."

„Ja, der taugt wesentlich mehr."

„Drückende Geldsorgen haben wir eigentlich nicht mehr."

„Sie drücken mich immerhin so sehr, daß ich meinen Auftraggebern nicht einfach die kalte Schulter zeigen kann."

Er lächelt vorsichtig. „Du findest meine Sorgen etwas merkwürdig, oder?"

„Nein, das nicht. Aber ..."

Albrechts Finger umschließen fest ihre Hand. „Sag lieber nichts. Es reicht, wenn einer hier im Hause sich mit solchen Hirngespinsten herumplagt. Bleib du, wie du bist, dann hilfst du mir am meisten."

„Wenn ich nur wüßte, was ich tun könnte."

„Bring mir einfach die Waschschüssel und lege mir frische Wäsche hin, ich will heute aufstehen."

Als Agnes ein Lächeln in seinen Augen aufglimmen sieht, seufzt sie erleichtert auf. Er zieht sie zu sich herunter, umfaßt ihr Gesicht, küßt sie auf die Stirn, dann auf den Mund. Seine Lippen sind vom Fieber warm.

Später sieht sie ihn in der Stube sitzen, vor sich das Buch, das seit seiner Venedigreise sein Interesse fesselt. Als er sich am darauffolgenden Morgen Papier zurechtlegt und sich kurz darauf in Berechnungen vertieft, steigt in Agnes die Zuversicht, daß er über den Berg sei. Das Fieber hält sich zwar noch ein paar Tage, aber es verliert immer mehr an Kraft.

Er beginnt wieder an dem Märtyrerbild zu arbeiten, nicht sehr begeistert, aber es geht voran. Er hat seinen Arbeitstag nun fest eingeteilt: Morgens schafft er einige Stunden an dem Bild für den Kurfürsten, das er – dem Vertrag entsprechend – in der Hauptsache eigenhändig malt. Danach arbeitet er an zwei großen Tafeln, für die gar kein Auftrag vorliegt. Es beunruhigt sie nach wie vor, daß er zwei große Tafeln – jede doppelt so groß wie das Bild für den Kurfürsten und zudem nur mit den vollkommen nackten Gestalten von Adam und

Eva bedeckt – ganz auf eigene Rechnung produziert. Aber sie muß froh sein, daß es mit ihm aufwärts geht. Da wird sie sich den Mund nicht gleich wieder verbrennen. Er hat ihr erklärt, er könne es sich jetzt ohne weiteres leisten, eigene Entwürfe zu gestalten. Ein Käufer werde sich sicherlich finden.

Ihre Bedenken haben sich durch diese Erklärung leider nicht aufgelöst – die Kosten für solche Tafeln sind immens, und was soll ein Käufer damit machen? Für eine Altarstiftung eignen sie sich sicherlich nicht. Albrecht tut diese Arbeit jedoch offensichtlich gut, und sie vermehrt seine Kraft, denn auch mit dem Bild für den Kurfürsten kommt er jetzt besser voran. – Im Spätnachmittag besucht er häufig die Baustelle, die ihr Wohnhaus werden soll. Hin und wieder begleitet sie ihn.

Es scheint Agnes, als wäre im Haus in der Zistelgasse das Oberste zuunterst gekehrt. Nur damit die südliche Giebelmauer das Nachbarhaus überragt und man durch die Fensteröffnungen des obersten Stockwerks ungehindert den Himmel und die Umgebung des Hauses betrachten kann, hat Walther den steinernen Fuß des Hauses aufstocken lassen, so daß der gesamte Fachwerkaufsatz des Gebäudes angehoben werden mußte. Schließlich ist selbst der Dachstuhl höhergesetzt worden.

Ihr wäre es lieber, sie blieben unter der Veste wohnen, würden sich mit Endres wie früher mit dem Schwiegervater einrichten; aber Albrecht bedeutet dieses neue Haus viel. Gerade das Zimmer hoch über der Stadt hat es ihm angetan. Wofür braucht ein Maler einen Beobachtungsstand für die Sterne? Doch der Gedanke an diesen Raum scheint ihm schon jetzt häufig über die Niederungen des Alltags hinwegzuhelfen. „So lange ich denken kann, drückt mich die Veste nieder, und seitdem ich für die fürstlichen Herren malen muß, erst recht."

Agnes seufzt. Gerade rollt ein Fuhrwerk am Haus vorbei; man spürt bis in jedes Zimmer hinein das Rumpeln der Räder auf dem Pflaster und das Klappern der Pferdehufe; das Haus scheint zu erschüttern, so daß sie bereits das Geschirr in den Schränken herumhüpfen sieht, von Albrechts Farbtöpfen gar nicht zu reden ...

„Hier am Stadttor wird uns der Durchgangsverkehr reichlich Lärm bescheren, und an manchen Tagen zieht der Gestank der Gerbergasse sogar bis zum Tor hinauf."

„Die Herren vom Adel und die Landsknechte, die von der Veste kommen oder dorthin ziehen, sind ebenfalls nicht leise, sondern gröhlen mitten in der Nacht, wenn sie vom Frauenhaus heimziehen. Die Nacht hindurch ist das Stadttor geschlossen und der Fernverkehr eingestellt."

Dagegen weiß sie nichts einzuwenden. Außerdem ist der Kauf längst beschlossene Sache.

Die Summen, die Hans Imhoff Albrecht von seinem venezianischen Verdienst auszahlt, sind immens. Und sie hat wahrhaftig geglaubt, er übertreibe, hat sich insgeheim mit seiner Arbeitsunlust, seinen Allüren, seiner Empfindlichkeit nicht abfinden können. Die Schuld für das Haus unter der Veste kann er nun durch eine einmalige Zahlung tilgen. Die Belastung, die seinen Vater ein ganzes Leben lang gedrückt hat! Die Schwieger kann es kaum fassen. Ihre Bewunderung für ihren Sohn wächst ins Unermeßliche.

Albrecht strahlt, als er die Verwirrung und Freude der Frauen bemerkt. „Das ist bei weitem nicht alles", erklärt er ihnen. „Ich erwarte noch weitere Sendungen."

Als der Umzug in das neue Haus bevorsteht, gibt Albrecht beim Schreiner neue Truhen und Schränke in Auftrag; geradezu verschwenderisch kauft er Hausrat. Mehr als einmal zieht er mit Agnes durch die Gewölbe des Rathauses, um Becher und Teller, Schüsseln und andere Gebrauchsgegenstände aus Zinn auszusuchen und zu bestellen. Er läßt ein paarmal die Schneiderin kommen, die ihn, seine Mutter, Agnes und Hans neu einkleiden muß, wobei er bei der Auswahl der Stoffe nicht einmal nach dem Preis fragt.

Obwohl in den Schränken noch einiges an neuem Bettzeug lagert, läßt er Agnes bei einer Näherin feine Leinenlaken mit Seidenhohlnähten bestellen. Zu irgendeinem Zeitpunkt hat sie aufgehört, sich zu wundern, und sich von Albrechts Unruhe anstecken lassen.

Die Schwieger wird mit Hans eine eigene Wohnung im oberen Stock beziehen, gegenüber den Kammern für die Gesellen. Dort ist auch eine Oberküche für sie vorhanden. Es kommt in der letzten Zeit immer häufiger vor, daß die alte Frau sich in ihre Kammer zurückzieht, vom Trubel im Haus nicht belästigt sein und nicht an den gemeinsamen Mahlzeiten teilnehmen will.

Im Stock darunter hat die Werkstatt ihren Platz, zu der ebenfalls eine kleine Küche gehört, so daß der ewige Streit, ob nun gekocht werden kann oder Öl gesiedet werden muß, endlich ein Ende haben wird. In das Kämmerle neben der Küche kann die Magd einziehen, die von nun an wenigstens ein Stockwerk von den Gesellen entfernt ist. Den großen Raum gegenüber der Werkstatt will Albrecht ebenfalls für seine Arbeit nutzen, zumindest dort die Vorräte lagern, die er sich in immer größerem Maße zulegt. Außer den Grundstoffen für seine eigenen Mischungen, den Flaschen und Behältern, in denen sie aufbewahrt werden müssen, hat er über sie auf der Messe für hundert Gulden rheinische Farben bestellt. Solche Mengen müssen natürlich eine Zeitlang vorhalten.

Der Umzug bringt Tage, Wochen, in denen nichts seinen geregelten Gang gehen kann, ständig geschieht etwas Unvorhergesehenes, unangemeldet erscheinen Gäste zum Essen, die neuen Nachbarn schauen herein; Handwerker und Zulieferer bevölkern das Haus.

Doch je mehr Agnes sich in der neuen Umgebung einrichtet, umso häufiger muß sie Albrecht mit seinem Urteil über das Haus recht geben. Die Lage ist der einzige Nachteil, von der Planung her ist es gut durchdacht, als Eckhaus bietet es dem Maler viel Licht. Darüber hinaus ist es mit allen möglichen Neuheiten ausgestattet: Ein Klingelzug gestattet es der Schwieger, sogar vom dritten Obergeschoß aus die Tür in der Tenne zu öffnen. Der Bauherr hat das heimliche Gemach neben der Küche untergebracht, so daß sie die Nachttöpfe nicht mehr brauchen werden oder während der Nacht in die Kälte des Hofes hinaus müssen.

Im Hof verfügen sie sogar über einen eigenen Brunnen, ein Luxus, der selbst in Patrizierhaushalten keineswegs eine Selbstverständlichkeit ist. Darüber, daß die Magd sich am Brunnen verschwatzt, wird Agnes sich in Zukunft nicht mehr ärgern müssen. Für Albrecht stand ihre Bequemlichkeit jedoch nicht im Mittelpunkt, als er diesen Brunnen graben ließ: Seine Angst vor Vergiftung, die er aus Italien mitgebracht und auf verschiedene Bereiche ausgedehnt hat, ist nicht geschwunden. Er glaubt – wie seine Freunde auch –, daß die Sauberkeit des Wassers für die Gesundheit von großer Wichtigkeit sei und viele Krankheiten durch verunreinigte Brunnen weitergegeben würden.

Der abgeschlossene Hof sei überhaupt mit ein Grund für den Erwerb des Hauses gewesen, hat er ihr erklärt, zu der Werkstatt des Leonardo da Vinci in Florenz habe ein ähnlicher gehört; in diesem habe der Meister mit hellen Tüchern ein offenes Zelt abgeteilt, um nackte Menschen, die er als Modelle benutze, dort hinein ins volle Licht zu stellen und zu zeichnen, ohne daß irgend jemand daran Anstoß nehmen könne.

Ob er im Ernst so etwas plant, hat sie seiner Miene nicht entnehmen können. Sie hat es vorgezogen, darüber zu schweigen und abzuwarten. Bei Albrecht weiß man nie. Vielleicht vergißt er diesen Einfall wieder. Obwohl – wenn sie ehrlich ist, weiß sie, daß das eine vergebliche Hoffnung ist. Bis jetzt hat er alles ausgeführt, was ihm an Absonderlichem in den Kopf gekommen ist.

Die beiden großen Tafeln, auf denen er Adam und Eva nackt darstellt, malt er nach Entwürfen, die er aus Italien mitgebracht hat. Dort wird er nackte Modelle gehabt haben, da ist sie sich sicher und weiß zudem, daß es dort üblich geworden ist, so zu arbeiten. Es ist deutlich zu erkennen, daß die Eva auf diesem neuen großen Bild und die Maria, die er aus Italien mitgebracht hat, ein und dieselbe Person sind.

Die neue Umgebung scheint in Albrecht ungeheure Energien freigesetzt zu haben. Er hat das Bild für den Kurfürsten und die großen Tafeln von Adam und Eva fertiggestellt; Zeichnungen, Entwürfe und diese seltsamen Rechenbilder sammeln sich in seiner Truhe zuhauf. Die Farben an den Tafeln sind zwar noch nicht trocken, aber Albrecht hat die Arbeit daran abgeschlossen. Sie stehen nebeneinander auf Gestellen in der Werkstatt und scheinen viele Besucher anzuziehen. Agnes hat heute bereits Johannes Hess, den Sekretär des Bischofs von Breslau, und einen fremden Kaufmann vor die Tafeln geführt. Beide haben mit ungeheurer Begeisterung reagiert. Besonders Hess konnte sich von den Gestalten kaum lösen. Ganz anders dagegen der Neffe Sebald Schreyers, Matthäus Landauer, der ein Altarbild für die Kapelle des von ihm gestifteten Zwölf-Brüderhauses plant. Landauer hat kurz das Märtyrerbild betrachtet, den nackten Figuren einen einzigen schnellen Blick geschenkt und sich anschließend die Entwürfe für den Himmelfahrtaltar der Hellers zeigen lassen. Obwohl ihm das Bild gefiel, hatte er bemängelt, daß für dieses Altarbild zu viel Blau geplant sei. Er möchte seinen Allerheiligenaltar reich in Gold und Rot bemalt. Von Bedeutung sei für ihn außerdem ein aufwendiger Rahmen.

Agnes hört Albrecht und Landauer auf der Treppe verhandeln, offensichtlich hat Landauer noch irgend etwas anderes an Albrechts Entwurf zu kritisieren. Hoffentlich wird Albrecht, wenn er Landauer verabschiedet hat, nicht allzu verärgert sein, vor allem da er die Stammeltern, die Albrechts ganzer Stolz sind, nicht näher in Augenschein genommen hat. Aber für einen Altar eignen sie sich nicht, da muß sie Landauer recht geben:

Auf den beiden großen Tafeln – sie sind mehr als eine Mannshöhe hoch – ist jeweils nur eine menschliche Gestalt abgebildet. Keine Landschaft, keine Tiere, außer der Schlange, lenken den Betrachter von diesen Gestalten ab, die einfach nur dastehen und deren Haut in warmen weißen, gelben und braunen Farbtönen gestaltet ist. Die teure Farbe ist nicht umsonst gebraucht worden – das muß Agnes, fast gegen ihren Willen, zugeben. Es scheint, als ob diese beiden Körper von innen heraus leuchteten. Daß menschliche Körper so viel Schönheit ausstrahlen können!

Das kleine Altarbild für den Kurfürsten, das daneben steht, ist angefüllt mit Leibern, deren Körperfarbe viel stumpfer aussieht. Etliche erleiden das Martyrium, werden einen Abhang hinunter in den Tod gestürzt, Felsbrocken auf sie hinabgeworfen. Vorn im Bild schwingt ein Knecht einen riesigen Hammer, der gleich auf den vor ihm Liegenden niedersausen wird. Auch der Kreuzestod ist dargestellt. Agnes erinnert sich, daß der heilige Achatius auf dem Holzschnitt, den Albrecht vor einigen Jahren gerissen hat, grausam gefoltert wurde; auf diesem Bild steht der Bischof jedoch unversehrt und in vollem Ornat da. Sie stutzt, muß zweimal hinschauen, denn neben diesem Bischof, mitten in dem von leuchtenden Gewändern und weißen Leibern bestimmten Bild, entdeckt sie zwei schwarzgekleidete Gestalten, die vor einer Woche noch fehlten. Albrecht muß sie erst kürzlich eingefügt haben.

Sie erkennt rasch, daß es sich um Albrecht und Konrad Celtis handeln muß. Albrecht hat sich in letzter Zeit des öfteren auf seinen Bildern mit abgebildet. Er meint, die Auftraggeber sollten sich ruhig außer an seinen Namen an sein Gesicht erinnern. Sie fand das gewagt, aber wenn er meint ... Die Stifter lassen sich schließlich ebenfalls darstellen, warum soll der Maler nicht auch irgendwo am Bildrand erscheinen?

Doch diese Bildnisse gehen weit über solche Gepflogenheiten hinaus. Die beiden Freunde bilden das Zentrum des Bildes, fallen durch die Farben ihrer Gewänder auf und wirken zudem weder respektvoll noch betroffen, sondern wandern unbehelligt und unberührt durch dieses grausige Geschehen hindurch. Die Schlächterei, inmitten derer sie stehen, scheint auf sie überhaupt keinen Eindruck zu machen.

Die Nachricht von Konrad Celtis' Tod, die vor wenigen Tagen aus Wien eingetroffen ist, hat Albrecht und seine Freunde in tiefe Trauer gestürzt. Die Bedeutung Celtis' und seine eigene auf diese Weise dem Kurfürsten deutlich zu machen ... Ob er damit nicht zu weit geht? Den Erfolg der Arbeit an diesem Bild, das er sich in Monaten abgerungen hat, aufs Spiel zu setzen, zu riskieren, daß der Kurfürst die Annahme des Altarbildes verweigert! Wie soll es jetzt noch in seine Reliquiensammlung passen?

Sie hört Schritte auf der Treppe und Stimmen, die Albrechts und die von Lazarus Spengler. Der freundliche, zurückhaltende Ratsschreiber ist ihr von Albrechts Freunden bei weitem der angenehmste. Albrecht hat ihn bei Pirckheimer kennengelernt – die beiden haben gemeinsam die Verhandlungen der Stadt mit Kaiser Maximilian wegen der Placker geführt. Der Kaiser soll von dem Verhandlungsgeschick des Ratsschreibers so beeindruckt gewesen sein, daß er versucht haben soll, ihn der Stadt abzuwerben. Seit Spengler ihr Nachbar ist, schaut er des öfteren bei ihnen herein und wird sich die Gelegenheit nicht entgehen lassen wollen, die Gemälde zu betrachten.

Nachdem er Agnes begrüßt hat, steht er schweigend vor den Tafeln, läßt den Blick lange auf den Gestalten von Adam und Eva ruhen, ihn erst eine ganze Zeit später zu dem Märtyrerbild hinüberschweifen. Schließlich bleibt sein Blick an den beiden schwarzen Gestalten auf dem Märtyrerbild hängen. „Um deine Kunst zu beurteilen, fehlen mir die Worte, Albrecht. Etwas Vergleichbares wie diese Tafeln mit unseren Stammeltern habe ich nie gesehen und gibt es sicherlich zumindest in Deutschland nirgendwo. Doch dieses Bild ... glaubst du, daß du mit diesem Einfall beim Kurfürsten durchkommst? Konrad Celtis zu ehren ist nur recht und billig; schließlich hat auch der Kurfürst sehr viel von ihm gehalten. Seit Kaiser Friedrich ihn dort oben" – er weist mit der Hand in die Richtung der Burg – „zum poeta laureatus" gekrönt hat, ist er so etwas wie eine öffentliche Institution geworden.

Bei seinen Heiligen hört jedoch für den Kurfürsten die Gemütlichkeit auf. Nur zu leicht wird er dir dies als Respektlosigkeit auslegen."

„Ja, ich weiß", antwortet Albrecht finster. „Er häuft in seiner Kirche Heiltum auf Heiltum als seine größten Schätze auf. Neunundfünfzig Partikel der Knochen dieser Märtyrer glaubt er zu besitzen, dazu zwei vollständige Gebeine und drei Partikel vom Körper des Achatius selbst. Dafür gibt er Unmengen aus und – was schlimmer ist – erwartet davon sein Heil. Man hält es nicht für möglich, daß ein ansonsten großherziger Fürst derart unverständig sein kann. Ich habe in Rom mit eigenen Augen gesehen, wie dort an jeder Ecke solche Partikel feilgeboten werden, mit den abenteuerlichsten Geschichten und Zertifikaten dazu, die ihre Echtheit beweisen sollen. Und die hohen Herren, je toller sie es treiben, desto fester glauben sie daran, sich durch den Besitz solcher Knochen vor Strafe schützen zu können.

Dabei gibt es so viele Splitter vom Kreuze Christi, daß man einen ganzen Scheiterhaufen damit aufstapeln könnte. Ich wette, daß etliche dieser Betrüger, die das Zeug anbieten, einfach ein paar Hunde- oder Schweineknochen gesammelt haben. Die Menschen in ihrer Einfalt wollen offensichtlich betrogen werden. Daß den Händlern ihr Vorhaben bei alten Weibern und Jungfrauen gelingt, kann man verstehen, aber

Der Apostel Philippus, 1516

beim Kurfürsten ... Und dazu diese maßlosen Übertreibungen. Zehntausend Märtyrer sollen es gewesen sein. Nicht im Kampf gefallen, sondern einzeln grausam zu Tode gemartert! Die aufgeplusterte Geschichte kommt mir vor wie eine Verhöhnung der Leiden unseres Herrn."

„Ich kann verstehen, daß beim Malen dieses Bildes solcher Ärger in dir gewachsen ist. Nur, was bezweckst du damit, Celtis und dich selbst mitten in das Bild hineinzumalen, geradezu als Gegensatz zu den Gemarterten? Wie ich dich kenne, möchtest du damit dem Kurfürsten etwas mitteilen."

„Das stimmt, aber nur zu Hälfte. Celtis' Tod hat mich so getroffen, daß mir diese Darstellung fast von allein aus dem Pinsel geflossen ist. Wir – und schließlich auch der Kurfürst – haben in Celtis einen Streiter verloren, der der Welt neue Impulse geben wollte. Vielleicht merkt der Kurfürst durch dieses Bild, daß dieser Verlust auch für ihn von viel größerer Bedeutung ist als der Besitz all dieser Reliquien. Von der Wissenschaft, von der Kunst muß eine Erneuerung des Lebens ausgehen."

„Hoffentlich versteht er das. Ich kann dir nur Glück dazu wünschen, vor allen Dingen, da du dich selbst mit abgebildet hast. Gewagt ist es. Vor dir hat sich etwas Derartiges, soweit ich weiß, noch niemand herausgenommen. Aber du schreitest immer so weit vorwärts wie nur irgend möglich." Er lächelt Agnes zu. „Deine Frau wird ein Lied davon singen können. Woher nimmst du nur so viel Selbstbewußtsein? Bist du nie auf den Gedanken gekommen, daß dir das als Hochmut ausgelegt werden könnte?"

Albrecht blickt ihn ernst an. „Schau dir die beiden großen Tafeln noch einmal an, vielleicht verstehst du es dann besser."

Agnes tritt ein Stück zurück, um Albrecht und Lazarus den Zugang zu den großen Tafeln erneut freizumachen. Spengler versinkt sofort in den Anblick, während Agnes ihn von der Seite her beobachtet. Er schaut ruhig und konzentriert von der einen Tafel zur anderen, wobei sein Blick immer gebannter zu werden scheint, ernst und gefaßt. Schließlich bildet sich in seinen Augenwinkeln ein glückseliges, entspanntes Lächeln.

„Es stimmt, was Albrecht sagt", denkt sie erstaunt, „seine Bilder, selbst diese nackten, machen auf eine neue Weise fromm."

XX

Geschäfte

11. Oktober 1509

Es ist einfach unerhört. Wenn sie das von Anfang an gewußt hätte, was es mit diesem Altar für die Hellers für Schwierigkeiten geben würde!

Albrecht und sie hatten beide angenommen, mit einem bürgerlichen Auftraggeber sei leichter zurechtzukommen als mit einem adeligen, bei dem man mit Launen rechnen muß. Aber Kurfürst Friedrich hat anstandslos die zweihundertachtzig Gulden für das Märtyrerbild bezahlt – er verfügt im Augenblick über recht viel Geld, da Kaiser Maximilian ihm für ein Jahr die Reichssteuer verpfändet hat. Albrecht hat trotzdem gestöhnt, es bliebe zu wenig Gewinn, womit er recht hat.

Die beiden großen Tafeln mit den Stammeltern der Menschen hat Johann von Thurzo gekauft, der Bischof von Breslau. Dessen Sekretär Johannes Hess muß von den Bildern so beeindruckt gewesen sein und seinem Herrn so gewaltig davon vorgeschwärmt haben, daß der Bischof bei seinem nächsten Aufenthalt in Nürnberg höchstpersönlich zu ihnen ins Haus gekommen ist. Er konnte sich vom Anblick der Bilder kaum lösen, hat mit Albrecht ein langes Gespräch darüber geführt und wollte sie unbedingt kaufen. Überwältigend viel dafür geboten hat er nicht, doch da Albrecht die Bilder ungern hergegeben hat – was bei einer Altartafel noch nie vorgekommen ist –, war er froh, sie einem echten Liebhaber seiner Kunst überlassen zu können.

Thurzo hat auch das venezianische Marienbild gekauft, für das Albrecht nur fünfzig Gulden verlangt hat. Diesen Preis hat er mit zweiundsiebzig Gulden freigebig überboten. So sind Albrecht und er in völligem Einvernehmen voneinander geschieden.

Leider steht das Geld für die beiden Tafeln immer noch aus. Es ist wirklich ein Kreuz: Der begeisterte Kunde hat Zahlungsschwierigkeiten, als habe er sich mit seinem Lob bereits verausgabt; der sparsame Heller hat dagegen einen Vorschuß bezahlt, bevor Albrecht sich überhaupt mit dem Bild beschäftigt hatte, ihnen später aber nichts als Ärger bereitet.

Dieser reiche Kaufmann hat sich als ein Pfennigfuchser erwiesen. Dabei stehen ihm nicht nur seine Einkünfte als Kaufherr, sondern zusätzlich die aus dem Nürnberger Hof zur Verfügung – und der ist einer der einträglichsten Gasthöfe Frankfurts. Um Geldmangel kann es sich bei ihm nicht handeln; sie hat den Verdacht, daß es ihm zur Natur geworden ist zu handeln, er den günstigsten Preis herausschachern muß und jede Verzögerung zu seinen Gunsten in sein Kalkül aufnimmt, auch bei einem Altarbild, das er für das Heil seiner Seele ersteht.

Sie hat Albrecht von Anfang an gedrängt, mit Heller hart zu verhandeln, anders sei der es nicht gewohnt. Doch das war völlig in den Wind gesprochen. Albrecht hat in dieser Hinsicht eine seltsame Hemmung entwickelt: Er kann sich nicht dazu durchringen, schon vor Beginn der Arbeit in einem Vertrag eine angemessene Summe auszuhandeln. So wie es ihn kränkt, wenn die Adligen ihn wie einen Diener behandeln, so verletzt es ihn fast noch mehr, wenn er seine Kunstfertigkeit verschachern soll wie einen Sack Mehl.

Albrecht ist großzügig, verschenkt viel zu freigebig Drucke, weil er jemandem seine Freundschaft zeigen will, und ist entsetzt, wenn dieser ihm nicht mit der gleichen Haltung begegnet. In dieser Hinsicht denkt er viel zu gut von den Menschen. Daß es Leute gibt, die möglichst alles von ihm und seiner Kunst fordern, ihr Geld jedoch gern anderweitig ausgeben würden, versteht er nicht.

So hat er gehofft, wenn er Heller eindringlich darstelle, wie sorgfältig er arbeite, wieviel Gewandstudien und Zeichnungen er für dieses große Werk angefertigt habe, welche Kosten bei seiner aufwendigen Arbeitsweise entstünden und vor welche Schwierigkeiten ihn die Ausführung stelle, würde der Kaufherr den Preis für das Bild von allein heraufsetzen wollen. Daß die Tafeln zum Zubereiter müssen, geweißt werden, der Rahmen vergoldet, hat er Heller in Briefen eindringlich vor Augen geführt. An die große Tafel hat er niemanden herangelassen, eigenhändig hat er sie fünf- bis sechsmal unter-, über- und ausgemalt. Das geht nicht von heute auf morgen. Schließlich müssen die einzelnen Schichten sorgfältig trocknen. Daß ein Maler zwischendurch krank sein kann, den ganzen Winter über nur wenig schaffen kann, da ihm das Licht für seine Arbeit fehlt, das sind Gesichtspunkte, für die ein Heller keinen Sinn hat.

Stattdessen hat er gedrängt, gemahnt, von Nichteinhaltung des Vertrages gesprochen, sich beim Schwager Martin Zinner, als dieser in Frankfurt zu tun hatte, zornig beschwert. Zeit, Zeit, das ist für ihn das Maß, an dem er alles mißt. Jedes andere Werk wäre Albrecht unter solchen Bedingungen völlig verleidet gewesen. Er hat Heller zwar eindringlich dargestellt, wie wenig er bei seinem Aufwand an einem solchen Werk verdiene. Aber die Mehrkosten, die während der Ausführung entstanden sind, entsprechend zu bezahlen, liegt Heller einfach fern. Nicht einmal Albrechts feinen Witz, Heller könne froh sein, daß Albrecht *nicht* alle ihm mögliche Sorgfalt auf das Bild verwende, da es dann in Jahren nicht fertig werde, hat er verstanden.

Einzig die Preise für die Farben: Das ist ein Wert, mit dem seine Krämerseele etwas anfangen kann. Die Summe von fünfundzwanzig Gulden allein für das Ultramarin ist eine Ausgabe, die ihn das Bild schätzen läßt. Die Arbeit eines Malers ist für ihn dagegen nur irgendeine beliebige Handwerkertätigkeit. Eine solche Einstellung kränkt Albrecht, lähmt seine Kräfte. Wenn er einen Brief von Heller erhalten hatte, konnte sie ihm während der darauffolgenden Tage ansehen, wie sehr er sich nach Venedig zurücksehnte.

Es ist ein wunderschönes Bild geworden. Die Madonna in den Wolken, umgeben von Gottvater und seinem Sohn, umschwirrt von zahlreichen Engelchen; unten auf der Erde die Apostel: ausdrucksvolle, gestandene Männer, in weite Mäntel gehüllt, die erstaunt und bewegt Maria nachschauen. Die Köpfe, ihre Hände und Füße: Albrecht hat etliche Modellstudien gemacht und die Modelle sehr sorgfältig ausgewählt. Für die Mitteltafel hat er keine Vorlage benutzt, auch die Gesellen nicht herangelassen. Zum Glück muß er die Vorstudien mit den Köpfen der Apostel, ihren Füßen und Händen nicht nach Frankfurt liefern. Es sind zwar einfache Pinselzeichnungen auf eingefärbtem Papier, die ganz schlicht gehalten sind und doch einen ungeheuer intensiven Eindruck von der Persönlichkeit der Menschen darauf geben. Gerade die einzelnen Körperteile, nackte Füße eines im Gebet Knienden, betende Hände, treten lebendig aus der Zeichnung heraus. Solche Zeichnungen gibt es nirgendwo.

Als Albrecht in Nürnberg dreihundert Gulden für das aufwendige, große Werk angeboten worden sind, hat sie, Agnes, ihm geraten, zuzugreifen und Heller seine Anzahlung zurückzugeben. Aber sein Wort brechen, das ist Albrechts Art nicht. Also hat er es seufzend verpacken lassen, in seiner Liebe zu seinem Werk sogar angeboten, es eigenhändig in Frankfurt mit Firnis zu überziehen.

Albrecht hat Heller zwar geschrieben, daß er ein derart aufwendiges Werk in Zukunft nicht unter vierhundert Gulden hergeben werde. Aber was sollte das nützen, bei Heller wird er auf taube Ohren gestoßen sein. Der zahlt freiwillig keinen Gulden zuviel, sondern lacht sich eins darüber, wie günstig ein Geschäft für ihn abgelaufen ist.

Schließlich ist ihr der Kragen geplatzt, und sie hat Albrecht eine Szene gemacht, unbezahlte Extraarbeiten an dem Werk und eine Reise nach Frankfurt, das sei zu viel, er könne sich nicht alles bieten lassen und stattdessen selbst mehr geben. Sie bestehe darauf, daß er das ihr für die Anbahnung des Auftrages, ihre Mithilfe bei der Beschaffung der Farben, der Organisation und Abrechnung zustehende Trinkgeld einfordere. Schließlich gibt es Grenzen, was man sich bieten lassen und hinnehmen kann.

Es hat einen heftigen Streit zwischen Albrecht und ihr gegeben, aber sie hat nicht nachgegeben und auf ihrem Recht bestanden. Albrecht wird diesen Ärger mit dem Kaufherrn Heller nicht so schnell vergessen, und je mehr sie verzichten, umso länger wird die Kränkung an ihm nagen, da ist sie sich sicher. Nur wird er jetzt nicht nur an der Kränkung durch Heller leiden, sondern seiner Frau diesen Ausbruch übelnehmen, weil er sich gedrängt gefühlt hat zu etwas, was ihm innerlich widerstrebt, das ist ihr durchaus bewußt. Trotzdem – auch ohne Streit hätte sie mit Albrechts Unzufriedenheit zu kämpfen gehabt und seinen Ärger zu spüren bekommen – nicht einmal zu Unrecht, denn letztlich hat sie ihm den Auftrag eingebrockt. Sie hat den unbestimmten Verdacht, daß die Folgen dieses Auftrags noch lange ausgestanden werden müssen.

Und jetzt als Krönung dies, daß Heller selbst an dem Trinkgeld zu sparen versucht, indem er ihr einen Kleiderstoff schickt. Na ja, sie will nicht ungerecht sein, es ist eine gute Tuchqualität, feines Schamlott, und die Wolle der Angora-Ziege hält ausgezeichnet warm, aber der Ballen ist sicherlich günstig erstanden, vielleicht nicht leicht abzusetzen; Jacob Heller traut sie inzwischen ziemlich alles zu, was seine Kosten senkt. Und sie wird sich nicht zur Wehr setzen können, sondern sich höflich bedanken müssen, alles andere wäre schlechtes Benehmen. Diesem Fuchs sind sie offensichtlich nicht gewachsen, der jetzt ganz zum Schluß zwar seine Zufriedenheit mit dem Bild geäußert hat, ihnen gleichzeitig mit scheinbar großzügiger Geste endgültig gezeigt hat, wie man Geschäfte mit Handwerkern handhabt. Beim nächsten Mal wird sie besser aufpassen, wenn sie sich um einen Auftrag bemüht, oder ganz die Finger davon lassen.

Mai 1512

Draußen zieht jemand am Klingelzug; das Anschlagen der Glocke oben im Haus klingt wie ein fernes Echo. Einen Augenblick später wird am Türöffner gezogen, als hätte jemand neben der Tür gewartet. Bei dem Gast, der das Haus betritt, handelt es sich um den jungen Franziskanermönch. Während er die Treppe hinaufsteigt, grüßt er höflich zu Agnes hinauf.

Agnes sitzt in dem erhöht liegenden Kämmerchen neben der Tennentür vor Abrechnungen, kann sich aber nur schwer auf ihre Arbeit konzentrieren. Der Überfall auf den Zug der Nürnberger Messefahrer will ihr nicht aus dem Kopf. An Kunstware haben sie zwar nicht viel verloren: auf der Leipziger Ostermesse macht der Händler meist gute Geschäfte. Aber schließlich ist das Geld fort und wer weiß, wieviel sie zum Freikauf des Mannes werden beisteuern müssen. Hundertdreißig Bewaffnete sollen sich über den Nürnberger Zug hergemacht haben, dem sich die Augsburger und Ulmer angeschlossen hatten. Die Gefangenen schmachten jetzt auf einem Schloß im Würzburgischen. Ganz Nürnberg ist in Angst und Schrecken versetzt.

Wie gut, daß sie in diesem Frühjahr daheimgeblieben ist, weil Albrecht kränkelte, und daß ihr Vater von Frankfurt direkt heimgekehrt war. Jetzt muß der Kaiser eingreifen! Aber als Lazarus Spengler ihnen gestern abend die Nachricht von dem Überfall gebracht und Albrecht eine solche Hoffnung geäußert hat, hat er recht skeptisch ausgesehen. Er glaube nicht, daß sich der Kaiser in diese Sache verwickeln lassen wolle, der sei mit seinem Reichstag zu Köln und der Planung seiner nächsten Kriegszüge beschäftigt. Auch stünden hinter den Plackern einflußreiche Fürsten wie Ulrich von Württemberg und Lorenz von Bibra, der Würzburger Bischof. Der Kaiser habe andere Interessen als das Wohl der Bürger der Reichsstadt, da müsse Nürnberg für sich selbst sorgen.

Seufzend wendet sie sich ihren Zahlenreihen zu. Ruinieren wird sie dieser Verlust nicht, aber bis zur Frankfurter Herbstmesse sollte Nürnberg klaren Tisch gemacht haben. Ihr liegen etliche Bestellungen für die Holzschnittbücher vor, die sie im letzten Jahr erneut aufgelegt haben, aus Basel vor allem, aber auch aus Köln und den Niederlanden. Die möchte sie sicher nach Frankfurt bringen.

Bestellungen, Abrechnungen; aus allen Himmelsrichtungen flattern ihnen Briefe ins Haus, die sich in ihrem Kämmerchen stapeln. Manchmal staunt sie immer noch, wieviel die Kunstware einbringt. Die Holzschnittbücher der Apokalypse, die auch die Holzschnittpassionen und das Marienleben enthalten, scheint inzwischen jeder Buchhändler zwischen Nordsee und Mittelmeer zu kennen. Das Leiden Jesu hat noch nie jemand so überzeugend dargestellt wie ihr Mann, niemand das Grauen des Weltgerichts und die Passion so mit Leben erfüllt, jedenfalls bekommt sie das immer wieder zu hören.

Sie haben es zu etwas gebracht. Auch in seiner Vaterstadt ist Albrecht anerkannt. Seit ein paar Jahren gehört er dem Größeren Rat an, und im letzten Jahr hat ihn die Stadt mit einem großen Auftrag geehrt: Für die Heiltumskammer im Schopperschen Haus am Markt malt er zwei große Tafeln mit den Kaisern Karl und Sigismund darauf; beide im Krönungsornat, die Reichskrone tragend und die Insignien ihrer Macht haltend. Auch hat Albrecht beim Kaiser ein Druckprivileg erwirkt, das ihn vor dem Nachdrucken schützt. Obwohl es häufig umgangen wird, so hat sie in Frankfurt doch gemerkt, welch großen Eindruck es allgemein macht und wie sie darum von vielen Druckern beneidet werden.

Trotzdem nagt in ihr ein leichter Zweifel, ob ihr geschäftlicher Erfolg ihnen treu bleiben wird. Es hat so mancher sein Geld schneller verloren, als er es gewonnen hatte. Außerdem haben sie große Ausgaben. Das Haus am Tiergärtnertor hat Albrecht inzwischen gekauft und bezahlt; sein Lebensstil hat sich verändert: Auswärtige Gäste werden reichlich bewirtet, zu großzügig, wie sie findet. Aber Albrecht möchte vor Fremden – besonders vor Leuten höheren Standes – auf keinen Fall den Eindruck erwecken, er knausere mit seinem Geld. Hochmut kommt vor dem Fall, denkt sie manchmal, wenn die Magd die Tafel besonders üppig decken soll.

Sie vertieft sich wieder in ihre Zahlenreihen. Zu rechnen hat sie wahrlich genug. Zum Glück hat sie alle wichtigen Informationen im Kopf, weiß genau, wohin welcher Händler mit welchen Drucken und Büchern abgegangen ist. An manchen Tagen schüttet ihr der Postreiter einen ganzen Haufen Briefe mit Bestellungen oder Abrechnungen auf den Tisch. Ihre Rechnungen schreibt sie doppelt nieder – daß sie in Venedig bei Kolb gearbeitet hat, hat sich in mehr als einer Hinsicht von Vorteil erwiesen.

Wegen des anhaltenden Geschäftserfolgs der Holzschnitte ist es nicht weiter schlimm, wenn Albrecht sich in seine eigenen Zahlenreihen vertieft, Seite um Seite mit Brüchen füllt, Maßverhältnissen, die er zueinander in Beziehung setzt, den menschlichen Körper so zerteilend. Der Nabel soll nach Vitruvius das Zentrum des menschlichen Körpers darstellen, von dem aus man einen Kreis ziehen kann, der bei gespreizten Armen und Beinen Füße und Hände umfaßt. Der Kopf beträgt in der Länge ein Achtteil des ganzen Körpers, wobei die Linie vom Kinn bis zum Haaransatz den zehnten Teil bemißt, der Kopf selbst ein Achtteil darstellt. So versieht Albrecht seine Linien mit Zahlen, bedeckt Körper mit einem Gitterwerk. Anfangs hat er oft ein Modell durch ein Gitter hindurch in ein entsprechendes Gitter auf dem Blatt vor sich gezeichnet, indem er mit dem eigenen Auge starr über die Spitze eines Stabes daraufschaute, weil man so – wie er den Gesellen erklärt hat – die Größenverhältnisse leichter erfasse. Jetzt ist er dagegen fast nur mit Zahlen beschäftigt, will das Maß herausfinden für reine Schönheit, weil es das in einem einzigen Menschen vollständig nicht gebe, sondern nur in einzelnen Gliedern, die ein Kunstwerk zusammenfügen müsse. Unendlich genau vermißt er jeden Teil am Menschen: die *Rotzrinnle* genauso wie die *Halsgrüble*, die *Brust*, den *Bauch*, die *Arschbacken*, den *Schwanz*, die *Knie*, *Waden* und *Zehen*.

Ein Buch will er auf diese Weise schreiben für andere Maler. Vermutlich wird es kein großer Geschäftserfolg werden, aber ihn vielleicht noch bekannter machen. Das Haus in der Zistelgasse ist inzwischen eine Adresse, die man im ganzen Reich kennt.

Sie darf sich also nicht beschweren. Albrecht hat in den letzten Jahren sehr viel geschaffen. Risse zu Holzschnitten – das Marienleben, die beiden Passionen –, mit denen der Formschneider auf lange Zeit beschäftigt gewesen ist, während Albrecht zahlreiche andere Projekte in die Tat umgesetzt hat. Wenn ihn die Arbeit beflügelt, scheint seine Kraft unerschöpflich. Jetzt hat ihn zwar ein Fieberanfall eine Zeitlang behindert, aber er ist von allein vergangen und scheint keine weiteren Folgen nach sich gezogen zu haben.

Wie lange Bruder Bernhard heute oben bei der Schwiegermutter bleibt! Der Franziskaner kommt regelmäßig, um bei der Dürerin zu betteln. Er ist einer der wenigen Menschen, deren Besuch die Alte erwartet. Seitdem sie in der oberen Wohnung im Haus in der Zistelgasse wohnt, zieht sie sich immer mehr in sich zurück, schließt sich oft ein und will mit niemandem etwas zu tun haben. Nur dieser junge Mönch, den läßt sie ein, beschenkt ihn großzügig, beauftragt ihn häufig, in ihrem Namen Almosen zu verteilen oder eine Messe lesen zu lassen. Zum Glück scheint der Mönch verläßlich und das Geld nur in dem von ihr gewünschten Sinn auszugeben. Da gibt es wahrlich andere.

Sie hört die Stimme der Schwiegermutter oben im Flur, die junge des Franziskanermönchs, ihr antwortend. Schließlich kommt er die Treppe herunter, leichtfüßig, fast hüpfend.

Als er bemerkt, daß Agnes von ihrem erhöhten Platz aus auf ihn hinunterschaut, bleibt er stehen.

Wie die alte Frau heute zurecht sei, fragt Agnes ihn, und was er von ihr bekommen habe.

Der junge Mensch errötet bei der letzten Frage, antwortet rasch, es gehe ihr recht gut; sie habe reichlich gespendet, er werde die Hälfte in Messen für ihren verstorbenen Mann anlegen. Er schließt den Satz mit einem Seufzer; die obligatorische Frage, ob auch sie eine milde Gabe für ihn habe, unterbleibt. Agnes bemerkt, wie der Blick des jungen Mannes zur Druckerpresse hinüberwandelt, an der Maschine hängenbleibt.

„Möchtet Ihr Euch ein wenig nützlich machen?" fragt sie. Seine Züge hellen sich auf, doch im gleichen Augenblick zuckt er mit den Achseln. „Ich würde zwar gerne, aber mein Orden hat mich zum Betteln ausgeschickt." Als er Agnes' skeptisches Gesicht sieht, wird er verlegen, erklärt: „Ich wäre gerne Drucker geworden. Aber meine Eltern haben ein Gelübde abgelegt, das mich zum Franziskanerbruder bestimmte. Dem habe ich mich gefügt."

Plötzlich tut ihr der junge Mann leid. „Nichts für ungut. Ich wollte Euch nicht kränken. Aber es widerstrebt mir, wenn ein junger, gesunder Kerl wie Ihr untätig umherzieht. Hier", sagt sie, nestelt an dem Beutel an ihrem Rock und reicht ihm ein Geldstück, „betet auch für mich, das ist nie verfehlt."

Wieder errötet der Mönch, aber diesmal verzieht sich sein Gesicht dabei zu einem Lächeln, das ihn in einen Lausbuben verwandelt. Auch Agnes lächelt in dieses Gesicht hinein. „Und nun sputet Euch, daß Ihr zur Vesper im Kloster zurück seid."

An der Tür wäre der Mönch fast mit Albrecht zusammengestoßen, der ihn unfreundlich grüßt, bevor er ihn an sich vorbeiläßt. „Was wollte der Franzikaner schon wieder?" fragt er Agnes.

„Deine Mutter freut sich sehr über seine Besuche. Sie wartet auf ihn. Manchmal verwechselt sie ihn mit Hans und ist glücklich, daß er wieder zu ihr zurückgekehrt ist."

„Wirklich?" fragt Albrecht betroffen zurück. „Das wird sie nie verwinden, daß er sie verlassen hat. Dabei wurde es allerhöchste Zeit. Den Vorfall mit dem Knecht des Christof Kreß konnte man nur als Warnung ansehen, daß sein Lebenswandel zu wünschen übrig ließ."

„Diese Sache verwindet sie eigentlich ganz gut; sie hat vergessen, daß er in eine Messerstecherei verwickelt war, vielleicht hat sie es überhaupt nicht in ihren Kopf hineingelassen."

„Und was denkt sie, wo er ist?"

„Nichts Klares. Sie sehnt sich nach ihm. Wenn sie den Mönch statt seiner als ihren Sohn begrüßt, verläßt ihre Unruhe sie jedóch auf kurze Zeit. Er nimmt ihr übrigens wichtige Wege ab, steckt für sie Kerzen an, verteilt Almosen, läßt Messen lesen. Zum Glück kann man sicher sein, daß er es treu verwaltet."

„Wollen wir es hoffen. Ich möchte heute nachmittag mit dir unsere Abrechnungen durchgehen, da eine größere Ausgabe ansteht."

„Eine größere Ausgabe? In welcher Größenordnung?"

„Baner hat mir seinen Garten zum Verkauf angeboten. Ich werde ihn kaufen und mit dem Bau eines Gartenhauses beginnen."

„Baner!" Agnes ist fassungslos. „Mit dem willst du Geschäfte machen? Nachdem er Stoß ins Elend gebracht hat? Und gleich ein derart großes?"

„Komm, beruhige dich. Ich werde schon aufpassen und nicht wie Veit Stoß Verträge mit ihm abschließen, die kein anderer zu Gesicht bekommt. Bei einer offiziellen Beurkundung wird er keine Möglichkeit haben, mich zu betrügen. Du bist doch sonst nicht ängstlich. Oder willst du nie wieder zu Messen fahren, weil einmal der Nürnberger Zug überfallen worden ist? Hat uns etwa der Verlust der Leipziger Einnahmen derart ruiniert, daß wir uns den Kauf eines Gartens nicht mehr leisten können?

Scheurl, für den Baner die ständige Erinnerung an die Folterung seines Vater und die Schmach seiner Familie darstellt, nur weil er im Prozeß Stoß gegen Baner auch gegen Baner ermitteln wollte, hat mich sogar gebeten, mit ihm abzuschließen. Baners Garten hier vorm Tiergärtnertor liegt inmitten der Gärten von Leuten, die möglichst wenig mit ihm zu tun haben wollen. Wenn er verkauft, wäre das die ele-

Die Mutter von Albrecht Dürer

ganteste Lösung. Christof Scheurl würde uns jedenfalls dankbar sein, wenn er in Kürze nach Nürnberg zurückkehrt."

„Trotzdem habe ich bei dem Kauf ein ungutes Gefühl. Und ob wir uns den Garten und ein Lusthäuslein leisten können? – Dein patrizischer Lebensstil verschlingt einiges."

„Wenn du damit auf meinen Fechtunterricht anspielen willst, den nehme ich nicht zu meinem Vergnügen, sondern weil ich ein Fechtbuch für den Kaiser illustrieren soll. Das ist ein ehrenvoller Auftrag. Welche Ehre könnte größer sein? Nun hol endlich die Abrechnungen für die Holzschnittbücher hervor. Es muß unlängst eine schöne Summe eingegangen sein."

Widerstrebend zeigt Agnes die Zahlen. Sie weiß, daß es genug ist, um einen solchen Garten zu kaufen; auch das Gartenhaus dürfte finanziell für sie zur Zeit kein Problem darstellen.

„Albrecht, wenn du den Garten besitzest, geht es mit der Bauerei wieder los. Wir haben das schon einmal mitgemacht. Erinnere dich an die ständige Aufregung, den Ärger. Und anschließend müssen wir Feste geben, um den Garten einzuweihen. Irgendwann wird dir das alles zu viel. Der letzte Fieberanfall ist gar nicht lange her. Willst du dich nicht lieber etwas schonen? Gestern ist es übrigens auch wieder spät geworden."

„Gestern bei Pirckheimer hat uns der Hofastronom des Kaisers mit seinem Besuch beehrt. Da hätte ich es mir nicht leisten können fortzubleiben. Außerdem ist er ein unglaublich interessanter Mensch. Wie sehr er sich für meine Arbeit interessiert, ist dir ja bekannt."

„Für das Bezahlen seiner Rechnungen ist der Kaiser jedenfalls nicht bekannt. Da mögen Aufträge von ihm so ehrenvoll sein, wie sie wollen." Agnes kann zum Glück gerade noch die Bemerkung zurückhalten, daß der Kaiser leider auch einen ziemlichen Ruf als Schürzenjäger habe; seitdem Bianca Marias Mitgift aufgebraucht sei, habe er seine Frau schon öfter einer Stadt als Pfand hinterlassen, wenn er seine Schulden nicht bezahlen konnte und er es sich mit irgendeiner Schönen an einem anderen Ort gutgehen lassen wollte. Jedenfalls erzählt man sich das auf den Messen.

Aber es lohnt nicht, jetzt Streit anzufangen. Noch ist

Albrecht gutwillig, doch kann seine Stimmung jeden Augenblick umschlagen, und dann ist für den Rest des Tages nichts mehr mit ihm anzufangen. Zum Schluß sind sie beide bös und ... Das kennt sie zur Genüge.

Also zeigt sie ihm die Bücher und rechnet mit ihm das Projekt durch. Vielleicht hat ein Garten auch sein Gutes. Er wird wohl nicht nur aus einem Lusthaus und einem Baderaum bestehen. Schließlich kann man auch in patrizischer Umgebung Gemüse und Blumen anpflanzen. In dieser Hinsicht wird sie fest bleiben, das weiß sie, da können Albrecht oder Pirckheimer ihr über die italienischen Prachtgärten, ihre Hecken und Bäume, Springbrunnen und Labyrinthe erzählen, was sie wollen: sie wird Obst und Gemüse anpflanzen, und zwar nicht wenig!

XXI

Die Nachbarin

Anfang Oktober 1518

Sechs Jahre sind seit dem Kauf des Gartens vergangen, alles in allem gute, arbeitsreiche Jahre für Albrecht und sie. Allerdings ist der Tod der Mutter Dürerin wie ein Schatten über sie gefallen, besonders über Albrecht, der für eine lange Zeit in tiefe Melancholie fiel. Über sechzig Jahre ist seine Mutter alt geworden. Sie hat eine Lücke hinterlassen, die in dem kinderlosen Haushalt nicht leicht zu schließen ist.

Die Dürerin hat es nicht leicht gehabt in ihrem Leben, es sich auch nie leicht gemacht, den übrigen Hausbewohnern und besonders Agnes manche Last auferlegt. Fest im Glauben und getröstet durch die Sakramente der Kirche, sogar mit einem Sterbeablaß versehen, hat sie diese Welt nach einem langen furchtbaren Kampf mit dem Tod schließlich verlassen, um in einer anderen endlich Ruhe zu finden.

Lange hat Agnes überlegt, welche Gabe der Nachbarin, die sie heute im Kindbett besuchen will, wohl gefallen könnte. Zuletzt hat sie sich für ein Blatt aus dem Marienleben entschieden, das die heilige Familie in der Fremde in einem Hof zeigt. Josef bearbeitet mit der Axt einen Holzstamm, während Maria, von Engeln umgeben, neben der Wiege auf einem Stuhl sitzt und spinnt. Im Vordergrund tummeln sich mehrere Engelchen, die sich wie Lausbuben gebärden, herumtollen und offensichtlich nur Unsinn im Kopf haben. Am Himmel thronen Gottvater und der Heilige Geist über der Familie.

Ein Blatt, das einer Familie Segen verspricht und Ruhe ausstrahlt, etwas, von dem es auf der Welt heutzutage nur allzuwenig gibt. Aber selbst der heiligen Familie war diese Ruhe nur in kurzen Augenblicken beschieden; eine Ruhe auf der Flucht, das scheint das höchste, was ein Mensch begehren kann. Auch das Leben in Nürnberg ist ständig bedroht: Zwar ist der Streit der Stadt mit den Plackern vorerst beigelegt, doch ist stattdessen ein neuer entstanden, ein viel ernsterer, der alle Gemüter erhitzt und von dem man nicht weiß, was einmal daraus wird. Die Verweltlichung der Kirche ruft seit Jahren Kritiker auf den Plan, die Reformbewegung der Augustiner müht sich ernsthaft um Erneuerung, aber jetzt hat ein Mönch mit seinen kritischen Thesen überall für Gesprächsstoff gesorgt und den Zorn der römischen Kirche aufs höchste erregt.

Im Haus der Nachbarin führt die Magd Agnes in die stickige, mit Frauen überfüllte Schlafstube, in der die Mutter, erschöpft und bleich, aber mit strahlenden Augen in den Kissen lehnt. Ein Lächeln gleitet über ihr Gesicht, als Agnes ihr das Blatt mit der heiligen Familie reicht.

Als der Kindbetterin eine Suppe gebracht wird, verläßt Agnes den Platz neben dem Bett und setzt sich zu den anderen Frauen an den Tisch, neben dem gerade das Neugeborene, das von allen Anwesenden als ein wohlgeratenes und gesundes Kind bewundert wird, gebadet wird. Auch seine älteren Geschwister stehen interessiert dabei, beurteilen den Neuling jedoch abschätzig. Als das Kleinste sich plötzlich aus der Gruppe löst und zu seiner Mutter hinüberläuft, hält eine der Frauen es auf und nimmt es zu sich auf die Knie. „Die Mutter muß essen und dann schlafen", erklärt sie dem Kind, das zwar unglücklich das Gesicht verzieht, schließlich jedoch seinen Daumen in den Mund steckt und sich auf dem Schoß der Frau einrichtet.

Agnes, ganz in die Betrachtung dieser Szene versunken, die geradezu einem Bild ihres Mannes entnommen sein könnte, schrickt zusammen, als eine der Frauen am Tisch sie anspricht. Ob sie diesen Doktor Luther schon zu sehen bekommen habe, fragt die Nachbarin.

Erstaunt schüttelt die Dürerin den Kopf. Der wohne im Augustinerkloster und sei bei Pirckheimers Tischgast. Allerdings habe sie gehört, daß er nur wenig zu sich nehme, da er unter entsetzlichem Magendrücken leide und kaum etwas vertrage.

Was sie sonst noch wüßte?

Agnes zuckt mit den Schultern; Albrecht ist zur Zeit mit Nützel, Groland und Lazarus Spengler auf dem Reichstag in Augsburg. Dorthin soll schließlich auch Pater Martinus reisen, um dem päpstlichen Gesandten Cajetan Rede und Antwort zu stehen.

Ursula Spenglerin, die Agnes gegenübersitzt, seufzt auf. „Ich habe bei der Sache ein ungutes Gefühl. Lazarus ist völlig davon überzeugt, daß mit Doktor Luther endlich die Kirchenreform in Gang kommt, die so bitter nötig ist. Aber, ich weiß nicht ... Sicher haben vor zwei Jahren die Adventspredigten des Johannes von Staupitz, der wie alle Augustiner die Kirche reformieren will, eine ehrliche Einkehr und Umkehr bei vielen Menschen in unserer Stadt bewirkt. Aber dieser Prediger ist ein vorsichtiger, bedachter, zu jedermann freundlicher Mensch, den es offensichtlich nicht ständig im Magen drückt, sondern der seine Mahlzeiten im großen Kreise seiner Freunde zu genießen weiß. Die Sodalitas Staupitziana hat einiges bewegt, ohne daß es dadurch zu Umtrieben gekommen wäre. Doch bei Doktor Luther bin ich mir nicht so sicher. Lazarus setzt sich vorbehaltlos für ihn ein. Das hat ihm sogar schon eine Bannandrohung eingetragen. Seitdem habe ich keinen Augenblick mehr Ruhe."

„Aber Lazarus' Verhandlungsgeschick ist sprichwörtlich und hat der Stadt bis jetzt nur Vorteile gebracht. Warum sollte sich das plötzlich ändern?" versucht Agnes sie zu beruhigen. „Man sagt sogar, daß Kaiser Maximilian Nürnberg um einen Mann wie ihn offen beneide und ihn schon des öfteren abzuwerben versucht habe."

„Das mag schon stimmen. Aber die Worte dieses Mönchs klingen sehr radikal, fast unversöhnlich. Als ob er den Streit auf Biegen und Brechen durchfechten möchte und dazu von Nürnberg Unterstützung erwartet. Bis jetzt war Lazarus immer sehr beweglich in seiner Argumentation. Doch hat sich da irgend etwas verändert. Die Auseinandersetzungen ..." Sie bricht den Satz plötzlich ab und blickt verlegen in die Runde. Die anderen Frauen schweigen betroffen.

Die Magd ist mit einer großen Weinkanne an den Tisch getreten und schenkt den Frauen nach, stellt eine weitere Schale mit Gebäck auf den Tisch. Doch das Gespräch der Frauen scheint versiegt. Als das Schweigen unangenehm zu werden beginnt, fragt eine der Frauen Agnes nach ihrer neuen Magd. „Mit der scheinst du einen guten Fang getan zu haben."

„Hab ich auch. Sie ist ein ganz liebes Mädchen. Wir haben sie aus dem Findelhaus geholt. Ihre Eltern sind beide an der Pest gestorben, und da sie keine weiteren Verwandten hatte, blieb für sie nur das Findelhaus. Als sie mir das erste Mal von dort geschickt wurde, war sie völlig verschüchtert. Doch hat Atalante, die Hündin, die Herr Pirckheimer meinem Mann aus seinem letzten Wurf geschenkt hat, sie aus ihrem Schneckenhaus gelockt. Überhaupt hat sie eine Hand für Tiere. Seitdem sie schließlich auch zu uns Vertrauen gefaßt hat, zeigt sie sich äußerst anstellig und geschickt. Vor allem kann man ihr vertrauen."

Beifällig nicken die Frauen. „Das ist das Wichtigste bei einer Magd", erklärt eine, „ständig trägt man den schweren, unhandlichen Schlüsselbund mit sich herum, hält alle Schränke sorgsam verschlossen, und trotzdem verschwindet immer wieder etwas. Ich möchte nicht wissen, was sich im Haushalt meiner Grete, die wir vor kurzem verheiratet haben, alles wiederfinden würde, was aus meiner Küche stammt."

„Und dann verhilft man ihnen noch zu einer Aussteuer, anstatt sie aus dem Haus zu jagen", ruft eine andere Nachbarin dazwischen.

„Tja, eine Magd zu finden ist keine Schwierigkeit, aber eine, die etwas taugt, da sieht es schon anders aus. Wenn ich meiner Anna nicht ständig auf die Finger schauen würde, säßen wir täglich vor halbleeren Näpfen. Selbst die teuren Gewürzdosen, die wie ein Lindwurm aussehen, mit gräßlichem Schweif, gezacktem Rücken und weitaufgesperrtem Maul, schrecken sie kaum. Dabei muß ich mich selbst überwinden, sie in die Hand zu nehmen, um etwas Safran herauszuholen."

Die Magd, die den Frauen den Wein ausgeschenkt hat, steht während dieser Äußerungen rot übergossen neben der Tür. „Ich fülle nur rasch im Keller den Krug wieder auf", ruft sie zum Bett der Hausfrau hinüber, die jedoch eingeschlafen zu sein scheint.

„Wegen mir nicht", antwortet ihr stattdessen Ursula Spenglerin, schon im Aufstehen begriffen, „es wird Zeit, daß ich heimkomme." Agnes schließt sich ihr an. Schließlich will sie, genauso wie die Spenglerin, heute abend den Gottesdienst bei den Augustinern besuchen.

Während die beiden Frauen die Zistelgasse hinaufgehen, meint Ursula: „Nun hat mein Eheherr es so weit gebracht, ist vor der Zeit Ratsschreiber geworden, und jetzt diese unselige Angelegenheit. Schon seit ewigen Zeiten liegt der Nürnberger Rat mit dem Bamberger Bischof im Streit, wäre den geistlichen Oberherrn gern los, und doch ist es ihm nie gelungen. Und nun steht ein einzelner Mönch auf – auch wenn ein ganzer Orden sich hinter ihm befindet – und wettert gegen das Papsttum. Das kann nicht gutgehen. Noch jede Motte, die sich dem Licht genähert hat, ist verbrannt; das ist der Welten Lauf, und kein Doktor Luther, kein Pirckheimer und erst recht kein Lazarus Spengler werden etwas daran ändern."

„Nun warte erst mal ab. Vielleicht wird alles gar nicht so schlimm. Daß Lazarus sich besonders betroffen fühlt, ist verständlich: Schließlich hat er die Hauptlast zu tragen, wenn es irgendwo brennt. Als vor ein paar Jahren der Prior Hänlein der Prediger unvermittelt aus der Stadt entfernt worden ist und Lazarus diese Maßnahme durchführen mußte, konnten sogar Außenstehende beobachten, wie sehr diese leidige

Affaire ihm zu schaffen machte. Kein Wunder also, wenn er an einer Kirchenreform besonderes Interesse zeigt.

Der Rat hat damals ein großes Geheimnis um die Angelegenheit gemacht, und es ist überhaupt nichts durchgesickert. Aber ich würde zu gerne wissen, was damals geschehen ist. Weißt *du* nicht, worum es ging?"

„Nein, wirklich nicht. Lazarus ist in dieser Hinsicht absolut korrekt. Aber was soll gewesen sein? Wenn es sich nicht um ein übles Geldgeschäft gehandelt hat, dann um eine Weibergeschichte."

Die Freundinnen gehen ein paar Schritte schweigend nebeneinander her. Schließlich nimmt die ältere den Faden wieder auf: „Erinnerst du dich, wie verstört Albrecht vor elf Jahren aus Rom zurückgekehrt ist? Diese Reise hat ihn in seinem Glauben erschüttert, wie so viele, die nach Rom gepilgert sind. Luther ist auch dorthin gewandert. Vielleicht beunruhigt der Besuch dieser Stadt die Menschen so sehr, daß sie nicht mehr ruhig handeln können. Das würde einiges erklären. – Albrecht hat das Auftreten des Paters Martinus aufgewühlt und geradezu beflügelt, während er vorher lange Zeit sehr niedergeschlagen war. Ich glaube, das rührte noch vom Tod seiner Mutter her."

„Wie das, sie ist doch schon über vier Jahre tot."

„Ja, aber ihr Geist durchweht noch immer unser Haus. So fromm und gottesfürchtig sie war, so hart war sie gegen sich selbst und die ihren. Manchmal war es ein Kreuz mit ihr. Mehr als einmal bin ich ihr gegenüber aus der Haut gefahren. Zwanzig Jahre lang haben wir zusammen in einem Haushalt gelebt, da kennt man einander, im Guten wie im Schlechten. Gegen Ende ihres Lebens hat sie sich zunehmend von den Menschen abgewendet, selbst von den eigenen Leuten, und sich in ihrer Kammer eingeschlossen. Als sie krank daniederlag, mußten wir die Tür aufbrechen. Aber das weißt du ja.

Seit ihrem Tod drückt Albrecht die Trauer nieder. Er sagt, er könne sich das kaum erklären, in gewisser Hinsicht habe er zuerst geglaubt, daß er nach ihrem Tod werde freier atmen können, wenn er nicht mehr mit ihren ständigen Ermahnungen konfrontiert würde, trotzdem habe ihr Tod ihn in schier grundlose Traurigkeit gestürzt, ihm ein Schuldgefühl aufgebürdet, dessen Herkunft er nicht verstehe und das er nicht mehr abschütteln könne. Dabei war er seiner Mutter gegenüber immer die Rücksicht in Person."

Ursula Spenglerin ist vor ihrem Haus zum Einhorn stehengeblieben und schaut die Dürerin verdutzt an. „Das kann ich mir kaum vorstellen. Albrecht weiß doch immer genau, was er will."

„Das schon. Nach außen zeigt er sich meistens von seiner Glanzseite. Trotzdem gibt es Tage, Wochen, an denen er fast nichts zustandebringt, sich quält, schier verzweifelt ist. Oft sitzt er da, wie die Melencolia auf dem großen Holzschnitt. Ganz in sich versunken und von seiner Umgebung weit entfernt. Du weißt auch, wie oft er krank ist. Erst seit den Predigten Staupitz' ist Albrecht wieder von Zuversicht erfüllt. Erst seitdem erscheint ihm Gott wieder als Hort der Hoffnung. Menschen wie Staupitz und mehr noch Doktor Luther scheinen ihm eine große Last abzunehmen. Es wird sicher nicht nur Albrecht, sondern auch anderen Menschen so ergehen. Wenn der Doktor uns allen solche Hilfe bringt, werden das auch andere bemerken, Bischöfe, vielleicht selbst der Papst. Dann wird die neue Zeit anbrechen, die wir uns so sehr wünschen. Aber wie sollte sich etwas ändern, wenn nicht jemand aufsteht, der die Dinge beim Namen nennt?"

„So habe ich das noch nie betrachtet. Weder die Ereignisse um Staupitz und Doktor Luther, noch ..."

„Noch?"

„Wenn Lazarus mit Albrecht zusammen ist, sind die beiden meist sehr vergnügt, sprühen geradezu vor Witz. Und trotzdem läßt sich jeder leicht von dem anderen kränken. Weißt du noch, als Lazarus ein Spottgedicht über Albrecht verfaßt hatte, weil dieser zu reimen begann, welch scharfe Entgegnung Albrecht dazu geschrieben hat? Lazarus hat mir geradezu leidgetan. Er fühlt sich in so vieler Hinsicht im Schatten Albrechts, daß er ihn in sein ureigenes Gebiet, das Schreiben, nicht auch noch eindringen sehen wollte."

„Während Albrecht von dem Gedanken besessen ist, auf keinen Fall nur ein Handwerker sein zu wollen. So wichtig ihm das Malen ist, so sehr wünscht er sich, ein Gelehrter zu sein wie Willibald Pirckheimer. Du glaubst nicht, wieviel er in den letzten Jahren gelesen hat und gerechnet. Auch will er die Malerei zu einer Wissenschaft machen. Deswegen seine ständigen Berechnungen, die er in deutscher Sprache in Worte fassen will, was die Formulierung besonders schwierig mache. Er hat mir erklärt, daß es für viele Dinge, die er sagen will, gar keine Wörter gebe."

„Dann werden die beiden noch öfter miteinander wetteifern und streiten. Lazarus hält seine diplomatischen Formulierungen für unübertroffen. Auf diesem Gebiet wird er die Konkurrenz seines Freundes nicht ohne weiteres hinnehmen. Aber es wird wohl nicht zu schlimm werden. Solange sie nur mit der Feder aufeinander losgehen ..." Die beiden Frauen bleiben vor dem Dürerhaus stehen.

„Zu ihrer Hauptbeschäftigung wird sich dieser Streit kaum auswachsen. Schließlich hat jeder von beiden genug anderes zu tun. Lazarus ist häufig auf Reisen, während Albrechts Interesse zur Zeit mehr dem Himmel zugewandt ist." Agnes seufzt.

„Seit wir die Bodenkammer haben und Albrecht mit dem kaiserlichen Hofastronomen Stabius befreundet ist, haben ihn nämlich auch Welt- und Sternkarten und ein Gerät, das sie Astrolabium nennen, in ihren Bann gezogen. Dort oben hocken sie nächtelang und erforschen die Sterne. Darüber hinaus erfindet und konstruiert Albrecht alles mögliche. Sogar einen Schwimmgürtel für Pferde hat er erdacht, und ich habe auch schon gesehen, daß er an einer Dachkonstruktion herumrechnet, sich mit Stadtbefestigungen beschäftigt und sicherlich vielem mehr. Wahrscheinlich ist es gut, daß ich nicht immer weiß, was in ihrer Sternenkammer ausgeheckt wird."

„Arbeitet Albrecht nicht auch für den Kaiser?"

„Ja. Er fühlt sich geschmeichelt, wenn er Kaiser Maximilian irgendwelche merkwürdigen oder auch witzigen Tiere und Menschen oder einfach nur schwungvoll gebauschte Linien in sein Gebetbuch zeichnen darf. Wohl kaum eine anspruchsvolle Auftragsarbeit, an der er trotzdem großen Spaß hat, obwohl ich anfangs befürchtet habe, daß er sich beschweren würde, daß ihm mit dieser Beschäftigung seine Zeit und Schaffenskraft gestohlen würde. Warum er so viel für Kaiser Max arbeitet, ist mir nicht einsichtig. Er beteiligt sich auch an Holzschnitten für ein Modell einer Ehrenpforte für den Kaiser. Wegen des Geldes führt er diese Arbeiten sicher nicht aus ... Der Kaiser hat ihm zwar eine Rente versprochen, die ihm jedoch der Rat aus dem Steuertopf zahlen soll, und der hat bis jetzt keinerlei Anstalten gemacht, irgend etwas auszuzahlen. Dabei war Albrecht früher so auf das Geld bedacht. Aber seitdem genug davon vorhanden ist ..."

„Das wußte ich alles nicht. Im Vergleich dazu bereitet mir Lazarus allerdings wenig Überraschungen. Auf der anderen Seite kennt Albrechts Namen inzwischen jedermann, und niemand nimmt Anstoß an seinem Verhalten. Im Gegenteil, alle Welt schwärmt von seiner Tugend, seiner feinen, freundlichen Art, der alles Grobschlächtige fremd ist. Du solltest Lazarus mal hören. Sogar den Herrn Pirckheimer soll er zuweilen in seine Schranken weisen."

Agnes grinst: „Das kann nun, weiß Gott, nicht schaden." Sie umarmt Ursula zum Abschied. „Es wird mit Doktor Luther schon nicht so schlimm werden für uns. Zum Glück hat der Nürnberger Rat bis jetzt meist besonnen gehandelt und auch Lazarus und Albrecht haben sich noch nie unbedacht in Abenteuer gestürzt."

XXII

Die Reise in die Niederlande

Oktober 1521

„Laß ihn mir, mein Herr und mein Gott. Habe Erbarmen. Laß ihn mir noch ein paar Jahre, wenigstens ihn." Als der Kranke aufstöhnt, legt Agnes ihre Hand, in der sie ein Tuch hält, auf seine Stirn, wischt ihm behutsam den Schweiß ab, der die Schläfen hinabrinnt, sich auf der Nasenwurzel und in der Grube am Kinn sammelt, über dem Mund. Wie bleich das Gesicht ist, trotz des Fiebers, fast durchsichtig.

Leise, flüsternd, redet Agnes auf ihren Mann ein, murmelt Worte, die sie sich während all der Jahre ihrer Ehe nicht getraut hat, ihm gegenüber zu äußern; liebkosende Worte, tröstende, kindische; Worte, in denen all ihre Liebe liegt, ihre Besorgnis und Angst. Wenn das Fieber weiter anhält, so hat der Arzt gesagt, wird der Körper die Hitze nicht länger ertragen können, zehrt es ihn auf.

Zu Agnes' Verwunderung hat er Albrecht nicht zur Ader gelassen, aber ihr geraten, so oft er es sich gefallen lasse, dem Patienten Flüssigkeit einzuflößen. Das versucht sie erneut, hebt seinen Kopf leicht an und führt den Becher an die Lippen, die sie etwas auseinanderpreßt. In winzigen Mengen schüttet sie Wein vorsichtig in den Mund. Albrecht bereitet es Mühe zu schlucken, doch tut ihm die Flüssigkeit auf den Lippen offensichtlich gut, denn er öffnet kurz die Augen, aus denen sie ein gequälter, aber dankbarer Blick trifft. Es scheint ihr eine Ewigkeit, bis er den Becher geleert hat; zurück weist er nichts. Vielleicht ist das ein gutes Zeichen; sie wird heute nacht bei ihm ausharren und es jede Stunde aufs neue versuchen. Susanna soll ruhig einmal durchschlafen. Sie hat in der letzten Zeit genauso oft an Albrechts Bett gewacht wie sie selbst und viel zu wenig Schlaf bekommen.

O Gott, gib uns noch ein paar Jahre, gerade jetzt – ich mußte ihn mit so vielen teilen, selten hat er mir allein gehört; immer waren da andere, die wichtiger waren, die ihn für sich beansprucht haben, das Gespräch mit ihm suchten, mit ihm arbeiten, feiern, sich amüsieren wollten. Viele, Freunde, Fremde, die ihn aufsuchten, die andere ins Haus brachten, haben einen Platz in seinem Leben gefunden, sich geehrt gefühlt, wenn der berühmte Albrecht Dürer sie mit seiner Gegenwart beehrt hat.

Nur wenn er krank ist, wenn er darniederliegt und sich nicht helfen kann, in diesen Zeiten braucht er mich, vertraut auf meine Stimme, meine Hände, wartet voller Verlangen, wenn mich die Pflichten des Alltags von ihm wegrufen. Wartet, so wie ich immer auf ihn gewartet habe, abends im Bett, wenn er unterwegs war, in der Herrentrinkstube, bei Pirckheimer, in seiner Sternenkammer, auf Reichstagen oder auf Reisen.

Das Leben hat er auskosten, ganz in sich aufnehmen wollen, um ihm seine Kunst nutzbar machen zu können. Seine Kunst – wie einem Patrizier begegnet man ihm, niemand spricht mehr davon, daß er ein Handwerker ist, der sich von der Arbeit seiner Hände ernährt.

Er wäre am liebsten ständig auf Reisen, hat von Spanien und England geträumt, sogar von jenen fremden Goldländern jenseits des Ozeans. Seine Krankheiten haben das verhindert, sie haben ihn niedergeworfen, ihn ans Bett gefesselt und zur Untätigkeit verdammt. Wie jetzt nach der Reise in die Niederlande, auf der er Triumphe gefeiert hat und von seinem Hochgefühl beflügelt war, ihm viele Ehrungen zuteil geworden sind, man ihn sogar in Antwerpen halten wollte, indem ihm die Stadt ein fürstliches Gehalt angeboten hat.

Aber es hat ihn wieder nach Hause gezogen oder getrieben, in das von der Pest geschüttelte Nürnberg, in dem Agnes' Mutter darniederlag, die sich weitere Wochen gequält hat und vor kurzem gestorben ist. Den seit langem dahinsiechenden Vater, der ihr gerne gefolgt wäre, hat sie allein zurückgelassen. Nun sitzt sie, Agnes, festgezurrt zwischen den beiden Kranken, ihrem Vater und ihrem Mann. Den Tod der Mutter, die sie über ein Jahr im Stich gelassen hat, spürt sie im Nacken wie eine stumme Anklage, gegen die sie sich nicht zur Wehr setzen kann.

Albrecht hat bereits auf der Reise gefiebert und liegt nun seit Wochen mit geschwollenem Bauch und trüben Augen im Bett. Wenn er aufwacht, quillt die Angst aus ihm heraus, beklagt er den Tod ihrer Mutter, den Zustand der Welt, sieht die Erde überschwemmt werden von Katastrophen, Plagen, die die Menschen heimsuchen, wegen ihrer andauernden Schlechtigkeit über ihnen zusammenschlagen. Und immer wieder zweifelt er an sich und seiner Kunst, fragt danach, warum der von ihm so sehr verehrte Erasmus von Rotterdam sich von seiner Zeichenkunst nicht gut getroffen fühle; warum Madonna Margaretha Mißfallen an seinen Bildern gefunden und ihm das Büchlein des Italieners verweigert habe; was den neuen Kaiser bewege, sich für seine Kunst überhaupt nicht zu interessieren? Ob er, der Maler Dürer, nur ein Schmarotzer sei, dessen mit den Händen geschaffenes Werk für die hohen Herren von untergeordneter Bedeutung sei?

Wenn ihn solche Gedanken plagen, quält er sich ohne Ende, da nützt ihr Hinweis überhaupt nichts, daß das Ziel der Reise, die Bestätigung seiner Rente durch den neuen Kaiser, erreicht worden ist.

Wenn man es nüchtern betrachtet, war die Reise insgesamt ein Mißerfolg, trotz allem, was ihnen an Ehrungen zuteil geworden ist, nicht nur wegen dieser Krankheit. Auch finanziell hat sie nichts eingebracht. Sie haben viel mehr ausgegeben als verdient, obwohl Albrecht etliches gearbeitet hat. Aber er hat viel verschenkt, sehr zu ihrem Ärger, denn fast immer endet das auf dieselbe Weise: Ohne groß darüber nachzudenken, gibt Albrecht freudig wie ein Kind, geradezu verschwenderisch, um sich bis ins Mark getroffen zu fühlen, wenn er als Gegenleistung die Kleinlichkeit der Menschen zu spüren bekommt. Aber er lernt in dieser Hinsicht nichts dazu.

Seit Doktor Luther öffentlich um die Reform der Kirche kämpft, hat Albrecht wieder angefangen, an eine Zukunft zu glauben; als Kaiser Maximilian auf dem Reichstag Interesse und Verständnis für das Anliegen des Mönchs bekundete, sah er ihn schon als Führer der Reformbewegung. Albrecht und Lazarus sind voll neuer Kraft vom Reichstag zurückgekommen, entschlossen, dem neuen Denken in Nürnberg zum Durchbruch zu verhelfen ... Der erste Rückschlag ließ leider nicht lange auf sich warten – schon im darauffolgenden Frühjahr starb Kaiser Maximilian. Wohl habe er auf dem Reichstag krank ausgesehen, aber dem hätten sie keine große Bedeutung zugemessen. Sein Lebensstil habe schon öfter seinen Tribut gefordert. Jetzt zeigte sich für jedermann sichtbar, daß er sich und dem Reich zuviel zugemutet hatte: Nicht einmal für sein Begräbnis war Geld in der Kasse; selbst die Kosten für seine letzte Reise mußte der Fugger vorstrecken. Für Albrecht, der aus tiefstem Herzen um den Kaiser trauerte, bedeutete dieser Tod beruflich eine tiefgreifende Veränderung: Die Zahlung der kaiserlichen Rente, die ihn mit Stolz erfüllt hatte, wurde eingestellt.

So begann das Warten auf den neuen Kaiser, in dessen Wahl die Fugger erneut ungeheure Summen investierten – zu Albrechts und ihrem Glück, denn wäre der französische König zum Kaiser gekürt worden, wäre mit einer Bestätigung der Rente nicht zu rechnen gewesen. Doch der neue Kaiser heißt Karl und ist ein Enkel Maximilians. Direkt nach seiner Wahl begann Albrecht davon zu reden, daß er selbst beim jungen Kaiser wegen dieser Rente werde vorsprechen, in die Niederlande zu seiner Tante oder zur Krönung nach Aachen würde reisen müssen.

Sie hat gespürt, wie dringlich ihm die Reise war; also hat sie ihre Bedenken wegen seiner labilen Gesundheit zurückgestellt. Sie wußte, wie wichtig ihm die Einkünfte waren, obwohl der Rat sie nur unregelmäßig auszahlte. Aber sie bedeuteten ihm Sicherheit, die Sicherheit, nicht auf Aufträge und Auftraggeber angewiesen zu sein, sich nach anderen richten zu müssen.

Auch war ihr aufgefallen, daß er in der letzten Zeit des öfteren zwinkerte und beim Zeichnen das Blatt weiter von sich weg hielt; schließlich gab er auf ihr Nachfragen widerstrebend zu, daß die Sicht nachlasse, er außerdem ein Zittern in der rechten Hand verspüre. So geht es den meisten Menschen um die fünfzig, auch ihr, aber während sie ihre Zahlenreihen einfach etwas größer schreiben kann, sind für seine Arbeit eine gute Sicht und ruhige Hand von elementarer Bedeutung. Für einen Maler, der fürchten muß, langsam die Sicht einzubüßen, ist eine Rente von unschätzbarem Wert. Wenn sie ihm helfen wollte, mußte sie sich also wohl oder übel mit seinen Reiseplänen abfinden.

Irgendwann kam er zu ihr, etwas verlegen, so daß sie Schlimmes vermutete. Schließlich rückte er mit der Frage heraus, ob sie ihn nicht begleiten könnte. Damit hatte sie nicht gerechnet, trotz der Pest, die erneut in Nürnberg wütete, denn das bedeutete, daß sie die Werkstatt würden schließen müssen. Sie war so verblüfft, daß sie zuerst kein Wort herausbrachte, bis er sie ganz beleidigt anfuhr, wenn sie nicht wolle, würde er sie nicht zwingen. Aber ablehnend war ihr Schweigen nicht gemeint, das hat sie sofort klargestellt.

Am Abend vor dem Einschlafen fragte sie ihn, was ihn zu dem Entschluß, sie mitzunehmen, bewogen habe. Er war zuerst ziemlich wortkarg geblieben, ließ sich nur Stück für Stück eine Antwort entlocken: wegen der Pest ... sie reise doch auch recht gern, sei noch nie in Antwerpen gewesen ... vielleicht wolle er länger bleiben ... und schließlich: mit ihr sei die Fremde etwas weniger fremd. Eine Spur Heimeligkeit sei nicht zu verachten, schließlich sei er nicht mehr so jung und gesund wie während der Venedigreise. Eine Frau wandle die Unterkunft in der Herberge leichter zu einer Wohnung; sie könne ihm sicher einiges abnehmen, und er brauche sich nicht ständig um die Abrechnungen und die Reisekasse zu sorgen.

Vor Freude war sie in diesem Augenblick im Dunkeln errötet und versuchte von da an, ihm bei den Reisevorbereitungen alles recht zu machen. Zu ihrem Erstaunen druckte er eine ganze Fuhre Holzwerk, große und kleine Bögen, Adam und Eva, das Meerwunder, die Nemesis, den Hieronymus, die Melencolia, den Reuter und den Eustachius genauso wie etliche kleine Bilder und die Holzpassion. Sie füllten mehrere Fässer, einschließlich der Bögen von Grienhans und Schäufelein, deren Kunstware sie ebenfalls vertreiben. Beladen wie zu einer Messe brachen sie auf, sich gemeinsam an der Freude Susannas ergötzend, die sie auf der Fahrt nicht missen wollten.

Von Anfang an glich diese Reise einem Triumphzug, unglaublich, unwirklich. Überall wurden sie fürstlich empfangen, luden die Menschen sie ein und bewirteten sie. Der Bischof von Bamberg gewährte ihnen einen Zollbrief, der ihnen an allen Zollstationen fast bis Köln hinauf weiterhalf. Von Bamberg aus machten sie einen Abstecher nach Vierzehnheiligen, um den Segen der Nothelfer für die Reise zu erflehen. Aber der Rummel und die Geschäftemacherei dort stießen Albrecht ab, so daß sie gleich weiterfuhren.

In Frankfurt wurden sie mit allen Ehren empfangen, mußten allerdings ein weiteres Mal Erfahrungen mit der Kleinlichkeit gewisser Leute machen. Sie muß immer noch grimmig lächeln, wenn sie daran denkt, wie sich Jacob Heller bemüßigt gefühlt hatte, ihnen bei Tisch den Wein zu spendieren, da so viele andere ihnen solche Gabe darboten. Sie zu einer Mahlzeit einzuladen, wie es ihnen in Mainz und an anderen Orten in den Herbergen widerfuhr, dazu konnte er sich jedoch nicht durchringen. Außerdem war ihm deutlich anzusehen, daß er mit einer Kanne Wein die Grenze seiner Großzügigkeit erreicht hatte. Sie hatte auf dieser Reise darüber schmunzeln können, und selbst Albrecht hatte ihr einen vergnügten Verschwörerblick zugeworfen, denn von Heller hatten sie beide nichts anderes erwartet.

Auf dem Rheinschiff zeigte sich Albrecht in bester Laune, erzählte Susanna alte Sagen über den Rhein, von dem Schatz der Nibelungen, der noch im Rhein liegen soll, ergötzte sich an ihrer Verwunderung. Sie sangen zusammen, sogar der Schiffer brummte mit. Als bei Lahnstein, an einer der vielen Zollstationen, der Zöllner sie, Agnes, als alte Bekannte und Albrecht als ihren Eheherrn begrüßte, staunte dieser ziemlich, obwohl er doch weiß, daß sie schon des öfteren zur Kölner Messe gefahren ist. Aber er scheint nie darüber nachgedacht zu haben, daß man auf den Messen nicht nur seine Bilder kennt, sondern mit seinem Weib verhandelt, ihr die Kunstware abkauft, bei ihr seine Bestellung aufgibt und mit ihr über die Qualität der Darstellungen redet. Einen guten Teil der Gulden, die ihren Reichtum ausmachen, schleppt sie von den Messen heim oder rechnet sie mit den Händlern ab. Voller Stolz nahm sie die Kanne Wein entgegen, die der Zöllner ihnen bei diesem Zusammentreffen unbedingt spendieren wollte.

Und zu guter Letzt – Antwerpen: Vom ersten Tag an wurde Albrecht dort gefeiert, empfing Besuche, war umlagert von Menschen, die ihn verehrten. Die ganze Stadt schien auf ihn gewartet zu haben und sich um ihn zu reißen. Gleich bei der Ankunft lud ihn der Faktor der Fugger ein, obwohl sie vollkommen erschöpft waren nach der langen Reise im Fuhrwerk und sie selbst froh war, sich zurückziehen zu dürfen. Aber Albrecht wuchsen in dieser Stadt Flügel.

Eine Woche später veranstalteten die Maler der Stadt ein großes Festmahl für ihn, zu dem auch sie und Susanna eingeladen waren. Eine unerhörte Ehre: Der große Saal war verschwenderisch beleuchtet, die Tische mit feinstem Silbergeschirr gedeckt. Das Essen mundete köstlich – ein Gang reihte sich an den anderen, unbekannte Fische, Wild, Geflügel, von allem gab es überreichlich; als sie völlig gesättigt waren, wurden süße Weine und üppige Torten aufgetragen, danach süßes Konfekt gereicht; die Pracht schien kein Ende zu nehmen.

Nach etlichen Reden, von denen sie leider nur wenig verstand, wurde ihnen zum Abschluß eine besondere Ehrung zuteil: Die Maler samt ihren Frauen bildeten eine Gasse, durch die Albrecht, Susanna und sie hindurchschreiten mußten; danach begleitete sie ein langer Zug mit Windlichtern durch die Nacht nach Hause. Dabei sind diese Männer, die Albrecht so überschwenglich ehrten, selbst berühmte Maler, die ihr Eheherr hoch einschätzt.

Albrecht war verzückt, kannte plötzlich keine Müdigkeit mehr und keine Schwäche, ließ sich die Stadt zeigen, ihre Kunstwerke, sich herumreichen und feiern, während sie ständig befürchtete, daß er sich übernehmen, irgendwann zusammenbrechen werde. Aber sie konnte nichts anderes tun als beten und hoffen, wozu sie reichlich Zeit fand, besonders da sie in der Kathedrale zu Unserer Lieben Frau von Anfang unter den Augen der Jungfrau Maria einen Platz gefunden hatte, an dem sie sich zu Hause und geborgen fühlte.

Doch trotz seiner Geschäftigkeit verlor Albrecht den eigentlichen Grund dieser Reise nicht aus den Augen. Als der Herr Tomasin ihm seine Begleitung bei der Weiterreise nach Mecheln und Brüssel anbot, weil Albrecht Madonna Margaretha, die Tante des neuen Kaisers, um Unterstützung für sein Anliegen ersuchen wollte, zögerte er nicht lange.

Sie blieben einige Wochen aus. Bei seiner Rückkehr nach Antwerpen überschüttete Albrecht sie erneut mit seiner Begeisterung, seinen Eindrücken von den Städten, die er gesehen hatte, dem Tiergarten des Kaisers und vor allem dem Goldschatz aus dem neuen güldenen Land jenseits des Ozeans. Das Hochgefühl hatte ihn weitergetrieben, rastlos hatte er Menschen, Tiere und Orte gezeichnet, fast jeden Menschen, mit dem er zu tun gehabt, mit dem Silberstift auf ein Blatt gebannt. Ganz schlichte Zeichnungen waren dabei entstanden, doch sind die Personen so lebensecht und genau getroffen, daß diesen Bildern im Werk ihres Mannes eine besondere Stellung zukommt. Da war es kaum verwunderlich, daß alle Welt sich von ihm zeichnen lassen wollte, der berühmte Erasmus von Rotterdam genauso wie der Herr Roderigo, König Christian von Dänemark oder ein dreiundneunzigjähriger Alter. Aber auch eine schöne Jungfrau, alte und junge Frauen, Löwen, Hunde und den Kopf eines Walrosses hatte er konterfeit. Schade war nur, daß man diese Zeichnungen nicht würde vervielfältigen können.

Kurze Zeit später war er wieder fort, unterwegs zur Krönung des Kaisers in Aachen, war nach Brügge und Gent gereist, während sie die ganze Zeit über in ihrer Wohnung im Gasthof des Jobst Planckfeldt ein recht zurückgezogenes, ruhiges Leben führte. Wenn da nicht die ständige Sorge um Albrecht gewesen wäre ...

Auch Agnes wurde in Antwerpen mit großer Hochachtung behandelt, des öfteren in das Haus des Herrn Tomasin und seiner Frau eingeladen, ebenfalls von dem Portugiesen Herrn Roderigo. Die beiden Herren kümmerten sich eifrig um sie, überhäuften sie mit Geschenken, verehrten sie sogar ein bißchen. Beiden Herren schien sie zu gefallen, und zum ersten Mal in ihrem Leben hatte sie Zeit, solche angenehmen Freundlichkeiten in Ruhe zu genießen. Der Herr Roderigo zeigte ihr während Albrechts Abwesenheit die Stadt, ihre Märkte und Sehenswürdigkeiten, Unternehmungen, zu denen Albrecht stets ohne sie aufbrach.

In der Gesellschaft des Portugiesen hatte sie sich wohlgefühlt, vielleicht weil er auf all ihr Wünsche einging, vielleicht aber auch, weil er sich wie sie in diesem Lande fremd fühlte und doch all seine Vorzüge zu schätzen wußte. Er hatte sie darauf aufmerksam gemacht, welch wunderschöne Handarbeiten es in Antwerpen zu kaufen gab und sie in die Werkstätten der Beginen geführt, in denen feine weiße Spitze von Frauen hergestellt wurde. Obwohl die Frauen sehr angestrengt aussahen, regten sich bei diesem Anblick Agnes' Finger; doch Klöppeln ist ein schwieriges Geschäft, das großer Geschicklichkeit und jahrelanger Übung bedarf, das war ihr gleich aufgefallen. Vor ihrer Heimkehr kaufte sie etliche Borten aus aufwendiger Spitze, um Freundinnen und Nachbarinnen in Nürnberg zu erfreuen.

Beim Betrachten dieser Frauenarbeiten erinnerte sie sich, wie gern sie früher gestickt hat, und besorgte sich Stoff und Seidengarn, um wenigstens dieser Tätigkeit nachgehen zu können; dazu hatte die Zeit in Nürnberg seit langem nicht mehr gereicht. Susanna, die im Findelhaus feine Stiche gelernt hatte und jetzt im Dürerhaus die Näh- und Flickarbeiten machte, schloß sich ihr gerne an: Anfangs stickten sie, später verbrachten sie so manchen Tag damit, die schönen Stoffe zu verarbeiten, die ihr der Herr Tomasin verschwenderisch geschenkt hatte: bestes Atlas und Tuch aus Arras, in dem Seide, Wolle und Leinen ineinander gewirkt sind. Wunderschöne warme Mäntel hatten sie auf diese Weise geschneidert.

Der Portugiese hatte ihr außerdem einen Ring geschenkt, einen kostbaren, der mindestens fünf Gulden wert ist. Sogar Albrecht hat das mit Erstaunen vermerkt, obwohl er dieses Geschenk auf die Freundschaft des Herrn Roderigo mit sich selbst zurückgeführt hat. Unter den Geschenken des Portugiesen für sie war auch ein kleiner grüner Papagei, der sich mit seinem treuherzigen Blick in Susannas Herz schmeichelte und den sie mit viel Geduld das Sprechen lehrte, ein paar niederländische Brocken, mit denen er sie des öfteren in unangenehme Situationen brachte, denn jeden Gast, der ihre Wohnung betrat, begrüßte er laut krächzend und gut verständlich mit den Worten „aler Kaaskopp, hä". Sie hatte Susanna deswegen tüchtig ausgescholten, aber das war ganz unnütz: Nachdem der Vogel seine Lektion einmal gelernt hatte, weigerte er sich, sie durch andere Worte zu ersetzen. Susanna hatte ihm alles mögliche vorgesprochen, freundliche Begrüßungen wie „meinen willigen Dienst, lieber Herr", und sich vor Lachen geschüttelt, wenn er ihr mit seinem „aler Kaaskopp" geantwortet hat. Das war oft so lustig, daß sie, Agnes, gegen ihren Willen mitlachen mußte.

Da auch Albrecht großen Spaß an dem Vogel hatte, bekam er später einen zweiten geschenkt, dazu ein Meerkätzle, kaufte schließlich noch eine kleine Schildkröte, so daß ihre Wohnung sich zwar nicht mit dem Tiergarten des Kaisers messen konnte, aber doch recht bevölkert war, ganz zu schweigen von all den Sammlerstücken, die Albrecht anschleppte: eine Reihe von Büffel- und Ochsenhörnern, einen Elchsfuß, sogar einen Totenkopf hatte er gekauft, dazu Schneckenhäuser, Korallen, Federn von fremdartigen Vögeln, Fischhäute und -flossen, Muscheln, Schildkrötenbuckel und wer weiß, was noch alles. Die elfenbeinerne Pfeife und die Porzellangefäße aus China haben ihr durchaus gefallen; aber diese merkwürdigen Sammlerstücke, die angeblich für Albrechts Naturforschungen von großer Bedeutung sind, mußten aufwendig verpackt, für teures Geld heimtransportiert werden und liegen nun oben zusammen mit all den übrigen Absonderlichkeiten, die Albrecht zu sammeln pflegt, in der Sternenkammer herum.

So weit, so gut. Leider blieb die Reise nicht nur angenehm, das wäre zu viel verlangt gewesen. Diese unselige Fahrt nach Zeland! Antwerpen widerhallte von Gerüchten, daß dort ein Wal, ein ungeheuer großer Fisch, an Land gespült worden sei. Natürlich mußte Albrecht dorthin, mitten im Winter, im Dezember. Solche Unvernunft hatte sie nicht zulassen wollen, der Wind in Antwerpen war scharf genug, eisig kalt und so feucht, daß er durch alle Kleider zog. Sie hatte Albrecht angefleht, daheim zu bleiben, sich zu schonen, das könne nicht gutgehen, er habe sich in den letzten Monaten übernommen, er möge ein einziges Mal auf sie hören. Aber da hätte sie genauso in den Wind rufen können. Im Gegenteil, je mehr sie sich aufregte, je lauter sie wurde, desto fester hatte sich der Entschluß, aufbrechen zu wollen, in ihm gebildet. Nicht einmal, als ein Beutelschneider ihr den Geldbeutel in der Kirche abschnitt, hatte Albrecht das als schlechtes Vorzeichen akzeptiert, obwohl er sich mindestens ebenso geärgert hat wie sie und sich bei einer anderen Gelegenheit dadurch in Angst und Schrecken hätte versetzen lassen. Selbst den Schal und die hohen Schuhe hatte er sich von ihr nur mit äußerster Verachtung aufnötigen lassen.

Bereits auf dem Schiff hätte er fast das Leben verloren, da es ins Meer hinausgetrieben worden war. Den Wal bekam er allerdings nicht zu sehen; der war zur Freude der Einheimischen, die sich vor seinem Verwesungsgeruch fürchteten, längst wieder ins Meer gespült.

Zurückgekommen war er mit dieser seltsamen Krankheit, fiebernd, mit starkem Kopfweh, eingesponnen in tiefe Melancholie. Nichts hatte ihn aufmuntern können. Auch der Arzt war ratlos. Er hat Klistierungen angeordnet, ihm einen Absud verschrieben; Roderigo hat ihm etliche Schachteln mit stärkendem Zucker gebracht, Tomasin einen Theriak, von dem er sich viel versprach. Es nutzte alles nichts, die horrenden Arztrechnungen hatten sie für nichts bezahlt.

Als das Fieber ihn nach Wochen plötzlich vom einen Tag auf den anderen verließ und er sich kräftiger fühlte, machte Albrecht sich sofort erneut auf den Weg: Er kletterte auf Kirchtürme, wie es unverständige Buben tun, fühlte sich stark und seiner sicher. Viel zu sicher! Dabei hätte er aus Erfahrung wissen müssen, daß solche plötzlichen Umschwünge bei ihm meist nicht von Dauer sind. Der erste Rückfall ließ nicht lange auf sich warten: Die Nachricht vom Überfall auf und der Gefangennahme des Doktor Luther stürzte ihn aus seinem Himmel erneut in tiefe Niedergeschlagenheit. Tagelang wußte niemand, was mit Luther geschehen war, ob er nicht gar ermordet worden wäre. Albrecht vermutete das Schlimmste, war gänzlich verstört und verzweifelt. Von Luther erhoffte er sich so viel: Er war für ihn das Licht, das uns allen die Dunkelheit erhellt.

Seitdem hat er sich nicht wieder richtig erholt. Es hat kurze, gute Phasen gegeben, in denen er seine Lebenskräfte steigen fühlte, sich ihre Pflege gern hat gefallen lassen und sich so liebevoll, weich und zärtlich an sie gewandt hat wie sonst selten. Sogar an ihren Hochzeitstag hat er gedacht. Unter den vielen Zeichnungen der Reise befindet sich auch ein Bild von ihr in niederländischer Tracht, das er an diesem Tag gezeichnet hat. Eigenhändig hat er darunter geschrieben: *Das hat Albrecht Dürer nach seiner Hausfrauen konterfeit zu Antwerpen in der niederländischen Kleidung im Jahr 1521, da sie einander zu der Ehe gehabt hatten siebenundzwanzig Jahr.* Auf der Rückfahrt bei Boppard ist auf dem Schiff eine weitere Zeichnung von ihr und Susanna entstanden, direkt nachdem sie erneut den freundlichen Zöllner getroffen hatten.

Doch die guten Zeiten weichen rasch Phasen, in denen ihn das Fieber wieder anfällt, der Schmerz im Bauch stärker und seine Verzagtheit größer wird.

Wenn sie wüßte, womit sie ihm helfen könnte! Alles, alles würde sie tun! Wenn er sie nun allein läßt, in dieser Welt, in der sie außer ihm nur noch den Vater hat? Keine Tochter, die sie trösten, keinen Sohn, der sie in seinen Haushalt aufnehmen würde. Der Gedanke bedrängt sie immer wieder. Was soll aus ihr werden, wie wird ihr Leben aussehen, wenn er sie verläßt? Wird sie allein in diesem großen Haus sitzen, das Geschäft weiterführen, Kunstware des berühmten Malers Dürer auf den Messen und Märkten feilbieten?

Die viele Arbeit, was hat sie gebracht? Ein paar Ehrungen, aber meist nur Mühe und Plage. Das Alter wird ihr vielleicht endlich Ruhe bringen, aber vor allem Einsamkeit, kinderlos, wie sie ist. Gut versorgt ist sie, vor Armut braucht sie sich weiß Gott nicht zu fürchten, das wenigstens nicht. Aber die

Wärme einer Stube, in der die Enkel der Großmutter auf den Schoß klettern, wird ihr verwehrt sein.

Stundenlang sitzt sie an Albrechts Bett, wechselt sich in der Pflege mit Susanna ab, schläft wenig, hofft, betet und bangt.

XXIII

Im Garten

Juni 1525

Aufatmend schließt Agnes das Gartentor hinter sich. Hier draußen gelingt es ihr fast immer, ihre Sorgen auszusperren oder, besser gesagt, einzusperren, dort hinten in der Stadt, hinter den Schweineställen, der Stadtmauer, im engen Ring der Straßen und Gassen. Von all dem, was sie dort belastet, versucht sie möglichst wenig ins Freie mitzunehmen. Und meistens hat sie damit Glück.

Es ist ein angenehm warmer Junitag, nicht zu warm, sonnig, fast windstill. Wie friedlich es hier aussieht. Wenn sie zwischen den Pflanzen im Grünen steht, kann sie sich kaum vorstellen, welch Aufruhr im deutschen Reich, in der Stadt Nürnberg herrscht, und nicht nur dort, sondern ebenso in ihrem eigenen Haus ...

Sie wendet sich ihrem Wurz- und Krautgarten zu, in dem etliche Pflänzlein in Blüte stehen: Kamille und Salbei füllen die Luft mit ihrem eigenartigen Duft. Die Kamille beruhigt den Magen, während die Salbeiblätter bei Fieber helfen, aber auch das Zittern in Albrechts Händen lindern. Schön gewachsen ist alles in den letzten Tagen, obwohl das Wurstkraut noch nicht blüht ebenso wie das Johanniskraut und der Augentrost, derer sie so dringend bedarf, weil in einer Malerwerkstatt immer jemand über wehe Augen klagt. Sie zupft ein paar Gräser aus, die sich zwischen ihren Pflanzen eingenistet haben, und greift zur Jäthaue, um den Boden aufzulockern. Sie darf nachher nicht vergessen, etwas Peterle mitzunehmen, der würzt frisch den Blamensir am besten.

Dann schaut sie nach den Obstbäumen, aus deren Geäst ganze Meisenfamilien zetern. Sie hat etliches Obst gepflanzt, vor allem Birnen, zwei Quitten und einen Wacholder, die alle die Blüte in diesem Jahr ohne Störungen hinter sich gebracht haben und an denen sich zahlreiche kleine Früchte entwickeln. Wenn nichts mehr dazwischenkommt – die Schafskälte scheint in diesem Jahr nicht allzuviel Kälte mit sich zu bringen –, wird die Obsternte reichlich ausfallen. Nun müssen Sonne und Regen das ihrige tun.

Birnen schätzt Albrecht besonders, verachtet auch ihr Quitten- und Wacholdermus nicht, das ihm sichtlich guttut. Weiter hinten im Garten entwickeln sich die Johannis- und Himbeeren prächtig. Nur das Aprikosenbäumchen, das sie im Windschatten neben dem Lusthäuslein gepflanzt hat, scheint sich nicht einzugewöhnen wollen. Einzelne Blätter hängen eingerollt vertrocknet herab, die wenigen Früchte, die entstanden sind, wachsen nicht. Vielleicht ist es von diesem Bäumchen zuviel verlangt, in einem Nürnberger Garten zu gedeihen. Obwohl der welsche Nußbaum unverdrossen Frucht trägt. Selbst den Rosenstöcken scheint es hier nicht zu kalt zu sein.

Wie hat sie sich damals gesträubt, als der Herr Pirckheimer und Albrecht anfingen, von den italienischen Gärten zu schwärmen, von kompliziert beschnittenen Hecken und Labyrinthen. Von einer solch kunstvollen Anlage wolle sie in ihrem Garten, Lusthäuslein und Badestube hin oder her, nichts wissen. Wenn die Herren zu lustwandeln gedächten, müßten sie ihre Feste in einem anderen Garten feiern, es gebe genug patrizische Anlagen in der Nähe. Aber als Albrecht ihr die Goldlilien geschenkt hat und die edlen Rosenstöcke, die aus Damaskus durch das mittelländische Meer und über die Alpen nach Nürnberg transportiert werden mußten, hat sie ihren Sinn geändert und sogar Hecken um die Beete herum angepflanzt, die den Pflanzen Schutz gewähren.

Inzwischen sind die Rosenstöcke ihr ganzer Stolz. Trotzdem ist ihr der Gemüsegarten wichtig geblieben – ihr Sauerkraut ist berühmt, und auf frischen Penat und Bohnen möchten Albrecht und sie bei Tisch nicht mehr verzichten. Sie bleibt einen Augenblick bei den blühenden Kürbispflanzen stehen, zupft auch hier etwas Unkraut aus.

Als Agnes sich zum Gartenhaus umwendet, um nach den Weinreben an seiner Sonnenseite zu sehen, findet sie Albrecht, den Hund neben sich, auf der Bank an der Tür sitzen. Atalante begrüßt sie schwanzwedelnd und leckt ihr die Finger. „Schaust du mir schon lange zu?" fragt sie. – „Ja, stört dich das?" – „Eigentlich bin ich hierhergekommen, um ein bißchen allein zu sein. Es geschieht so schrecklich viel in der Stadt." – „Da haben wir beide den gleichen Wunsch gehabt. Aber laß dich von mir nicht stören. Es ist angenehm, dir zuzuschauen."

Als Agnes sich Gartengerät aus der Schupfe geholt hat und sich auf den Beeten zu schaffen macht, hört sie Albrecht leise hinter sich summen, ein Lied des Jörg Graff, eines blinden Bettlers, der aus Nürnberg ausgewiesen ist, aber dessen ungeachtet immer mal wieder in der Stadt auftaucht: *„Papst und Bischof haben verklagt Martin Luther, ich sag; haben doch schlechte Ehr erjagt zu Worms auf den Tag. Vor ihm müßten sie schamrot stehen..."*

„Albrecht, bitte, muß das sein? Können diese unseligen Dinge nicht wenigstens hier ausgesperrt bleiben?"

„Das Lied ist mir ganz ohne Absicht durch den Sinn gegangen."

„Bis jetzt hat Luther nur Unruhe in unser Leben gebracht, und überall im Lande gärt es."

„Das stimmt nicht, Agnes. Für den Aufstand der Reichsritter kannst du ihn kaum verantwortlich machen und für die Unruhe unter den Bauern auch nicht."

„Aber für das, was hier in Nürnberg passiert. Zumindest berufen sich alle, die aufbegehren, auf ihn. Die Bauern in Forchheim, die den Zehnten verweigert haben, konnten sich mit Fug und Recht auf den Prediger von St. Lorenz berufen, den Osiander, der über die Unrechtmäßigkeit des Zehnten mindestens zwei Stunden lang gepredigt hat, wie das jetzt üblich wird. In der Stadt geht alles drunter und drüber: Die Meßfeier ist völlig verändert, alle Stiftungen sind aufgehoben, ebenso die Klöster, der Augustinerprior und der Kartäuserprior aus der Stadt ausgewiesen, außerdem Denck, der Lehrer von St. Sebald, und nicht zuletzt unser Geselle, während das Religionsgespräch, durch das die Streitigkeiten geklärt werden sollten, fast zu einer Schlägerei geführt hat.

Jetzt noch der Kampf um das Klarakloster. Für zerbrochene Fensterscheiben und Störungen während des Gottesdienstes kann man unverständigen Pöbel verantwortlich machen. Aber dieser Überfall! Anders kann man es kaum nennen. Wie konnten rechtschaffene Familien wie die Ebner, Tetzel und Nützel ihre Töchter mit Gewalt aus dem Kloster entführen? Gegen den Willen der Mädchen, die schließlich ein Gelübde abgelegt haben, haben ihre eigenen Mütter sie aus dem Kloster getragen. Kannst du das christlich nennen?"

„Das ist eine äußerst problematische Angelegenheit. Aber Kaspar Nützel ist zutiefst davon überzeugt, seine Tochter damit auf den rechten Pfad gebracht zu haben."

„Dein Freund Pirckheimer ist nicht mehr gut auf die Reformer zu sprechen."

„Ja, wegen des Streits um das Klarakloster. Er vertritt in diesem Fall die Interessen seiner Schwester Charitas. Das ist durchaus verständlich. Außerdem..."

„Ja?"

„Außerdem ist er Patrizier und neigt dazu, alles von seinem Stand her zu betrachten. Er will auf keinen Fall seine Vorrechte geschmälert sehen. Nur deswegen beschimpft er Spengler so grob. Lazarus und ich sehen das etwas anders. Das Patriziat hat es sich lange Zeit auf Kosten der Bürger und Bauern recht gut gehen lassen. Die Bauern sind überall mit ungeheuren Abgaben belastet. Das schnürrt ihnen die Luft ab. Niemand hat sich je dafür interessiert, ihr Los zu verbessern. Es gärte unter ihnen schon lange. Viele Menschen haben seit einiger Zeit mit einem Aufstand unter ihnen gerechnet. Die Bauern haben natürlich den günstigen Zeitpunkt genutzt.

Obwohl sich ihr Aufstand zu einem richtigen Krieg ausgeweitet hat, haben sie meines Erachtens keine Chance. Sie können da und dort plündern und brennen, wie das die Herren Ritter schon immer zu tun pflegen, aber zum Schluß werden sie unterliegen, denn sie verfügen weder über gute Waffen, noch sind sie in den Verhandlungen ihren Herren gewachsen. Und sie werden schrecklich büßen müssen, da kannst du sicher sein.

Um auf Pirckheimer zurückzukommen: Mir ist er ein guter Freund, hat mich unterstützt, wo es nur ging. Doch auf der anderen Seite fordert er viel von mir; manchmal hab ich das Gefühl, er hält mich für sein Eigentum. Seit ihn das Podraga quält, ist es noch schlimmer geworden. Ich bin oft müde, fühle mich ausgelaugt. Es ist nicht nur die Krankheit. Pirckheimer weiß nicht, was das heißt, um das tägliche Brot kämpfen zu müssen. Für ihn war jeder Weg geebnet. Auch hat er ständig seinen Kopf durchsetzen wollen und können. Inzwischen ist er mit dem halben Rat zerstritten. Wir kommen aber weiterhin gut miteinander aus."

„Man erzählt sich, du wärest der einzige, der zu ihm ein Wort der Kritik sagen darf."

„Das stimmt. Aber selbst ich muß mir oft mit Späßen über seine Grobheiten weghelfen. Er hat eben zuviel schwarze Galle. Das macht mir den Umgang mit ihm manchmal schwer."

Agnes hat aufgehört zu arbeiten und schaut zu ihrem Mann hinüber. Bleich sieht er aus, schmal, leidend. Zwei tiefeingeschnittene Linien ziehen sich von seinen Nasenflügeln zu den Mundwinkeln herab. Seit den Fieberanfällen vor vier Jahren ist er nicht mehr richtig zu Kräften gekommen. Trotzdem sieht er nicht wie ein Vierundfünfzigjähriger aus, da seine Gestalt etwas Jugendliches ausstrahlt und Sicherheit, die ihm immer dann zur Verfügung steht, wenn die Bedrohung von außen kommt, nicht in ihm heranwächst. Vielleicht ist dies der richtige Augenblick, um noch anderes anzusprechen.

„Bald werden sie anfangen, in Nürnberg Altarbilder als abgöttischen Plunder zu zerschlagen und zerreißen. Dann sitzen wir schön da. Der Bauer von Wöhrd, der an allen Straßenecken Predigten hält, wettert gegen solch angebliche Abgötterei, aus anderen Regionen hört man von gewaltsamen Übergriffen auf die Kirchen."

Als es still bleibt, tut es ihr bereits leid, daß sie überhaupt etwas gesagt hat, obwohl sie doch weiß, wie empfindlich Albrecht gerade auf dieses Thema reagiert. Sie wird einfach nie lernen, sich zurückzuhalten, irgendwann muß sie mit ihren Bedenken heraus.

„Zerstören wird man in Nürnberg keine Bilder, Agnes, davon bin ich fest überzeugt." Er schluckt, ringt offensichtlich um Fassung. „Ich weiß, auch darüber wird viel geredet. Osiander hat den Stoff, mit dem der Englische Gruß des Veit Stoß verhängt ist, zu seinem Schutz das ganze Jahr über nicht abnehmen lassen. Den großen Altar für das Kartäuserkloster mußte Stoß sogar von dort wieder abholen. Man habe keine Verwendung mehr dafür, hieß es lapidar. Das ist schlimm genug, vor allem für ihn. Aber zerstören? Lazarus, Hieronymus Holzschuher und der gesamte Rat würden gegen eine solche Untat rabiat durchgreifen, ganz sicher. Trotz aller Ausschreitungen hält der Rat das Heft fest in der Hand. Natürlich wird es keine Aufträge für Stiftungen mehr geben, Märtyrerdarstellungen, von denen sich die Stifter Fürsprache bei der Erlangung ihrer ewigen Seligkeit erhofft haben. Aber du weißt, was ich von solchen Aufträgen gehalten habe."

„Ja, das weiß ich. Finanziell wird es uns nicht mehr treffen."

„Ich mache mir viel mehr Sorgen um Jörg und auch Vorwürfe. Vielleicht hätte ich den Gesellen weniger Freiheit lassen sollen."

„Er hat nur gesagt, was in Nürnberg die Spatzen von den Dächern pfeifen." Agnes hat ihr Gartengerät an die Wand des Lusthäusleins gelehnt und sich neben Albrecht auf die Bank gesetzt. Atalante legt leise winselnd ihre Schnauze auf Agnes' Schoß, die ihr gedankenverloren über den Kopf streicht. „Susanna weint sich fast die Augen aus. Da dachten wir, wir hätten das Mädchen gut verheiratet, und nun steht sie allein da, während ihr Eheherr sich zu gottlosen Reden versteigt, das Lochgefängnis kennengelernt hat und ohne Aussicht, irgendwo das Bürgerrecht erlangen zu können, in der Fremde umherirrt. Beham soll sogar Gott geleugnet und Denck behauptet haben, die Kindertaufe sei nicht gültig, da Kinder dies Geschehen ohne Verstand über sich ergehen ließen. Und mit solchen Äußerungen stehen sie nicht allein in der Stadt."

„Ja, das ist eine schlimme Sache. Ich habe mit Lazarus und Pirckheimer lange über den Prozeß gesprochen. Lazarus ist in diesem Fall zu keinem Zugeständnis bereit gewesen, auch wenn unser Jörg vielleicht nur nachgeredet hat, was andere ihm vorgeschwatzt haben. Er hat den Ratskonsulenten gegenüber auf harter Verurteilung bestanden. Er hielt es für nötig, ein Exempel zu statuieren, deutlich zu machen, daß die Reformation kein Freibrief für jedermann ist, zu glauben, was ihm gerade paßt. Junge Leute neigen zu unüberlegten Gedanken, aber wenn solche Vorstellungen sich ausbreiten, muß die Obrigkeit eingreifen.

So schlimm, wie es anfangs schien, sieht es für Jörg nicht mehr aus, er hat bereits die Erlaubnis, sich in Windsheim niederzulassen. Du wirst sehen, wenn die Stadt ihr Ziel erreicht hat, etwas mehr Ruhe eingekehrt ist, wird sie zu weiteren Zugeständnissen bereit sein. Zu Weihnachten sitzen Jörg und Susanna wieder vereint in unserer Stube."

„Das wäre schön. Und wie soll es weitergehen mit uns, unserer Werkstatt?"

„An Aufträgen für Bildnisse mangelt es nicht. In Antwerpen hatte ich angefangen, eine große Altartafel zu planen, einen Marienaltar. Damit hätte ich zur Zeit allerdings wenig Erfolg. Ich werde jedoch zumindest die beiden Seitenflügel mit den Aposteln ausführen. Sie sollen allerdings nicht in einer Kirche stehen, sondern ich werde sie dem Rat schenken."

„Schenken?"

„Ja, weißt du noch, wie Lorenz Behaim mir in Bamberg geraten hat, all mein Geld in frommen Stiftungen anzulegen, da wir keine Erben haben? Die Bilder sollen so etwas wie eine reformatorische Stiftung sein, eine Mahnung an den Rat und die Stadt."

Als sie erstaunt in seinem Gesicht nach Anzeichen dafür sucht, daß er sie nur mit einem seiner seltsamen Scherze durcheinanderbringen will, findet sie ein offenes Lächeln, das ganz ohne Hintersinn zu sein scheint. Er faßt nach ihrer Hand. „Deine Blumen, Agnes, sind die schönsten weit und breit. Deine Rosenstöcke gedeihen hier, als wenn sie mitten im Heiligen Land unter südlicher Sonne wüchsen."

„Wie sollte die Frau des berühmten Blumenmalers keinen Sinn für Blumen haben? Irgend etwas braucht der Mensch schließlich, an dem er sein Herz erfreuen kann, auch in diesen wirren Zeiten."

Ein paar Tage später wirft Albrecht ein neuerlicher Fieberanfall nieder. Er schläft unruhig, wälzt sich herum, klagt über Durst, unendlichen Durst. Aufgelöst berichtet er von seinem Traum, riesigen Wassern, einer Sintflut, die auf die Erde herabstürzt, alles bedeckend und verschlingend.

Das Fieber und die schlechten Träume verschwinden so plötzlich, wie sie gekommen sind. Bleich sitzt Albrecht in der Werkstatt und bannt die Schreckensbilder auf Papier. Schließlich beginnt er mit den Vorarbeiten für die Tafeln, die er dem Rat zum Geschenk machen will. Er zieht sich wieder einmal in sich zurück. Aber so viel hat er ihr verraten: Der Patrizier Hieronymus Holzschuher soll ihm als Petrus dienen; das steht bereits fest. Die Suche nach den übrigen Modellen dauert an. Er verfolgt die Nachrichten aus dem Land, von dem Strafgericht über die Bauern, von den Bilderstürmern, den Täufern, die sich in Nürnberg mehren. Er verbraucht viel Kraft damit, diese Dinge von sich abzutun, aber sie spürt seine Erregung und seinen Schrecken über Gewalt und Unverstand auf beiden Seiten, die sie mit ihm teilt.

Gegen Abend sitzt er manchmal im Garten und schaut ihr zu, ohne viel zu reden. Manchmal klagt er über seine Augen, Schmerzen im ganzen Körper. Im Herbst macht sie ihm des Abends des öfteren im Lusthäuslein ein Bad warm. Sie heizt den Ofen selbst an und umsorgt ihn auch in der Wanne, setzt sich häufig mit hinein.

Ein Gast Pirckheimers, ein Professor aus Wittenberg, Philipp Melanchthon, Freund und Mitstreiter Doktor Luthers, weilt mehrere Wochen in Nürnberg, um Verhandlungen wegen der neuen Nürnberger Schule zu führen. Während seines Aufenthaltes häufen sich Albrechts Besuche im Hause Pirckheimer, er wirkt erleichtert, ruhiger. Melanchthon sei ein Mann der *moderatio,* versichert er Agnes, feinsinnig und gebildet. Der werde dafür sorgen, daß die nächste Nürnberger Generation nicht nur das Lesen und Rechnen erlerne, sondern sich auch in den Schriften der Alten und den Evangelien auskenne.

Melanchthon beruhigt in Nürnberg die Gemüter. Er verhandelt mit Mutter Charitas über die Zukunft ihres Klosters, man einigt sich: Das Kloster darf bestehen bleiben, nur keine Novizinnen mehr aufnehmen. Die Äbtissin erklärt befriedigt, dies sei der erste Mann unter den Neuerern, der nicht von unerträglicher Rechthaberei getrieben sei. Melanchthon bringt schließlich den Klosterpfleger Nützel dazu, sich bei den Nonnen zu entschuldigen. Zuletzt läßt Melanchthon sich von Albrecht in seiner Stube zeichnen.

Für Albrecht ist von der ersten Begegnung mit Melanchthon klar, daß er seinen Johannes gefunden hat. Es beginnt wieder eine Zeit, in der er oft abends das Haus verläßt. Als sich eines Tages jedoch der Herr Pirckheimer bei Agnes beschwert, warum ihr Eheherr sich so selten bei ihm sehen lasse, wundert sie sich sehr. Auf Nachfrage erklärt Albrecht, daß er sich mit den neuen Schullehrern, die Melanchthon geschickt habe, treffe. Die Gespräche mit ihnen seien sehr anregend, der Umgang unkompliziert; diese Männer würden die Reformation in Nürnberg auf umsichtige und vernünftige Weise vorantreiben.

Je mehr die Vorzeichnungen für die Apostelbilder und den Evangelisten Markus Gestalt annehmen, weicht die Anspannung aus Albrecht. Schließlich darf sie die Tafeln bestellen. Mit Interesse sieht sie die herrlichen Figuren darauf entstehen, die in lange, farbige Mäntel gehüllt sind. Sie erinnert sich an ein ganz ähnliches Bild von Giambellini, das sie in Venedig in der Frari-Kirche bewundert hat, nur trägt auf Albrechts Bildern niemand einen Bischofsstab. Stattdessen stützt sich Paulus auf ein Schwert.

Vier kraftvolle Köpfe: Einer gehört offensichtlich Hieronymus Holzschuher, den Johannes stellt Philipp Melanchthon dar, bei den beiden anderen ist sie sich nicht sicher, aber es könnten zwei der neuen Lehrer sein. Agnes bedauert sehr, daß diese Bilder nicht in einer Kirche hängen werden; aber obwohl in Nürnberg keine Bilder zerstört worden sind, so halten die Reformatoren doch jedes Bild für eine Ablenkung vom Wort und vom Gebet.

Auch Albrecht hat vor, auf seinen Tafeln der Heiligen Schrift, dem neuen Maß des Glaubens, einen gebührenden Platz einzuräumen. Schließlich muß sie den Schreibmeister ins Haus bitten, der die Schrift entwerfen soll, die Albrecht unter den Bildern anbringen will, und zwar unter jeder Person einen von ihr stammenden Text. Ausführlich warnen die Apostel vor *„falschen Propheten"* und *„Schriftgelehrten, die fressen der Witwen Häuser"*, ebenso vor Menschen, die *„zu den letzten Zeiten geizig, stolz, hoffärtig"* auftreten, *„die da haben das Gebärde eines gottseligen Wandels, aber seine Kraft verleuken."*

Epilog

Frankfurt 1535

Die Herbstmesse. Wie in fast allen Jahren zuvor steht die Dürerin an ihrem Stand in Frankfurt, um in eigener Person die Werke ihres Mannes zu verkaufen. Nötig hat sie das längst nicht mehr. Aber die Kunden sind an ihre Anwesenheit gewöhnt; man plaudert gern mit ihr; Verleger, Gelehrte, Kaufherren, Maler und selbst hohe Herren suchen sie an ihrem Stand auf. Sie ist in Frankfurt eine Art Institution geworden. Gerade hat sich der Herr Cochläus verabschiedet, der die Poetenschule in Nürnberg geleitet und regelmäßig mit Albrecht in der Herrentrinkstube zusammengesessen hat. Anfangs auf der Seite der Reformierten, hat er sich bald von Luther abgewandt und ist Dechant am Frankfurter Liebfrauenstift geworden. Jetzt lebt er als herzoglicher Rat in Sachsen. Die Bilder Albrecht Dürers schätzt er nach wie vor genauso wie ein Gespräch mit seiner Witwe.

Nach Albrechts Tod vor sieben Jahren, hat sie zuerst gedacht, das Reisen aufgeben zu müssen. Es fehlte ihr an Kraft und Energie. Sein Tod hatte eine große Leere in ihr hinterlassen. Sie fühlte sich ausgelaugt, matt. Albrecht war ihr Leben gewesen, die Mitte ihres Tuns. Mit seinem Atem schien auch ihr Lebenswille verhaucht.

Doch hat man ihr keine Gelegenheit gegeben, sich ihrem Schmerz hinzugeben. Vom ersten Tag an mußte sie sich dagegen verwahren, daß andere sich das Andenken ihres Mannes zu eigen machten. Sie wurde verleumdet, in ihrer Trauer aufgestört, Albrecht ihr ein letztes Mal von anderen genommen. Die Nürnberger Maler haben ihn sogar noch in seiner Grabesruhe aufgeschreckt, indem sie seine Leiche am Tag nach der Beisetzung aus dem Grab hervorgeholt und aus dem Leichentuch gewickelt haben, um eine Totenmaske von seinem Gesicht abzunehmen.

Sie stand allein da, mußte ohne männlichen Beistand zurechtkommen. Kein Wunder, daß nach dem Tod des weltbekannten Künstlers viele Maler und Drucker gedacht haben, das von ihm eingesäte Feld beackern zu können. Es gab Nachdrucker zuhauf, selbst von seiner Lehre von den Proportionen wollten andere profitieren, obwohl Albrecht die letzten Jahre seines Lebens fast ausschließlich dieser Schrift gewidmet hatte. Der Nürnberger Maler Bartel Beham, für den Albrecht sich, als er im Lochgefängnis saß, genauso eingesetzt hatte wie für seinen eigenen Gesellen Jörg, hat ihm seine Freundlichkeit gedankt, indem er Auszüge aus der Proportionenlehre unter seinem eigenen Namen veröffentlichte. Was sie gefühlt hat, als sie davon erfahren hat, kann sie nicht in Worte fassen.

Zulassen durfte sie das nicht, das war sie Albrecht schuldig. Nicht etwa aus Geldmangel – sie ist schließlich eine der reichsten Personen der Stadt – hat sie sich an den Kaiser gewandt und ihr Recht bekommen: Karl V. hat ihr persönlich ein Privileg verliehen, daß ausschließlich sie die Werke ihres Mannes drucken und verkaufen dürfe. Später hat sie die Stadt Nürnberg in ihrem Anliegen gegenüber Fremden und anderen Städten unterstützt. In dieser Hinsicht kann sie sich nicht beklagen.

Leider hat sie nicht von allen Seiten Hilfe erfahren. Willibald Pirckheimer wird sie nie die Art verzeihen, in der er sich in der Öffentlichkeit als der Hauptbetroffene dargestellt und sie völlig zu übergehen versucht hat. Sie achtet durchaus, wie sehr der von seiner Krankheit gezeichnete, streitsüchtige Alte ihren Mann geliebt hat, wie sehr jener ihm fehlt. Sie weiß, welchen Anteil er am Werk und den Schriften ihres Mannes hatte.

Aber zu verkünden, er allein sei von Schmerz erfüllt, sie, Agnes, habe aus reiner Bosheit ihn, Pirckheimer, nicht ans Totenbett gerufen, so daß er von seinem Gefährten nicht habe Abschied nehmen können, dem seine Ehefrau das Leben zur Hölle gemacht und den sie ständig aus Geldgier zur Arbeit angetrieben hätte: das sind Gemeinheiten, die sie Pirckheimer nie verzeihen wird. Mehrmals hat sie ihm zu erklären versucht, daß Albrecht ganz plötzlich verstorben sei, niemand ihm beim Abschied habe die Hand halten können, selbst sie, seine Frau, nicht.

Als Pirckheimer schließlich anfing, alles zu sammeln, was Albrecht gehört hat, Briefe, Bilder, Gegenstände, die Albrecht geschätzt hat, hat sie ihm einen Strich durch die

Rechnung gemacht. Wenn man so will, aus reiner Bosheit, hat sie ihm die Geweihleuchter verweigert, die er wie selbstverständlich von ihr gefordert hat. Verkauft hat sie diese Leuchter – Albrecht hatte in seiner Sammelwut ein paar zuviel in seiner Sternenkammer gelagert –, aber Pirckheimer hat sie dabei mit Vorbedacht übergangen.

Gegen das, was der Herr Pirckheimer zum Angedenken an seinen toten Freund durchführen will, sträuben sich ihr Verstand und Gefühl gleichermaßen. Man muß sich das einmal vorstellen: Die Herausgabe aller Briefe Albrechts, die er an sie, seine Mutter, seine Geschwister geschrieben oder von seinen Freunden erhalten hat, verlangt Pirckheimer von ihr. Er wolle die Hinterlassenschaft seines genialen Freundes getreulich verwalten, hat er ihr erklärt.

So selbstverständlich sie ihm Albrechts theoretische Schriften zur Durchsicht überläßt, so selbstverständlich hat sie ihm die Briefe verweigert. Schon aus Angst, daß er sie je in die Hände bekommen könnte, hat sie sie verbrannt. Alle. Die gehen schließlich niemanden etwas an. Eine Unverschämtheit, überhaupt danach zu fragen! Sollen etwa Fremde sich später an ihren und der Schwiegermutter Sorgen und Nöten ergötzen?

Sie hat große Stapel von Schriftstücken in Albrechts Truhe gefunden, darunter Briefe, die Pirckheimer Albrecht nach Venedig geschickt hat. Es waren einfach unverschämte Machwerke. Was diese Männer sich herausnehmen, wenn sie unter sich sind! Ganz offen hat Pirckheimer darin mit seinen Weibergeschichten geprahlt und Witze gerissen, die besser ungelesen geblieben wären. Eine Ungeheuerlichkeit, Albrecht, wenn er nicht bald zurückkäme, damit zu drohen, daß er mit seiner Frau ins Bett gehen werde. Als ob sie da nicht auch ein Wörtchen mitzureden gehabt hätte! Daß die Freunde solch unverfrorene Scherze miteinander machten, übersteigt ihre schlimmsten Erwartungen.

Trotzdem ... wer hätte gedacht, daß Pirckheimer ihr gegenüber überhaupt auf eine solche Idee kommen könnte? Verstehe einer die Männer!

Natürlich hat sie auch diese Briefe verbrannt. Schlimm genug, daß Pirckheimer Albrechts Antworten aus Venedig im Schreibtisch liegen hat. Hoffentlich verfügt er wenigstens über so viel Anstand, diese nicht herumzuzeigen. Denn daß die Briefe Albrechts viel zahmer verfaßt sind als die seines Freundes, ist nicht zu erwarten. Die deftigen Zoten Pirckheimers sind oft als Antwort auf entsprechende Anzüglichkeiten aus Albrechts Briefen formuliert. Schamrot wird sie bei dem Gedanken, spätere Generationen könnten diese Briefe studieren. Die würden einen schönen Eindruck von ihrem Mann und seinem Freund bekommen.

Die Briefe Albrechts würde sie zu gern einmal lesen. Aber daran ist unter den jetzigen Umständen natürlich nicht zu denken. Vielleicht würde sie dann endlich erfahren, ob damals in Venedig nicht doch eine andere Frau existiert hat, wegen der Albrecht dort bleiben wollte. Auf der anderen Seite... Vergangenes läßt man besser ruhen, vielleicht ist es besser, auch weiterhin nichts darüber zu wissen. Und schließlich hat selbst Pirckheimer bei allen Verleumdungen noch nie eine Bemerkung in diese Richtung gemacht.

Pirckheimer glaubt, ihre Feindseligkeit ihm gegenüber beruhe darauf, daß sie aus dem Nachlaß ihres Mannes möglichst viel Gewinn schlagen wolle, einzig hinter dem Geld her sei. So denkt ein Patrizier, der nie Geldsorgen gekannt hat. Es stimmt nicht. Sie hat schon bei ihrem Vater gelernt zu teilen. Hätte er sie sonst an einen Gesellen ohne Vermögen verheiratet? Damals als der Vater und seine Töchter von seinem Vetter als Erben eingesetzt waren, hat er mit ihnen zugunsten der Witwe verzichtet, da jene das Geld nötig habe, er und seine Töchter jedoch ausreichend versorgt seien. Auch Albrecht war mit dieser Entscheidung einverstanden.

Sie kämpft zwar immer noch gegen die Nachdrucker, aber es geht ihr in erster Linie um das Ansehen ihres Mannes. Über Geld verfügt sie schon aus eigener Erbschaft reichlich. Darüber hinaus hat Albrecht ihr ein Vermögen hinterlassen. Bereits vor fünf Jahren hat sie einen Vergleich mit den Brüdern Dürer geschlossen und ihnen einen Teil ihrer späteren Erbschaft ausgezahlt, obwohl niemand sie gedrängt hat.

Sie hat bereits ein Testament aufgesetzt: Alle Papiere, Zeichnungen und Schriften Albrechts und sein Meisterstück, eine Akelei, sollen seine Brüder erhalten; das Haus am Tiergärtnertor ihre Schwester Katharina, die wie sie als kinderlose Witwe zurechtkommen muß. Den Rest will sie Verwandten und guten Freunden zukommen lassen. Dem Goldschmied Niclas Dürer, der zur Zeit ihrer Hochzeit Lehrling beim Schwiegervater gewesen ist, später durch einen Raubüberfall seinen gesamten Besitz eingebüßt, in Köln wieder ein Auskommen gefunden und sie und Albrecht bei ihren Reisen immer herzlich aufgenommen hat, will sie dabei bedenken, ebenso den Jörg Rummel in Neuenburg am Rhein. Aber auch der Kobergerin möchte sie etwas hinterlassen, der Guglin, ihrem Vetter Balthasar Rummel und seiner Schwester Ursula, den Töchtern der Rumblin und der Katharina Halbwachsin, der Schaffnerin eines Klosters zu Gnadenberg.

Darüber hinaus würde sie gern eine fromme Stiftung begründen, wie das früher üblich war und mit der sich in Nürnberg so viele Patrizier Ansehen auf Erden verschafft und einen Platz im Himmelreich zu sichern versucht haben. Aber damit ist es seit der Reformation unwiderruflich vorbei. Heute nacht ist ihr jedoch ein Gedanke gekommen, der vielleicht eine Lösung bietet und mit dem Albrecht sicherlich einverstanden wäre. Ein alter Bekannter hat sie gestern darauf gebracht: der junge Mönch, der vor etlichen Jahren die alte Dürerin besucht hat. Bernhard Arnold ist nach der Reformation Drucker geworden, die Stadt Nürnberg hat ihm als Mönch ein Stipendium bezahlt, damit er ein Handwerk erlernen konnte. Inzwischen hat er ein gutgehendes Geschäft in Weimar, ist mit einer ehemaligen Nonne verheiratet, sein Haus hat sich im Laufe der Jahre mit Kindern gefüllt.

Wie sehr sich dieser Mann verändert hat, seitdem er den ungeliebten Stand verlassen durfte! Als er gegangen war, ist ihr der Gedanke gekommen, daß sein Weg eine gewisse Ähnlichkeit mit dem Albrechts aufweist, der zwar nicht in den geistlichen Stand gezwungen wurde, aber erst nach der Goldschmiedelehre bei seinem Vater die Neigung zum Maler entwickelte. Die zweite Lehre konnte ihm sein Vater gestatten; sein Wunsch, ein Gelehrter zu werden, blieb zeitlebens bis zu einem gewissen Grad unerfüllt, obwohl er mit Hilfe von Pirckheimer und anderen sehr viel Gelehrsamkeit in sich aufgesogen hat.

Sie hat das häufig nicht verstanden, heute bedauert sie ihre enge Sichtweise. Manche Einsichten kommen den Menschen zu spät. In der letzten Nacht wußte sie jedoch plötzlich, was sie tun kann, um ihr Verhalten von damals gutzumachen. Sie wird verfügen, daß mit dem Zins, den ihr die Stadt jährlich aus dem von Albrecht der Stadt überlassenen Geld zahlt, ein Stipendium unterhalten wird. Der Rat soll jeweils einen würdigen Kandidaten finden, einen Handwerkerssohn, der bereits vier Jahre die Freien Künste studiert hat und sich im weiteren der Gottesgelahrtheit widmen möchte. Diesen Entschluß würde Albrecht genauso gutheißen wie ihr Vater.

Außerdem ... auch wenn es keine frommen Stiftungen mehr gibt, so bleibt im Himmel doch nichts unvermerkt, jedenfalls kann sie sich das nicht vorstellen. Was sie tun will, wird so manchem jungen Menschen nützen und ihr eigenes Gewissen beruhigen, und wer weiß ... Schaden wird es ihr sicher nicht. Wenn sie so ihr Geld anlegt, wird sie in Ruhe leben und ihren Tod erwarten können.

Die Jahre gehen dahin. Agnes hat sich inzwischen aus dem Geschäftsleben zurückgezogen. Sie fühlt sich alt. Zwar liegt sie nur selten an einer Krankheit darnieder, doch die Schmerzen und Gebrechen des Alters machen auch vor ihr nicht halt. Mit einer Magd lebt sie allein in dem großen Haus. Wohl empfängt sie immer noch viele Besucher – der Ruhm ihres Mannes ist keineswegs verblaßt, sondern hat eher noch zugenommen –, doch scheint das Gebäude am Tiergärtnertor ständig zu wachsen, stellt inzwischen eine zu groß gewordene Hülle dar, die ihren Leib nicht mehr schützend bedeckt, sondern weit um sie herum schlottert. Die Werkstatt, die Wohnung der Schwiegermutter, die Kammern der Gesellen: Zu viele Räume sind verwaist, wenn auch mit Erinnerungen an Leben gefüllt, so doch jetzt tot und kalt.

Immer öfter hält sie es in diesen Wänden nicht mehr aus, flieht unter Leute, macht Besuche bei ihrer Schwester, der Kobergerin. Immer häufiger zieht es sie jedoch auch in eine Kirche. Seit der Reformation herrscht in den Gotteshäusern kaum noch Umtrieb, umgibt sie in diesen Hallen eine Ruhe, nach der sie sich früher oft gesehnt hat und in der sie sich nicht verlassen fühlt, sondern die Seele Frieden findet. Die Aufregungen um die Reformation sind vorbei, ihre früheren Befürchtungen nicht eingetroffen. Selbst die Wiedertäufer, die eine Zeitlang in der Stadt für Unruhe gesorgt haben, sind längst unschädlich gemacht worden.

An vielen Orten sind jedoch alle Bildwerke zerstört oder zumindest entfernt worden, die Kirchen jetzt kahl und leer. In solchen Räumen fühlt sie sich nicht wohl, weil nichts ihr Herz anspricht und ihr Gemüt beruhigt. Doch das ist in dieser Stadt nicht so. Besonders gern steht sie in der Lorenzkirche unter dem Gruß des Engels des Veit Stoß, schaut zu Maria auf, deren Schönheit sie jedesmal erneut ergreift, deren Haltung man jedoch schon bei der Verkündigung der Geburt ihres Kindes ansehen kann, wieviel Entsagung ihr Leben bringen wird. Maria wußte offensichtlich, daß ihr diese ungewollte Mutterschaft unter den Menschen Verachtung einbringen würde. Sie, Agnes, hat Maria immer nur um ihr Mutterglück beneidet, aber inzwischen ist ihr aufgegangen, daß Maria keineswegs in gesicherten Verhältnissen lebte und bei der Verkündigung schon wußte, daß ihr Sohn sterben und sie verlassen würde. Auch die Gottesmutter war im Alter allein, ohne Schutz und Hilfe.

Welch merkwürdige Gedanken in ihr umtreiben. Vielleicht wird sie wirklich langsam so seltsam, wie Pirckheimer verbreitet, und merkt gar nicht mehr, was die Leute von ihr denken. Vielleicht sollte sie das einsame Haus verlassen, zumal der Lärm an der Baustelle, zu der das Tiergärtnertor seit ein paar Wochen geworden ist, täglich unerträglicher wird. Sie sollte sich eine Familie suchen, die sie aufnimmt und pflegt, wenn sie sich nicht mehr helfen kann; vielleicht würde sogar Susanna ihr diesen Dienst erweisen. Aber auch wenn das nicht möglich sein sollte, müßte es genügend Menschen geben, die bereit wären, sie zu pflegen. Umsonst müßten sie es schließlich nicht tun. Aber sie braucht Leben um sich herum.

Der Humanist und Rechtsgelehrte Christoph Scheurl vermerkt über Agnes' Tod: *Desselben (Dürers) verlassene Wittib Agnes, des frommen Hansen Freyen Tochter, starb sonntags, den achtundzwanzigsten Dezember, vier Stunden gegen Tag, des ausgehenden fünfzehnhundertneununddreißigsten Jahres bei fremden Hauswirten; selig begraben.*

Nachbemerkung

Agnes Dürerin ist es wie den Frauen vieler berühmter Männer ergangen: Je mehr ihre Ehemänner die Bewunderung der Nachwelt auf sich gezogen haben, desto verächtlicher wurden ihre Frauen angesehen. Christiane Goethe und Konstanze Mozart sind berühmte Beispiele dafür.

Erst in neuerer Zeit scheint sich die Betrachtungsweise der Agnes Dürerin zu ändern. Grundlage ihrer Verteufelung ist ein Brief des Humanisten Willibald Pirckheimer gewesen, den er allerdings nie abgeschickt hat. In diesem Schreiben beschwert er sich bitter darüber, daß Agnes ihm zwei Hirschgeweihe aus dem Nachlaß ihres Mannes nicht verkauft habe. Darüber hinaus macht Pirckheimer sie an dieser Stelle pauschal für den Tod seines Freundes verantwortlich.

Folgt man dem Urteil von Albrechts Freund, das er in einem Augenblick der Verbitterung von sich gegeben hat, so übersieht man Pirckheimers eigenen schwierigen Charakter, denn er ist als ein Mensch bekannt, der cholerisch aufbrausend häufig Streit suchte, auch im Rat der Stadt.

Ebenso gilt es bei Albrecht Dürer zu bedenken, daß Genies allgemein nicht in dem Ruf stehen, besonders umgängliche Menschen zu sein. So schwankte Dürer vermutlich zwischen schöpferischen, genialischen Phasen, in denen er überschäumend das Leben genießen konnte, und Zeiten tiefer Verzweiflung, in denen er für seine Umgebung nur wenig Sinn aufbrachte, hin und her. Mit einem solchen Mann zusammenzuleben ist sicherlich nicht immer leicht, verlangt Einfühlsamkeit und Geschick und das Zurückstellen eigener Wünsche und Bedürfnisse. Wie Agnes und Albrecht miteinander umgegangen sind, läßt sich nur vermuten, wohl aber steht fest, daß seine Frau für die Verbreitung seiner Werke durch ihre regelmäßigen Reisen und die Verwaltung seines Nachlasses von großer Bedeutung gewesen ist. Mir erschien es daher ein lohnendes Projekt zu sein, die von Albrecht Dürer verfaßten Quellen (Tagebücher, Briefe) einmal aus der Perspektive seiner Ehefrau zu untersuchen, die für die Organisation eines großen Haushaltes und Geschäftes zuständig war und mit den hochfliegenden Plänen ihres Mannes, welcher der spätmittelalterlichen deutschen Gesellschaft mit großen Schritten in die Neuzeit vorauseilte, im Alltag zurechtkommen mußte.

Die meisten Biographen Dürers nehmen ganz selbstverständlich an, daß er kurz nach der Hochzeit, während die Pest in Nürnberg wütete, allein nach Venedig gereist sei, da eine solche Reise für eine anständige Frau undenkbar gewesen sei. Die Quellenlage läßt jedoch völlig offen, wie und mit wem Dürer gereist ist. Mir erscheint es eher unwahrscheinlich, daß Agnes zwar auf Messen gefahren und im vorgeschrittenen Alter Albrecht auf der beschwerlichen Reise in die Niederlande 1520/1 begleitet haben, als nicht unvermögende junge Frau dagegen in Nürnberg hocken geblieben sein soll, während jedermann die Stadt zu verlassen suchte.

Die nähere Beschäftigung mit den Verhältnissen in Venedig und auf den Alpenstrassen hat mich zudem in meiner Überzeugung bestärkt, daß Agnes sehr wohl mitgefahren sein kann, denn die Reise war keineswegs so gefährlich, wie viele der Biographen Dürers behaupten. So ist die Braut Kaiser Maximilians, Bianca Maria Sforza, mitten im Winter über die tiefverschneiten Alpen gereist, während Thomas Platter (1507–1582), der Leiter der Stadtschule von Basel, mehrmals zu Fuß die Alpen mit seiner Frau zusammen überquert hat. Später sollte sein Sohn Felix seine Frau zu einer Badekur (wegen ihrer Unfruchtbarkeit) ins Wallis bringen, wobei den Männern Pferde und ihr ein Maultier zur Verfügung standen. Diese Episode hat mich dazu angeregt, auch Agnes auf einem Maultier reiten zu lassen. Andere Quellen erwähnen außerdem Pilgerinnen, die nach Venedig zogen, um von dort nach Jerusalem weiterzureisen.

Neben den schriftlichen Quellen haben die Bilder Dürers bei der Abfassung des Manuskriptes eine wichtige Rolle gespielt, da er gerade auf den Holzschnitten etliche Alltagssituationen realistisch gestaltet hat. Für das Wandbild der Europa dienten Zeichnungen Dürers als Vorlage. Ansonsten ist dies das einzige Bild Dürers im Buch, das nicht wirklich existiert hat.

Zeittafel

1471	Albrecht Dürer wird geboren.
zwischen 1475 u. 1477	Agnes Freyin wird als Tochter des Rotschmiedes Hans Frey und der Anna Rummelin geboren.
1492	Kolumbus entdeckt eine neue Welt.
1494	7. 7. Agnes und Albrecht heiraten nach seiner Rückkehr von der Gesellenreise. Agnes erhält eine Mitgift von 200 Gulden. Im September Beginn der Pest in Nürnberg und ersten Italienreise (bis Frühjahr 1495). Unter Charles VIII. fällt ein französisches Heer in Italien ein.
1498	Agnes Albrecht Dürerin und die Jungfrau Katharina Freyin verzichten zusammen mit ihrem Vater auf eine Erbschaft zugunsten der Witwe des Verstorbenen.
1502	19. 6. Nürnberg unterliegt beim „Treffen im Nürnberger Wald" dem Markgrafen Kasimir. 20. 9. A. Dürer der Ältere stirbt. Agnes und Albrecht nehmen seine Mutter und seinen Bruder Hans in ihren Haushalt auf.
1504/5	Landshuter Erbfolgekrieg (mit Beteiligung Nürnbergs)
1505	Erneuter Ausbruch der Pest. Albrecht Dürer reist zum zweiten Mal nach Italien.
1505/6	Agnes leitet die Werkstatt und fährt zur Frankfurter Messe.
1507	Dürer kehrt nach Nürnberg zurück und begleicht die Hypothek auf dem Hause seines Vaters.
1509	Albrecht Dürer kauft das Haus am Tiergärtnertor.
1512	Kauf eines Gartens. Am 18. 5. wird ein Nürnberger Warenzug überfallen.
1514	Barbara Dürerin stirbt.
1515	Kaiser Maximilian bewilligt Albrecht Dürer eine jährliche Leibrente.

1516	Die Adventspredigten des Augustinerpriors Staupitz lösen in Nürnberg eine Reformbewegung aus.
1517	Martin Luther fordert in Wittenberg öffentlich zur Diskussion über kirchliche Mißstände auf (Thesenanschlag).
1518	Albrecht Dürer besucht als Teil der Nürnberger Delegation den Reichstag in Augsburg, auf dem auch Luther erscheint.
1519	Kaiser Maximilian I. stirbt.
1519/21	Hernán Cortes zerstört das Reich der Azteken.
	Am 12. 7. 1520 brechen Agnes und Albrecht Dürer zu einer Reise in die Niederlande auf, um sich von Kaiser Karl V. die Leibrente bestätigen zu lassen.
1521	Rückkehr. Albrecht zeichnet seine Frau aus Anlaß der 27. Wiederkehr ihres Hochzeitstages. Albrecht ist auf der Reise erkrankt und wird seitdem von Fieberanfällen heimgesucht.
	Am 29. September stirbt Anna Freyin.
1523	Hans Frey stirbt nach langer Krankheit.
1524	Die Stadt Nürnberg erhält von Albrecht Dürer ein Darlehen von über 1000 Gulden.
1524/25	Bauernkrieg in Süd- und Mitteldeutschland.
1525	Einführung der Reformation in Nürnberg Prozeß gegen die „drei gottlosen Maler".
1528	Albrecht Dürer stirbt am 6. April. Er findet auf dem Johannisfriedhof im Familiengrab der Freys seine letzte Ruhestätte.
	Am 14. August verleiht Kaiser Karl V. Agnes, der Witwe des Albrecht Dürer, das alleinige Privilegium zum Nachdruck der Kunst und Bücher ihres verstorbenen Gatten.
1529	Ein türkisches Heer belagert Wien.
1530	Agnes Dürerin vergleicht sich mit den Brüdern Albrechts, indem sie ihnen ihren Anteil an der Erbschaft bereits jetzt auszahlt (obwohl er ihnen erst nach ihrem Tode zusteht).

1538 Beginn der Bauarbeiten am Tiergärtnertor.
1539 Agnes Dürerin stirbt. Sie hinterläßt ein Testament, in dem sie die Zinsen für das Darlehen ihres Mannes in eine Studienstiftung für Studenten der Theologie umwandelt.

Auswahlbibliographie

Albrecht Dürer 1471–1971, Ausstellung GNM, Nürnberg 1971

Albrecht Dürer. 1471 bis 1528. Das gesamte graphische Werk, München

„Albrecht Dürer im Etschland" (aus: „Der Schlern", 1936)

„Albrecht Dürer in Südtirol" (aus: „Der Bergsteiger", 1936)

Anzelewsky, Fedja: Albrecht Dürer. Das malerische Werk, Berlin 1971

– Dürer. Werk und Wirkung, Erlangen 1988

Charitas Pirckheimer. 1467–1532. Eine Ausstellung der katholischen Stadtkirche Nürnberg, Nürnberg 1982

Baier, Helmut (hrsg. von): 600 Jahre Ostchor. St. Sebald – Nürnberg 1379–1979, Nürnberg 1979

Dettelbacher, Werner: Frau Agnes Dürer, Wittib, wehrt sich: Eine Sendung des Studio Franken vom 5. 5. 1990

Deneke, Bernward: Hochzeit, München

Eckert, Willehad Paul/Imhoff, Christoph von: Willibald Pirckheimer, Dürers Freund im Spiegel seines Lebens, seiner Werke und seiner Umwelt, Köln 1982

Erasmus von Rotterdam: Vertraute Gespräche, Essen

Fehring, Günther P./Ress, Anton: Die Stadt Nürnberg, München 1977

Feist, Leo: Vom Saumpfad zur Tiroler Autobahn, Innsbruck 1980

Germanica Judaica, Bd. III,1,2, 1350–1519. Tübingen 1987

Grote, Ludwig: „Hier bin ich ein Herr" – Dürer in Venedig, München 1956

– Die Tucher. Bildnis einer Patrizierfamilie, München 1961

Hamm, Berndt: Humanistische Ethik und reichsstädtische Ehrbarkeit in Nürnberg, in: Mitteilungen des Vereins für Geschichte der Stadt Nürnberg, 76. Bd. (1989), S. 65–147

Hampe, Theodor: Dürer als Künstler und Mensch, in: Festschrift zur 400jährigen Gedächtnisfeier Albrecht Dürers, in: MVGN 28, 1928, S. 155–207

Hase, Oskar: Die Koberger, Leipzig 1885

Hirschmann, Gerhard: Albrecht Dürers Abstammung und Familienkreis, in: Albrecht Dürers Umwelt. Festschrift zum 500. Geburtstag, Nürnberg 1971, S. 35–55 (Nürnberger Forschungen 15)

Jegel, A.: Bäder, Bader und Badesitten im alten Nürnberg, Nürnberg 1954

Julius, Cornelia: Die Leute im Hause Balthasar. Eine Kaufmannsfamilie um 1700 in Nürnberg, Weinheim 1991

Kretschmayr, Heinrich: Geschichte von Venedig, 3 Bde., Aalen 1964

Lochner, G.W.K.: Lebensläufe berühmter und verdienter Nürnberger, Nürnberg 1861

Mende, Mattias: Zum Holzschnittwerk Dürers (Beilage zur Apokalypse), Nürnberg

Meister um Albrecht Dürer, Austellung GNM, München 1961

Mummenhoff, E.: Aufsätze und Vorträge zur Nünberger Ortsgeschichte, Nürnberg 1931

Panofsky, Ernst: Albrecht Dürer, Bd. 1–2, Princeton 1943

Paulus, Nikolaus: Geschichte des Ablasses im Mittelalter, Paderborn 1922/23

Pfeiffer, Gerhard: Nürnberg – Geschichte einer europäischen Stadt. Unter Mitwirkung zahlreicher Fachgelehrter hrsg. von, München 1971

Rupprich, Hans: Willibald Pirckheimer und die erste Reise Dürers nach Italien, Wien 1930

– Dürer – Schriftlicher Nachlaß, hrsg. von, Bd. 1–3, Berlin 1956-1969

– Dürers Stellung zu den agnostischen und kunstfeindlichen Strömungen seiner Zeit. Mit einem neuen Dürerbrief, München 1959 (Sitzungsberichte der Bayr. Akademie der Wiss. Phil.-Hist. Kl. Jg. 1959, H.1)

Schubert, Hans von: Lazarus Spengler und die Reformation in Nürnberg, Leipzig 1934 (Quellen und Forschungen zur Reformationsgeschichte 17)

Seebaß, Gottfried: Dürers Stellung in der reformatorischen Bewegung, in: Albrecht Dürers Umwelt. Festschrift zum 500. Geburtstag, Nürnberg 1971, S. 101–131 (Nürnberger Forschungen 15)

Simonsfeld, Henry: Der Fondaco dei Tedeschi in Venedig und die deutsch-venezianischen Handelsbeziehungen, Stuttgart 1887

Stahl, Amalie: Nürnberg vor der Reformation. Eine Studie zur religiös-geistigen Entwicklung der Reichsstadt, Diss. Erlangen 1949

Stahl, Patricia (hrsg. von): Ausstellung zur Geschichte der Frankfurter Messe, Frankfurt am Main 1991

Vogler, Günter: Nürnberg 1524/25. Studien zur Geschichte der reformatorischen und sozialen Bewegung in der Reichsstadt, Berlin (DDR) 1982

Völker-Rasor, Anette: Bilderpaare – Paarbilder. Die Ehe in Autobiographien des 16. Jahrhunderts, Freiburg 1993

Wanka: Brennerstraße im Altertum und Mittelalter, Prag 1900

Weismantel, Leo: Gericht über Veit Stoß (Roman), Hamburg 1988

Wiederanders, Gerlinde: Albrecht Dürers theologische Anschauungen, Berlin (DDR) 1975

Winziger, Franz: Albrecht Dürer, rowohlt monographie, Hamburg 1971

Wolfsgruber, Karl: Der Zoll in Klausen, Schlern 1972

Wunder, Heide: „Er ist die Sonn', sie ist der Mond". Frauen in der Frühen Neuzeit, München 1992

Wunder, Heide/Vanja, Christina (hrsg. von): Wandel der Geschlechterbeziehungen zu Beginn der Neuzeit, Frankfurt 1991

Verzeichnis der Abbildungen

Titelbild: „mein agnes",
             Federzeichnung von Albrecht Dürer
             Albertina, Wien

Albrecht Dürer: Der Hof der Burg zu Innsbruck
                 Albertina, Wien   Seite   61

Albrecht Dürer: Selbstbildnis mit Landschaft
                 Prado, Madrid   Seite   93

Albrecht Dürer: Anbetung der Heiligen
                 Drei Könige
                 Galleria Uffizi, Florenz   Seite 195

Albrecht Dürer: Bildnis des Vaters
                 von Albrecht Dürer   Seite 199

Albrecht Dürer: Der Apostel St. Philippus
                 Galleria Uffizi, Florenz   Seite 259

Albrecht Dürer: Bildnis der Mutter von
                 Albrecht Dürer
                 Kupferstichkabinett
                 Staatliche Museen zu Berlin –
                 Bildarchiv Preußischer
                 Kulturbesitz   Seite 271

Für wichtige Hinweise möchte ich folgenden Personen danken:

Prof. Dr. Fedja Anzelewsky, Berlin

Cornelia Julius, Kunstpädagogisches Zentrum Nürnberg

Paul-Bernhard Eipper, Diplom-Restaurator FH

Hermann Geyer, Touristenpfarrer St. Sebald

Prof. Dr. Berndt Hamm, Universität Erlangen

Gudrun Litz, Göttingen

Matthias Mende, Leiter der graphischen Sammlungen Nürnberg

Bruno Pauletti, Meran

Ulrike Halbe-Bauer